21世纪广告学系列教材

ADVERTISING COPYWRITING

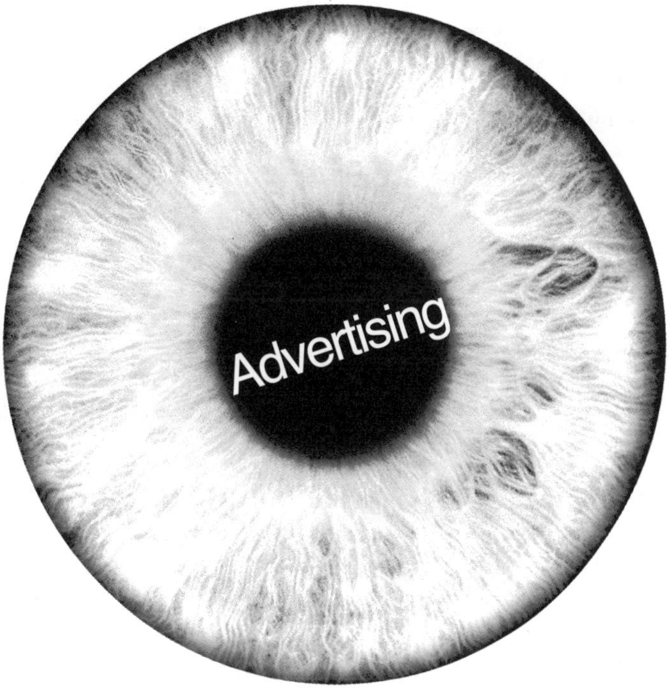

广告文案

何 辉 著

北京大学出版社
PEKING UNIVERSITY PRESS

图书在版编目(CIP)数据

广告文案 / 何辉著. —北京：北京大学出版社，2009.7
(21 世纪广告学系列教材)
ISBN 978-7-301-15509-7

Ⅰ. 广… Ⅱ. 何… Ⅲ. 广告-写作-高等学校-教材 Ⅳ. F713.8

中国版本图书馆 CIP 数据核字(2009)第 116655 号

书　　　名：广告文案
著作责任者：何　辉　著
责 任 编 辑：徐少燕
标 准 书 号：ISBN 978-7-301-15509-7/G·2642
出 版 发 行：北京大学出版社
地　　　址：北京市海淀区成府路 205 号　100871
网　　　址：http://www.pup.cn
电　　　话：邮购部 62752015　发行部 62750672　编辑部 62765016　出版部 62754962
电 子 邮 箱：ss@pup.pku.edu.cn
印　刷　者：北京大学印刷厂
经　销　者：新华书店
787毫米×1092 毫米　16 开本　16.75 印张　418 千字
2009 年 7 月第 1 版　2017 年 8 月第 3 次印刷
定　　　价：60.00 元

前　言

广告是一门充满魅力、生机勃勃的学科。广告文案创作则是广告这门学科中最激动人心的，也是最有神秘感的部分。

从实践角度来说，广告文案创作是广告策划工作的一部分；再具体一点说，是广告创作工作的一部分。从教学角度来说，广告文案是广告学专业重要的教学内容之一。在我国，各高校的广告学专业一般都设有“广告文案”这门专业课。在有些高校，与广告学相关的专业，比如市场营销、公共关系等，也将“广告文案”作为重要的课程来开设。

长期以来，广告学领域的许多教师为提高广告文案创作的教学水平付出了巨大的努力，不断推出了高水平的广告文案教材，为中国广告人才的培养作出了巨大的贡献。本书的写作，一方面吸收前人的研究与教学成果，一方面力求在体系与内容上有所创新。我在 2004 年出版《当代广告学教程》之后，特别想就广告学中的广告创意和广告文案内容再写一部比较专的教材。这本《广告文案》即可视为在前书基础上就广告文案之专门内容而深入撰写的。在本书中，由于将注意力集中于广告文案这一方面，因此可以较为深入地探讨从广告文案含义到广告文案创作等方方面面的相关内容。我力图使广告文案这部分的内容与广告学其他部分的内容保持应有之联系，力图使本书内容与我在《当代广告学教程》中建立的广告学体系相契合，同时也试图构建广告文案创作这一相对独立完整的教学体系。

本书的写作本着理论联系实际的原则，充分考虑教学规律，以构建完整、清晰的广告文案创作体系为目标。本书根据媒体创意时代广告创作的新趋势，主张从广义上来思考广告文案及其创作，即主张广告文案是构成“广告”的所有东西，包括广告作品中的文字和艺术作品，或者说包括受众在接触广告时所看到、听到、感觉到的所有元素。

本书一共十六章。从第一章至第三章，介绍广告文案的含义以及广告文案与广告策划的关系。这一部分内容，可以视为广告文案创作的基本原理。作为广告文案创作者，必须有一个明确的意识，要认识到广告文案与一般的文学创作和艺术创作不同，有其自身特殊的创作规律。

从第四章至第十二章，主要讲解广告文案的创作原理与创作技巧。首先详细讲解了以报纸、杂志、电视、广播等四大传统媒体为载体的广告文案创作原理与技巧。在此基础之上，以一定篇幅对其他媒体形式的广告文案创作进行了探讨，并对媒体创意时代的广告文案创作进行了较为详细的介绍。第十二章用大量篇幅着重从广告文案的文字语言艺术与视觉语言艺术方面探讨广告文案创作的技巧。

本书最后四章重在讲解广告文案创作者除基本创作原理之外还有必要掌握的其他方面的重要知识，包括广告提案、广告测试、广告文案对社会的影响以及广告文案创作者的职业素养等内容。

本书的一大特点是，根据广告文案教学的规律，精审地总结各种广告文案创作技巧，并配之以精心选择的广告案例进行分析与讲解。本书所分析的大量广告案例与广告作品，是笔者在近十年的广告学教学过程中长期积累的，其中有经典的广告文案作品，也不乏鲜活的广告文案新作。对大量中国本土的广告案例进行精选并深入解析是本书的一大特色。

本书中出现的外国人名，翻译时主要参考了新华通讯社译名室编的《英语姓名译名手册（第四版）》。约定俗成之译名，不再改译。译名出现在已往译著或著作中较多次且今改译者，在注释中说明，一般情况，外国人名直接译出，不另作说明。生僻外国人名及非英文姓名，采用音译法译出。

致教师或培训师

本教材是根据目前在高校中较为普遍的每学期实际讲授课时32课时制（不包含课外训练学时）来组织教学内容的。根据教学需要，教师与培训师也可以根据实际情况使用本教材。本书一共十六章，每章以2—4课时（不包含课外训练）讲授为宜。有些比较重要的章节篇幅较大，有些章节需要学生进行课堂训练与讨论的时间较多，教师与培训师可以适当增加课时讲授相关内容；反之，有些章节篇幅较小，或学生经过“广告学概论”等基础课程的学习比较容易掌握相关内容，在讲授这些章节时，教师与培训师则可以适当减少课时。

教师与培训师使用本教材时，可以根据实际情况，在讲解本教材内的案例的同时，选择新推出的广告作品，以增强案例的时效性。

教师与培训师应对课堂讲授内容、课堂讨论与训练以及课外训练作出精心设计与安排，深入研究学生掌握知识与技能的规律，必要时可以根据学生的具体学习情况调整教学安排。

致学生

本书是为那些希望在现代社会中一展身手的人而撰写的。

在现代社会中，不仅仅是广告业、公共关系业等相关行业需要广告文案创作的知识，实际上，对于那些从事企业经营活动以及在政府或媒体中从事宣传工作的人来说，了解广告文案创作的一般规律并掌握一些重要技能对于职业的成功也有很大的帮助。

对于那些想在广告文案创作领域中开创一片天地的人来说，广告文案创作则是必须具备的专业技能。

“广告文案创作”作为广告学专业的重要专业课，学习起来充满了乐趣与挑战。但是，正如任何一门学问或任何一项技能一样，如果只满足于知晓与感受阶段，就无法成为这个方面的行家里手。因此，在本课程的学习过程中，学生应根据教师与培训师的要求，积极参与各种讨论与训练，以不断增进对广告文案创作的理解并提高实战的技能。

由于本人水平有限，本书中免不了有疏漏、不妥之处，还请广大读者谅解并批评指正。

致谢

本书的写作，得到许多人的大力帮助，在此特致衷心谢意。

首先要感谢北京大学出版社的周丽锦编辑，如果不是她的大力推动与鼓励，我恐怕即使心中怀有写一本《广告文案》的抱负，也不会着手写作。其中主要原因，是因为当年我认为已经有大量同类教材推出，担心自己水平有限，难以有所创新。另外，也因为我教学任务繁重，并且一直有写作计划在进行中，担心时间不够用。在周编辑的推动下，我方下定决心，勉力为之。数年来，我仔细整理自己的讲义，花费了大量时间精选广告文案的案例，使本书在前人的基础上有些许创新。希望这些努力，没有辜负出版社与学生们的期望。

北京大学出版社的徐少燕编辑仔细阅读了本书书稿，提出了不少宝贵的修改意见。本书的顺利出版，亦离不开她的努力。在此我亦要向徐少燕编辑表示衷心的感谢。

我还要特别感谢中国传媒大学广告学院的博士生导师黄升民教授，他是我攻读硕士时的导师，也是我现在的领导。多年来，他一直鼓励我在教学与研究领域不断创新，也一直鼓励我多写作好的教材。正是在他的鼓励下，我于 2004 年完成了我的第一本广告学教材《当代广告学教程》的写作。如今，这本《广告文案》教材的推出，也是得益于黄老师对我的鼓励与期许。

中国传媒大学副校长、中国传媒大学广告学院博士生导师丁俊杰教授多年来关心我的成长，给了我巨大的鼓励。丁老师在广告学教学与研究方面的成果，亦给我树立了榜样。他讲过的课、编写的教材，都对我产生了深远的影响。因此，《广告文案》这本教材能够得以顺利完成，我也要对丁老师表示特别感谢。

中国传媒大学广告学院的张树庭、刘英华等诸多老师治学严谨、教学投入、成果颇丰，他们与许许多多的优秀教师一样，是我学习的榜样，亦是我写作本书的激励源泉之一。

中国传媒大学出版社的蔡开松编辑、赵欣编辑，多年来一直鼓励我进行广告学教材的写作，我与他们已经有过几次美好的合作。他们也多次鼓励我写作《广告文案》教材。虽然这本《广告文案》由北京大学出版社约稿，但是蔡开松编辑、赵欣编辑知道消息后，依然无私地给予我巨大的鼓励，并与我探讨广告学教材如何适应与满足教师与学生的需要，使我能够保持开放的视野，了解到该领域的最新动态。

我还要感谢中国传媒大学广告学院的学生们。在多年的教学生涯中，正是他们才使我的工作变得有意义。本书很多内容多年来在相关课程中讲授过，可谓是教学相长的结晶。广大学生的需求，正是写作本书长期的动力来源。

在此，我亦要对那些策划并创作了精彩广告作品的广告人表示衷心感谢与敬意。他们创作的广告，为本书的写作提供了案例解析的样本。

本书的写作还得到了中国传媒大学“382 人才培养工程”的支持，在此亦表示衷心感谢。

最后，我要感谢我的家人，感谢他们给予我无私的支持与理解。本书也是对他们的一个微薄的回报。

何　辉

2009 年 4 月 29 日

目　录

第一章

什么是广告文案

第一节　广告文案的界定：广义与狭义

有广告学者指出："广告是公开演讲的一种形式，我们接触广告的时候，面对的是一位发布说服讯息的讲演者。即使广告中并没有实际意义上的代言人，它也总有一种意识，我们对这种往往是看不见但却普遍存在的演讲者所作的反应，对于广告的成功至关重要……"[1] 这种说法很有代表性[2]，它将广告看作一个特殊的讯息发布者。从这一点出发，我们可以认为，广告文案的本质就是某种力图引起接收者反应的讯息。那么，什么是广告文案呢？

在广告实务界与理论界，关于什么是广告文案大概有两类观点：一类观点以狭义的方法去界定广告文案，另一类则以广义的方法去界定。

根据胡晓芸的考证，中国大陆开始使用"广告文案"一词大概始于 1991 年左右，是随着在中国友谊出版公司出版的《现代广告学名著丛书》之中译者统一使用"广告文案"这一概念开始的。[3]

一、狭义的广告文案定义

广告文案就是用来支撑美工所提供的艺术作品或图片的文字。或者说，广告文案是一种书面讯息，是用文字的方式传达广告创意，并充分体现广告艺术作品的意义。狭义的广告文案定义长期在广告界占据主流地位。从狭义上理解广告文案的学者比较多。比如，有学者认为："广告文案在本质上是广告创意和策略的文字表达。"[4] 有的学者指出，广告文案是"已经完成的广告作品的全部的语言文字部分"[5]。也有学者认为："狭义的广告文案又叫广告文或广告文稿，仅指广告作品中的语言、文字部分，如报纸、杂志等印刷广告中的标题、正文、附文和标语，广播广告中播音员的广告词和人物对话，电视广告中的人物语言、歌词、旁白和字幕等，它不包括图画和图像。"[6]

总之，狭义的广告文案是指广告作品的文字部分。但是，广告中的文字类型非常丰富，因此也常常有"模糊地带"出现。比如，广告中的企业品牌、公司名称与地址、电话号码等信息算不算是广告文案呢？对于这个问题，不同的广告人给出的答案可能也不尽相同。传统的创意型广告人可能

1　〔美〕乔治·费尔顿：《广告创意与文案》，陈安全译，中国人民大学出版社 2005 年版，第 107 页。
2　但是，这种观点将广告讯息界定为"说服讯息"则值得商榷。其实，许多学者在讨论时对于广告讯息有更加详细的分类，通常存在说服型讯息和信息型讯息两大类。
3　参见胡晓芸：《广告文案写作》，杭州大学出版社 1998 年版，第 3 页。
4　吕尚彬等编著：《广告文案教程》，北京大学出版社 2007 年版，第 2 页。
5　高志宏、徐智明：《广告文案写作》，中国物价出版社 1997 年版，第 4 页。
6　夏晓鸣、钱正、曹晓燕编著：《广告文案写作》，武汉大学出版社 2006 年版，第 2 页。

坚持认为只有广告中那些富有创造性的文字部分才是真正的广告文案。不过,现在广告界一般还是倾向于将企业品牌、公司名称与地址、电话号码等文字部分皆视为是广告文案——尽管这依然还是一种狭义的定义。当然,这并无损于我们将写作广告文案的工作视为一种富有创造性的工作。

二、广义的广告文案定义

广告文案是组成"广告"的所有东西,意味着文字和艺术作品,或者说包括受众在接触广告时所看到、听到、感觉到的所有元素。

对于印刷广告来说,从广义上定义广告文案,则包括广告中的文字内容和视觉内容。菲利普·沃德·博顿在《广告文案写作》一书中引用印刷工人的说法:"在我眼里,文案是一个概念,包括组成我们称之为'广告'的所有东西。所以,对我来讲,文案意味着文字和艺术作品,就是读者在看到广告时看见的所有材料。"[1] 唐忠朴、贾斌所著《实用广告学》一书中,在提到广告稿这一概念时,包含了文字稿与图画稿两方面内容。[2] 傅汉章、邝铁军所著《广告学》中提出:"广义的广告文,也称广告稿、广告拷贝(Advertising Copy)或广告表现,它的内容包括广告作品的全部,如广告文字、绘画、图片、装饰等。"[3] 对于电视广告来说,如果从广义上来定义广告文案,则包括电视画面、音响、音效、音乐、台词或画外音等多种元素。

随着整合营销传播的盛行和跨媒体创意的出现,广义的广告文案定义无疑更能激发各种创意人员的创造力,并有利于促进他们彼此之间的协作。但是,另一方面,广义的广告文案定义也模糊了广告创作人之间的专业分工,有可能使彼此之间协作的难度大为增加。

本书在后文中所指的"广告文案",如果没有特别说明,皆指广义的广告文案,即主张广告文案是构成"广告"的所有东西。

但是,考虑到长久以来广告界对文案和美工(或艺术人员)的分工,本书将把重点放在狭义的广告文案方面(即广告的文字部分)。当然,在跨媒体创意的观念已经日益盛行的时代,以狭义的定义去界定广告文案,具有很大的局限性。因此,本书在将讨论重点放在狭义广告文案的同时,将以开放的视野,充分讨论广义广告文案的创作。

三、广告文案的功能

尽管广告界对广告文案的定义有狭义和广义之分,但是,对于广告文案具有什么样的功能,却基本上有一个共识。广告界人士普遍认为:广告文案必须具有推销商品、服务或某种观念的功能。

对于商业广告而言,广告的基本任务就是销售商品或服务,因此,广告文案的基本功能必然与商业广告的功能一致。在谈及什么是好广告这一问题时,美国著名广告人大卫·奥格威(David Ogilvy,1911—1999)[4] 曾指出关于这一问题大致有三种观点。第一种观点是那些对什么都无所谓的人所持的观点,认为客户认可的广告就是好的。第二种观点以雷蒙·罗比凯对好广告的定义为代表。罗比凯认为,上乘广告的最好标志是,它不仅能影响大众争购它所宣传的产品,而且它能使大众和广告界都把它作为一件可钦可佩的杰作而长记不忘。大卫·奥格威认为他属于第三派。他

---

1 〔美〕菲利普·沃德·博顿:《广告文案写作》(第7版),世界知识出版社2006年版,第12页。
2 参见唐忠朴、贾斌:《实用广告学》,工商出版社1981年版,第79页。
3 参见傅汉章、邝铁军:《广告学》,广东高等教育出版社1985年版,第142页。
4 亦可译为戴维·奥格威。

说:"它应该把广告诉求对象的注意力引向产品。诉求对象说的不是'多妙的广告啊!'而是'我从来没有听说过这种产品。我一定要买它来试试。'"[1] 仔细分析这三种观点,我们可以发现,不论是哪种观点,对于好广告应具有推销商品、服务或某种观念的功能都不否认。关于这一点,在后两种观点中表述得非常明显,毋庸多言。即使在第一种观点中,虽然客户认为好的广告未必就一定有效,但是这并不否认客户在主观上希望自己认可的广告能够具有推销商品、服务或某种观念的功能。

对于公益广告而言,广告文案可以宣传某种观念或某种公益事业。不论是商业广告,还是公益广告,广告文案都是一种讯息传达或劝服形式。通过讯息传达,让接触广告的受众了解商品、服务或观念;通过劝服,让接触广告的受众采取某些行动或接受某种观点。

第二节 从广告策划到创意策略

通常而言,现代广告的创作,并非直接开始于创作广告文案。在写作广告文案(狭义的广告文案)或创作广告作品(广义的广告文案)之前,通常要经过一个在时间上或长或短的广告策划过程。正如有学者所说:"作为一个文案撰稿人,你面临的最大危险可能是迫不及待地马上开始写广告;在尚无把握的情况下匆匆忙忙做标题,搞销售创意。"[2] 在我们想要创作一个广告之前,我们必须要弄清楚一件事,那就是广告究竟应该做什么。而当我们对这一问题有了正确认识之后,我们才能真正意识到广告策划之于广告创意的价值所在。在整个广告策划过程中,对广告文案的创作影响至深甚至起决定性作用的工作是广告策略的制定。

一、广告文案创作者应了解制定广告策略的过程

广告策略的制定是广告策划中的关键环节,同时也是在广告文案创作之前的必不可少的步骤。在现代广告的创作过程中,广告公司通常会按部就班地进行广告策划工作的每一个环节。因此,在工作的过程中,可以清晰分辨出广告策略制定这一具体的工作环节。然而,实际上,有时候,广告策略制定这个环节是无法加以明确辨别的。这种情况在广告业发展初期尤其明显。当时,许多著名的、有经验的广告人往往在接触产品后,能够迅速地凭借经验捕捉到产品的市场问题,并在极短时间内形成策略性的对策甚至具体的广告文案。在这种情况下,广告人并非没有经过策略制定过程,只是这一过程被压缩在非常短的时间内得以完成,以至于容易被人误以为广告人是经由凭空发想来赢得创意和文案构思。随着现代市场竞争日趋激烈,市场情况愈加复杂,制定广告策略的过程愈加复杂,成为一项更具挑战性的工作,其工作过程在广告策划中也愈加容易被区别出来。

在现代广告的创作过程中,尽管存在越来越细致的分工,产生了专业的策略研究与制定人员,但是随着跨媒体创意的出现,广告文案创作者越来越多地介入广告策略的制定过程。不论是由专门的策略研究与制定人员独立拟定的广告策略,还是他们在有文案创作者介入的情况下拟定的广告策略,都可为广告文案创作者提供一些必不可少的信息,可以为广告文案创作者提供文

1 〔美〕大卫·奥格威:《一个广告人的自白》,林桦译,中国友谊出版公司1991年版,第79页。
2 〔美〕乔治·费尔顿:《广告创意与文案》,陈安全译,第3页。

案创作的指南。

一个广告文案创作者应该超越那种认为广告只是写写画画的想法。这是对广告的一种误解，或者至少可以说是一种片面的理解。如果一个广告文案创作者不能摆脱这一想法，就可能无法深谙文案之道。人们看到的广告作品中的文字或图画，只不过是"冰山"露出"水面"的尖顶。优秀的广告文案创作者能够看到"水面"之下那体积庞大的"冰山底部"。广告策略正是"冰山"在"水面"以下的一部分。

制定广告策略的过程，往往被称为研究在广告活动中应该"说什么"的过程。寻找"说什么"的方法有很多种，不同的广告公司开发广告策略(advertising strategy)的方法不尽相同，对这一过程的表述也各有差异。对于落实到文本上的"策略"的表述，通常有以下几种常见的说法：创意策略(creative strategy)、文案平台(copy platform)、文案政策(copy policy)、终端使用者利益称述(end user benefit statement) 等等。

广告文案创作者如果能够积极参与广告的策略制定，将对进行具体的文案创作大有助益。

在某些广告公司中，广告策略有时会由客户主管和市场营销部门根据广告主产品或服务的市场状况、竞争状况、消费者状况、流通状况来制定。在这种工作机制中，广告文案创作人员可能无法参与策略的制定。许多广告文案创作者将自己定位为艺术工作者，可能对此并不介意，甚至乐得清闲。但是，这种心态对于具体广告文案的创作是不利的。因为，在现代市场竞争异常激烈、市场状况异常复杂的形势下，对广告策略缺乏深刻理解，往往就无法做到深刻地洞察消费者。洞察不同于观察。观察是以记录为主，一般只停留在数据层面，而洞察则需要深入研究消费者购买行为的深层动机。正如智威汤逊-中乔广告公司的唐锐涛所言："洞察要探讨的是行为和偏好的最基本的驱动力，它要寻找这样一些问题的答案：为什么中国男人心甘情愿用一年的收入买一辆汽车？为什么多数中国女性不愿花两天的薪水买一件真丝内衣？为什么新的一代可以同时为一夜成名的偶像组合 F4 和唱着抒情歌曲却有着叛逆性格的王菲着迷？为什么上海男人可以不顾传统社会的眼光，甘心情愿做下厨房的'马大嫂'？"[1]

制定广告策略之前，往往还会有大量的调查研究。这些调查工作可能是枯燥的，可能也不需要广告文案创作者亲自参与，但是对于广告文案的创作而言，调查的结果却是具有重要参考价值的。实际上，随着客户策划制(AP 制)的逐渐盛行，许多广告文案创作人越来越多地参与广告调查工作。他们往往不是参与量化的市场调查，而是更多地走入生活，与潜在消费者进行接触、深入沟通，以期做到深刻而准确地洞察消费者。

对于广告文案(不论是狭义的广告文案，还是广义的广告文案)创作者来说，至少应明确广告策略中的以下内容：广告目的、广告目标、广告目标消费群、广告主题或核心内容。

二、广告文案创作者应充分理解广告策略的具体内容

广告文案创作者应该认识到，广告策略的制定是一个动态的发展过程。长期以来，在广告界中，开发广告策略的方法多种多样，不同的广告公司可能都会开发出一套适合自身工作的策略开发方法。但是，无论对制定广告策略这一过程使用什么术语加以指称，其目的通常都大同小异，至少都包含以下几方面的内容：确认目标市场，并明白地表达产品或服务能为消费者提供的最为重

1 唐锐涛：《洞察：在硬通货和软情感之间游弋》，《国际广告》2003 年第 11 期，第 121 页。

要的利益，这种利益可能是物质的，也可能是心理的。核心广告策略的制定通常是寻找并确定产品或服务能为消费者提供的最为重要的利益，并且开发出广告主题，在此基础上完成广告核心内容的构想。

下面，我们来对广告策略的一些主要内容作探讨。

1. 广告目的

广告文案创作者在创作广告文案时，首先应该明确的是：本次广告战役的广告目的是什么，本则广告在整体广告战役中处于什么样的地位，对于实现整体广告目的承担着何种责任。广告目的是服务于营销目的和营销目标的。广告目的可以是告知新产品上市、提高知名度、提高信任度、提高好感度等。如果从战略高度出发，广告文案创作者应该了解广告目的在战略上与企业的战略业绩目标和财务业绩目标有着什么样的关系。企业战略通常包括两类：一类是战略业绩目标，一类是财务业绩目标。战略业绩目标强调战略目的的实现，必要时可以牺牲财务方面的目标，比如市场占有率、品牌好感度就可归属于战略业绩目标。因为，市场占有率的提高并不意味着企业一定能够在当下或短时期内获得利润。在极端情况下，市场占有率的提高甚至可能使企业出现短期的赤字。财务业绩目标则强调具体的利润率等具体财务指标的实现。广告文案创作如果能够深刻理解企业战略和广告策略，将有助于有的放矢地组织文字或视觉内容等各种广告元素。

2. 广告目标

广告文案创作者应该能够在广告策略中明确识别出广告目标。通常而言，广告目标在广告策略中会被明确指定。广告目标通常是一个量化的指标，是广告目的的量化。比如，一次广告战役的广告目的可能是提高××品牌的知名度，具体的广告目标可能是在三个月内使该品牌的知名度达到×%。广告目标的确定通常建立在分析与预测的基础之上。

对于广告文案创作者来说，具体的广告目标是一种具体的挑战。在各类广告中，对广告文案创作者的能力最具挑战的广告类型是直邮广告。这一看来非常不起眼的广告形式，要求广告文案创作者通过自己的广告作品，在短期内迅速获得市场回报。正如霍普金斯所说："直邮的成本和结果马上就可以显现出来。错误的理念会像阳光下的冰雪一样融化掉。一个广告是否赚钱，从回报上就可以表现出来。统计数字是不会撒谎的，它很快就会让我们知道某条广告的优点。"[1]

当然，现代广告形态多种多样，具有直接销售功能的直邮广告也开始以电子邮件、网络广告等多种形式出现。以报纸、电视等传统大众媒体为广告载体的广告战役，也常常会要求广告能够带来短期的广告效果，甚至希望对销售有直接贡献。在这种情况下，广告文案创作者的压力也会大增。

报纸广告、杂志广告、电视广告等广告形式的广告效果很难衡量，因此要判断是否实现了广告目标，通常需要进行广告事前调查与广告事后调查，并将前后调查的结果进行比较，方能知晓广告目标是否达到。当然，如果在报纸广告、杂志广告中加入了调查问卷或直接邮购产品的广告内容，也能在短期内知道是否达到了广告目标。然而，在这种情况下，这些广告其实是融入了邮购广告的特点，只不过把接触潜在消费者的渠道从邮件变为了大众媒体。

3. 目标消费群

广告文案创作者可以通过研究广告策略了解广告的对象。广告对象通常来说是产品或服务

---

1 〔美〕克劳德·霍普金斯：《我的广告生涯·科学的广告》，邱凯生译，新华出版社 1998 年版，第 188 页。

的目标消费群。分析那些作为产品目标市场的消费者是制定广告策略的重要步骤。但是,当产品或服务的使用者和购买者不是同一人的时候,确定谁是广告对象就需要精巧准确地对广告对象与目标消费群进行仔细的区分。但是,无论如何,寻找和确定产品或服务的消费群是不可或缺的工作。正如美国著名广告人汤姆·狄龙(Tom Dillon)所说:“创作人员奋力以赴的是以主要可能顾客的眼光来想象商品——而不是以制造商品的技术人员的眼光来想象商品。”[1] 如果连目标消费群都没有弄清楚就开始创作广告,那就好比不知道说话的对象是谁就开始胡言乱语,即使偶尔可能使一部分听众产生反应,也只能算是侥幸的成功。

对于广告文案创作者而言,目标消费群的人口统计特征和心理特征尤其值得研究。

人口统计特征是通过统计获得的有关资料,包括目标对象的年龄、性别、收入以及教育程度等特征。通常来说,这些信息通过市场调查或借助一些已经公开出版的统计年鉴就可以获得。有针对性地深入研究细分消费人群,往往需要进行有针对性的市场调查。这些信息可以告诉广告文案创作者目标消费群家里是否有孩子,他们住在哪里,是住在城市、郊区或是住在农村。人口统计特征还可以告诉广告文案创作者所需要的很多其他信息。

心理特征可以告诉广告文案创作者关于目标消费者的气质、性格、自我印象、生活形态以及其他一些重要的合用的信息。广告文案创作者常常有必要亲自去接触目标消费者,以获得真实而准确的感受。研究分析调查和亲身接触获得的资料,对于广告文案创作具有无可估量的价值。(关于消费者研究对广告文案创作的影响,本书将在后面章节中作专门的探讨。)

案例解析

著名服装品牌 DIESEL 的广告通常并不是简单展示服装设计或质地,而是通过对社会现象、生活方式以及意识形态进行深入细致地分析、提炼,从而强有力地传达出品牌观念。DIESEL 的广告是在对消费者的人口统计特征、心理特征以及生活形态进行深刻分析的基础上创作的。

在一个以“全球 DIESEL 消费者市场调查”为主题的系列广告中,DIESEL 的广告文案彰显了目标消费者坚持个性、追求性感的特征。下面举出该系列广告中的三则文案:

81%的 Diesel 消费者承认在黑暗中戴上 Diesel 墨镜没有什么用,但是他们当中有 45%照戴不误。(图片 1–1)

96%的 Diesel 挎包装不了什么有趣的东西。(图片 1–2)

图片 1–1

图片 1–2

1 〔美〕汤姆·狄龙等:《怎样创作广告》,刘毅志编译,中国友谊出版公司 1991 年版,第 19 页。

Diesel消费者的性敏感区：14%嘴唇，6%臀部，17%膝盖以下……（图片1-3）

4. 广告主题或广告核心内容构想

广告主题具有宏观性、统领性，广告核心内容构想则相对比较微观、具体。

图片1-3

广告主题是广告策略中最为重要的部分。在集中性广告战役中，广告主题就如同一次战役中的军旗一样，是整个广告战役的一面旗帜，引导着整个广告战役的方向，决定着广告战役中的每一次广告活动的安排、每一个广告作品的内容。广告核心内容构想是广告策略制定过程中需要加以明确的通过广告所要传达的重要内容。广告主题通常决定着广告核心内容。

在广告策略书中，阐明广告核心内容最常用的一种方法是定位陈述。定位陈述是用一段简短的话，最好是一个简单的句子，来陈述产品或服务最重要的特点。这一特点通过广告来传播出去。

下面是一个标准的定位陈述格式：

对（目标受众）来说，（产品名字）是（首要的承诺），因为（对于承认的主要支持）。

利用这个格式，下面是对某品牌化妆品的系列产品之一作出的一个完整的定位陈述：

对于25—35岁的女人而言，“×××弹性蛋白美容霜”是可以让她们的皮肤恢复弹性的美容霜，因为它可以重组皮肤蛋白。

在广告策略书中，如果对产品或服务的定位陈述是明确而又清晰的，那么对于广告文案创作者而言，这是一个非常有价值的参考信息。如果广告策略书中并没有做出非常充分的定位陈述，则要求广告文案创作者能够依据广告策略书中的有关信息进行提炼，从而为自己的文案创作工作做好充分准备。具体而言，可以从三方面考虑商品的定位：(1) 分析产品或服务在生活中的定位，发现它和消费者之间的关系。(2) 分析产品或服务在市场上的定位，发现它和市场上同类产品的关系，在市场占有率、竞争对手、产品特征、销售方法和渠道等方面进行比较。(3) 分析产品或服务在社会中的定位，发现产品或服务的社会意义。不论从哪个方面去分析产品或服务的定位，最后都应落实到一点上，即这种产品或服务给潜在消费者带来什么样的利益，这种利益可以是物质的，也可以是非物质的。如果企业策划的是形象广告，那么就应该明确本企业能够给潜在消费者带来何种利益或价值。

案例解析

1997年，丰田新一任总裁奥田硕(Hiroshi Okuda)上任后领导公司开始了一次全球性大变革。为配合公司的变革，丰田公司开始重新研究美国市场。在美国市场上，丰田公司的广告经理与广告公司、经销商一起，对市场情况进行了一次长达一年的全面深入的研究。尽管当时丰田公司在美国市场上取得了巨大的成功，在美国境内已经成为仅次于通用、福特和克莱斯勒的第四大汽车制造商，但是，通过研究，他们依然发现很多问题。

在广告策划过程中，丰田公司发现，汽车的买主变得更加自信、乐观，对汽车品质、信用和服务要求很高，他们也非常关注家庭和人际关系，对能使他们在家庭中有良好表现的产品很感兴趣。丰田公司还发现，当时美国的汽车市场出现了惊人的分化与日益激烈的竞争，丰田品牌的知名度下降。当时，丰田在美国市场上用以创造品牌形象的全国性广告仅占其广告总投入的三分之一左右，丰田经销商团体与经销商个体的广告费占了其余部分。占丰田美国市场上总广告费三分之一的品牌广告费又要覆盖 13 款不同的车型，这进一步削弱了丰田传播品牌讯息方面的能力，导致丰田品牌知名度下降。

当然，丰田公司也清楚自己的优势所在。首先，丰田公司生产的小汽车、卡车和多用途越野车品种多样、款式齐全、用途广泛，可以吸引不同层次需求的汽车买主。其次，丰田公司的产品工艺先进、设计流行，深受许多汽车消费者的喜爱。再次，人们比较信任丰田的品质、安全性和可靠性。最后，在当时的美国，丰田汽车销售势头正猛，在市场上正取得巨大成功。

在这种背景之下，丰田公司未雨绸缪，认为发起一次战略性广告战役的时机已经成熟。丰田公司准备针对所发现的市场问题，基于自身已经具备的优势，开展一次集中性战略广告战役，与消费者进行发自肺腑的情感沟通，在市场中为丰田品牌进行重新定位。

鉴于丰田汽车的消费者是由诸多细分消费者群构成，每个消费者群都有独特的“自我”，这次广告战役的策划非常复杂。丰田公司要求：广告方案应该卓尔不群、令人难忘；广告战役的概念要简单、专一，又必须能够覆盖 13 款不同车型的个性；广告概念要能够贯穿于广告战役全部的电视广告片中；最重要的是，广告概念要让受众参与进来，而不是居高临下与他们说话，必须把丰田公司表现为一个关心消费者、尊重消费者并真诚希望消费者实现理想的公司。

基于这样的要求，广告公司与丰田公司发展了一个“核心战略思想”，清晰地阐明了丰田是什么、要怎么做以及它希望树立什么样的形象。这形成了一个明确的任务说明，要求广告战役传达这样的讯息：丰田不只是一辆小汽车、卡车或多用途越野车，它是一家真诚的公司，一家致力于满足消费者生活需求的公司，无论是些什么样的需求。丰田公司信奉顾客至上。

围绕这一“核心战略思想”，一个明确而简洁的广告主题制定出来了，这就是：“丰田/每一天”。

在这一广告主题的统领下，产生了能够充分发挥丰田优势的广告构思，或者说广告要传达的主要内容：侧重表现汽车与人们日常生活的联系，以及丰田如何为满足消费者的个人需求与欲望而生产产品。广告战役的目的之一，是要展现人们对日常生活的理解与关注，树立每一天的希望和机遇。这里面其实已经包含了一个非常明了的定位陈述，即丰田公司是为满足消费者的个人需求和欲望而生产产品，丰田汽车联系着你每一天的日常生活，带给你每一天的希望和机遇。

如果要套用我们之前阐述过的那个定位陈述格式，可以这样表述：对每一个人来说，丰田汽车联系着你每一天的日常生活，带给你每一天的希望和机遇，因为丰田公司是为满足消费者的个人需求与欲望而生产产品。

在这样的广告主题和广告核心内容构想的统领下，丰田此次战略性广告战役的广告文案得以顺利的展开。

比如，在这次集中性广告战役的第一条电视广告片中，画面以一个跳绳的小女孩作为开始，屏幕上出现手写体的广告文案:“你所拥有的一切是今天……你将如何把握它呢?”而广告的背景音乐则是美国人熟悉的一首歌曲:由斯莱和家族石头演唱组(Sly and the Family Stone)在 20 世纪 70 年代演唱的流行歌曲《每一天的人们》。在这则电视广告片中,接下来的内容是,不同生活方式、各行各业的人们回答着广告一开始提出的问题,诉说着各自的梦想与观点。主要的画面与文案分别是:

一个中年母亲说:“我会铭记那些真正重要的东西——每一天。”

一个年轻的非裔美国音乐家说:“我将直抒胸怀——每一天。”

一个打篮球的年轻人说:“我再也不会忽略我的妻子。”

一个高级女白领说:“我要抽出更多的时间与孩子们相处——每一天。”

一个在理发的小男孩说:“我要尽量在我不喜欢的人身上找到一点儿优点。”

一个脾气暴躁的老农夫说:“我会变得再浪漫点儿——每一天。”

片尾,一个年龄稍长的绅士说:“难道生活不是很精彩吗?”

接着,画面渐渐隐去,屏幕上出现丰田公司的标志和公司新的广告口号:“丰田/每一天”。(这也正好是它的广告主题。)

在一则印刷广告中,画面表现了高耸的粗壮的大树,以比喻丰田公司强大的实力、稳固的市场地位和持续发展的生命力。广告的大标题写道:“我们知道,要长得高大、强壮并且稳固,需要一段非常长、非常长的时间。”该则广告的广告口号则是在该次广告战役的任何一条广告中都会出现的广告主题——“丰田/每一天”。这条印刷广告,不论是视觉内容,还是文字部分,都围绕着广告主题,传达了策略中既定的核心广告内容。

5. 媒体策略

在广告策划中,广告讯息战略与广告媒体战略是相辅相成的。因此,广告文案创作者应该清楚地知道,一次广告战役要采取何种媒体策略。

广告策略中所包含的媒体策略,确定了广告主将要在何种媒体上于何时发布广告。媒体策略告诉广告文案创作者要用报纸、杂志、电视、广播、户外广告或是其他什么媒体来传播广告的具体内容。媒体策略具体还包括媒体组合策略、媒体发布时机策略等。

对于传统的广告文案创作者来说,至少要清楚地知道自己可以借助何种媒体来传达广告讯息。因为,只有做到这一点,才能创作出符合媒体特点的广告文案。比如说,报纸广告由于具有静态性特征,比较容易保留,阅读时间可以比较长,因此比较适合写长文案。电视广告则以画面、音乐等视听效果取胜,但是画面稍纵即逝,因此一般情况下不适合写长文案。由于纸张的原因,杂志广告通常比报纸广告具有更好的彩色表现效果,因此,杂志广告可以利用精美的照片来吸引读者,而报纸广告在这方面则不具有优势。当然,随着报纸印刷技术的提高,越来越多的报纸广告也开始使用大幅精美图片来吸引读者的注意力。广播广告只有声音、没有画面,因此广告文案往往强调要能够使听者产生联想。

案例解析

2008 年 7 月 22 日的《京华时报》A09 版有一则本田汽车公司第八代雅阁车的广告(图片 1-4)。该广告是一则半版广告,主要以文字为主,使用了长文案。广告文案正文近 110 行,共 4 栏(每栏满行情况下每行 15 个字或 17 个字)。在标题之下左侧,放置了一张第八代雅阁车在陈列室(或车

2008中高级轿车市场王者归来
第八代雅阁勇夺6月中高级轿车双料冠军

图片 1-4

行内)的写实照片。照片上,车的旁边还站着一位处于工作状态的神态自然的工作人员。

该广告的广告标题是:

2008中高级轿车市场王者归来(第二大标题)

第八代雅阁勇夺6月中高级轿车双料冠军(第一大标题)

来自销售终端的声音:好产品为消费者注入强心针(第三大标题)

该广告的小标题有:

三次夺冠　敲定领跑地位

经销商对第八代雅阁后市看好

因为懂车,所以选雅阁

在该则广告文案正文中,广告文案创作者使用大量的数据来增强文案的说服力和可信度,比如:

乘联会最新数据表明,6月份第八代雅阁以12035辆的销量第三次夺得中高级车月销量冠军;同时上牌数也以13192辆雄踞榜首。

将整则广告各个元素结合起来看,该广告非常类似于一篇新闻报道。当然,该广告在边框上方按照规定已经标示了"广告"字样,以说明这些文字和图片属于商品广告。但是,尽管如此,该广告给读者带来的印象却像一篇新闻报道。广告文案的这种风格,使广告的权威感大为增加。而该广告的长篇文字广告文案和写实风格的照片(按照广义广告文案的界定,照片也属于广告文案),更是增加了整体广告文案的说服力。

随着广告观念的革新,跨媒体广告开始日益增多。许多持这种先锋创作观念的广告文案创作者往往会将媒体本身纳入广告文案的范畴,也就是说,使传统意义上的传播内容的载体——媒体——变成传播内容本身的一部分。对于传统的广告文案创作者而言,这听起来似乎有些莫名其妙,甚至有些匪夷所思,但是这种广告文案创作思路确实已经在广告界成了趋势之一。关于跨媒体广告文案,本书后面将有专门章节加以介绍。

6. 其他应该考虑的:产品或服务的使用场合和广告基调

广告文案创作者还要对广告策略中提到的产品或服务使用场合加以留意。许多广告策划书在提供创意指导性清单时,还会专门对广告基调加以说明。潜在消费者使用产品或服务的场合,会对广告基调的设定有所启发。在广告文案创作中,两者之间的关系是非常密切的。

广告所表现的某种特定的感情和产品或服务的使用场合通常会直接影响到广告传播的意义,在大多数情况下,感情和场合实际上是使传播有意义的重要元素。广告文案创作者若无法领会到这一点,创作出的广告文案往往就会缺乏感染力,难以引起目标消费群的共鸣。更有甚者,则可能因为急切地想完成构想,而做出可笑或愚蠢的广告。反之,如果能对产品或服务的使用场合有准确的把握，对消费者使用该产品或服务时的感情有深刻体会，就有可能创造出震撼人心的杰出广告文案。

对于某种特定的感情和特定的产品或服务的使用场合，最简练的表述可以归结为一个词，即产品或服务的“用处”。也就是说，广告文案创作者要深刻洞察目标消费群是如何使用产品的。因此，在对广告策划书和其中的创意指导性清单有充分理解的基础之上，广告文案创作者要充分发挥自己的想象力去创造一个符合目标消费群心理的产品或服务的使用场合，并通过广告文案再现出在这种场合中最可能出现的特定感情。心理学中所说的移情，对于广告文案创作者来说，是一个非常重要的广告创造力的来源。广告策划书中为广告设定的基调通常可以用一些形容词表述，比如“欢快的”、“清新的”、“轻松的”、“温馨的”、“有运动感的”、“暖色调的”、“冷色调的”等等。广告文案创作者要善于从这些词语中获得启发，并在这种策略指导下创作出能令消费者产生内心共鸣的广告文案。

案例解析

2007年9月，巴斯夫公司在《商业周刊(中文版)》杂志发布的一条整版广告(图片1–5)，画面全是绿色。广告的基调是清新的、充满生机的。这种基调与广告主题和广告核心内容是一致的。

图片 1–5

该则广告的大标题是： 我们在这里 2008，我们一同构想

广告正文：

在这场环保赛事中，我们以突出的产品性能力争上游。巴斯夫 Luquasorb 土壤添加剂帮助土壤更好的锁水，提高土壤吸水能力并且减少水分流失达 30%。

更少，更省，更有效

作为全球领先的化工公司，巴斯夫为分布在世界各地 170 个国家的合作伙伴提供 5 大类超过 8000 项的创新产品，包括化学品、塑料、特性产品、农用与营养产品、原油与天然气领域。

该广告的文稿部分语言平直、不肆渲染，但是准确地传达了产品信息与企业使命。可以说，该则杂志广告通过满版的绿色所创造的清新的、充满生机的基调，不仅增强了广告文案的说服力，也树立了巴斯夫化工公司关注环保的健康形象。清新的绿色，一方面奠定了广告的基调，同时自身也成为广告文案的一部分。

7. 整合营销传播计划

随着营销手段变得更加复杂，广告文案创作者所面临的挑战变得更加严峻。广告文案创作所要写作的文字或所要创作的视觉艺术作品，也不再像从前那样仅仅限于以四大传统媒体作为主要的广告载体。

自20世纪90年代中后期以来，整合营销传播的观念已经逐渐在中国市场上被认可。广告界有一部分人士认为，一个完整的广告策略也应该包括整合营销传播计划。在这个问题上，可能出现了某种程度上的理论模糊。按照传统的营销学理论，营销的四个基本要素包括产品、价格、渠道和促销。广告作为一种营销手段，则是促销的一部分。促销手段还包括公共关系、人员销售、销售促进、直接邮寄等。销售促进在中国也常常被更加通俗地称为终端促销，即对购买者、消费者进行的面对面促销方式。“终端促销”这一表述更具有针对性，在用来说明生活消费品时是比较合适的，对于生产资料的销售促进，却显得不妥。因为，大量的生产资料的销售促进并不直接针对终端的消费者进行。而且，“终端促销”这一概念可涵盖的具体促销手段，也并不如“销售促进”这一概念来得广泛。至于一个完整的广告策划方案也应该包括整合营销传播计划这一表述，则容易使人对广告与营销关系之间的关系的认识变得模糊不清。从理论上讲，在商业领域，广告确实是营销的手段之一、促销的工具之一。

因此，对于广告策划人和广告文案创作者来说，与其说是要学会撰写整合营销传播计划，还不如说应该学会用整合营销传播的观念进行思考，学会在一个共同广告主题下如何把各种营销工具加以组合运用以发挥广告的威力。对于广告文案创作者来说，整合营销观念带来的挑战更加具体。如今，广告文案创作者要思考运用一切可以利用的载体或媒体来传播广告讯息——或者说，来传播自己所创作的广告文案。

第三节　从创意策略到广告文案

创意策略是广告策略中的一部分，是对于广告文案创作者来说最具有参考价值的部分。大多数广告文案创作者的工作常常是从开发广告创意策略开始的，也就是说，从广告策划的中期就开始介入了。当然，有些广告文案创作者甚至会介入市场调查的工作。在客户策划制(AP制)出现后，很多广告文案创作者都会介入消费者调查的工作。无论怎样，广告文案创作者参与广告创意策略的开发有助于此后广告文案创作阶段的创意发想。介入创意策略开发的广告文案创作者有必要摆脱将自己定位为文案写作者或美工的认识窠臼，而要以一个策略家的心态来面对广告创作。只有这样，才能与广告创意总监或艺术总监进行充分的沟通，并共同激发出好的创意和具体的广告文案。在实际工作中，要避免使头衔和级别成为沟通的藩篱。

一、广告创意策略的形成是一个动态发展过程

要制定广告创意策略，必须首先明确广告目的与广告目标，研究最为重要的销售信息——或者说，研究产品或服务能够提供给消费者的最重要的价值和利益点。如果销售信息不明确，或者说，没有找到产品或服务能够提供给消费者的明显利益，或者说，无法解决潜在消费者遇到的问题，广告创意策略是很难形成的。

挖掘出重要的销售信息是制定广告创意策略的必经之路。重要的销售信息也是广告文案创作时必须加以清晰传达和进行艺术性表现的重要内容之一。

然而，挖掘出产品或服务能够提供给消费者的最重要的价值和利益点，并不意味着广告创意必定成功，也并不意味着杰出的广告文案可以手到擒来。但是，准确挖掘出产品或服务能够提供给消费者的最重要的价值和利益点，是实现广告创意成功、广告文案有效的不可缺少的保证之一。

没有一个公式可以帮助广告创意人发想出奇妙的创意，也没有一个公式可以帮助广告文案创作者写出杰出的文稿或创作出可以打动人心的画面。但是，广告学经过多年的发展，已经可以从广告实际工作的经验中，总结出有一套相对科学有效的、系统的方法，来帮助广告文案创作者挖掘有效的销售信息，找到产品或服务能够提供给消费者的明显利益点。这些有用的销售信息最终被融入广告文案，成为打入消费者内心的“特洛伊木马”。

二、广告文案创作者在广告创意前的基本思考

将自己定位为广告创意人的广告文案创作者，首先应该对营销原理有所了解；同时，还必须学会从传播的角度去思考问题。

广告创意人不一定要成为营销专家或是传播专家，但是必须能够了解产品或服务的潜在消费者和广告对象。在创作广告文案的时候，要非常清楚自己所创作的广告是在对谁说话。广告创意人不一定要能说会道，但是必须懂得传播沟通。如果广告创意人不能实现有效的传播沟通，广告是不可能成功的。

广告创意人一定要对需要做广告的产品或服务作充分的了解。如果是适合自己使用的个人消费品，广告创意人要尽量去尝试使用广告的产品或服务，去体验消费者在使用产品或服务时的真实感受。这一点说起来简单，做起来却实在不易。

广告创意人同时也要分析竞争对手的情况，了解他们的产品或服务有何优点和缺点，了解竞争对手的广告是如何做的。这样，才能给自己的创意和广告文案创作找一个恰当的方向，选择一种合适的策略，或是正面对抗，或是侧翼进攻，或是另辟蹊径。

广告创意人在筛选提取销售信息时，必须考虑消费者在看到这项或那项销售信息时，会有什么反应和行动。同时，广告创意人应思考，消费者为什么会有这样或那样的反应和行动。目标消费者在看了广告后，是不是开始喜欢这个产品呢？他们会去商场买这个产品吗？他们会直接通过广告邮购吗？他们看了这则网络广告后会立即在网上订购吗？广告创意人应该尽量把可能出现的情况预先想到，并从中寻找灵感，创作出能够打动消费者内心的广告文案。

广告创意人还应该考虑到广告预算的多少。商业广告是一种付费的传播。广告创意人必须在广告预算限定的范围内开展创意。否则，广告创意是无法得以实现的。电视广告的制作花费尤为巨大，动辄几十万甚至几百万，广告创意必须对自己的创意要花多少钱有个估计。广告预算是对广告创意人在金钱方面的限制，并不是对创意的限制。很少的预算同样可能产生好的创意。广告预算决定了媒体形式的选择，决定了广告发布时间的长短、发布的时间与地点，因此也间接影响着广告文案的效果。比如，一幅精美的广告照片，如果在一份印刷质量非常一般的报纸上刊登，该广告照片所产生的效果可能并不如广告文案创作者想象的那样好。如果广告创意人事先能够考虑到预算的因素及由此所影响到的广告媒体的形式，就可能做出合适的选择，以使广告文案适应媒体的实际情况。

总之，将自己定位为广告创意人的广告文案创作者，在创意之前必须综合考虑各种因素，尽量全面地掌握各方面的材料。当然，各种材料并不一定是靠个人获得的，它们往往是全体广告策划人员共同分析整理出来的，而且通常都经过客户的审核。

三、创意指导性清单与广告文案创作

一份创意指导性清单，对于广告文案创作者而言，就相当于为创造力引航的一盏明灯。在广告策略慢慢成形的过程中，将自己定位为广告创意人的广告文案创作者，有必要反复咀嚼广告策略的分析过程，然后在广告策略的基础上，拟订一份创意指导性清单。当然，这项工作常常由广告前期策划人员完成，并在广告策划书或广告策略书中清楚地写明。广告创意策略其实是整体广告策略的重要部分，因此广告策略文本中包含创意指导性清单是非常自然的。广告文案创作者如果只是把其中的内容视为枯燥而没有意义的文字，或者视为没有必要遵循的愚蠢约束，那就极可能使广告文案的创作犯下方向性的错误。

对于创作力需要指导这一问题，美国著名广告人惠特·霍布斯(Whit Hobbs)[1] 观点鲜明地说："我是百分之百赞成在广告中使用创作力，但不是全然的创作力。我所反对的是缺乏指导，缺乏策略，缺乏'首先想通难题'的事情。我反对在无中生有里创作广告，而不是针对明确的销售难题作明确的解答。……我反对没有指导方针，没有目的而放任创作人员去自由行动；我相信有指导的创作力。"[2]

大多数著名广告公司在长期的实践中，都会制定一套符合自己公司特色的开发创意策略的程序或方法，有的还制定了相对固定的策略发展格式。

为什么这些著名的广告公司要制定出开发创意策略的程序或方法，甚至是看起来很死板的格式呢？这主要有以下几个原因：

(1) 一套相对稳定的开发创意策略的程序或方法，能够为广告创意提供指导，发挥指南作用，使广告创意沿着正确的方向进行。

(2) 一套相对稳定的开发创意策略的程序或方法，能够使参加广告创意的人员和相关人员在目标市场、销售信息等方面达成共识。

(3) 一套相对稳定的开发创意策略的程序或方法，可以使广告创意人员以全面的观点看问题，同时保证广告创意的构想是从消费者的角度出发，而不是仅仅从广告主的角度开发出来。

(4) 一套相对稳定的开发创意策略的程序或方法，可以为广告活动的展开和控制提供蓝本，同时也有利于在实施过程中最迅速地对出现的问题作出反应，并及时调整广告活动计划。因为，最精细的计划也不可能面面俱到、十全十美，更何况市场和人心皆处于变化之中。

下面是对广告文案创作来说非常具有参考价值的创意指导性清单的格式之一。需要指出的是，以下格式中的内容都是描述性的，或者换句话说，广告策划到了这一步，应该在前面调查、分析、研究的基础上，得出某些中间性的结论，这些中间性的结论要在清单式的文本中加以描述。注意，在此之前，研究分析的文本中可能已经包含以下的内容，广告策划人员现在要做的是把这些信息简洁明了地开列出来，以给广告创意人员和广告文案创作者提供创意指导。

创意指导性清单的格式之一：

1. 关键事实

在这一部分中，要从消费者的观点把一切有关产品、市场、竞争等资料整理出来，加以系统的陈述。关键之处是要发现是什么原因使消费者不购买或不选择本产品、本服务，或者发现是什么

---

1 原译为魏特·哈布斯。

2 〔美〕汤姆·狄龙等：《怎样创作广告》，刘毅志译，第28页。

原因使消费者转换了品牌。并且,这一问题应该以消费者的观点陈述,而不要从广告主想当然的立场出发。

2. 首要的营销问题

在这一部分中,要从营销的角度出发,以营销者的观点加以陈述。这个营销问题可能是产品认知问题、一个市场上的问题、一个竞争上的问题,但是它一定要是广告可以施加影响的问题。有些问题是广告无法解决的。一定要明确广告可以做什么,不可以做什么。

3. 广告目的

在这一部分,要将期望广告对目标消费者产生的影响作一个简明的描述。通常,广告目的是改变知名度、偏好度、信服度等传播方面的效果。比如,"在未来三个月内提高某某产品的知名度"就是一个广告目的。

4. 广告目标

广告目标是广告目的的量化。比如,"在未来三个月内使某某产品的知名度达到百分之多少"就是一个广告目标。

关于广告目的和广告目标在广告策划书中可能有专门的部分加以详细阐述,但是在创意指导性清单中,应该作出最为简洁而明确的表述。

5. 创意策略

(1) 确认目标消费群和广告对象

广告文案创作者希望看到对广告对象的清楚而详细的描述。因此,在广告创意指导性清单中,描述广告对象或目标消费群(有时也被称为目标市场),要做到尽量清楚、仔细而完整。目标消费群有时与广告对象是同一群人,是完全重合的,有时则有一部分重合,有时则完全是两个不同的人群,因此在必要时要根据实际情况加以详细、有区别的描述。对目标消费群和广告对象的描述应该至少涵盖以下几个方面:

- 目标市场的规模:描述目标市场(目标消费者和广告对象)大概有多少人。
- 地理特征和地域性特征:不仅要描述目标消费者和广告对象居住或长期活动于什么地方,比如哪个省、哪个市,还要说明那个地方的具体细节,比如是一级城市或是三级城市等等,描述得越具体越好。因为,这些信息对创意人员、广告文案创作者的创造性工作可能具有巨大的参考价值。
- 目标市场的季节性差异:不同的季节会对消费产生不同的影响,有些产品的消费受季节性影响很大。而且,由于我国地域宽广,跨越多个气候区,因此即使在同一个季节,各地的气候状况也不同,目标市场也存在着差异。这一因素,广告创意人员、广告文案创作者必须加以考虑。
- 人口统计学资料:包括年龄、性别、收入、婚姻状况、教育程度等。
- 心理特征:包括气质、个性等因素的描述。
- 媒体接触特点:可以通过列表的形式,把目标消费者和广告对象所接触的媒体列出来。这些媒体是目标消费者和广告对象接触的媒体,不是媒体计划一定要加以使用的媒体。媒体接触的特点可以细致到具体的媒体种类、电视广播的接触时段,甚至可以具体说明的版面属性或节目名称。媒体接触的频率与次数也是应该加以描述的因素。
- 消费行为特点:目标消费者有什么样的消费行为特征。

(2) 定位或区隔

在这一部分中,不是要把属于这一种类的每一种产品或品牌都列出来,而是要为了广告创意而确认本产品或品牌所要竞争的市场区隔或范围。广告创意人、广告文案创作者如果能够清楚地知道竞争对手给消费者的承诺是什么,就可能做到知己知彼,更可能清楚地说明本品牌或产品有什么独特之处,就更可能为本产品或品牌在市场和消费者心中找到属于自己的位置。

(3) 承诺

所谓的承诺,通常是把产品或服务能为消费者提供的最为重要的利益,用简练和明白的一句话加以表述。它常常与广告策划书或广告策略书中的广告主题或广告核心内容有着密切的相关,在表述上也会非常接近。但是,与广告主题和广告核心内容相比,承诺的表述往往更加明确,它其实是广告主题和广告核心内容的一部分。具体而言,在典型的广告核心内容的表述方式——定位陈述之中,承诺其实是定位陈述的一部分。

一个广告承诺应该注意以下几点:

- 这个承诺必须提供消费者利益或能够解决消费者的问题。
- 这个承诺所提供的利益或所解决的问题对于消费者来说必须是重要的,并且是潜在消费者所欲求的。
- 这个承诺必须和产品或品牌相融合。
- 如果广告采用竞争策略,承诺一定要具有明确的竞争性。

广告创意指导性清单中的承诺最终会以创造性的方式融入广告文案之中。它可能出现在广告标题中,也可能出现在广告正文中,也可能融在标题式的广告口号中。不论是标题、正文,还是融入其中的广告承诺,都应该成为整个广告战役的创造性表达的一部分。

案例解析

2008 年 6 月的《中国国家地理》杂志刊登了一则广州本田汽车公司第八代雅阁汽车的广告。该则广告清楚、简洁地陈述了产品带给消费者的承诺。

广告大标题:第八代雅阁　安全超五星

广告小标题:第八代雅阁荣膺 C-NCAP 碰撞测试超五星评价　迄今轿车类首个超 50 分车型

广告正文:

没有不可能征服的安全高度,只有永不满足的安全追求。安全荣耀的背后,是不断革新的安全科技。Honda 安全研发不止限于法定规则的基本水平,更以"超越标准之上"的理念进行设计。G-CON 安全技术,给予驾乘者周全无忧的安心;而比例高达 48%的高强度钢的使用(其中 590 特种钢的比例达到 42%),则给驾乘者更坚固的保护。

第八代雅阁获超五星评价 50.3 分

正面 100%碰撞 15.69 分+正面 40%偏置碰撞 15.91 分+侧面碰撞 15.69 分+附加评分项目 3 分

该广告的文案还提供了表格式数据与图示,以说明超五星安全的含义,并且说明了测试车型是第八代雅阁 HG7241A 型(2.4EXL Navi)。另外,还以广告附文的文案方式说明在美国公路交通安全管理部门(NHTSA)安全测试中,第八代雅阁夺得五星评级,在美国高速公路安全保险协会(IIHS)安全碰撞试验中,第八代雅阁荣获至高安全奖。

在广告图片中，样品雅阁车的车前牌照上，也标注了五颗实心金星，外加一颗镂空的金星，以此来象征广告所承诺的“超五星安全”。

这则第八代雅阁汽车的杂志广告中的各个元素都充分围绕广告承诺来展开，因此使该承诺具有非常强大的说服力。广告文案虽然朴实无华，但是却充满了无比自信。

思考与练习

1. 狭义广告文案与广义广告文案有什么区别？
2. 通常来说，广告策略应该包括哪些主要内容？
3. 练习：在老师的指导下，成立专门的策划小组。每个小组从常用的一种日用消费品中选择一个品牌，尝试为该品牌的某一产品的广告文案创作拟定一份创意指导性清单。(提示：在拟定创意指导性清单之前，可以进行必要的市场调研，以取得较为真实的市场与消费者数据。)

第二章

广告文案创作的基础:广告策划(上)

第一章已经简单介绍了广告文案的定义以及从广告策划、广告策略到广告文案创作这一过程中需要注意的主要问题。在本章中,将详细讨论广告文案创作者如何以广告策划工作为基础,展开科学的、创造性的思考。广告文案创作者以广告策划工作为基础,对产品、市场、竞争、消费者等重要因素进行深入的思考,决不是重复工作,而是对创造性思维的激发过程。在广告文案的创作阶段,即使广告文案创作者之前已经介入广告策划工作,对于关键因素再次进行全面回顾和深入思考,也是完全必要的。

第一节　广告策划中的产品分析和广告文案

广告是为产品、服务或观念所做的非人员性的陈述与推广。对要做广告的产品、服务或观念进行深入的研究,有利于激发广告文案创作者的灵感。当经过广告策划人员的前期工作,广告策略(包含了创意策略)已经被制定出来之后,广告文案创作者通常就有了基本的创意方向。但是,这是否意味着,进行广告创意和广告文案创作,就没有必要再进行深入的思考了呢?当然不是。

从策略发展到广告创意和广告文案创作,包含着极富有神秘感的创造性的思维过程。广告创意人和广告文案创作者对产品或服务的研究,应该在前期调查与策划人员的思考基础上更进一步。

广告文案创作者以广告策划工作为基础展开的思考,好比牛的反刍。广告文案创作者有必要把广告策略咀嚼多次。

深入了解要为之创作广告文案的产品或服务是非常必要的。如果有可能,广告文案创作者可以要求去工厂或者车间看一看;仔细听一听工人们和工程师的看法,同他们深入交谈;问一问工艺流程或者消费者服务等方面是否有竞争者没有的优点。在对产品或服务有深入了解之后,广告策略和创意指导性清单才会变得有血有肉。

研究产品或服务常常是为了寻找独一无二的诉求。但是,如果没有独一无二的诉求点,就得发掘强有力的销售诉求点,这些诉求点可能并不是你的产品独有的,但是它却没有被竞争对手用过。如何从广告诉求出发进行广告文案创作,本书将在下一章中讨论。

在前期广告策划工作的基础上,广告文案创作人员从研究产品或服务出发寻找广告文案的灵感,可以对以下几个问题进行深入的思考。

一、产品或服务满足何种需要或欲求

所谓的**需要**,是指在实际的生存状态与希望的生存状态两者之间所体验到的差距或不一致。**欲求**是指人们受到刺激后产生的愿望,也常常被称为欲望。[1]通俗一点说,人们所需要的产品或服务可以近似地解释为是人们所必需的产品或服务;而人们所欲求的产品或服务是人们所想要的产品或服务,它们不一定是必需的。

广告文案创作者应该清楚地知道,需要和欲求是有区别的。有的产品主要是满足人们的需要;有些产品主要是满足人们的欲求;另有一些产品则介于这两者之间,它们能够满足一部分人的需要,也能满足一部分人的欲求,或者,它们能够满足一个人的部分需要和部分欲求。

对于任何一个在市场上能够成功的产品,它必然具备上述中的一点,不是满足消费者的需要,就是满足消费者的欲求,或者两者兼而有之。有几种经典的广告创意方法为广告文案创作者提供了有价值的参考。它们可以帮助广告文案创作者选择合适的思维路径,以思考产品或服务满足消费者的何种需要或欲求,并在此基础上创作文案。

李奥·贝纳(Leo Burnett,1892—1971)[2]所倡导的固有刺激法(又称为广告文案的"内在戏剧性法")是经典的广告创意方法之一。这一创意方法就非常重视产品或服务与消费者需要或欲求之间的关系。李奥·贝纳于1935年创办了自己的广告公司。后来,他又创办了芝加哥广告学校。李奥·贝纳以其特有的广告哲学闻名,他和他的追随者们被称为"芝加哥学派"。李奥·贝纳的创意给人的印象深刻,他通过热情、激情和经验,创作出许多具有"内在戏剧性效果"的广告文案。他认为,成功广告的创意秘诀,就在于发掘产品本身内在的、固有的刺激,他把这种刺激称为"内在的戏剧性"。李奥·贝纳认为,广告创意最重要的任务是把产品或服务本身内在的固有的刺激发掘出来并加以利用。他认为,产品本身内在的固有刺激的产生是建立在消费者的欲求和兴趣基础之上的。

李奥·贝纳认为,一般情况下,根据产品和消费者的情况,要做到恰当,只有一个能够表示它的字,只有一个动词可以使它动,只有一个形容词可以准确描述它。对于创意人员来说,一定要找到那个名词、那个动词以及那个形容词。换句话说,李奥·贝纳的意思是,广告文案创作者必须找到传达产品和服务内在特点的最为准确的方式,而只有一种方式可以使广告对于消费者来说具有最大的戏剧性效果。他鼓励广告创意人永远不要对"差不多"感到满足,永远不要依赖欺骗(即使是聪明的欺骗手段也不要用)去逃避困难,也不要依赖闪烁的言辞去逃避困难。

与李奥·贝纳所倡导的固有刺激法相比,大卫·奥格威所倡导的形象法更加重视激发潜在消费者心中对产品或服务的欲求。广告大师大卫·奥格威恐怕是广告界最富有传奇色彩的人物之一。他以创作简洁、富有冲击力的广告而闻名于世。他是奥美广告公司的创办人。他的广告作品的特点是文辞华丽却又切合实际,尊重消费者而不失幽默机敏。他为世人留下了许多杰出的广告创意,它们通过为哈撒韦衬衫、壳牌石油、西尔斯连锁零售点、IBM、罗尔斯–罗依斯汽车、运通卡、国际纸业公司等著名企业所创作的广告文案表现出来。大卫·奥格威同时也擅长以事实为依据的长文案,他发展了霍普金斯、艾尔伯特·拉斯克尔的"印刷推销术"的理论。他的品牌形象法是随着他所写的《一个广告人的自白》一书而于20世纪60年代开始在广告界风行的。

大卫·奥格威认为每一个广告都是对整个品牌的长程投资,任何产品的品牌形象都可以依靠

---

1 参见何辉:《当代广告学教程》,北京广播学院出版社2004年版,第127页。
2 也可译为利奥·伯内特。

广告建立起来。这一观点对世界广告界的影响深远,明确肯定了广告对品牌的贡献,极大地提高了广告的地位。他认为品牌形象并不是产品固有的,而是在外在因素的诱导、辅助下形成的。根据品牌形象的理论,由于一个产品具有它的品牌形象,消费者所购买的是产品能够提供的物质利益和心理利益,而不是产品本身,因此,广告活动应该以树立和保持品牌形象这种长期投资为基础。这种创意方法肯定了品牌形象对于激发与满足消费者欲求的重要作用。

威廉·伯恩巴克(William Bernbach,1911—1982)所倡导的实施重心法则对挖掘消费者需要与激发消费者欲求兼而为之。威廉·伯恩巴克可能是时至今日在广告创意领域最有影响的人物之一。在《广告时代》于20世纪末发起的一项评选中,他被推选为最伟大的广告文案创作者之一。1939年以前,伯恩巴克在多家广告公司任过职。1945年,他加入葛瑞广告公司并迅速成为创意副总监。1949年,他和多伊尔以及马克斯韦尔·戴恩成立了多伊尔·戴恩·伯恩巴克(DDB)广告公司。

伯恩巴克赞同这样的创意过程:将客户的产品与消费者联系起来,明确人类的品质与感情扮演怎样的角色,然后广告决定如何利用电视或平面形式向消费者传递信息并赢得他们。伯恩巴克认为,广告信息策略的“如何说”这个实施部分可以成为一个相对独立的过程,形成自己的内容。这就是所谓的实施过程重心法。“我警告你们,不要相信广告是科学。”伯恩巴克就是采用这样自信而绝对的说法来强调自己的广告哲学。他首倡美术指导和文案人员的协作。他认为,广告的秘诀不在于“说什么”,而在于“如何说”。但是,他其实并不是否定研究和分析的重要性,他说:“逻辑与过分的分析使创意失去灵性和毫无作用。”他的意思是不要把研究和分析当作救命稻草,不要让创意被数字束缚灵活性。

他认为周密的创意实施过程离不开以下四点:首先,要尊重消费者。广告不能以居高临下的口吻与其交流对象说话。其次,广告手法必须明确、简洁。广告必须要把想告诉消费者的内容浓缩成单一的目的、单一的主题,否则广告就不具有创新。再次,广告必须与众不同,必须有自己的个性和风格。广告最重要的东西是要有原创性和新奇性。最后,不要忽视幽默的力量。幽默可以有效地吸引人的注意力,使人得到一种收听、收看和阅读的补偿。

产品或服务如果不能满足人们的需要或欲求,它在市场上就不可能成功。这类产品并不少见。从广告文案创作者的角度来说,如果不能挖掘出产品或服务能够满足消费者需要或欲求的特点,就几乎等于创造性工作的失败。

案例解析

李奥·贝纳和他的公司利用的固有刺激法,以精确的洞察锁定消费者内心深处的需要与欲求,创作了许多著名的广告,造就了许多著名的品牌。李奥·贝纳以固有刺激法创作的最为经典的作品是“绿色青豆巨人”广告。该广告是为“绿巨人公司”创作的。当时,那家公司的名称还叫做明尼苏达流域罐头公司。广告的标题是:月光下的收成。文案是:“无论日间或夜晚,青豆巨人的豌豆都在转瞬间选妥,风味绝佳……从产地到装罐不超过三个小时。”他解释道,如果用“新鲜罐装”做标题是非常容易说的;但是“月光下的收成”则兼具新鲜的价值和浪漫的气氛,并包含着特种的关切。“月光下的收成”,这在罐装豌豆的广告中的确是难得一见的佳句。

利用品牌形象法获得成功的著名案例是李奥·贝纳广告公司创作的万宝路香烟广告。万宝路一度曾是带有明显女性诉求的过滤嘴香烟。自20世纪50年代中期开始,万宝路香烟开始和“牛仔”、“骏马”、“草原”的形象结合在一起,此后,万宝路的世界逐步扩大,获得了前所未有的成功。

万宝路的粗犷豪迈的形象从此深入世人之心。正是“牛仔”、“骏马”、“草原”的形象,使潜在消费者确信这些是他们想要的,和这些形象联系在一起的产品也成为潜在消费者为了形成这种确定性的占有对象。万宝路香烟广告为产品赋予了强烈的男性魅力,万宝路香烟从此以后成为广告潜在消费者心中的欲求,而不仅仅是需要。

伯恩巴克和他的创意伙伴们利用实施过程重心法的著名作品是为大众金龟车所做的系列广告。金龟车初次被介绍到美国市场时,被认为有四个特征:外观不漂亮、小、后引擎驱动、外国制造。这四个特征皆不被看好。在此之前,美国所有的汽车广告都是展现富丽堂皇或赏心悦目的图景。然而,伯恩巴克却在产品特点的基础上,抛弃传统的诉求方式,以幽默和别致的创意制造了广告史上的奇迹。

金龟车的系列广告画面都很简洁,只是单纯的金龟车,通常是黑白两色,最著名的一条广告主标题是“想想小”(Think Small)。标题简单却富有深意。其中一则名为柠檬篇的广告以“柠檬”(lemon,俚语,意为不合格被剔除的产品)为标题,画面是一辆看不出任何瑕疵的金龟车。那么,为什么说它是“柠檬”呢?广告文案写道:“这部车子没有赶上装船,因为某个零件需要更换。你可能不会发现那个零件的问题,但是我们的品质管理人员却能检查出来。在工厂里有3389人只负责一件事,就是在金龟车生产的每一道过程严格检验。每天生产线上有3000个员工,而我们的品质管理人员却超过了生产人员。任何避震器都要测试,任何雨刷都要检查……最后的检验更是慎重严格。每部车经过189个检查点,在刹车检查中就有一辆不合格。因此,我们剔除‘柠檬’,而你得到好车。”

在名为《蛋壳篇》的广告中,广告标题是“某种外形很难再改良”。广告文案是这样的:“问任何一只母鸡都知道,你实在无法再设计出比鸡蛋更具功能的外形,对金龟车来说也如此。别以为我们没有试过(事实上金龟车改变将近三千次),但是我们不能改变基本的外观设计,就像蛋形是其内容物最合适的包装,因此,内部才是我们改变的地方。如马力加强而不耗油,一档增加齿轮同步器,改善暖气,诸如此类的事。结果我们的车体可容纳四个大人和他们的行李。一加仑可跑大约32英里,一组轮胎可跑4万英里。当然,我们也在外形上做了一些改变,如按钮门把,这一点就强过鸡蛋。”

二、消费者对产品或服务是否满意

对于大多数消费品来说,消费者的满意度直接影响着它们在市场上能否获得成功。如果希望产品或服务能够被消费者重复购买,它们就必须与消费者心中的期望相吻合,或者,它们要超越消费者心中的期望。实际上,耐用消费品、大型设备以及其他生产资料的使用满意度,对于重复购买同样意义重大。对于新产品或新服务而言,要了解潜在消费者的满意度,可以通过试用和市场调查来获得有价值的信息。

上文所提到的李奥·贝纳所倡导的固有刺激法,非常重视消费者对产品或服务满意的来源。他认为,这种创意方法的关键之处,是要去研究和挖掘企业生产这种产品或提供该服务的原因,以及消费者购买这种产品或服务的原因。

我们认为,在现实生活中,企业生产产品或提供服务的原因与消费者购买这种产品或服务的原因可能是一致的,也可能是不一致的。李奥·贝纳所倡导的固有刺激法的思考出发点是产品或服务本身。他强调的是从产品或服务出发去寻找消费者心中对应的兴趣点,即认为产品中必然包含消费者感兴趣的东西，正是这些东西使消费者在购买该产品或服务后感到满意，并进行重复购买。因此，我们认为，这种创意的方法带有产品至上年代的思考特征。但是，毫无疑问的是，这种创意方法也包含了以消费者为思考中心的萌芽。

对于大量日常消费品（或者说非耐用消费品）来说，重复购买的意义往往被广告策划者和广告文案创作者所忽视。尤其是广告文案创作者，由于将自己定位为创意人员或艺术工作者而产生一种急切的求新求奇的愿望，因而常常忽略人们重复购买某产品或服务的原因。反之，如果广告文案创作者能够敏锐地捕捉到人们进行重复购买的理由，或者说，消费者购买产品或服务的理由，那么这一或这些理由将是广告文案珍贵的素材。人们购买产品或服务的原因可能是为了满足物质方面的需要，也可能是为了满足精神方面的需要。有的消费者购买某种产品，是为了获得某种实用价值；有的消费者购买某种产品，则是为了获得某种符号。然而不论是何种需求或欲求，重复购买意味着消费者对产品或服务是满意的，这对于广告文案创作者来说，意义重大。

案例解析

ZIPPO打火机已经脱离了工业产品实用的概念。在它的广告中，它将自己塑造成一种特定的符号，强调艺术、品位、个性与心情。

在 ZIPPO 的一则广告（图片 2-1）中，画面展示了四款表面装饰风格完全不同的打火机。

图片 2-1

该广告的文案：星期五　星期六　星期天　星期一

在广告中，四个时间分别标于四款打火机上，前三款打火机（星期五、星期六、星期日）的表面装饰风格狂野、热烈，第四款（星期一）安静、平和。广告传达了潜在消费者购买 ZIPPO 打火机的真实动机——并非为了实用功能，而是为了获得个性与心情符号。

三、产品或服务对于潜在消费者而言是否真正是独一无二的

在丰裕的社会中，产品同质化的程度不断提高，某个产品或服务在同类之中越来越难做到真正独一无二。它们当然不可能绝对相同。（从哲学意义上讲，世界上恐怕没有绝对相同的两个事物。）但是，它们往往看起来是如此相似。

从满足消费者需要的角度来说，同质化产品满足的需要几乎是相同的。比如，各种品牌的洗发水都能满足清洗头发的需要，各种品牌的汽车也都能满足代步的需要。因此，“产品或服务对于潜在消费者而言是否真正是独一无二的”这个问题，其实是要回答两个内在相关的问题：(1) 产品或服务是否有独一无二的特点；(2) 是否有潜在消费者认为这种特点对他来说必不可少。

如果从满足消费者欲求的角度来说，“产品或服务对于潜在消费者而言是否真正是独一无二的”这个问题，其实同样意味着要回答两个内在相关的问题：(1) 产品或服务是否有独一无二的特点，(2) 产品或服务是否是他所想要的。

在从寻找产品或服务的独特性出发去进行广告创意和文案创作的各种具体创意方法中，最著名的方法要属罗瑟·瑞夫斯（Rosser Reeves，1910—1984）提出的“Unique Selling Proposition”（简

称USP)，中文之意为“独特销售说辞”(也有人译为“独特销售主张”)。

罗瑟·瑞夫斯曾经是弗吉尼亚银行的一个文员。在移居纽约后，他开始在广告公司工作。1940年，他加入了贝茨公司。在长期的实践中，他不断发展自己的创意哲学。他强调研究产品的卖点，对家庭消费非常看重。他帮助总督香烟、高露洁牙膏重塑了形象。1952年，罗瑟·瑞夫斯为德怀特·艾森豪威尔所做的竞选总统的电视广告宣传计划被采纳，从而对美国政治广告活动产生巨大的影响。1961年，在达彼思广告公司任职的罗瑟·瑞夫斯写了一本名为《广告实效》(*Reality in Advertising*)的书，此书极为畅销，对于广告界影响巨大。在这本书中，罗瑟·瑞夫斯提出了“独特销售说辞”这一广告创意理念。罗瑟·瑞夫斯的“独特销售说辞”包含三部分的内容：首先，每一个广告都必须向消费者提出一个说辞。说辞不是光依赖文字，不只是对产品的吹嘘，也不只是巨幅的画面。每则广告一定要对一个广告信息接受者说：“买这个产品，你将从中获得这种明确的利益……”其次，提出的这个销售说辞必须是竞争对手没有提出或无法提出的，并且无论在品牌方面还是承诺方面都要独具一格。最后，提出的销售说辞必须要有足够的力量吸引众多的消费者。也就是说，销售说辞应该有足够的力量为你的品牌招来新的消费者。罗瑟·瑞夫斯认为，一旦找到“独特销售说辞”，就必须把这个独特的说辞贯穿于整个广告活动，必须在广告活动中的各个广告中都加以体现。罗瑟·瑞夫斯所倡导的独特销售说辞和李奥·贝纳的固有刺激法有一个相似之处，即一开始把很大的重点落在产品之上，都留下了产品至上年代的推销观念的印记。

产品同质化的趋势使得寻找和挖掘产品或服务的独特性变得越来越难。我们的时代，已经不是罗瑟·瑞夫斯和李奥·贝纳的时代。但是，不论时代如何变迁，广告文案创作者都不能放弃去挖掘产品独特性的追求。如果产品或服务对于潜在消费者而言，真正是独一无二的，那么就能够为广告文案创作者提供非常有说服力的广告素材。

案例解析

“独特销售说辞”的著名案例之一是罗瑟·瑞夫斯为M&M巧克力所做的广告。这个广告创意的诞生颇具传奇色彩。

1954年的一天，M&M糖果公司的总经理约翰·麦克纳马拉(John Mac Namara)来到罗瑟·瑞夫斯的办公室找他。约翰·麦克纳马拉认为原来的广告并不成功，他想让罗瑟·瑞夫斯为自己的巧克力做一个广告，广告创意必须能为他招来更多的消费者。于是，双方进行了一番谈话，在谈话进行了十分钟之后(注意：广告客户的定向说明会常常以非正式的方式出现，这种谈话的性质正是一种关于产品独特性的定向说明会)，罗瑟·瑞夫斯认为在这个产品之中，他已经找到了客户想要的创意。

当时，M&M巧克力是美国唯一一种用糖衣包裹的巧克力。罗瑟·瑞夫斯认为独特的销售说辞正在于此。下一步，怎样把这一独特的销售说辞体现在广告中呢？罗瑟·瑞夫斯的办法是，在M&M巧克力的广告中，把两只手摆在画面中，然后说：“哪只手里有M&M巧克力呢？不是这只脏手，而是这只手。因为，M&M巧克力——只溶在口，不溶在手。”

四、产品或服务的定位是否合适

所谓的定位，是指在消费者心目中为某产品或服务确立一个明确的位置。思考定位问题，与本章中后三节的内容是紧密相关的，即与市场、竞争、消费者这三个因素都紧密相关。进行产品或服务的定位，至少要回答三个问题：(1) 该产品或服务提供什么利益；(2) 给哪些消费者提供这些利益；(3) 希望这些消费者在内心如何看待该产品或服务。

“定位”(positing)是一个广告界熟知的概念。20 世纪 70 年代初，艾尔·里斯和杰克·特劳特在《产业营销》(*Industrial Marketing*) 和《广告时代》(*Advertising Age*)上发表了一系列的文章，介绍和阐述了“定位”概念。这一概念自从提出后，被不断加以修正和发展，已经成为一种最为基本的广告创意方法和广告文案的创作方法。他们认为，广告应该为竞争中的产品确立一个独特的位置，一旦定位成功，当消费者面临某一特定问题需要解决时，就会自动想到这个产品。他们指出，阿维斯租车公司(Avis)的“我们第二，但更努力”的广告、米歇罗伯(Michelob)啤酒的“第一家美国造特佳啤酒”的承诺，以及 7up(七喜)的“非可乐”定位都是非常成功的定位。其中，对后来广告策划影响最为深远的是艾维斯租车公司的“我们第二，但更努力”的广告。这一广告使几乎破产的艾维斯有效地对抗了出租车行业的老大赫茨(Hertz)，并取得了自己的独特地位。它告诉人们，并不是只有市场领先者才能取得成功，高明的策略、有效的创意、杰出的广告文案可以创造市场的奇迹，使后来者也有成功的机会。这些产品的广告文案，都非常鲜明地体现了定位策略。

案例解析

CFM 国际公司(法国斯奈克玛与美国通用电气的平股合资公司)通过广告在业界为自己进行了定位，将自己定位为一个可以帮助客户降低运营成本的公司。

它的一则杂志广告(图片 2-2)的广告文案大标题这样写道：

图片 2-2

我们总是比客户所期望的做得更好。

更低的排放。更低的维修费用。更低的运营成本。

广告正文：

CFM发动机可提供低于同类产品的拥有成本。此类发动机的维修费用极低，独特的通用性使其可配备整个机队，而且还具有更高的残值。此外，CFM 发动机还具有低氮氧化物排放、低油耗和低噪声，这些指数还将会更低。世界上大多数的低成本航空公司依靠我们的发动机来维持低的运营成本就没有什么可奇怪的了。想了解有关各种“低指数”的信息，请浏览 www.cfm56.com。

实际上，通过 CFM 国际公司的这则杂志广告，我们也可以发现，该广告在为公司和产品进行了定位的同时，也为顾客提供了购买该产品的理由，或者说，传达了购买者对产品满意的来源。

总之，在广告策划工作的基础之上，广告文案创作者如果能够深入研究产品或服务，将有助于去挖掘产品或服务对消费者的价值所在。消费者对产品或服务有需要或欲求、消费者重复购买的理由(满意的理由)、产品或服务对消费者而言真正具有独一无二的特点，以及产品或服务有合适的定位，这几个因素是广告文案创作者必须重视的难得的广告素材。在广告文案创作过程中，能否使它们得到准确的、富有创造性的表现与传递,会直接影响到广告的效果。

第二节 广告策划中的市场分析和广告文案

一、市场

(一) 市场的概念

“市场”这个概念,对于从事营销策划的人来说,是最基本的概念之一。“市场”这个术语,“可以用来表明地理位置以及作为描述性术语来表明一个人口细分市场”[1]。目标市场这个概念则通常用来指人口的细分和地理区域。也就是说,市场分析可以被认为是一种地理分析,也可以被认为是一种对目标人群的分析,或者两者兼而有之。对于广告主来说,可能出于两种原因来对待市场问题:(1) 通过市场分析可以对人口统计数据和消费者心理数据进行深度处理;(2) 市场分析可以帮助媒体计划者确定如何分配广告媒体预算。但是,“市场”这个概念对于许多广告文案创作者来说,有点像装蛋糕的玻璃盒子,有点冷冰冰,有点单调而枯燥,而其对于广告文案创作的意义,却常常显得模糊不清。

(二) 广告文案创作需针对最有价值的市场

在广告文案开始创作之前,市场分析的问题可能归结为一个,这个问题也是广告文案创作者面临的一个现实问题,即广告应先向谁说话,或者从广告战役层面说,目标消费者是什么样的一群人。

在市场中,有一部分消费者可能比其他消费者购买更多的产品、提供比其他消费者更多的利润。对于广告主而言,有些产品、购买者或市场可能会比其他产品、购买者或市场带来更多的利润。如果营销者要在一系列产品中选择产品进行重点营销,显然应该针对那些能够带来更多利益的产品进行。广告文案创作者可以利用帕累托分析法(Pareto Analysis)来帮助自己确定广告首要的目标人群。

根据帕累托法则,大约有 80%的利润来自于 20%的购买者或市场,而 80%的购买者或市场可能只会提供 20%的利润。这样,在广告策划中,就要考虑根据某部分购买者或市场的价值和贡献,对广告花费进行合理分配。显然,对某产品或某品牌利润贡献越大的消费者,对于广告主就越重要。这些对广告主利润贡献最大的消费者,正是广告文案创作时首先要考虑的沟通对象。

有些学者通过对使用量的分析来判定消费者或市场的价值, 他们将某类产品的消费者分成大量使用者、中量使用者和小量使用者。他们的分析基本上也符合帕累托规律,即 80%左右的消费总量是由小部分消费者提供的。经过这种分析, 广告主致力于通过其他因素如人口统计分析法、地理分析法或价值观和生活形态分析法来描述大量使用者,然后通过相应的媒体向他们传递一定的广告讯息。

然而,在这里存在着一个问题:事实上,许多对例行反应购买行为的研究发现,产品大量使用者倾向于是最难影响的群体,大量使用者常难以改变或考虑选择其他新品牌。

这就给广告策划人与广告文案创作者一个启示:针对大量使用者开展的广告运动是确保市场收益的一个有效途径,可能有助于提高大量使用者的品牌忠诚,但是对于从竞争者那里争夺顾

1 〔美〕唐纳德·帕伦特:《广告战略:营销传播策划指南》,王俭译,中信出版社 2004 年版,第 74 页。

客可能帮助不大。如果想获得竞争对手的顾客或吸引原来的非使用者，广告文案可能需要高水平非一般的创意及明显的进攻性。但是，这显然有可能要冒得罪大量使用者的风险。在这种情况下，交给广告文案创作者的任务会具有高度的挑战性。

广告策划人和文案创作者也应该时刻牢记，市场是时刻在变的。今天的大量使用者可能变为将来的小量使用者。因此，分析市场的趋势、消费的趋势是非常重要的。帕累托分析意味着需要以前的数据。但是，如果我们要为一个从未在市场上出现过的革命性的新产品做广告，我们该如何开始呢？我们该如何确定潜在消费者群呢？在这种情况下，可以利用传统的市场调研来寻找目标市场，只是对于革命性的新产品来说，这种调研可能耗费巨大。还有一种办法可以用，我们可以把广告作为一种调研的工具，在广泛的候选媒体上发布小的直接反应广告来寻找反应最为显著的市场。有人把这种办法叫做“霰弹式测试”。这也是一种文案测试方法，属于广告文案的发布测试。通过这种方法，我们也可以寻找到潜在的目标群体，同时也可以为今后的广告运动找到合适的广告媒体。

（三）目标市场分析与广告文案创作

对于广告文案创作者而言，如果目标市场能够确定，广告“对谁说”、“说什么”以及“怎么说”这些问题就有可能迎刃而解。

从营销角度分析，市场大体上有两种存在形式：一种是市场集合；另一种是市场区隔（或称消费者区隔）。不论是哪种市场存在方式，广告文案创作者都有必要对广告对象（有可能和目标市场存在重叠、部分重叠、不重叠等几种关系）进行深入的分析和研究，从而决定与何种营销思路（常用的有无差异营销，差异化营销及密集型营销等[1]）相呼应。有许多办法可以用来分析市场。常用的市场分析方法包括：人口统计特征分析法、地理分析法、心理特征分析法、价值观与生活形态分类分析法、生命阶段分析法、媒体接触习惯和态度分析法、消费心态分析法。

这些市场分析方法并非完全彼此相斥。实际上，它们彼此之间关系密切，有时互相重叠，有时则一个涵盖了另一个或几个。比如，生命阶段分析法与人口统计特征分析法关系密切，因为其分析是以人口统计特征之一——年龄因素作为分析基础。地理分析法相对比较简单，也便于理解。该方法也常常与人口统计特征分析法组合使用。媒体接触习惯和态度分析法则常常作为价值观与生活形态分类分析法的一部分。心理特征分析法也常常被与其他几种分析方法相结合。其中，与该方法关系最为紧密的分析方法是价值观与生活形态分类分析法。消费心态分析法则实际上涵盖了心理特征分析法、价值观与生活形态分类分析法。

关于消费心态分析法，有必要特别加以说明。对于市场营销人员来说，人口统计特征法非常有用，对于广告文案创作者来说，也同样非常有价值。相比之下，消费心态分析法对于广告文案创作者的用处更大。但是，消费心态分析涉及消费者的价值观、生活方式、社会角色、个性特征等多个方面。消费心态远比人口统计特征复杂，而且更加抽象，往往对于市场分析来说，非常难以把握。因此，在市场分析这一任务上，消费心态的分析重点落在按照价值观与生活方式对潜在消费者进行分类上，而对于具体单个消费者的微观消费心理的研究与分析，则更多地被归入消费者分析阶段——更具体地说，被归入消费者购买心理分析阶段。

---

1 无差异营销指不考虑各个细分市场的差别，向整个市场提供一种产品或服务；差异化营销指针对每个细分市场分别制定独有的营销策略；密集型营销指在一个细分市场上进行营销努力。

因此，本书在市场分析这一部分，基于为广告文案创作提供思路这一目的，重点讨论人口统计特征分析法、地理分析法、价值观与生活形态分类分析法。

1. 人口统计特征分析法与广告文案创作

在各种市场分析法中，最为常用的也是基础的分析方法是人口统计学特征分析法。最常用的指标包括性别、年龄、收入、教育程度、职业等。

基于人口统计特征的分析，准确回答下面一些问题，将有助于广告文案创作者界定其广告文案的沟通对象，并由此创想出能够进行有效沟通的对象。

(1) 广告对象的年龄

随着年龄的增长，人们的品味、喜好和需求都会改变，而且所受到的周围人群的意见压力也不一样。比如，就所消费的产品种类看，在少年时，同学对一个人的购买影响力特别大。他们是快速食品、教育娱乐等文化休闲产品的主要消费群。年轻的夫妇可能受到同龄朋友的影响比较大。他们是家庭装修品、婴儿必需品最大的买主。到了中年，对一个人的购买影响力特别大的可能是同事。汽车等耐用消费品可能成为他们主要的购买对象。就消费的观念看，年轻人更常喜欢时尚的新款服饰，而年龄大的人的服饰则通常少有变化。国家不同，不同年龄层的消费者的消费观念与消费潜力也不一样。在美国、日本等发达国家，老年人可能具有很强的消费力，他们可能是旅游、文化休闲产品的强有力的消费者。在当代中国，由于计划经济的历史影响，已经或正在步入老年的人群的收入相对比较低，且受到传统消费观念的影响，因此消费观念比较保守，购买力也比较弱。

事事相关，诸多因素是相互影响的。年龄也会影响其他人口统计特征。在某个阶段我们都想多赚点钱，收入就会增加。年轻时，我们希望受良好教育，因此，教育程度可能不断提高。等过了一定年龄，我们一般不再有较多的就学机会，可能受教育的动力和需求也会降低。因年龄下岗或到退休，收入就会减少。随着年龄的变化，我们会经历多个生命阶段，在每个阶段，人口统计特征都有可能发生变化。因此，以年龄因素与其他人口统计特征相结合的市场分析方法通常也被称为生命阶段分析法。

(2) 广告对象的性别

男人和女人会有不同的购物倾向，对不同类型的商品表现出不同的兴趣。女人通常对化妆品、香水、服饰等较感兴趣；而男人可能对嗜好品、汽车、住房等较有兴趣。有些产品或服务没有明显的性别倾向。

(3) 广告对象的收入

收入的多少——或者更准确地说，可支配收入的多少——在很大程度上决定着影响人们可用于消费的支出。可用于消费的收入的多少进而会影响人们购物的倾向。有统计和研究表明，低收入的人花在食品杂货上的钱和高收入的人相比，并没有明显的高低差别。但是，低收入的人却少有多余的钱可用于购买高档服装、高级娱乐、保健、汽车、住房以及豪华旅游等相关产品或服务。一个高级女白领可能会去购买高档套装、购买高级音响、选择豪华餐厅请朋友吃饭、在假期选择出国旅游，而一个普通的商店女售货员可能会购买朴素低价的服装、可能不会有购买高级音响的想法(或者说对高级音响没有需要)而选择购买 CD 机、在街边的小饭店请朋友吃饭、在假期与家人在家中看电视剧或去城市内的公园休闲。广告文案创作者如果希望通过自己的文案刺激一个普通商店女售货员购买高级套装或高级音响，成功的可能性非常微小。广告文案创作者如果不能用朴素的、生活化的语言和一个普通的商店女售货员进行沟通,其广告文案亦很难打动人心。

(4) 广告对象的受教育程度

受教育程度的不同,也会影响购物的倾向。比如,文化程度较高的人群可能消费了绝大多数的书籍,而教育程度较低的人书籍消费量却是非常有限的。教育程度会影响人的生活形态和价值观。较高教育程度的人对事物通常都有自己的看法和见解。比如,对于幸福的看法,他们和教育程度较低的人就可能有较为明显的差异。目前,有一个问题处在争议当中:教育究竟会增加还是减少对商品或服务的消费需要和欲求。有学者指出,人们所受的教育越多,他们对事物价值的评判往往不局限于其物质价值。比如,更多的教育可使消费者更容易接受新的产品和新的消费观念,但却可能抑制那种类似暴发户式的奢华消费。

(5) 广告对象的职业

不同职业的人可能会有不同的消费爱好。公务员与教师会消费大量的书报。商业公司的高级经理人可能会购买豪华轿车。普通工人可能会消费大量的烟酒。农民会购买大量的农田工具。音乐家会购买大量的音乐器材和音乐商品。三百六十行，每一行都在某一方面形成一定的消费倾向。

(6) 因素的相关性

人口统计特征的各因素之间具有相关性,并且相关的程度也不一样。比如,教育程度常与职业直接相关。收入和教育程度也存在一定的相关。年龄又可能同职业有一定的相关。一个因素的变化可能引起其他一个或多个因素的变化。这些因素的变化最终会引起消费倾向、消费类型以及消费量的变化。

对于广告文案创作者来说,最为重要的就是借助各种分析工具,或者借助广告策划过程中已经形成的分析结果,来准确判断广告传播的对象的人口统计特征、心理特征、生活形态等。然后,在透彻分析及精准描述的基础上,通过合适的广告文案向他们说话。

近年来,有学者通过调查研究,将中国城市消费者群分成七种形态,从年龄、性别、收入等方面描述了这些消费者群的特征，并用各种态度观念为这些消费者群命名。这七个消费者群分别是:平实型消费人群,潜力消费人群,消极消费人群,实力消费人群,中坚消费人群,弱势消费人群,经济型消费人群。[1] 这种对中国城市消费群的分类,有助于广告文案创作者对中国城市消费者群的特征有个整体性的把握。但是,在为具体产品策划广告时,依然有必要进行更加具有针对性的消费者研究。

案例解析

玉兰油品牌的产品线很长,产品系列众多,每一个系列产品都会有广告支持。为制作有针对性的广告,玉兰油系列产品的目标消费者区分工程非常庞大。2004 年,其广告代理公司的资深创意总监在文章中这样说道:“藉由宝洁完善的市场调查制度，与由盛世长城玉兰油客户总监所带领的玉兰油小组不断地研究分析,我们对玉兰油的消费者,不管是价格面的消费者层级,还是使用各种系列的横线消费者种类,都作了清楚的叙述与区分。这些区分给了每一种女人非常明确且独特的面貌,也为玉兰油各种产品的广告指出一条明路。广告中的目标对象清楚了,故事、道具、用语、色调甚至女主角的梦想都会大不相同。”[2]

---

1 参见黄京华、杨雪睿、吕明杰等:《多种形态的中国城市消费者》,中国轻工业出版社 2004 年版,第 134–137 页。

2 赖致宇:《挚爱女人,挚爱玉兰油》,《国际广告》2004 年第 10 期,第 2–23 页。

玉兰油广告语之一：惊喜从肌肤开始。

2. 地理分析法与广告文案创作

地理分析法主要分析的问题是广告对象住在何处。这个问题看起来过于简单，因此常常被广告文案创作者所忽视。但是，如果忽略了对这个问题的思考，则可能带来广告预算的巨大浪费。广告对象（及潜在消费者）居住在何处？对这个问题的解答，就中国国内市场而言，至少要回答以下几个具体问题：

(1) 广告对象居住在城市还是乡村？

(2) 广告对象居住在东部还是西部？

(3) 广告对象居住在北方还是南方？

(4) 广告对象居住在经济发达地区还是经济落后地区？

针对不同地区的潜在消费者，如果不同地区之间文化差异比较大，则必须考虑文案的表达方式、表现形式是否能被该地理区域内的消费者所理解。

3. 价值观与生活形态分类分析法与广告文案创作

上文已说，就市场分析这一环节，消费心态的分析重点落在按照价值观与生活方式对潜在消费者进行分类上。因为，只有对潜在消费者区分出“群体”，才有助于明确具体的市场中所涵盖的人群。这种分析，对于广告文案人员选择文案的风格，具有明显的启发作用。

最为著名的价值观与生活形态分类分析法是美国斯坦福研究所（Stanford Research Institute）陆续提出的分析体系（或称模型），它们被称为 VALS 和 VALS2。这两个分类体系主要是用以区分美国消费者的类型，但是，由于它们是基于对大众进行的调查研究而提出的，因此也包含了一定的普遍意义，对世界的广告业产生了深刻的影响。

VALS 按照消费者拥有的资源和自我倾向将他们分为八组。在该体系中，自我倾向被界定为帮助人们实现、保持或修正自己的社会形象和个人形象的态度与活动。

VALS 分类见表 2–1：

表 2–1　VALS 分类表 [1]

人群与类型	大约百分比%	生活方式	购买方式
需求驱使型			
1.求温饱型	4	为生存而挣扎，多疑	非常注重价格，注重必需品
2.维持型	7	期望经过一段时间的努力得到改善，关心安全、保险	价格是重要因素，希望有保障
外向型			
3.合群型	35	好面子，希望归属于某个群体	不愿尝试新东西
4.攀比型	10	往上爬，模仿富裕或成功人士	喜欢消费，为显摆不惜牺牲舒服和用途
5.成功型	23	注重物质享乐，追求功名	奢侈品，喜欢“新鲜但变化不至于可笑的产品”

1　参见〔美〕菲利普·沃德·博顿：《广告文案写作》，程坪、丁俊杰等译，世界知识出版社 2006 年版，第 378 页。

（续表）

内向型			
6.自我中心	5	介于外向型与内向型之间	冲动、流行产品
7.体验型	7	追求亲身体验，与个人关系密切	过程重于产品，产品能为他做什么，而不是产品说什么
8.返璞归真型	9	简单、自然的生活，对社会负责	区别对待产品，希望产品具有真正的价值，有益于环保
复合型	2	外向型与内向型混合，成熟、坚韧、自信、自我实现，往往具有全球眼光	从各个角度来看，对生产商、经销商价值不大，但在企业和领袖人物中非常具有代表性

VALS2 体系把人划分为三类八组：(1) 本能型（原则型）：倾向于本能（或原则）的人，包含圆满者、坚信者等两组；(2) 身份型：倾向于追求身份地位的人，包括成功者、奋斗者两组；(3) 行为型：倾向于付诸行为的人，包括经历者、创业者两组。另外两组则是无法简单归于这三类之中的现实者、挣扎者。该模型中的资源与消费者所具备的消费心态、生理、人口统计和物质方面的能力有关系，包括教育、收入、自信心、健康状态、购买热情、智力以及体力水平。该模型将资源最多者（现实者）置于消费者分类图的顶端，而将资源最少的人（挣扎者）放在底端。[1]

除了美国斯坦福研究所提出的 VALS 和 VALS2 分析体系之外，在广告界较为权威的价值观与生活形态分类法还有美国报纸调查所经过大型调查后总结出的消费者类型，包括两组十六种类型，见表 2–2：

表 2–2　美国报纸调查所对消费者的分类 [2]

人群分组	人群类型
女性组	墨守成规型 清教徒 体力劳动者 大手大脚者 自然、随遇而安型 享乐主义者 奋斗、郊区居民 事业型
男性组	安静恋家型 传统型 知书达理者 追求休闲型 成功男性 男子汉 成熟圆滑型 不满分子

1　参见〔美〕威廉·阿伦斯：《当代广告学》，丁俊杰等译，华夏出版社 2000 年版，第 155 页。
2　参见〔美〕菲利普·沃德·博顿：《广告文案写作》，程坪、丁俊杰等译，第 30–31 页。

在上面这个分类体系中,每个类型都有群体特征的概括性描述。比如,事业型女性的特征被描述为:女性,她们多半拒绝家庭主妇的角色,喜欢职业生活和自由感觉,喜欢开发自己的智力,希望在生活中受到重视。她们属于冲动型购买者,花钱大手大脚,喜欢有吸引力的东西。这是受教育程度最高的一个群体,具有最高的社会经济地位。虽然其中的83%已婚,但她们却是人口中结婚比例最低的。再如,男子汉型男性的特征被描述为:合群好动,追求刺激多变的生活,认为自己有能力,有领导才干。喜欢单身生活,即便婚后也更喜欢单身生活。他们选择的产品和品牌往往都具有"自我表现"的价值,尤其对"那些注重行动的男人",这一点更为重要。他们受过良好教育,大部分具有中等社会经济地位,属于男性中最年轻的那部分(注意,上述特征是针对当时的美国市场)。社会是不断发展变化的,各个国家的情况也不一样。但是,上述这些人群的特征,从社会的整体出发,具有一定的普遍意义。随着中国经济的高速发展,北京、上海等国际化都市的社会发展情况越来越与发达国家(如美国)相似,国际化大都市中的消费群体的群体特征,也开始显现出与发达国家的大都市中消费群体相似的特征。因此,美国斯坦福研究所的 VALS 和 VALS2 分析体系与美国报纸调查所的分类体系对消费群体的分类与群体特征描述,对于中国广告文案的创作者,也具有重要的参考价值。

美国斯坦福研究所的 VALS 和 VALS2 分析体系与美国报纸调查所的分类体系,提供了不同群体的类型,有助于广告文案创作者获得群体的特征描述,对于洞察消费者具有重要的启发性。如果将亲身接触消费者与借助这些体系开展调查研究相结合,广告创作人员就可能获得对广告对象与目标消费群的直观认识。

案例解析

耐克体育用品公司曾经以成熟、坚韧、自信、追求自我实现的女性为广告对象创作了一个系列广告(图片2-3)。

该系列广告的广告大标题如下:

系列广告之一:你是一个竞争者吗?

系列广告之二:你是一个瑜伽爱好者吗?

系列广告之三:你是一个动作明星吗?

图片2-3(A)

在实际的广告策划过程中,往往综合利用人口统计特征分析、地理分析以及价值观与生活形态分析等多种分析法来描述目标人群的

图片2-3(B)

图片2-3(C)

特征。因为,对于广告文案创作者而言,目标消费者的特征越清楚,广告文案的对象性就越强。多种分析法有助于帮助广告文案创作者掌握比较全面的目标消费者特征。

案例解析

2001年底,中石化为了提升长城金吉星润滑油的品牌形象,准备进行一次集中性广告战役。首先,企业与其广告代理公司在北京城八区范围内,对目标市场进行了全面调查。其结果显示,新兴的私家车主群体是这一市场最有潜力的消费者人群,调查总结出目标人群的特征主要包括以下一些要点:

- 注重生活品质,注重消费品牌;
- 收入水平较高,对一定水平的价格不过分敏感;
- 受教育水平高,注重服务体验和品牌带来的精神销售;
- 年龄介于30—50岁;
- 渴望精神自由与放松,注重提高自身独特生活品位;
- 关注时尚类及时事新闻类媒体,路上多听电台;
- 标准上下班时间朝九晚六;
- 不十分在意价格因素,但也考虑经济性;
- 去美容保养换油中心或大中型汽修厂换油,注意店内环境与服务水平;
- 肯听专家意见;
- 在多数情况下,品牌吸引力是决定因素之一;
- 对精美的广告作品有认同度。

企业与其广告代理公司在进行此次目标消费者的分析时,综合使用了多种分析法,因此使目标消费群的特征有了较为全面的反映。这些特征,对于广告文案创作具有重要的参考作用。从下面这则长城金吉星润滑油的60秒广播广告文案,可以清楚看到对目标消费者的特征的把握,在文案中得到了具体的反映。

长城金吉星润滑油的60秒广播广告文案:

每一个人,都是生活的天才,
正如每一辆车。
无所谓如日中天或身处窘境,
生活,还在继续。
车,对我很重要,带我驶向一个又一个目的地。
在一个宁静的空间中,
距离理想的彼岸,
我,又近了一步。
多年的拼搏与忍耐,
我知道了。
其实,宁静,是一种至高的境界。
有如长城金吉星,
与我一路前行,在享受极速驾驶乐趣时,
永远给我一份平和、安静的心情,

即使在城市开开停停的路况中,
我仍然保持着那份踏实。
这已经成为我生活的信念。
长城金吉星,你看不到,你感觉得到。[1]

二、市场方针与广告文案创作

市场分析可以帮助广告文案创作者确定广告文案传播的对象,但是,仅仅明确这一点还远远不够。因为,广告文案的传播过程非常复杂,且受到市场方针的支配。当广告文案创作者对产品和市场有了比较深入的了解之后,还应与营销计划的策划者多多沟通,以对市场方针与销售机制有清楚的认识。

我们认为,在市场方针这一问题上,产品销售区域、销售节奏以及企业的销售力量与销售方式,对于广告文案创作人员的创作工作具有不容忽视的影响。广告文案创作人员应该通过各种途径去了解产品销售区域、销售节奏以及企业的销售力量与销售方式。

(一)了解产品销售区域与销售节奏

产品销售的地理范围是首先要弄清楚的,这一问题与市场分析直接相关。广告文案创作人员在了解市场方针的目标下去思考这一问题,不仅要明确产品销售范围,而且要进一步了解产品在进入某个市场(地理区域)时的步骤与节奏,以及每一市场进入步骤在整个营销战略中所承担的责任,这有助于广告文案创作人员深刻理解广告策略,进而创作出具有战略性的广告文案。

广告创作人员若想不断满足广告主的需要,就有必要知道自己为之创作广告文案的产品的销售工作是在全国展开的,还是只是局限于某些地域内。许多广告主把他们的销售范围划分为不同的销售区。因此,整体的营销要考虑到不同的销售区的特点,每个销售区的市场驱动办法也可能有所不同。在市场开发步骤上也可能有不同的市场策略,有时可能同时启动,有时可能一个接一个地开发。市场方针无疑会进一步影响到广告讯息和媒体的安排。比如,在不同的销售区域采用不同的市场策略,可能会导致在不同的销售区域采用不同的广告策略。在这种情况下,为了适应不同的市场,也为了适应销售推进的节奏,广告文案人员就有必要创作出有针对性的广告文案。

在实际工作中,广告公司正是需要根据广告主的市场方针不断进行广告创作。如果广告文案创作者无法在思想上理解并认同广告主的市场方针,就有可能在广告文案的创作过程中跟不上广告主需求的节奏。因此,在广告公司中,没有经验的广告文案创作者(文稿创作和美工设计)适应不了广告主的工作节奏,也是常常发生的问题。要避免这一问题,唯有令广告文案创作者真正明白广告主的市场方针,并根据客户的市场方针确定的销售节奏开展创作工作。

(二)了解广告主的销售力量销售与销售方式

广告主的销售力量与销售方式也是影响文案创作的重要因素,这一点很容易被许多广告策划者和广告文案创作者所忽视。

通常情况下,如果广告主拥有很强的销售力量,广告文案创作者的创作压力就会相对较小。当然,这并不表示广告文案创作者可以精神懈怠。如果是这种情况,广告文案创作者除了要思考如何继承之前广告的优势、保持广告文案在战略上的延续性之外,还需要克服创作方面的懈怠

---

1 案例参见张秀甜、骆利燕:《你看不到,你感觉得到:长城润滑油品牌再造实录》,《国际广告》2003年第4期,第20–23页。

性，力求不断创作出有冲击力的、有新意的广告文案。实际上，许多广告主是在市场状况良好的情况下与合作多年的广告代理商解除代理协议的。因此，从防备出现创作精神因广告主销售力量强而懈怠这一层面分析，广告文案创作者的压力也并不小。当广告主销售力量比较弱的时候，广告文案创作者就会有巨大的挑战。在这种情况下，广告文案如果不能起到创造欲求的积极作用，就等于浪费广告主的预算。

广告主在制定市场方针时，销售方式大体上有两种：一种是直接售卖（也常常被简称为直销），另一种是间接分销。一家公司如果采用直接售卖的方针，就会寻求直接的反应。对于广告文案创作者而言，需要对有些问题有一个明确的答案。比如：广告主采用的销售方式是直接销售还是间接销售？产品销售的动力主要来自于市场的拉力，还是来自于中间渠道的推力？思考这些问题，都有助于使广告文案有的放矢。比如：如果广告主采用直销方式为主，那么广告文案创作者可能要思考如何在广告中强调该产品的独一无二的特性，以与直销方式相呼应。如果广告主的产品销售动力主要来自于市场的拉力，那么广告文案创作者就可能要把创作重点放在如何利用文案在终端消费者的心中为品牌增加价值。如果广告主的产品的销售动力主要来自于中间渠道的推力，那么广告文案创作者就可能要把创作重点放在如何利用文案向中间渠道（如批发商）强调广告主的实力与声望。

三、市场策略的延续性与广告文案创作

广告文案创作者往往受到创作激情的影响，倾向于求新、求异，使文案胜过从前。这是一种非常积极的创作心理。但是，如果广告文案创作者不对市场策略的延续性作客观的考察，往往也容易犯下割裂市场策略延续性的错误。通常而言，在市场销售顺利的情况下，市场策略是应该保持延续性的。当然，市场策略的延续性并不等于广告文案创作的表现一成不变。实际上，在为一个品牌所做的不同广告作品中通过变化多端的广告表现是可以使策略一以贯之的。例如，万宝路香烟自利用西部牛仔塑造男性化品牌形象之后，尽管广告表现千变万化，广告文案推陈出新，但是这些广告内在的市场策略具有很强的延续性。

广告文案创作者对广告主以前的广告活动必须加以仔细的研究。了解此前的广告活动是如何开展的以及获得了什么样的结果，将会对今后的工作产生巨大的帮助。如果广告文案创作者不能从过去的广告活动中保存下足够的资料，在某种程度上说，就等于浪费了一部分广告费，有可能使之前积累起来的品牌资产无谓地流失。仔细研究过去的广告活动可以使广告文案创作者吸收以往的经验，同时避免再次犯同样的错误。因此，以前的广告活动不应该被忽视。

广告文案创作者也应该和媒体策划人员进行沟通，明确以下一些问题：哪些广告媒体被证明是有效的？什么样的创意和文案可以吸引潜在消费者？不同的广告版面大小、不同的位置、不同的色彩、不同的发布频次以及不同长度的广告活动周期会产生什么样的效果呢？广告主是否多年来一直获得较好的广告业绩？广告文案创作者同样要研究其他一些影响消费行为的促销活动，以确保在今后的工作中将广告和公共关系、销售促进等其他促销手段有效地结合起来，使各个方面的文案（各种促销工具中的文案）相互协调。

在处理以上这些问题时，广告文案创作者必须知道什么是好的、应该继续的东西，什么是在今后的文案创作中应该加以避免或解决的问题。广告文案创作者要从以前的广告活动中吸取教训。同样，当前的广告计划将成为今后决策的基础。

在引入新产品的时候,没有经验可以参考,这时,一种有效的办法是,广告文案创作者可以选择一些可能要用的候选媒体。一旦确定了广告战役的目标,再对这些媒体进行深入的分析。

总之,通过研究以前的广告活动,广告文案创作者可以与广告策划者一起,准确把握广告主的市场方针,吸取好的市场推广经验,对于存在的问题可以提高警惕或找到具体的解决办法。研究相关产品或服务以前的广告活动,对于新产品的导入同样可以提供有用的参考意见。

四、限制因素与广告文案创作

对于广告文案创作者来说,如果能在创作之前明确有关限制因素,将有助于避免犯下愚蠢的错误。通常在进行广告策划时,广告策划人会考虑到现存的和将来可能出现的各种限制因素。限制因素主要来自于两方面:一方面是来自于广告主内部;另一方面是来自于广告主外部。

内部的限制因素通常比较容易察觉到,比如:生产能力的限制、营销费用的限制、广告预算的限制、人力资源的限制等等。生产能力的限制决定了广告主满足市场需求的基本能力。有限的营销费用要求营销者和广告策划人必须在有限的费用范围内开展营销活动。广告预算的限制会影响广告活动的规模,并可能对广告创作提出更为苛刻的要求。人力资源的限制可能会影响广告主的执行能力和未来的业务扩展状况。

外部的限制比起内部限制更容易被忽视,但是,这些来自于广告主之外的因素往往会影响广告主广告活动的开展,甚至关系到广告活动的成败。外部限制主要包括法律约束、行业规范、行业自律、伦理道德、文化传统、民族心理、价值观等。对于广告主而言,所受外部限制因素的影响可能各不相同。通常情况下,广告策划过程中会有外部环境分析这一环节。但是,在创意指导性清单中,有关外部环境方面(政治、经济、文化等环境)的限制因素却常常被遗漏。在此种情况下,广告文案如果因无知而触犯了法律、伦理道德,违背了文化传统,伤害了民族自尊心,给广告主造成的损失将是无可估量的。有些情况下,广告问题的出现,也可能是策划者想打所谓的“擦边球”,明知市场上有环境限制因素还是做出一些大胆的广告行动。但是,如果广告文案创作者缺乏足够的智慧去把握“擦边球”的火候,往往也会给广告主带来棘手的后果,而使广告主得不偿失。这一类案例,并不少见。

案例解析

2002年,软件巨人微软公司由于在纽约街头、道路上乱贴 MSN 蝶形广告,而受到了纽约市政府的通报批评,被指责损害市容、混淆交通标记,并受到了罚款 50 美元的处分。

为了同美国在线的 AOL8.0 服务一决高下,微软公司大打“广告牌”,在纽约街头、道路上张贴广告,极力宣传新近推出的 MSN8.0 网络服务。微软鼻祖比尔·盖茨夸耀说:“我们不惜花费 3 亿美元做广告宣传。”言下颇有志在必得之意。然而盖茨没料到的是,微软费尽心思所做的广告不仅惨遭“清除”,还要为此付出赔偿。2002 年 10 月 24 日,微软接到了由纽约交通部签发的 50 美元“罚单”。虽然赔偿只是象征性的,但却对微软的声誉有不良影响。交通部官员说:“这些广告严重地损害了纽约市容,容易混淆交通标记,导致交通意外。微软应该为胡乱张贴广告这种不负责任的、危险的行为负责。”交通部警告说:“如果今后再次发生类似行为,微软面对的将不仅仅是罚款,它还将被送上法庭。

蓝色巨人 IBM 就没有这么幸运了。2002 年 4 月,IBM 因乱贴广告而被旧金山市政府罚了 12 万美元。

第三节　广告策划中的竞争分析和广告文案

竞争分析也是广告策划工作的重要环节。对于广告文案创作者而言，竞争分析具有非常实际的参考价值。关于驱动产业竞争的力量的理论，最为著名的要属迈克尔·波特在《竞争战略》一书中提出的驱动产业竞争的五种竞争作用力模型。他认为形成竞争战略的实质就是将一个公司与其环境建立联系，公司环境的最关键部分就是公司投入竞争的一个或几个产业，而一个产业是由一群生产**相近**替代产品的公司组成的。迈克尔·波特所谓的驱动产业竞争的五种竞争作用力是指：进入威胁、替代威胁、买方砍价能力、供方砍价能力、现有竞争对手的竞争。他认为，一个产业的竞争大大超越了现有参与者的范围，顾客（买方）、供应商、**替代品**、潜在进入者均为该产业的"竞争对手"，并且依据具体情况会或多或少地显露出其重要性，这种竞争可称为"拓展竞争"[1]。对于广告策划中的竞争分析而言，我们将集中分析其中的三股竞争力量——产业内部的竞争者分析、潜在进入者分析和替代品分析。顾客、供应商作为另外两股竞争力量并非不重要，本书将把对顾客的分析放入消费者分析部分（本书重在分析消费品的买方，即分析一般意义上消费者），供应商不是主要的广告对象，因此在本书中不作专门分析（实际上，大多数企业广告都能够对供应商产生间接的影响作用）。

在本书中，我们将产业内部的竞争对手（或产业内现有的公司）称为直接竞争对手，将潜在进入者和提供替代产品的企业称为间接竞争对手。产业的边界有时很难划定，这与替代品的相似性程度有关。一般情况下，产业内部的竞争对手生产的产品彼此之间也是一种替代关系。所以，迈克尔·波特说："一个产业是由一群生产相近替代产品的公司组成的。"[2]但是，他同时又将一般意义上的替代品作为产业外部的一种竞争力量，认为"顾客、供应商、替代品、潜在进入者均为该产业的'竞争对手'"[3]。就迈克尔·波特这看起来有些自相矛盾的表述，我们可以这样理解——将一般意义上的替代品视为有别于某个特定产业所生产的某种特定产品的**不同种**产品，或者理解为距该产业内部产品的**较远的**替代产品。

本书为了避免可能产生的混淆，将来自产业内部的竞争称为直接竞争，将来自潜在进入者、替代品的竞争称为来自产业外部的间接竞争。在广告策划的前期过程中，通常对竞争者已经基本明确，有时从直接竞争与间接竞争的角度，明确了直接竞争者和间接竞争者。这些信息，广告文案创作千万不能等闲视之。

一、研究直接竞争与广告文案创作

前期的研究结果，并非只是广告策划书中的摆设，广告文案创作者应该以此为导引与线索，思考直接竞争对手的产品和自己为之创作广告的产品比起来怎样，研究自己所服务的广告主的直接竞争对手的广告活动是如何开展的，以及他们的广告文案内容与风格是怎样的。

在来自行业内部的直接竞争中，广告文案创作者应该进一步识别出首要竞争对手、主要竞争对手和次要竞争对手。或者，从另一个角度分析，广告文案创作者要清楚自己为之服务的企业及

1　参见〔美〕迈克尔·波特：《竞争战略》，陈小悦译，华夏出版社 1997 年版，第 2–5 页。
2　同上书，第 4 页。
3　同上书，第 5 页。

其产品或服务在产品内部处于什么样的地位——是产业中的领导者、跟进者还是落后者，是卫冕者还是挑战者？广告文案创作者应该特别留意首要竞争对手的广告活动和广告文案。

对于一家企业来说，首要竞争对手是根据战略需要来确定的。它可以将该行业中的领导者确定为自己的首要竞争对手，也可以将与自己处于相近市场地位的企业视为首要竞争对手，还可以将稍稍落后于自己但是发展势头迅速的挑战者看作首要竞争对手。对抗首要竞争对手的广告策略没有一个定法，广告文案创作者须对广告策略有一个清楚认识，并深入研究首要竞争对手的广告，以期在文案方面能够取胜。虽然对抗首要竞争对手的广告策略并无定法，必须根据双方的实力和市场实际情况而定，但是与首要竞争对手在广告文案风格方面的竞争，博弈后的结果大致有两类：一类是采取相似的广告文案风格，一类是采取截然不同的广告文案风格。我们很容易可以找到这两方面的实际案例。

案例解析

在轿车市场上，广州本田与东风日产之间彼此存在明显的竞争关系。广州本田推出的第八代雅阁与东风日产推出的新一代天籁彼此之间也是主要的竞争对手。两者在报纸上的广告文案风格也非常接近，显示了广告策略方面的直接竞争意图。2008 年 7 月 24 日《京华时报》C09 版刊登了一则东风日产广告(图片 2–4，该广告的图片是新天籁)。2008 年 7 月 22 日《京华时报》A09 版有一则广州本田汽车公司第八代雅阁车的广告(参见前文)。这两则广告都是半版广告，且同样主要以文字为主，都使用了长文案，看起来都像一篇新闻报道(当然也注明是“广告”)。

该则东风日产广告大标题：

东风日产 6 月销量 31406 辆挺进“三万辆俱乐部”

广告副标题：

上半年总销量 159268 辆，同比增长 24.3%

该广告的小标题有：

上半年新车频出，亮点不断

下半年系列举措，连绵不断

图片 2–4

在该则广告文案正文中，广告文案创作者也使用了大量的数据来增强文案的说服力和可信度。比如：

……最新统计显示，6 月份，在新一代天籁刚刚上市，尚未放量的情况下，东风日产新车销量达到 31406 辆，强势挺进“三万辆俱乐部”。而今年 1—6 月，东风日产总销量累计达 159268 辆，超额完成上半年销量目标近 1 万辆，同比增长 24.3%，成为少数几家如期完成上半年产销任务、同比增长速度超过 20%以上的主流汽车企业之一。……

而且，该则广告明显把新一代天籁作为重要产品加以介绍，从而与广州本田汽车公司第八代雅阁车呈现出明显的竞争关系。比如，在这则广告长篇文案中，有关新一代天籁的广告文案这样写道：

……“应中国而生，驱世界而动”，新一代天籁轿车是日产专门为满足中国消费者、聚日产全球顶尖汽车技术精心打造而成的一款中高级轿车，它融合日系与欧系两大流派优势，实现了优秀操控与精致舒适的完美统一。6月16日，新一代天籁以19.08—33.28万元的震撼价格登场，给中国的中高级轿车市场带来强烈冲击。从目前的销售形势看，新一代天籁挺进中高级轿车市场前三甲指日可待。……

广州本田汽车公司第八代雅阁车的那则报纸广告中有这样的文案："乘联会最新数据表明，6月份第八代雅阁以12035辆的销量第三次夺得中高级车月销量冠军"。

很明显，两家汽车公司对自己在中高级轿车市场上的前景都充满了信心，因此在各自的广告中，都采用了翔实的数据，充满了自信。

二、研究间接竞争与广告文案创作

有时，间接竞争会显得至关重要。在这种情况下，广告文案创作者就应该分析间接竞争是来自于潜在的进入者，还是来自于替代产品，并在广告文案创作中采取相应的文案策略来应对或反击这样的竞争。

参照迈克尔·波特在《竞争战略》一书中的观点，在本书中，我们将潜在进入者和替代品视为某个特定产业之外的竞争力量。[1]当潜在进入者加入某行业，其产品进入某类产品市场时，该类别产品的市场份额的分配由于新品牌的加入可能出现明显的变动。

潜在进入者提供的产品与替代产品是有区别的。对某个特定企业而言，潜在进入者是从行业之外进入该行业的特定企业，其向市场提供的产品与该企业提供的产品属于同种产品，而替代产品则通常被视为是具有相似功能的另一种产品。比如，同是生产PDA的各家企业形成一个小行业，而生产手机的企业则形成另一个行业。一家手机企业开始生产PDA，则该手机企业成为PDA行业的潜在进入者。当一家生产手机的企业开始生产具有PDA功能的手机，则其生产的产品就成为PDA的替代产品。因此，从范畴上说，向某个特定市场提供的替代产品与潜在进入者向该行业市场提供的产品一样，也是该行业内部企业的潜在竞争对手。广告文案创作者如果不清楚当前最具有威胁的竞争和未来最具有威胁的竞争来源，就不可能成为具有战略眼光的文案创作者。

来自于其他产品类别的营销活动和广告活动也会影响到某类特定产品的需求，当这种情况发生时，则说明该类特定产品在市场上存在着明显的替代产品的威胁，而被替代产品可能属于衰退中的产品。广告主在这种情况下可能进一步压缩广告预算。对于广告文案创作者来说，这实在不是什么令人愉快的事，唯有尽量使广告文案发挥更大的促销作用才能为广告主赢得更多收益。

第四节　广告策划中的消费者分析和广告文案

一、营销观念向以消费者为中心转变

在社会化大生产的发展初期，由于市场上产品经常供不应求，因此生产处于中心地位。随着生产的日益发展，产品日益丰富，消费者的产品选择机会越来越多，产品选择权也越来越大。以生产为中心的观念逐渐让位给以推销为中心的营销观念。再后来，随着生产进一步大发展，商品极大丰富，以消费者为中心的市场营销观念逐渐形成。在中国，由于长期的计划经济的影响，商业经

1　参见〔美〕迈克尔·波特：《竞争战略》，陈小悦译，第3页。

济发展比较慢,营销观念的变化过程也比较缓慢。可以说,目前中国的营销观念仍处在向以消费者为中心的转变过程中。因此,很多广告人对以消费者为中心的营销观念还缺乏深刻的认识,自然也不能做到真正以消费者为中心去进行广告策划与广告文案创作。有些广告文案创作者不考虑消费者喜好和接受程度,创作出一些令人费解的或是只求唯美不重效果的广告,这实在是对消费者的不尊重,也是对广告主有限广告经费的巨大浪费。今天,我们只要去超市转一转,就会发现货架上摆满了商品,消费者对商品具有空前的选择自由。如何让消费者去购买广告中的产品,营销人和广告人都必须大动脑筋。消费者已经成为营销决策的中心。如今,营销人和广告人应该重点关心的是消费者的需要与欲求,然后去挖掘产品或服务能够满足消费者的利益点,并以消费者乐意接受的方式来创作广告文案。

广告文案创作者必须站在消费者的立场,设身处地去审视产品或服务的构想和设计。广告文案创作者应该和消费者多交流,了解他们的真实想法,研究他们的购买心理。从某种意义上讲,杰出的广告文案创作者一定是非常好的消费心理学家。消费者行为学的研究成果有助于广告文案创作者更好地理解消费者的购买行为和购买心理。正因为如此,消费者行为研究近年来在广告领域中被广泛运用,它运用行为科学的研究结果来阐明消费者在市场和广告活动中的心理动力。

消费者分析的研究对象非常广泛,在本书中,我们将讨论的重点放在消费者态度方面。因为,**对于广告文案创作者来说,核心任务乃是通过广告文案影响消费者的态度,并促使消费者做出购买行为。**

世界上最大的单体广告公司日本电通公司开发了用以进行广告策划的钻石模型,该模型的核心内容即强调改变消费者态度尤其是改变消费者认知乃是广告的重要任务。

消费者对产品或服务的态度与消费者的购买动机密切相关,通常认为消费者对产品或服务的态度包括三个方面的构成要素,即认知、情感与行为。因此,通过对这三个要素的研究,广告文案创作者可以探询消费者内心的购买动机。此外,消费者对产品或服务的态度及购买动机,也受到消费者的个性的深刻影响。因此,通过对消费者个性进行研究,广告文案创作者有可能进一步了解消费者对产品或服务的态度。个性问题较为复杂,这一因素和认知、情感与行为能较为直接地反映态度与购买动机不同,它对态度与购买动机的影响显得更加隐蔽,因此我们将这一因素独立于认知、情感与行为三因素加以考察,以期引起广告文案创作者的注意。

二、广告文案创作要研究消费者的购买动机

消费者为什么要买这种品牌的洗发水,而不买另一种品牌的洗发水?为什么要买这种品牌的巧克力,而不买那种品牌的巧克力?这就涉及消费者的购买动机问题。广告主可能对消费行为的许多方面都感兴趣,但是他们最想知道的也许是动机,也就是人们要这样做或那样做的理由。

消费者购买产品是因为听到朋友介绍,还是因为看到广告呢?是广告使他考虑购买某些产品或服务而舍弃其他的吗?广告只能使人们对某产品产生兴趣,还是能够引导消费者做出行动达成最终购买?显然,大多数广告主都想知道这些问题的答案。

但是,实际情况是,如果去问人们是什么原因促使他们做出了这样或那样的购买行动,有些人能够说出理由,有些人却无法清楚地说明白自己内心的购买动机。他可能确实说不清楚,也可能是潜意识阻止他清楚地说出购买动机,也可能是他有意识地不想清楚地说出来。如果广告文案创作者能够洞晓消费者的购买动机,无异于掌握了可以促使消费者做出关键行动的助推器。因

此，消费者的购买动机是广告文案创作的重要灵感来源。不过，因为它牵涉了众多未知因素，所以对于广告文案创作者来说，它也是一个难解的谜题。

（一）了解消费者对购买风险的认知

消费者在做出购买决定的过程中，认知是一个重要的步骤。消费者对产品或服务的认知是多方面的，我们在此重点讨论消费者对产品或服务购买风险的认知。

消费者在决定是否要购买某种产品时，会感到有一定的购买风险。一般情况下，低卷入度商品，如香皂、牙膏等，因为它们涉及的金钱、精力都较小，所以购买的风险相对来说较小。购买高卷入度的产品时，购买的风险就较大。此外，和人的健康、卫生联系紧密的产品，购买风险也较高。消费者对购买风险的自觉程度，有人称之为自觉性风险。如果消费者觉得他花钱买下的产品能够满足他的需求，并且对自己有益无害，消费者预期的购买风险就较低。广告文案创作者如果能够在广告中提供有效的承诺，在某种程度上就可以减少消费者的购买风险。

消费者在作出购物决定甚至完成购买行动后，仍会有认知的不确定感觉。他们常常不敢肯定自己是否做出了正确或合理的购买行动。所以，消费者在购买决定做出后或完成购买行为后的一段时期内，其心理常常处于不同程度的焦虑状态，心理学上称之为认知不协调。

当消费者心理上出现认知不协调时，消费者经常会从广告那儿寻求进一步的肯定，就如同要找一些证人来证明自己的选择是如何地明智。例如，买汽车的人常常会留心去看他已经买的那种汽车的广告，希望从中发现东西可以证明他的选择是对的。这就是在市场上成功的产品要不断做广告的理由之一。通过不断肯定老顾客的选择来减轻他们的认知不协调，这是一种维系老顾客和培养忠诚消费者的好办法。

广告有时也通过在市场上制造认知不协调感来改变市场格局，争夺新的消费者。例如，有的广告告诉市场上竞争对手的顾客：试一试我们的口味，也许是你更喜欢的。这种广告是主动出击，以期制造消费者心理上的认知不协调感，让他对产品或服务的态度发生潜在的改变，从而有可能做出购买尝试。

案例解析

诺基亚手机 6108 的广告（图片 2-5）就曾经通过制造认知不协调感来争取潜在消费者，其广告文案表现了有些手机的手写输入由于识别功能不强而出现的问题。

图片 2-5

系列广告之一：

大标题：外面下鱼，记得带伞

广告副标题：传情达意，诺基亚 6108，又快又正确

画面：一位年轻女郎打着雨伞，正低头看手中的手机短信。天空中，落下漫天的“鱼”。

画面左上角是一个手机屏幕，屏幕上出现了手机短信：外面下鱼，记得带伞。

系列广告之二：

大标题：祝新狼新娘白头偕老

广告副标题：传情达意，诺基亚6108，又快又正确

画面：一位新郎正抱着美丽的新娘走在红地毯上接受亲朋好友的祝福。只不过，这位新郎长着一只狼头。

画面左上角是一个手机屏幕，屏幕上出现了手机短信：祝新狼新娘白头偕老

诺基亚手机6108的这两则广告将汉字手写输入识别功能不强的问题凸显出来，制造了一种令人哭笑不得的画面。广告不仅幽默，而且视觉效果奇特，使那些遇到过类似问题的潜在消费者在一笑之际对原来使用的汉字手写输入识别功能不强的手机产生怀疑。在这种广告创作的认知不协调感之中，诺基亚手机6108则将自己的特点深深刻在了潜在消费者的心中。

（二）了解消费者对产品或服务的情感

本书在此处所说的消费者对产品或服务的情感，是指消费者在情绪上对产品或服务的反应。由于广告的对象是一个群体，因此广告文案创作者在广告文案创作之前去研究消费者对产品或服务的情感，其实是研究一个群体对产品或服务可能产生的情感。从理论上讲，任何一个人都有多种情感，但是，他们对某个特定产品或服务会抱有同样的类似的情感吗？答案是可能的。广告正是激发群体情感的一种有效工具。以往的广告活动必然已经对消费者产生了一定的影响，因此，消费者分析可以通过消费者调查（定量调查或定性调查）来了解消费者对某个特定品牌的产品或服务的情感。想要了解消费者对新产品或服务的情感，也可以通过调查消费者对该类产品或服务或者替代产品或服务的情感，来预测消费者可能出现的对该品牌产品或服务的情感。

在此之后，对于广告文案创作者而言，关键的问题是如何根据之前获得的信息，思考自己的广告是否应该把激发潜在消费者的某种情感作为广告文案的重要目标。（这是一个相当复杂的问题，与产品种类、消费者参与有关。这不仅要进行产品分析，也要进行消费者分析，还要进行消费者对广告作品的反应分析。就这个问题，本书将在后面章节中，从研究广告诉求与表现的角度出发进行探讨。）如果应该这样做，又该如何进一步设定广告所欲激发的情感目标呢？

心理学家罗伯特·普鲁挈克列出了一份情感的词语清单，其中常见的词语见表2-3。笔者根据情感的相近性，进行了简单的分类。这些情感词语，对于广告文案创作者设定广告想要激发的情感目标具有一定的启发作用。

表2-3 常见的情感词语清单[1]

挑战的　爱冒险的
惊讶的　好询问的　充满期望的　好奇的
热情的　充满深情的
善于接受的
害羞的
失去希望的　不快的　犹豫的

1 参见〔美〕巴茨等：《广告管理》，赵平等译，清华大学出版社1999年版，第205–206页。笔者对原书中的词语进行了简单分类。

（续表）

害怕的
困惑的　不知所措的　烦恼的
沮丧的　忧郁的
快乐的　得意洋洋的　欢欣鼓舞的
敌意的　憎恶的

（三）了解消费者通常的购买行动

本书中，我们所指的消费者通常的购买行动包括消费者以往购买产品或服务的地点、以往购买产品或服务的用途，以及以往解决购买决策问题的方法类型。

1. 了解消费者以往购买产品或服务的地点

在地方性的零售广告中，商家地址是至关重要的文案内容。在广告文案中出现商家地址，能够表现出企业和商家强烈的销售意图和主动的服务意识，对于潜在消费者具有非常重要的促销作用。广告文案创作者可能会忽略消费者购买产品或服务的地点。有些追求艺术性表现的文案创作者甚至会不屑于或者抵触在广告文案中放入提供产品或服务的商家的地址。他们可能认为商家的地址不能算作广告文案的内容。但是，这种想法是非常不明智的。商业广告的首要任务就是促进产品销售，在应该出现商家地址的零售广告中没有出现地址，是一种非常幼稚的错误。广告文案创作者应该向自己提出这样一些问题：消费者以往在哪里购买该类产品？消费者以往在哪里购买竞争者的产品？消费者以往在哪里购买你为之创作广告文案的产品？对这些问题的思考，可以使自己成为一个策略型的文案创作者。如果答案与广告主既定的产品销售地点不吻合，就应该主动将这一问题提出来与企业营销人员进行沟通。对这些问题的回答，还有助于广告文案创作者构想文案的情境，洞察消费者的需要与欲求。

2. 了解消费者以往购买产品或服务的用途

消费者将产品使用于何种目的与场合，也是对广告文案创作有重要启发性的信息。广告文案创作者要回答这样一些问题：产品或服务属于季节性商品吗？产品或服务是特殊场合使用的商品吗？所谓季节性商品，是指那些随着季节变化市场需求量会出现明显变化的商品。如果某个产品是季节性商品，那么季节因素带给消费者的问题就可能是重要的诉求点。比如，空调就属于季节性商品，在夏季将制冷效果和耗电量作为广告文案中的重点信息加以强调，可能要比强调空调设计的先锋与时尚更加有效。后者的文案创作可能充分表现了空调的美观，但是却往往吃力不讨好。所谓特殊场合商品通常是指农历新年、元旦、圣诞、生日、毕业纪念日、婚礼纪念日等特殊日子、特殊场合用来作为礼物的商品。巧克力常常被作为圣诞礼物和生日礼物，在广告中强调它的礼品功能，就可能在节日来临的时候带来巨大的销售量。钻戒、手表、高级钢笔等都是典型的特殊场合商品。对于特殊场合商品来说，广告文案一定要在合适的时机选准合适的广告对象，否则就可能错过大量销售的大好机会。

案例解析

除毛刀是明显的季节性产品。Schick 舒丝仕女除毛刀的广告（图片 2-6）将该产品能够带给消费者的利益以一种奇特的几乎是黑色幽默的方式加以呈现。广告中展现了一巨大墙体的侧面刷着一个户外广告，广告中一个美丽的女子穿着比基尼，一只玉臂高高抬起。不巧的是，墙上的一扇打开的窗户中，伸出的一只拖把正巧在女子的腋下。那只拖把仿佛就是那令女士们尴尬的腋毛。由此，广告以一种近乎黑色幽默的方式告诉那些爱美的女士们，在可以展示美丽身体的夏季，可别忘了用 Schick 舒丝仕女除毛刀除去“尴尬的隐患”。

图片 2–6

3. 了解消费者以往解决购买决策问题的方法类型

消费者以往解决购买决策问题的方法，直接影响着他对产品或服务的购买决策过程。不同的人会以不同的购买决策方法，做出购买产品或服务的决定。同一个人在购买不同的产品或服务时，也可能采用不同的购买决策方法来做出购买决定。消费者对某一产品**类别**中某一特定产品的看法，如判断这一产品是否新产品、是否已经成熟可靠、是否已经过时，会影响到消费者采取何种方法来作出购买决定。

潜在消费者解决购买决策问题的方法，对策划广告战役具有很大的参考价值，尤其是对市场区隔和目标市场的选择具有重要意义。对广告文案创作者而言，霍华德(John A. Howard)对消费者购买决策方式的分类非常具有参考价值。霍华德根据作出购买决定所需要的信息数量、所需要付出的努力以及消费者作出购买决定的时间长度，将消费者的购买决策方式分为三种。

第一种，扩展问题解决型。这种类型的情况是潜在消费者即使对回答是否要购买某一类别的产品这一基本问题，也需要大量的信息来辅助判断。在这种情况下，消费者作出购买决策的速度非常慢。这常常出现在潜在消费者对某类产品还不太了解的情况下。当想购买的产品是高卷入度产品时，购买决策可能更慢。比如，当潜在消费者在考虑是否应该购买住房而又对房地产缺乏了解时，其购买决策方式就可能是扩展问题解决型，需要做大量的信息收集工作并进行较为复杂并困难的权衡。针对扩展问题解决型的购买决策类型，广告文案创作者应该将提供关于商品的准确、详细的信息放在首位，文案的艺术表现形式要放在其次。当然，如果两者能够相互协调，相得益彰，那是最好。

第二种，有限问题解决型。在这种情况下，潜在消费者对判断各种不同的产品有某种基础或判断标准。消费者通常从熟知的产品类别中选择购买产品时采用这种决策方法。在这种情况下，消费者需要收集的信息较少，需要用于决策的时间也相对较短。产品与服务的竞争多来自于本产业内部，维护现有消费者和争夺其他品牌的消费者是摆在广告文案创作者面前的艰巨任务。针对这种购买决策类型，广告文案创作者应该特别注重调动一切手段来突出本品牌产品能够带给消费者的重要价值与独特的品牌优势。

第三种，例行反应行为型。采用这种类型的决策方法时，消费者通常熟知产品种类、产品品牌，购买决策可能完全基于价格和其他营销的变数。在决策时，消费者考虑不多，决策时间较短。在这种情况下，消费者的购买行为已经是一种习惯。多数消费者在购买日化品、快速食品、饮料等日用消费品时会鲜明地表现出这种购买决策方式。这也是“品牌忠诚”概念的基础。“品牌忠诚”使消费者继续去购买过去他们经常购买的品牌。对于采取这种购买决策类型的潜在消费者，广告文案可以强调价格、促销等营销变数，或者用品牌提醒式广告不断加强品牌忠诚和刺激消费者对品牌的记忆。对于处于市场领先地位的大品牌来说，可以大量使用能够带给潜在消费者心理愉悦的文案策略。

有的广告学者也将消费者的购买决策类型分为“预谋型”和“冲动型”。所谓预谋型购买决策，是指潜在消费者在购买产品之前花费很长时间思考与斟酌。预谋型类似于扩展问题解决型，都在决策过程中进行大量的信息处理。冲动型则是指在一时冲动下作出购买决策。比如，看到某个产品的促销信息，就马上决定要购买该产品。冲动型购买决策类似于例行反应型购买决策，潜在消费者不需要花费多少决策时间，且常常受到价格、促销等因素的影响。

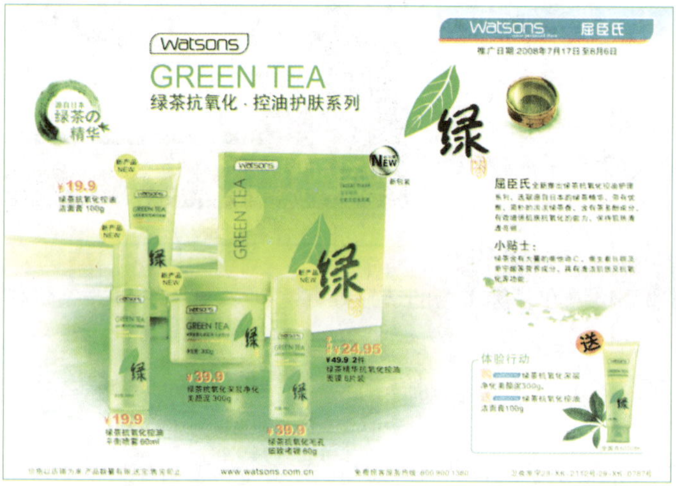

图片 2-7

案例解析

屈臣氏于2008年夏季发布的一则地方性报纸广告(图片2-7)中，主要表现了绿茶抗氧化控油护肤系列产品中的六种产品。

该广告的大标题：(屈臣氏LOGO)GREEN TEA 绿茶抗氧化·控油护肤系列

该广告为每种产品的样品标出了价格，并在每种产品的样品上标出了“新产品NEW”或“新包装NEW”。

该广告文案还说明了体验行动：购(屈臣氏LOGO)绿茶抗氧化深层净化美颜泥300克，送(屈臣氏LOGO)绿茶抗氧化控油洁面膏100克。其中，“购”与“送”两字为醒目的红色，在以绿色为主色调的整体广告画面中，尤为醒目。

这则广告中的广告商品，对于熟悉屈臣氏品牌、常去屈臣氏超市购物的潜在消费者来说，购买决策主要属于例行反应行为型。在屈臣氏店内的销售现场，潜在消费者也可能因为促销信息而做出冲动购买。

三、研究消费者的个性

消费者分析的一个重要方面是心理特征的分析。个性是心理特征中的重要内容。个性特征会影响一个人对产品或服务的态度以及购买习惯与购买行为。比如，有的人倾向于理性购买决策模式，有的人在做出购买的决定时则可能更倾向于感性决策模式。

1. 个性与对购买风险的预期

不同个性特征的人在购买商品时，会对购买风险产生不同程度的预期。在做出购买决定的前后，具有自信心和创造性的人，通常不会像具有依赖性和按常规行事的人那么焦虑担心。反之，缺乏自信、循规蹈矩的人则常常会陷入无名的焦虑。因此，对于后者，广告文案应该尽量提供详细的内容，以降低潜在消费者的内心焦虑。

2. 个性与选择性注意

不同个性特征的人可能表现出不同程度的选择性注意。不同个性特征的人会选择去看或去听不同的事物。这种特性称之为注意方面的选择性,它不是限制人们对广告的接触,就是扩大人们对广告的接触。比如,富有创新精神和冒险精神的人可能比依赖性较强的人更喜欢看精彩刺激的旅游广告,这类广告文案可能更能引起他们的注意(知觉),也更容易被他们记住。而那些保守、喜静的人可能在心理上排斥精彩刺激的旅游广告,对于他们而言,展示旅游的安全、风景的优美、心情的放松有可能使他们克服内心对刺激性表现的排斥心理。李奥·贝纳先生在谈到广告文案与报纸新闻的区别时曾说:“怎样找出关于商品能够使人们发生兴趣的魔力,以引起他们的兴趣,并能极为迅速地引导他们得出应该买那种东西的结论,实在是另外一种艺术。”[1]对于广告文案创作者来说,发掘商品能够引起人们兴趣的销售说辞,乃是文案创作的重要工作环节。分析目标消费群的个性特征,使广告文案引起目标消费群的注意,是使广告文案发挥作用的第一步。

3. 个性与选择性记忆

不同的个性特征会造成人们接收广告文案的不同记忆程度。广告文案因此会产生不同程度的影响力。广告文案仅仅被广告对象注意到还不够。因为,如果广告受众对其接触的并产生注意的广告文案没有形成记忆或少有记忆,广告效果也很难实现。比如,幽默轻松的广告可能令个性活泼开朗的人喜欢,并能够形成积极的记忆反应,从而促使他们去购买产品;而富有严密说理性的广告可能更能促使相对稳重的人加强对广告文案的记忆。

案例解析

2008 年 7 月 25 日《京华时报》A06 版刊登了华黛思的一则半版报纸广告(图片 2-8)展现了这样的画面:在一条豪华游艇的甲板上,站立着两位性感女郎。两人皆穿着华黛思品牌的服装:裙子高腰设计,深深的 V 形领露出乳沟,裙子下摆张开露出肚脐,下身着性感的短裙。

图片 2-8

该则广告大标题:我的时尚 靓·善变

该广告也包含了有关销售促进活动的信息:华黛思真情回馈。一次性消费满 300 元,赠泳镜一支,一次性消费满 500 元,赠芭比娃娃一组……

该则广告很可能使相对保守的女士对其广告大标题产生反感,进而对该广告的信息产生排斥心理,减弱选择性注意与记忆的效果。当然,该广告也可能对那些生活独立、思想开放、个性要强、追求性感美丽的女士们特别有效果,使她们对广告文案加以特别注意。因此,从某种程度上

1 〔美〕丹·海金司:《广告写作艺术》,刘毅志译,中国友谊出版公司 1991 年版,第 27 页。

说，该广告文案能够产生足够的促销力，这是因为它能够吸引到足够的目标消费群。

思考与练习

1. 如果要从研究产品或服务出发寻找广告文案的灵感，广告文案创作人员可以从哪几个方面进行深入的思考？
2. 常用的市场分析法有哪些？
3. 如何定义一个产业？
4. 作为一名广告文案创作者，可以从哪些方面了解消费者的购买动机？

第三章

广告文案创作的基础：广告策划(下)

广告诉求指用于吸引消费者注意力和影响他们对产品或服务的感受的一种方式。广告诉求也可以被认为是一种能打动人们、创造出人们的需要或欲求，并激发起他们兴趣的行为。

作为一种方式或行为的广告诉求，可能以文字的形式出现在广告文案中，也可能以抽象的存在隐藏在广告文案(文字或画面)的“背后”。广告策划过程中开发的广告主题则可以通过一个或更多的兴趣点对潜在消费者展开诉求。广告主题借以向潜在消费者展开诉求的一个或更多的兴趣点通常也被称为广告诉求点。

创作表现形式指将具体诉求转变成具体广告讯息的一种方式。广告讯息则最终通过广告文案得以体现。广告文案本身也是广告讯息。

广告策划的任务之一是寻找广告诉求方式与广告诉求点，而广告文案则是传达与表现广告诉求的重要载体。广告诉求既可被视为广告创意策略的一部分，也可被视为从创意策略迈向创意表现的关键步骤。广告公司的创意小组可能会在广告诉求的提炼环节进行大量的讨论，并从大量的方案中选出合适的诉求方式与诉求点。

我们可以认为，寻找广告诉求和选择表现形式是创作广告文案的两个环节。广告诉求并不等同于广告表现。具体广告诉求可由多种方式来表现，而一种表现形式亦可用于多种广告诉求。但是，不论广告诉求，还是表现形式，都必须依靠广告文案才能最终得以实现。

第一节　对人类需要和欲求的诉求与广告文案

我们认为，不论采用何种诉求方式(理性或感性)，不论采用何种表现形式，对于通常的生活消费品来说，广告文案最终将指向——或者说诉求于——人类的一种或几种基本需要和欲求。因此，在探讨各种具体的诉求方式和表现形式之前，我们先来探讨人类需要和欲求的问题。

人类需要和欲求是人的消费行为的内在影响因素。消费行为的内在影响因素也可指那些来自于个人人格或心理方面的因素。内在影响因素相当复杂，为了便于研究，大多数营销与广告的研究者把它们分为需要(needs)和欲求(wants)。研究需要和欲求是营销策划和广告策划中非常重要的内容，也是启发广告文案创作灵感的钥匙之一。

一、需要和欲求

当把需要和欲求运用于策划一个广告战役时，两者是有差异的。需要是指在实际的生存状态与希望的生存状态两者之间所体验到的差距或不一致。需要是一种本质性的愿望。需要有多种，不同的需要对于消费者的重要性也大不相同。关于人类需要的理论有很多种，对广告界影响较大的人类需要理论之一是心理学家亚伯拉罕·马斯洛(Abraham H. Maslow)提出的“需要层级理论”(Hierarchy of Needs)。参见图 3–1：

生理需要	安全的需要	爱的需要	自尊的需要	自我实现的需要
食物 睡眠 健康 身体需要 活动 休息 性	安全 无忧虑 有保障 舒适 和平 次序	被接受 有归属 群体 成员的身份 爱情 爱	认同 特权 自信 领导权 成功	自我完善 创造性的挑战 实现梦想 才智方面的求知欲

图 3–1　马斯洛的“需要层级理论”[1]

马斯洛认为动机是需要的一种结果，人类一切行动都基于层级需要。在他的需要层级理论中，强调这些需要都是人与生俱来的。马斯洛认为，当较低级的需要满足之后，下一个更高层级的需要即开始活动。关于马斯洛的需要层级理论，在心理学上有很多争论。后来的研究也证明这一理论并不完全正确。目前，有些学者认为，人类的许多需要，特别是有些高层级的需要，是人通过学习获得的。有些学者也认为，人类需要的产生和动机的产生，并没有严格的层级关系。被大多数研究者称为保证生存需要的东西包括：食物、衣服以及躲避风雨的处所。这些需要是每个人与生俱来的。

虽然现在看来，马斯洛的需要层级理论并不完全正确。但是，这一理论对于营销工作和广告传播来说，仍然具有重要的参考价值，因为它简单明了地分析了人们多种多样的需求，并说明了这些需要可能产生相应的动机。营销策划者、广告策划者、广告文案创作者可以参考这些不同的需要，开发不同的讯息。

有学者则指出马斯洛的需要层级的划分过于简单，认为把人的需要（以及与之相关的产品）列成一份更具体的清单可能对创作广告更有帮助。在他们所列的清单中，有以下这些“人的需要”：

1　Abraham H. Maslow, *Motivation and Personality*, Harper Row Publishers Inc., 1954. 转引自 Doug Newsom, Judy Vanslyke Turk, and Dean Kruckeberg, *This is PR: the realities of public relations*(7th ed), Wadsworth, 2000, p.203。本书作者引用了原图的部分内容。

表 3-1 人的需要以及与某种需要相关之产品[1]

人的需要	与某种需要相关之产品
成就感:运用自己的技能完成困难任务的需要。	专业工具、运动器材、提供技能培训的服务等。
独立性:独立自主的需要,有多种选择,有个性。	时装、轿车、头发护理、信用卡、酒精饮料、香烟等。
表现欲:吸引公众注意力的需要,炫耀,得到他人关注。	服装、时装配饰、轿车、房子等。
得到承认:受他人正面关注,被尊为典范的需要。	具有符号性、象征性的产品等。
支配欲:有权对他人进行支配、指导和监督的需要。	高级轿车、别墅、杀虫剂、洗涤剂等。
归属感:与他人建立亲密联系、建立感情关系的需要。	参加团体、个人护理产品、薄荷糖、牙膏等。
抚育:照顾他人的需要,拥有并加以保护的需要。	照顾儿童和宠物的产品、园艺、烹饪和料理家务、洗衣、志愿工作、慈善工作等。
求助:接受他人的帮助、得到安慰的需要。	个人服务、豪华轿车、沙龙、疗养、咨询等。
性别魅力:确定并彰显自己的性别身份的需要,有充分的性吸引力。	香水、时尚、装饰品和各种娱乐。
刺激:刺激感官的需要,参加激烈活动,全身心投入,出汗,刺激味觉,保持活跃。	运动器具、健身俱乐部、餐馆、公共露天游乐场、泡沫浴、织物柔软剂等。
消遣娱乐:放松的需要,玩耍,逗乐,接受娱乐。	度假、公共露天游泳场、运动等。
新鲜感:改变日常生活惯例的需要,改变经历,实现多样性,学习新技能,取得新经验。	旅游、教育、电影、书籍等。
理解力:学习和理解的需要,运用智力把它们联系起来。	自我修养课程、教育、电影、书籍等。
协调性:保持井然有序和清洁卫生的需要,控制不稳定因素,避免含混不清的情况。	清洁器、修理服务、用于维修的产品、"配套"产品、组织者。
安全感:消除恐惧的需要,获得资产,避免事故。	保险、防盗警报器、投资、一切安全设施等。

由表 3-1 可以看出,有些产品与需要之间的联系非常明显,有些则比较隐秘;有些产品和几种需要有关,有些产品则主要和一种需要有关。了解产品与某种或某几种需要存在关联性,可以帮助广告文案创作者迅速进入洞察消费者消费动机的状态,对于文案创作具有积极意义。

那么什么是欲求呢?欲求是指人们受到刺激后产生的愿望,也常常被称为欲望。欲求可以借助用来满足需要的具体事物表现出来。

通常情况下,低层级的需要比较容易得到满足,用来满足的事物和方式也比较有限。当一个人的需要进入上一层级之后,就会有更多的方式满足其需要。认识到这一点,对于营销者、广告策划者和广告文案创作者来说意义重大。因为这意味着,在满足人们高层级需要的时候,可以开发出很多的营销方式和广告方法。

在富裕的社会中,营销者主要是试图满足消费者的欲求而非仅限于满足需要。因此,大多数广告的诉求是针对消费者的欲求而非人的需要。

1 参见〔美〕乔治·费尔顿:《广告创意与文案》,陈安全译,第 24–25 页。另可参见 Robert B. Settle and Pamela L. Alreck, *Why They Buy: American Consumers Inside and Out*, New York: John Wliley & Sons, 1986, pp. 24–27。

二、人类基本诉求

有学者进一步认为，人类需要和欲求的存在，使一些基本的诉求具有可针对所有人的普遍性。这些诉求，又被称为人类基本诉求。有关人类基本诉求，参见表3–2：

表3–2 常见的人类基本诉求[1]

人类基本诉求	简单说明
贪心	对金钱、权力、声望、能力、物质财富的欲望。
舒适	对身体舒适、休息、休闲、心灵平静的欲望。
方便	希望不干工作或干轻松的工作。
好奇	对任何新鲜经验的欲望。
自我中心	希望自己有魅力、出名、受人赞美。
家庭亲情、团聚和幸福家庭生活	希望全家人一起做事，希望取悦家庭成员，希望在孩子的成长过程中帮助他们。
恐惧	对疼痛、死亡、贫穷、批评和丧失财富、美貌、知名度以及至爱亲人的恐惧。
健康	对健康、长寿和青春活力的欲望。
英雄崇拜	希望像自己崇拜的人。
慈悲、慷慨和大公无私	希望帮助别人、国家或教堂。
爱和性	对浪漫爱情和正常性生活的欲望。
智力刺激	希望提高心智、开阔眼界。
愉悦	对快乐、娱乐和一般性享受的欲望。
感官刺激	对感官刺激的欲望。

表3–3是一些人类基本诉求与用以刺激人类基本诉求的广告文案。

表3–3 人类基本诉求与用以刺激人类基本诉求的广告文案

人类基本诉求	广告标题(产品或服务)
贪心	退休后怎么享受您的薪水。(个人理财计划) “我这个人很好满足，我只不过想要最好的。”(GMC货车) 你拥有捷豹的梦想就快要实现了。(捷豹汽车) 帮助您与道琼斯保持一致的寿险。(多边生活预测计划)
舒适	让您冬天更暖、夏天更凉而又省钱的护窗。(阻隔窗) 放松只是一个感觉的问题，想想舒服的事情。(加勒比海上游) 莱恩·利可休，一生一世的享受。(安乐椅)
方便	一瓶装下您全部的美丽需求。(婴儿润肤油) 如果您将在50分钟内飞离肯尼迪机场，如何给朋友家人买礼物?(包装杂志) 隆重介绍自动清洗燃气灶。(燃气灶)
好奇	新世界正在新旅游杂志等您。(旅游杂志) 这只是表面，您应该看看其余的。(加勒比海上游) 收集有关佳酿收藏的珍贵信息，包括哪些得过奖、开价多少。(杂志) 扩大您的自然天地。(书籍)

1 参见〔美〕菲利普·沃德·博顿：《广告文案写作》，程坪、丁俊杰等译，第38–39页。

（续表）

自我中心	一点大学教育即可帮助您成功。（大学注册） 成为最好要付出什么努力？（大学注册） 精湛、钻石、古典设计以及佩戴它们的女人。（钻石珠宝）
家庭亲情、团聚和幸福家庭生活	家庭比房子更重要。（家具） 专利 2823421 改变了您看待孩子的方式。（胶片） 听听妈妈的声音。（美国电报电话公司的电话服务） 家庭事务。（假期指南）
恐惧	核能可以帮助我们避免噩梦。（动力独立宣传册） 既然保持本色干吗要变成灰色。（染发液） 大可不必操心的一件事。（轿车） “我可不想优雅地变老，我要一步一步与之抗争。”（化妆品）
健康	来一根，抵抗蛀牙。（无糖口香糖） 现在，在醒着的时候您也可以让自己的花粉病安静点了。（抗过敏药） 最终，有了在交战中战胜齿斑菌的精良武器。（齿斑菌去除仪器） 掌握自己的命运。（健康中心计划）
英雄崇拜	丹尼斯·科勒，自 1983 年起一直就是持卡人。（赊购卡） 给您最喜爱的英雄运动员一个家。（活动招贴） 世上最令人难忘的女性就是露华浓。（面部化妆品）
慈悲、慷慨和大公无私	只需一杯早餐咖啡的钱，您就可以使一个孩子脱离贫困。（福斯特儿童资助） 动物不会烧毁您的家园，所以也别烧它们的家。（公益）
爱和性	一见钟情。（太阳镜） “欢笑、泪水、激情、友谊、爱。”（钻石） 大天秤座上的罗曼斯。（饭店） “我之所以给自己挑选水晶，是因为她在烛光中的光彩，这也是他选择我的原因。”（水晶）
智力刺激	新版《不列颠百科全书》给您提供谈资以及思考内容。（书籍） 如何成为全 A 学生。（书籍） 《欧洲生活与旅游》，一笔非常知识财富。（杂志） 有了这个高级设施，您每天只需花一分钱便可以监督全世界。（报纸）
愉悦	大天秤座上的快乐。（饭店） 精彩的网球！巨大的乐趣！（网球训练营） 一生中最精彩的冒险兴许离您只有 32 美分的距离。（旅游） 既然到了顶上，就该尽情欣赏。（豪华公寓）
感官刺激	为心灵、肉体和灵魂而设计的香味。（香水） 把无辜的沙拉变成罪该万死的诱惑。（沙拉酱） 味道很温馨，感觉很惬意。（白兰地）

广告界一般认为，在一个广告中，诉求越单纯就越有力。但是，实际上许多广告文案往往在一个广告中同时动用多种诉求，以满足消费者多种需要和欲求，或满足一种或几种人类基本诉求。不过，有一点是可以肯定的，即在广告策略正确的情况下，广告文案中突出一个主要的诉求，将有助于增强广告的效果。

案例解析

2008年 7 月 22 日《京华时报》A07 版刊发了东南（福建）汽车公司的一则半版报纸广告（图片 3–1），主打两种产品：蓝瑟汽车与戈蓝汽车。

图片 3-1

该则广告大标题：完美中追求超越

广告正文：

“一次又一次，对每一个细节千锤百炼，三菱汽车也一样，我信赖！”——成龙

超越自我，追求一种极致的完美，巨星成龙总是以行动来演绎。

正如三菱家族的动感双雄戈蓝与蓝瑟，一脉传承 WRC 赛场锤炼的激情动力和高刚性底盘，将驾驶、转弯的纯正运动性能发挥至极致，唤起你沸腾不息的挑战豪情，志在超越，现在就 action!

夏日购车双重喜

- 蓝瑟最高调降万元，现价 8.48 万元起。此价已包运费。
- 即日起至 7 月 31 日，凡购蓝瑟或戈蓝任一款，即送价值 3980 元 GPS 导航仪。

广告口号：超越挑战　与车共进

广告中代言人形象：成龙

该则报纸广告运用了多种诉求方式，以满足消费者的多种需要和欲求，或满足一种或几种人类基本诉求，分析见表 3–4：

表 3–4　蓝瑟汽车与戈蓝汽车广告中的文案的诉求指向

诉求指向需要与欲求（以及人类基本诉求）	广告文案
自我实现	广告大标题：完美中追求超越 广告正文：“一次又一次，对每一个细节千锤百炼，三菱汽车也一样，我信赖！”——成龙 超越自我，追求一种极致的完美，巨星成龙总是以行动来演绎。 广告口号：超越挑战　与车共进
自信	广告正文：……唤起你沸腾不息的挑战豪情，志在超越，现在就 action!
贪心	广告正文： 夏日购车双重喜 • 蓝瑟最高调降万元，现价 8.48 万元起。此价已包运费。 • 即日起至 7 月 31 日，凡购蓝瑟或戈蓝任一款，即送价值 3980 元 GPS 导航仪。
英雄崇拜	广告正文：超越自我，追求一种极致的完美，巨星成龙总是以行动来演绎。 广告中代言人形象：成龙
好奇	广告正文：……正如三菱家族的动感双雄戈蓝与蓝瑟，一脉传承 WRC 赛场锤炼的激情动力和高刚性底盘，将驾驶、转弯的纯正运动性能发挥至极致……
愉悦	广告正文：……正如三菱家族的动感双雄戈蓝与蓝瑟，一脉传承 WRC 赛场锤炼的激情动力和高刚性底盘，将驾驶、转弯的纯正运动性能发挥至极致……
感官刺激	广告正文：……正如三菱家族的动感双雄戈蓝与蓝瑟，一脉传承 WRC 赛场锤炼的激情动力和高刚性底盘，将驾驶、转弯的纯正运动性能发挥至极致……

当然，在该则广告中，最为突出的诉求是指向人类心理需要中的自我实现需要，而突出的广告代言人形象也非常有效地使用了“英雄崇拜”这一人类基本诉求。

类似的例子有很多，此处不赘。总之，在创作广告文案和开展广告战役时，广告文案创作者可以通过深入分析潜在消费者的需要和欲求，洞察是否可以刺激最为基本的人类情感，以创作出能够打动人心的广告文案。

第二节　诉求方式与广告文案

对于消费者的多种需要和欲求，以及人类基本诉求，广告文案创作者可以运用具体的诉求方式，来实现广告传播的目标。如果说在上一节中我们重点讨论了广告文案可能引起的消费者的心理反应，或者说讨论了可以实现广告诉求的心理基础；那么在本节和下一节中，我们将重点探讨用什么样的具体方式和手段来达成消费者的心理反应。前者关注的重点落在消费者的需要和欲求以及人类基本诉求之上，而后者则将重点放在如何与消费者的需要和欲求以及人类基本诉求建立联系这一环节上。也就是说，任何一种消费者需要和欲求，或任何一种人类基本诉求，都可以通过某种或某几种具体的广告诉求方式和表现形式来加以刺激。在本节中，我们先来探讨诉求方式与广告文案。

一、广告诉求方式

广告诉求作为吸引消费者注意力和影响他们对产品或服务的感受的方式，或作为能打动心灵、创造需要或欲求并激发起他们兴趣的行为，从广义来讲，通常可以分为两类：理性诉求和感性诉求。在这一节中，我们着重论述将理性诉求和感性诉求作为广告创作战略组成部分的几种方法，我们也将讨论理性诉求和感性诉求在广告讯息的形成中是如何有机地结合起来的，以及在广告文案创作中如何使用各种广告诉求方式。

（一）理性诉求方式

理性诉求强调消费者对产品或服务实际的、功能性的或实用的需求，并且强调产品或服务的特征和消费者拥有或使用某一具体品牌的好处或原因。这些讯息的内容强调了事实、认识和说服的逻辑性。鉴于理性诉求倾向于信息化，使用理性诉求的广告主通常都试图向消费者证明他们的产品或服务有特别的属性或提供了满足消费者需求的具体用途，他们的目标是说服目标受众购买这种品牌，其理由是该产品是现有最好的，或者该产品能最大限度地满足消费者。例如，魁格(Quaker)麦片公司便运用理性诉求来说明燕麦的纤维有助于降低心脏病的发病率。

许多理性动机都能用作广告诉求的基础，这些动机包括追求舒适、方便、经济、健康以及诸如触觉、味觉、嗅觉等感官上的实际好处。广告中常用的其他理性动机或理性购买标准还有质量、依赖度、耐久性、效率、功效和使用情况。通常，对消费者有价值的且能作为理性诉求基础的那些具体的特征、用途或有价值的标准不仅随着各种细分市场的不同而不同，还随着产品或服务种类的不同而不同。

威尔巴彻(Weilbacher)区分出了理性方式下几种不同类型的广告诉求，包括产品特征、竞争优势、诱人的价格、新闻、产品/服务普及性诉求。

1. 产品特征诉求

采用产品特征诉求的广告强调产品或服务的优势特征。这类广告趋向于高度的告知性，并向顾客出示许多重要的产品属性或特征。广告创作人希望这些特征会引起人们对产品的好感，并能作为理性购买决策的基础。威廉·伯恩巴克以他惊人的洞察与坦诚指出："写作广告最重要的成功因素就是商品本身"，"因为我认为一个了不起的广告策划运动会使得不好的商品加速失败"[1]。

技术性产品和具有高卷入度（或称高参与度、高涉入度）的产品常常使用这种广告方式。同时，这种类型的诉求也可用于服务业。美国的大陆航空公司就曾在一条广告中强调了其商务一等舱服务的各种特征。

使用这种广告诉求方式，广告文案创作者要花费大量的精力来考虑什么是产品或服务能够带给消费者的最大价值。由于任何一种产品或服务都不止一种特征，因此，在广告文案的创作过程中，组合那些特征信息亦是文案创作中的工作重点。如果广告文案创作者认为一个产品有多种重要特征，他甚至可能通过系列广告的形式来传达那些看起来难分伯仲的诉求。

案例解析

SAMSUNG 公司曾发布 SAMSUNG Anycall i728PDA 手机的系列杂志广告[2]，采用了典型的产品特征诉求方式。

系列广告之一

广告大标题：

商道·征程（大标题一）山重水复疑无路，柳暗花明又一村。（此诗句在广告中为小字，依附于大标题一之下，实际成为大标题一的一部分。）

内置 GPS 指点迷津（大标题二）

广告画面：

罗盘（视觉焦点一）

i728PDA 手机，手机屏幕出现 GPS 定位地图。（视觉焦点二）

系列广告之二

广告大标题：

商道·征程（大标题一）行至水深处，坐看云起时。（此诗句在广告中为小字，依附于大标题一之下，实际成为大标题一的一部分。）

掌上股票　稳操胜券（大标题二）

广告画面：

算盘（视觉焦点一）

i728PDA 手机，手机屏幕出现股票走势图。（视觉焦点二）

系列广告之三

广告大标题：

商道·征程（大标题一）相识满天下，知音有几人。（此诗句在广告中为小字，依附于大标题一之下，实际成为大标题一的一部分。）

"分享"系统 生动互通（大标题二）

1　〔美〕丹·海金司：《广告写作艺术》，刘毅志译，第 10 页。

2　广告参见《中国国家地理》2008 年 6 月。该广告亦可能同时在多家媒体上发布，此处只指笔者参见之广告样本的来源。

广告画面：

茶具(视觉焦点一)

i728PDA手机，手机屏幕出现多位友人照片。(视觉焦点二)

系列广告之四

广告大标题：

商道·征程(大标题一)池墨泼飞云，紫毫挥广宇。(此诗句在广告中为小字，依附于大标题一之下，实际成为大标题一的一部分。)

手写触摸 挥斥方遒(大标题二)

广告画面：

笔、砚(视觉焦点一)

i728PDA手机，手机屏幕出现手写的文字。(视觉焦点二)

该系列广告在每则广告中，强调了产品的一大特征。通过四则广告，将该款手机的四大特征依次呈现给目标消费者。产品定位也非常明确，四则广告的大标题都明确针对商务用户。另外，广告文案创作者用心精细，在一样的大标题下附上了不同的古诗句，以呼应每个系列广告中各自所强调的产品特征，从而使大标题于统一中富有变化，同时使理性的产品特征诉求带上感性色彩。

2. 价格诉求

由于价格本身是产品特征之一，所以价格诉求也可以算是产品特征诉求中的一种。但是，价格在广告中常常被作为一个相对独立的因素加以考虑，所以也常常被作为一个相对独立的诉求对象。当产品或服务的价格具有低价优势时，价格常常成为广告文案中的焦点信息。即使产品或服务的价格与竞争对手相比没有低价优势，在广告文案中呈现价格信息对目标消费者来说，也常常具有很大的促销作用——因为，该价格可能正是他们心目中的价格定位。

价格诉求广告经常被零售商和直销商用来宣传销售特殊产品或服务，或者用来强调较低的每日价格。价格诉求广告还常在经济萧条时期被全国性的广告主采用。许多快餐连锁店以强调实惠的价格为促销手段，使价格成为他们营销战略的重要组成部分，并且设计广告战略来传播这一讯息。比如，麦当劳快餐店随食品奉送配有精美图片的价格单是常规性做法。此外，麦当劳的电视广告也经常用价格作为重要的广告诉求点。

案例解析

PPG公司在报纸广告中将价格作为最重要的广告诉求点。在它的一则报纸广告(图片3–2)中，主要画面呈现了衬衫等产品。广告文稿中出现了多个产品价格与促销信息。比如："5件装仅售499元，现价9折"，"全棉皇家牛津纺衬衫，每件原价99元起"。

图片3–2

3. 新闻诉求

新闻诉求是指通过广告，将关于产品、服务或公司的某种新闻信息向潜在消费者进行再次传播，以利用已经发布的新闻信息突出产品、服务或公司的优势。这种诉求可用于新型的产品或服务，或者用于要把重大的改进或改良告知消费者的广告活动中。

广告中运用新闻诉求方式，需要一定的前提条件，那就是在广告发布之前，关于广告主的产品或服务的新闻信息已经得到公开发布。当广告主获得了它想向目标市场传播的重要新闻时，这种诉求是最有效的。美国的 Quaker 燕麦片在其一个广告中宣布了来自食物与药品管理局的关于食用燕麦有利于健康的消息。广告中的消息显然具有新闻性，并且和目标消费者的利益紧密相关。一些企业在获得大型体育赛事的赞助商之后，由于会引发大量的新闻报道，因此，尽管广告文案中不直接引用那些新闻，但是只要在广告文案中打出赞助商的身份，其实也已经包含了新闻诉求的性质。

案例解析

UPS在获得北京奥运会的赞助商资格后，在广告中有效地利用了这一资格来进行诉求。2008年7月24日《京华时报》A03版刊登了其系列报纸广告之一（图片3–3），其中明确指出企业为北京奥运会运送不同物资。

图片 3–3

广告大标题：UPS 为北京奥运成功运送不同物资，无所不能！

广告画面：

两位 UPS 员工从一个 UPS 快递专用纸箱中搬了一个篮球架。（视觉焦点一）

北京奥运会的标志和 UPS 的企业 LOGO。在 UPS 的企业 LOGO 之下，附有“北京 2008 物流和快递赞助商”一行字。（视觉焦点二）

该广告画面省略了对运送物资的组装过程，展示了所运送物资的组装结果与用途，广告画面表现使用了示意的方式，产生了一种奇特的视觉冲击力，有效地呼应了广告大标题。

在郭晶晶于 2008 年第 29 届奥运会上夺得女子双人三米跳板跳水冠军和女子三米跳板跳水冠军后，韩泰轮胎抓住时机，发布了一则具有典型新闻诉求特征的杂志广告。

该广告大标题：“韩泰轮胎热烈祝贺郭晶晶勇夺女子三米跳板跳水、女子双人三米跳板跳水双料冠军！”

广告正文使用郭晶晶的话作为证言：

“赛场上　每次我都想超越自我
这时候　需要宁静的空间
才能全神贯注　接受挑战
通往成功的路　漫长而艰辛
我选择我的路
韩泰轮胎　值得信赖”

2003 年 11 月 18 日，联合国开发计划署、国家环保总局、中国家电协会在北京联合召开新闻发布会，宣布“中国节能氟利昂替代冰箱项目”冰箱制造商激励计划项目评标结果并举行项目启动仪式。在这次产品竞标奖项中，科龙集团容声冰箱获“节能明星大奖”。科龙集团遂以这一具有新闻价值的事件作为引子，在广告中使用了新闻诉求。

其中一则广告的广告大标题为：NO.1 联合国节能冰箱唯一金奖

4. 产品 / 服务普及性诉求

产品/服务普及性诉求是通过指出使用某一品牌的消费者数量，或者指出从使用其他品牌转换为使用该品牌的消费者数量，或者指出该品牌在市场中的领先地位，来强调产品或服务的普及性。这种广告诉求的要点是展示该品牌产品或服务被广泛使用，以证明它的优良品质或价值。这种做法一方面可以维持老顾客的信心、提高老顾客的品牌忠诚度，另一方面可以说服更多的消费者使用它。

这种广告文案的创作，利用的是人的从众心理。对于人们生活中常用的耐用消费品，比如冰箱、洗衣机、微波炉、电饭锅等产品，普及性诉求通常都比较有效果。因为，产品或服务的普及性向潜在消费者传递了该产品或服务值得信赖、安全、耐用等信息。

案例解析

广州的家具企业吉盛伟邦曾经发布一条以普及性为诉求的广告（图片 3–4），起到了良好的市场效果。

该广告大标题：有一种气质，弥漫 5 个城市，历经 15 载春秋，现正在感动广州。

广告副标题：来吉盛伟邦，鉴赏中国家具百强名品的风采。

该广告标题的语言虽然使用了一些文学化的词语，但本质上却是典型的理性诉求。“5 个城市”、“15 载春秋”的表述，非常清楚地说明了产品的普及性以及企业成长的时间，对于潜在消费者而言非常具有说服力。该广告的正文中提供了更为详细的企业信息，还在广告的右下角加上了一个总店的位置图。

图片 3–4

5. 竞争优势诉求

竞争性广告在中国大陆是不允许的。但是，许多国家和地区允许正当的竞争性广告。当采用竞争优势诉求时，一般直接或间接地将广告主的品牌同另一种品牌（或另一些品牌）进行对比，并声称自己的品牌在一种或多种特征方面占据优势。

利用竞争优势诉求对广告文案创作人员的文案技巧要求很高。创作竞争性广告时，广告文案要注意陈述科学、客观的证据，并且措辞要恰到好处。通常情况下，如果广告文案陷入对竞争产品的恶意攻击、污蔑或轻视的陷阱，就会造成负面影响，不但无法获得潜在消费者的信任，而且可能损坏企业自身的声誉。

（二）感性诉求方式

与理性诉求方式相对应的另外一种常用的诉求方式是感性诉求。

感性诉求与消费者购买产品或服务的心理需求有关。许多消费者在作出购买决策时，对某一品牌的感觉可能比对这种产品的特征或属性的考虑更为重要。

许多产品和服务的广告主们都认为理性诉求是单调乏味的。他们认为，在销售那些与竞争品牌无重大差异的品牌时，既然理性的差异难以辨认，那么吸引消费者情感方面的诉求就会起到更好的作用。这一看法值得商榷。其实，何时更应该通过广告文案（文字和画面）激发人类的情感，是一个非常复杂的问题。这个问题将在本章第四节中讨论。

许多心理需求可以作为广告诉求的基础，并在某一情感层面上影响消费者。这些诉求基于人们自我性的心理状态或心理感觉（比如快乐或激动），也基于社会性定位的心理状态或感觉（比如地位或认同）。

案例解析

美国的雪佛莱卡车用"坚若磐石"的广告运动唤起潜在消费者的荣誉感，这就是依靠了一种感性诉求。1990 年，雪佛莱(通用汽车公司的下属公司)的卡车生产线正在为生存而战，其销量下降，工厂即将关闭。雪佛莱卡车的广告经理及其广告公司知道他们必须找到能支撑雪佛莱卡车生产线的出路，因为这条生产线占雪佛莱所有销售量的一半以上。市场研究表明，雪佛莱卡车跑得不错，而且外形也美观，但总是被人们认为不值得信赖、不耐用并且很脆弱。广告策划人员认为必须改变这些观念才行。经过艰苦思考，他们一直没有找到好办法，这时他们发现了鲍勃·西格(Bob Seger)的一盘老歌带，歌带中的封面上写着"坚若磐石"(Like a Rock)，他们马上意识到这正是他们想要的。于是，他们参考那首歌的老录像带创作了商业广告脚本，并且火速把它送往加利福尼亚进行专题组座谈方式的测试。木匠弗雷德是座谈的参与者之一。在该广告展示之前的面谈中，弗雷德称自己是美国卡车最坦率的批评者，他认为它们是以次充好。然而，在看了这个商业广告脚本后，弗雷德完全改变了。他喊道："你们完全把我征服了！"他和专题组的其他人都说，如果不是这次看了雪佛莱卡车，他们可能再也不会买卡车了。广告策划人员从其他专题座谈的测试中也得到了同样的反应。此后，广告策划人员经过努力获得了歌曲作者西格的支持，制作并播出了该广告。他们制作了一则伟大的商业广告，还使它得到了观众和听众们经久不息的喝彩声。那首《坚若磐石》与这一汽车业广告中最成功、最持久的广告运动之一并驾齐驱，并成为整个雪佛莱卡车部门的宣言。雪佛莱卡车的经理说："这不仅仅是一次营销运动。它捕捉到了这一品牌的灵魂所在。"此后几年，通用汽车公司一直都以它的全部或接近全部的生产能力生产雪佛莱卡车。1991 年至 1996 年，雪佛莱卡车年销售额已增长了 33%。营销和战略顾问杰克·特劳特提起这次广告运动时说："在汽车业里有许多精彩的市场定位理念，如沃尔车和安全、宝马车和驾驶。而这个广告也是它们中的一个：雪佛莱卡车，坚若磐石。我永远也不会轻易改变这一理念。"[1]

感性诉求广告的目标之一是要唤起一种积极的情感反应（如骄傲或伤感），并进而将这种反应转移到产品上来。广告主和广告文案创作者在他们的广告战略的许多方面，都能够运用感性诉求。

坎普（Kamp）和麦金尼斯（Macinnis）注意到商业广告常常依靠情感整合的观念，借此来描绘广告中的人物通过使用产品或服务而得到情感上的利益或收获。使用幽默、性爱或其他的令人愉快、刺激或激动的广告能够影响消费者的情感，并将其置于一种认同产品或服务的心理状态；同时，许多电视广告主也采用令人心酸的广告来使观众回忆起痛楚的经历。AT&T、柯达和麦当劳常常制作这类商业广告，从而激发消费者温馨的感觉、思乡的感觉或其他伤感之情。研究表明，感性广告比非感性广告更容易被观众和听众记住。但是，在说服效果方面，情况则显得更为复杂。

案例解析

昆明印象美食物餐厅在面临激烈市场竞争的情况下，策划了集中性的广告战役来开拓市场。2004 年 2 月开始，一系列怀旧、抒情的广告在昆明《都市时报》、《生活新报》和《云南信息报》上陆

1　转引自〔美〕乔治·E 贝尔齐等：《广告与促销》，张红霞、李志宏等译，东北财经大学出版社 2000 年版，第 373 页。

续发布。广告发布后，获得广泛好评，昆明印象美食餐厅五千平米的店内座无虚席。

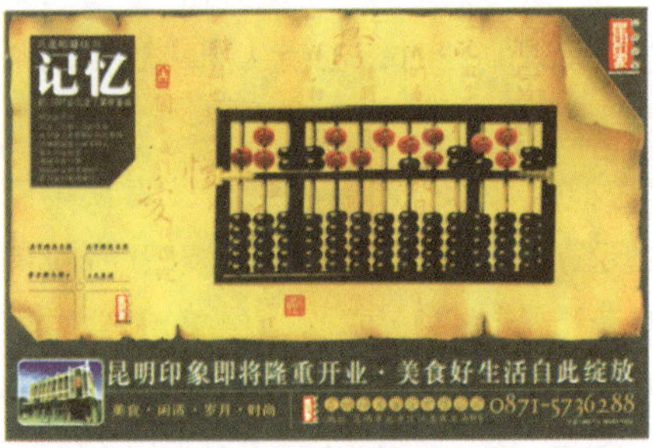

图片 3–5（A）

图片 3–5（B）

图片 3–5（C）

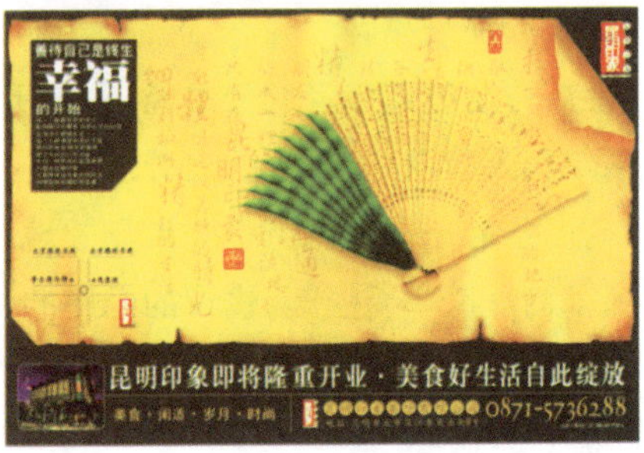

图片 3–5（D）

第一期广告《西红柿珠算篇》（图片 3–5（A））的广告文案如下：

广告大标题：凡是能凝结为记忆的，同时必沉淀了某些虔诚。

广告主要正文：时光的久远，沉淀了珍藏一生的印象，我们眷恋昆明的风花雪月，珍惜明媚赏心的闲淡时光。阳光打在脸上，温暖留在心里，时间也会放慢脚步，因为我们恋恋情深。

第二期广告《卷心菜闹钟篇》（图片 3–5（B））的广告文案如下：

广告大标题：时间不能改变一切。

广告主要正文：岁月无痕，记忆依然清晰：隔了多年的俚语民风，疏远已久的生活感动，一一在血络里百转千回。不是乡愁不殇，是我穿越老昆明雅风灵韵的闲适心情。于我而言，怀旧是一种幸福，体验更是一种幸福。

该系列广告的画面撷取了许多昆明人耳熟能详甚至唯有昆明才有的事物，用文艺语体式的广告文案激发潜在消费者心中的怀旧与温情。用广告代理公司自己的话说，该系列广告的创意策略是“用日落换日出，用老昆明的情节撬动昆明人巨大的情感价值板块”[1]。

感性诉求广告的目标也可以是——或者说使用感性诉求的另一原因是——影响消费者对产品使用经历的解释，从而增进消费者对产品或服务的心理认同。这种做法的方式之一是运用所谓转换性广告。转换性广告（transformational ad.）指一种将使用广告中品牌的经历与一套独特的心理特征联系起来的广告。检验一则广告是否属于转换性广告，可以设想消费者在不接触广告的情况下，对产品或服务的认同感如何。如果某广告属于转换性广告，而广告对象不接触广告的话，那么广告中所呈现的心理特征一般不会与品牌使用者的经历联系起来，并且自然也无法达到广告所期望的那种程度。因此，转换性广告在媒体策略上比较强调高频次发布，或强调广告创意的心

1　参见云南震撼广告公司：《用日落换日出：昆明印象主题餐厅创意个案谈》，《国际广告》2004 年第 5 期。

理冲击力,不断提醒消费者对该品牌的“使用经历”(广告中所表现的使用经历)加以回忆,或将该品牌与潜在消费者的生活经历建立联系。转换性广告达成的心理效果是,即使广告对象没有使用过该品牌的产品或服务,但是他在想到该品牌的产品或服务时,也会认同广告中的品牌使用经历,并产生与广告中所描述的类似的心理特征。

转换性广告创造了与产品或服务相关的感觉、形象、含义和信仰,当消费者使用产品或服务时,它们便被激发起来,从而形成了他们对使用经历的阐释。克里斯托弗·波图(Christopher Puto)和威廉·韦尔斯(William Wells)认为转换性广告有两个特征:(1) 它必须使采用某一产品的经历,比仅仅来自于广告品牌的客观描述更加丰富、温暖、令人激动和/或更加愉快。(2) 它必须把广告中的经历与使用品牌的经历紧密地联系起来,因为消费者如果不能回忆起广告所带来的经历,他们也就不能记起那一品牌。当然,这种经历可能只是广告所创造的。

转换性广告通过消费者的使用经历,来更加愉快地制造产品或服务的差异性。AT&T 用多年的“打电话与他人联系”的广告运动鼓励消费者与家人、朋友用电话保持联系,这就是转换性广告成功使用的例子之一。麦当劳也非常有效地使用转换性广告把它自己定位成一家父母(或祖父母)能与孩子们一道享受温暖、愉快的经历的快餐连锁店。

案例解析

北京吉普 JEEP2500(05 版)曾有一系列广告[1],在每则广告中都描述了一幅人生片段的画面。

系列广告之一

广告大标题:曾经,我们总是不计后果往前冲,绝不回头。

广告画面:

几个少年骑着自行车在小巷中飞驰前行。(视觉焦点之一)

JEEP2500 样车。(视觉焦点之二)

系列广告之二

广告大标题:当年,我们总习惯手插裤袋,仰望天空。

广告画面:

三个少年在墙角,或站或坐,仰望天空。(视觉焦点之一)

JEEP2500 样车。(视觉焦点之二)

系列广告之三

广告大标题:有一条只能向前的路,叫时光。

广告画面:

六个穿着白色衬衣的少年,骑着自行车,一字排开,在乡间林荫道上往前飞驰。(视觉焦点之一)

JEEP2500 样车。(视觉焦点之二)

该系列广告将产品北京吉普 JEEP2500(05 版)与一些典型的生活片段同置于广告之中,从而在两者之间建立了联系。广告呈现的不是直接的产品使用经历,而是目标消费群的人生经历中极可能出现过的生活片段。广告文案充满了怀旧之情,令人不禁回忆起曾经的青春、友谊以及无拘无束的少年情怀。

---

1 广告作品可参见刘立宾等主编:《IAI 中国广告作品年鉴 2005》,中国传媒大学出版社 2005 年版。

(三) 理性与感性诉求相结合

在许多广告环境下，广告创作人所面临的决策都不是究竟应该采用感性诉求方式还是理性诉求方式,而是考虑如何将二者结合起来。正如著名的广告文案撰写人员大卫·奥格威和乔尔·拉菲尔森(Joal Raphaelson)所说:“几乎没有一种购买行为是完全基于理性原因的。”

即使是一种纯粹的功能性产品(如洗衣机、洗衣粉等),也可以提供那种所谓的情感利益。比如,我国的威力洗衣机就曾利用母女情来作为广告诉求并取得了非常好的广告效果。再如,许多洗衣粉广告借助母亲看到穿着洁净衣服的孩子时的满足感来作为广告中的重要诉求。

针对有些类别(品类)的产品,人们在作出购买决策的时候,进行的理性思考相对比较少。这样的产品包括软饮料、啤酒、化妆品、某些个人保健用品等。

许多时候,消费者购买决策常常是在感性和理性两种动机之上作出的。因此,为了创作出有效的广告常常要对这两种因素加以协同的考虑。

人们做购买决策时,理性与感性动机之间究竟有何关系?广告如何对理性动机和感性动机产生影响? 对于这些问题，广告研究人员进行了大量的研究。麦肯-埃里克森广告公司(McCann-Erickson Worldwide)和广告学教授迈克尔·雷(Michael Ray)共同开发了一种名为“情感式捆绑”(emotional binding)的专利研究技术。这一技术评价了消费者对品牌的感觉及他们对品牌所产生的任何感性属性。

情感式捆绑的基本观点是认为消费者有着逐步发展的、与品牌相关的三个阶段。最基本的阶段是消费者如何考虑与产品利益相关的品牌。这在很大程度上通过一个理性的认识过程来实现,并且通过广告传播的产品信息进行测量。这一阶段的消费者不是完全的品牌忠诚者,品牌转换是经常发生的。接着,消费者赋予品牌以个性。例如,品牌可以被认为是自信的、有进取心的、有冒险精神的,或者是与此相反的,即顺从的和怯懦的。在这一阶段消费者对品牌的判断,已经超出品牌自身的属性和产品或服务的用途。在大多数情况下,消费者是基于广告所提供的显性或隐性提示的评价基础来判断品牌个性。第三个阶段是消费者和品牌建立了感觉或情感关系。麦肯-埃里克森广告公司的研究人员认为,品牌与消费者之间最牢固的关系基于对品牌的感觉或情感。消费者发展了与某些品牌的情感式捆绑关系,它引导消费者朝着有利于品牌的方向进行各种心理活动。

根据这一情感式捆绑理论,营销人员的目标是开发并丰富消费者与品牌之间的情感联系。麦肯-埃里克森广告公司和它的下属广告代理公司使用情感式捆绑研究的成果,将这一理念融入广告创作过程中,以期望确定广告与消费者之间的沟通。

(四) 其他类型的诉求方式

除了以上三种典型的广告诉求方式之外,还有其他一些特殊类型的广告诉求方式。我们可以发现,在我们所能看到所能听到的广告中,并非每个广告都非常明确地属于理性诉求或者感性诉求。有些广告很难归属于感性诉求或理性诉求。特殊的广告诉求方式也包括好多种,下面介绍特殊诉求方式中较为常见的几种形式。

1. 提醒式

这一类型广告没有清晰地凭借任何一种具体类型的诉求方式，它唯一的目标是使读者将这一品牌名称牢记在心中。著名品牌和市场领先者常常使用提醒式广告,尤其是对那些具有季节性消费的产品和服务。提醒式的广告往往激发起对平常建立起来的品牌形象与产品特征的回忆,通过这种方式对潜在消费者产生影响。

在中国，许多品牌在电视媒体上播出5秒的标版，这些标版广告中的绝大多数是提醒式广告。当然，也有例外，例如“浪沙”丝袜的5秒标版广告是从其15秒广告中剪辑出来的，广告画面是一美貌女郎款款而行，广告语用的是“不只是吸引”，这就属于感性诉求方式。15秒和30秒的电视广告中也有典型的提醒式广告，比如，恒源祥的一条电视广告重复了三次同样的广告语“羊、羊、羊”，这也是一种提醒。提醒式广告的理论基础之一是行为主义理论中的古典控制学说，即强调信息重复的重要性和有效性。

当然，绝妙的广告创意可以大大减少重复的次数而达到很好的效果。米勒啤酒的系列广告从意图和形式上看，可以算是提醒式广告，系列广告诙谐幽默，创意表现精彩异常。其中有一条广告表现的是一个大胖子盯着一瓶未开盖的米勒啤酒不断扭动身体，广告最后的镜头停留在啤酒瓶的瓶盖上，原来，盖子上写着“扭动即可打开”。这种充满情趣的提醒式广告有时会被归入感性诉求，但是如果广告有明显的提醒意图，则归入提醒式广告为宜。

利用提醒式的诉求方式，广告文案的创作要注意语言的简洁、音韵的协调或广告语发音的冲击力。简洁的、朗朗上口的广告文案，便于广告接触者回忆。

2. 悬念式或挑逗式

引进新产品的广告主常常采用悬念式或挑逗式广告，此类广告常常是仅仅提到品牌，但并不完全表现出来，从而增强人们对产品或品牌的好奇感、兴趣和兴奋。挑逗式广告常用在新产品（比如新的电影或电视节目）推出的时候。

2000年4月，北京、上海、广州的街头出现了巨大的广告牌，其上展现的人物是香港影视明星谢霆锋，广告语是“4月18日，谁让我动心”，此外，没有其他文字，也没有广告主的标志。广告发布后，许多人以为是谢霆锋要开演唱会了。人们胃口被吊得正高时，原来所有的广告路牌全部换成了谢霆锋张开双臂迎接“FM365.COM”的广告，广告语也换成了“真情互动，FM365.COM”。原来，这是联想集团为自己的FM365.COM网站策划的一次广告运动。这一广告运动是挑逗式广告的很好示范。有人会提出疑问，挑逗式广告是不是违背了“广告应有可确认的广告主”这一基本定义。显然不是。因为，从单一的广告作品来看，广告主的名称可能暂时不出现，但是从整体的广告运动来看，广告主的身份仍然是可以确认的。

汽车业也常常用到此类诉求方式。当汽车广告主推出新型轿车时，采用这种广告是很流行的做法。例如，克莱斯勒公司曾采用了一系列挑逗式广告来推出它的Neon袖珍型轿车。这些挑逗式广告是轻松诙谐的，并且很好地帮助品牌进行了市场定位。其中有一个广告表现的是一架带着一个柳条箱的直升机正在降落，当柳条箱打开以后，里面却是空的。另外一次采用挑逗式广告的全国性广告运动中，广告的主角是一辆恶作剧的小型轿车，车上就写着这样的一个字“嗨！”。

案例解析

LG6360手机在2003年曾以悬念式的系列广告（图片3–6）挑起潜在消费者的好奇心。

第一阶段广告

广告大标题：魔镜魔镜，谁是最有魅力的女人？

广告正文：9月11日谜底在此揭晓。

广告画面：深色背景中心有一面小镜子（实际上是手机外壳上的镜面）。

第二阶段广告

广告大标题：最有魅力的女人，为什么不能是你？

图片 3-6(A)

图片 3-6(B)

图片 3-6(C)

广告正文：马上登录 6360.lge.com.cn，就有机会赢取思妍丽美容院的 3000 元顶级魅力护理，让国际一流的美容护理技术，将你塑造成一个魅力焕发的女人！

广告画面：深色背景中心有一面大镜子(实际上是手机外壳上的镜面)。

第三阶段广告

广告大标题：魅镜之光，让你魅力尽放。

广告正文：极致魅力 LG6360(另有产品功能信息)。

广告画面：一位年轻美丽的女郎手持 LG6360 手机，手机镜面流光溢彩。

挑逗式广告也被营销人员用来引起人们对即将开始的广告运动的关注，使它们产生公开宣传效应。例如，1995 年 Taco Bell 公司使用挑逗式广告，以篮球明星奥尼尔和奥拉朱旺为代言人来推出其新的双层 Taco(一种食品品牌)。这一广告在 NBA 决赛奥尼尔所在的奥兰多魔术队输给奥拉朱旺所在的休斯顿火箭队之后几周内开始。第一个挑逗式广告是奥尼尔给奥拉朱旺的一封信，奥尼尔在信中写道“你我之间不会结束”，并向奥拉朱旺提出挑战，希望进行一场一对一的比赛。奥拉朱旺在回信中写道：“无论何地、何时、何种方式，我都奉陪。”这两个匿名的整版广告登载在《今日美国》、《纽约时报》和其他几家报纸上，使球迷对媒体狂热起来。电话纷纷打到 NBA 办公室和 Taco Bell，同时也打到百事可乐公司和锐步公司，因为它们也使用奥尼尔做广告。每个人都想知道广告是谁做的，以及两位超级巨星是否会来一场一对一的篮球比赛。当谜底公布时，大家才知道这一挑战是一场吃 taco 的比赛而不是篮球比赛。然而，Taco Bell 公司花费在这次挑逗式广告运动中的 25 万美元，据估计相当于花费 1000 万美元做的广告价值，因为，在整个过程中，许多媒体对此进行了衍生报道。这一广告战役和联想网站的广告运动有异曲同工之妙。

挑逗式广告战役能激发消费者对新产品的兴趣，但广告主必须注意不要使它们存在太长时间，否则它们就会失效。此外，还要防止竞争对手或“局外搭车人”乘机搭车做广告。

3. 公司形象

企业形象广告并非用来直接帮助销售产品或服务，而是用来帮助提高公司形象，或者满足诸如吸引投资或招募新员工之类的其他公司目标。企业形象是指与企业有利害关系的人对企业的主观印象、概念以及价值判断。

我们可以把企业形象广告定义为：在经营方针、业务范围、公司历史、规模、技术研究能力、公司文化、信念、理念以及在企业对社会和世界的贡献等方面表明企业对社会和消费者的态度的广告，是希望获得消费者、公众、应聘者、公司员工、股东、金融界以及社会全体成员支持的广告。

这类广告也很难简单地归入理性诉求或感性诉求方式。公司形象广告在我国也是较为常见的一种广告诉求方式。比如,红塔集团的广告诉求的是企业的雄厚实力和志存高远、不断进取的企业理念,其主要广告语之一是“山外有山”。武汉红金龙集团的广告表现的是企业的宏大气魄,其主要的广告语是“日出东方红金龙”。

此外,还有其他一些诉求类型,因篇幅有限,不再一一介绍。在广告创作时,采用哪种具体的诉求方式没有一个固定的法则,关键是要根据广告策划的要求选择合适的诉求方式。

第三节　表现形式与广告文案

寻找和确定广告诉求是广告创作过程中的重要阶段。广告诉求是广告讯息的基础与核心。具体广告诉求确定下来以后,广告文案创作者的工作就可以进入到广告的表现阶段。

一、广告表现和广告诉求的关系

广告表现和广告诉求之间存在什么样的关系呢?广告表现是指展现广告诉求的方式。广告表现是以广告诉求为核心的广告创意的外化过程,是广告创意的一个特定阶段。广告表现的实现形式就是广告文案,包括文字性文案和视觉性文案。因此,广告的表现形式同样也是非常重要的。好的广告表现可以有效传达广告诉求,形成有效的广告文案,从而有助于广告与消费者的沟通。反之,一个糟糕的或是不合适的广告表现,则可能无法实现对广告讯息的有效传达,可能使好的广告诉求变得模糊不清。在最糟糕的情形下,不恰当的广告表现甚至可能扭曲广告创作人想要传达的广告讯息,从而毁掉一个好创意并最终损害和消费者的有效沟通。

在诸多倡导广告创作表现的人中,最著名的一位是DDB(Doyle Dane Bernbach)广告公司的创始人威廉·伯恩巴克。马丁·迈耶[1](Martin Mayer)在他的关于广告行业的著作《麦迪逊大道》一书中,谈到了威廉·伯恩巴克对广告文案撰写大师大卫·奥格威的观点(即“在广告中你说什么比你怎么说要重要得多”)的评论:“创作表现可以成为广告文案的一部分,它可能与你说什么具有同样重要的地位。一个病人可能说了一些事,但结果什么也没发生;而一个健康的、充满勃勃生机的人说同样的事,结果就可能震撼整个世界。”

二、广告表现的常见形式

广告讯息必须依靠广告表现才能呈现出来,最终形成广告文案。广告表现有很多形式。常见的表现形式有:直接/实实在在地表现讯息,科学性/技术性证据,展示/演示/举例,对比,证言,生活片断,动画,人格化象征,幻想,戏剧化,幽默,组合式,等等。有些学者和实务界人士还通过其他各种角度来对广告表现形式加以归类。下面,我们就几种常见的广告表现形式加以介绍。

(一)较适合理性诉求的表现形式

1. 直接/实实在在地表现讯息

广告创作的表现最基本的形式之一就是直接地、实实在在地表现广告讯息。也有人把这种方式称为单刀直入的表现形式。这类广告直接表现与产品或服务有关的具体信息。

1　原译为马丁·梅耶。

由于直接表现具体产品或服务信息，而这种信息本身即具有鲜明的理性色彩，所以这种表现形式常常用于理性诉求，其广告信息的核心和焦点是产品或服务本身以及产品或服务具体的属性或用途。

这种表现形式通常多用于印刷广告。在报纸广告或杂志广告中，产品或服务的图片占据了该类广告的一部分，而实际的广告文案则占据了其余的空间。当然，这类广告表现形式也可用于电视广告，当产品或服务出现在屏幕上的时候，播音员便播出销售讯息。消费者涉入度高的产品、工业产品和B2B的产品广告常常使用这种表现形式。

案例解析

佳能EOS相机的一则跨页杂志广告[1]中，利用大面积表现了产品，并且非常直接地陈述了产品的特征。

该广告大标题：EOS，"我"的选择。——成龙

广告正文：

EOS 450D 新

1220万有效像素

3.5张/秒高速连拍

高画质 专业呈现世界之美/ EOS 450D 采用1200万有效像素CMOS图像感应器，可以尽可能多地捕捉到光信号，令照片艳丽清晰，带来感动世界的影像力量！

快速 准确捕捉精彩瞬间/ EOS 450D 配备高性能9点宽区自动对焦系统，使用DIGICIII数字影像处理器，最快连拍速度约3.5张/秒，让您从容捕捉精彩瞬间！

易用 轻松把握专业影像/ EOS 450D 拥有3.0液晶监视器和实时显示拍摄功能，并配备EOS综合除尘系统，让你可以轻松无忧地拍摄出理想的影像!

广告口号: 感动常在(一) 今年的感动 用佳能拍摄！(二)为爱同心 携手共进(三)

广告画面:

佳能EOS 450D相机(视觉焦点之一)

成龙手持佳能EOS 450D相机(视觉焦点之二)

三张拍摄运动场面的照片。

在这则杂志广告中，产品几乎占据画面的一半，成为第一视觉焦点。当然，该广告也利用英雄崇拜这一人类基本诉求，以国际巨星成龙作为广告代言人。但是，从整体上看，该广告非常直接地表现了产品讯息。

2. 科学性/技术性证据

这种表现形式是上一种广告表现形式的变体。在这类广告中，常常引用各种技术性指标、科学或实验研究的研究结果，这些都被用作对广告核心诉求的支持。例如，美国口腔治疗协会关于氟有助于抑制虫牙的信息便成为一次广告运动的基础，这次广告运动使佳洁士牙膏成为牙膏市场的领先品牌。

案例解析

本田技研工业（中国）投资有限公司曾发布了一则企业广告，在广告中使用了技术性证据的

1　广告作品参见《中国国家地理》2008年7月。

表现形式。

该广告大标题：尾气让空气越来越清洁？

广告正文：为了给孩子留下一片蓝天，Honda 一直努力提高尾气排放的清洁化。早在 1972 年 Honda 就率先通过了以严苛著称的美国排放标准法规《马斯基法》。今天，Honda 汽车的尾气排放已经降低至 40 年前的 1/1000。不断进步的 Honda 尾气净化技术，让尾气排放比空气更清洁 *。

以注释方式出现的文案：* 据权威机构在美国加州实施的检测证实，被认定为 SULEV(超低排放车辆)的 Honda 汽车的尾气排放中，主要有害物 HC 的含量比空气中的含量更低。

在该广告中，对广告正文中出现的用语“让尾气排放比空气更清洁”进行了注释，采用了来自权威机构的检测结果作为证据，提高了广告文案的可信度。

3. 展示 / 演示 / 举例

在利用展示 / 演示 / 举例为表现形式的广告中，通常通过展现产品或服务的实际使用情况或一些使用情境，来展示产品或服务的关键优点。这种表现形式的广告在使促使消费者信服其产品的功能或质量以及强调这一品牌的利益方面，是非常有效的。

电视特别适合使用这一表现形式，因为产品的好处或优点可以直接从电视画面上反映出来。尽管印刷广告也许不如电视那么具有戏剧性，但在印刷品中使用这种表现形式如果处理得当，仍然可以发挥很好的作用。

在各类商品中，高档手表、中高档汽车、价格昂贵的酒以及各种高档耐用品都比较适合用展示 / 演示 / 举例型表现形式。在高档手表、中高档汽车的广告中，常常展示产品的外观以及内部构件。名酒的广告则常展示酒瓶与酒的色泽。相机等高档耐用品则通常展示外观以及可以给消费者带来的价值。

图片 3-7

案例解析

现代汽车 EQUUS 雅科仕的一则杂志广告(图片 3-7)即是典型的展示型广告。广告画面中既展示了车的外观，也展示了车的超大空间以及可以改变成躺椅的车座。

该广告的大标题：无界享受，媲美头等舱。

该广告的副标题：全新 06 款雅科仕加长版，超凡车身 5.39 米。

ROYAL SALUTE 酒在一则杂志广告(图片 3-8)中几乎用整个画面来展示酒瓶，突显了酒的高贵与非凡品味。

该广告大标题：为极致成就喝彩

MACALLAN 威士忌的一则杂志广告(图片 3-9)也展示了酒瓶与酒瓶中酒的质感。

该广告大标题：贵乎精粹，臻于品味。

该广告副标题：麦卡伦纯麦苏格兰威士忌。

图片 3-8

图片 3-9

图片 3-10(A)

图片 3-10(B)

图片 3-10(C)

图片 3-10(D)

图片 3-10(E)

百年灵表(BREITLING)在其系列杂志广告(图片 3-10)中也使用了典型的展示型广告表现。在每则广告中,手表都是画面的视觉焦点,有时是单独展示,有时画面中还出现明星、名车、飞机等;大多数时候广告展示手表的整体,有时候还附带用小画片展示手表表观的局部和内部机械。

该系列广告的大标题为:卓越的性能,显赫的声誉,创新的理念。

欧米茄表(OMEGA)在一则跨页杂志广告(图片 3-11)中展示了手表的外观和内部的同轴擒纵系统。

该广告的大标题:同轴擒纵系统。选择。

在欧米茄表的一则广告(图片 3-12)中,将手表与皮尔斯·布鲁斯南、泳坛名将索普以及任贤齐等明星名列,也是常见的展示方法。这种捆绑式的展示,有助于建立产品高品位的形象,并根据目标人群的选择,为不同款的产品赋予不同的产品形象与性格。

图片 3-11

图片 3-12(A)

图片 3-12(B)

图片 3-12(C)

图片 3-13

百达斐丽腕表(PATEK PHILIPPE)的一则杂志广告(图片 3-13)在展示产品的同时,呈现了一位父亲手把手教儿子驾驶汽车的温馨画面。

该广告的大标题:百达斐丽腕表,原创典范,高雅不凡,不但长伴身旁,还是传家风范。

4. 对比

采用竞争优势进行诉求时,广告文案常常运用对比的表现形式。这种表现形式对于从竞争对手那儿争取潜在消费者是非常有效的。由于对比表现形式能用一种直接的方法来传播本公司品牌相对于竞争者品牌的独特优势,或者能利用行业中的领袖产品来定位一种新的或鲜为人知的品牌,所以这种表现形式在自己的产品具有领先优势或独有特点时能较好地发挥作用。

5. 证言

许多广告主愿意采用证言表现形式来传播他们的讯息。这种方式通常是通过消费者在使用产品或服务的个人经历基础上来称赞某一品牌。

证言表现形式可以请对产品或服务满意的普通消费者来讲述他们使用某一品牌的自身经历以及使用该品牌的好处。当发表证言的人是意见领袖、名人或者是目标受众能认出的人,并且如果他们有一段有趣的经历要讲述时,这种方式是非常有效的。

证言广告必须注重真实性。广告表现也最好采用纪实的手法。为了避免引起法律问题,证言必须基于产品或服务的实际使用情况,并且发言人必须是可信任的。当证言出自于一个已被认同或广受欢迎的信源时,它可能特别有效。在上面提到的那则佳能 EOS 450D 相机的杂志广告中,广告大标题为:EOS,"我"的选择;广告大标题下,有成龙的中英文签名。这是典型的证言式广告表现。成龙手持相机也是对产品的一种证言表现形式。更为严格的证言方式是在广告文案中由证人讲述使用产品或服务的具体情况。

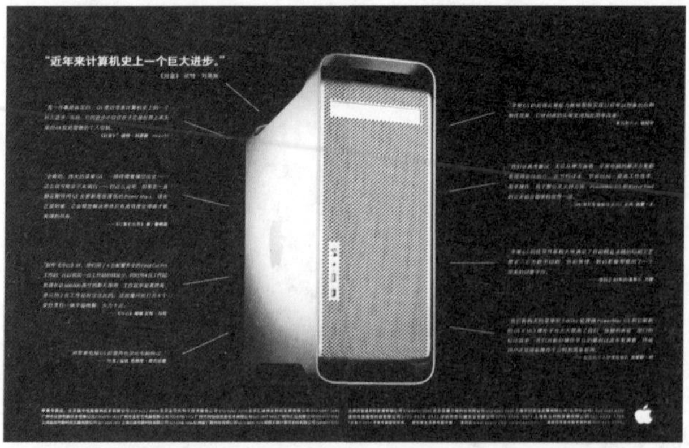

图片 3-14

案例解析

苹果电脑公司曾为苹果电脑 G5 发布了一则典型的证言广告(图片 3-14)[1],该印刷广告中使用了八位名人的证言,每个人都从各自的视角讲述了苹果电脑 G5 的特点。

该广告以一台苹果电脑主机为视觉中心,广告的文字部分如下:

"近年来计算机史上一个巨大进步。"(大标题)

——《财富》彼特·刘易斯

1 广告作品参见《国际广告》,2004 年 11 月。

"有一件事是肯定的:G5是近年来计算机史上的一个巨大进步,而且,它的进步不仅仅在于它是世界上率先采用64位处理器的个人电脑。"

——《财富》彼特·刘易斯　10/27/03

"全新的、伟大的苹果G5,一路呼啸横空出世——这么说可能会不太明白——但这么说吧,如果您一直都在期待用G5去更新那些落伍的Power Macs,现在正是时候,它会帮助您解决那些只有高强度处理器才能处理的任务。"

——《计算机世界》　肯·敏格斯

"制作《冷山》时,我们用了4台配置齐全的Final Cut Pro工作站,比以前买一台工作站的钱还少。同时用4台工作站处理长达600000英寸的影片原带,工作效率显著提高,是只用2台工作站时没法比的。这就像同时打开4个炉灶烹饪一顿丰盛晚餐,火力十足。"

——《冷山》编辑　瓦特·马奇

"用苹果电脑G5后我再也没比电脑快过。"

——导演/编辑　布赖恩·那克伍德

"苹果G5的超强运算能力能够帮我实现以前难以想象的后期制作效果,它使创意的实现变得如此简单迅速!"

——著名制片人　张纪中

"我们认真考量过,无论从哪方面看,苹果电脑的解决方案都表现得非凡出众。在节约成本、节省时间、提高工作效率、简单操作、易于整合及支持方面,Power Mac G5和Xserve Raid的完美组合都堪称世界一流。"

——SPE(索尼影像娱乐公司)亚洲　西蒙·王

"苹果G5的优异性能极大地满足了目前精益求精的印刷工艺需求,它为数字印刷、色彩管理、数码影像等提供了一个完美的创意平台。"

——雅昌企业(集团)董事长　万捷

"我们新购买的苹果双1.8Ghz处理器PowerMac G5和它崭新的OS×10.3操作平台大大提高了我们'保健和美容'部分的设计效率,我们对新旧操作平台的顺利过渡非常满意,终端用户还觉得新操作平台特别简单易用。"

——屈臣氏个人护理连锁店　克里斯·刘

苹果电脑G5的这则广告对证言人进行了精心选择,包括了来自计算机专业领域的专家、媒体界人士、电影电视界的导演、编辑和制片人、企业高级管理者等,他们的证言具体而有说服力,为苹果电脑G5提供强有力的支持。

需要强调的是,利用名人或其他人作为广告代言人可以是证言表现形式,也可以不用在广告中说出证言而只在广告中出现。让某一著名的或受人尊重的人(比如在这一产品或服务领域的名人或专家)在公司或品牌广告中做代言时,他们所传播的讯息一般要基于他们的个人经历。比如,婷美内衣选用著名的香港明星张柏芝作为广告代言人,雪碧饮料选用奥运会冠军伏明霞做广告主角。但是,如果名人只在广告中作为一般的角色,只作为广告创意的演出者而不作证言,则名人不一定要对产品有个人使用经历。然而,这种方式常常会引起争议,因为名人巨大的号召力,他们常常使消费者产生一种印象,让人感觉到他们似乎是用过产品,且是予以肯定的。

(二)较适合感性诉求的表现形式

1. 生活片断

生活片断表现形式通常基于一个问题及其解决方式，它首先描述消费者在日常生活中可能面临的问题或冲突,接着,广告进一步表现某产品或服务是如何解决这些问题的。生活片断的表现形式也是一种被广泛采用的广告表现形式。这种表现形式对于包装产品广告尤其有效。

但是,生活片断表现形式常常由于看起来不真实和令人不愉快而受到谴责,因为它们常常用来提醒消费者注意一些有关个人的烦恼(如头皮屑、口臭、体味等问题)。同时,这些广告常常产生诸如愚弄、冒犯消费者的效果。尽管如此,许多广告主仍然喜欢采用这一方法。

多年来,宝洁是众所周知的、一直使用生活片断表现形式的公司。1980 年,这家公司 2/3 的商业广告都采用了生活片断表现形式或者证言表现形式。然而现在宝洁公司已经开始采用幽默、动画及其他非传统的广告表现形式了。目前,该公司只有 1/4 的商业广告采用生活片断表现形式或者证言表现形式。

生活片断表现形式或证言表现形式不仅限于消费品广告，许多企业间营销人员也采用并改良这一方式来展示他们的产品或服务是如何解决其客户(企业)的问题的。IBM 在其系列广告中就有很多是表现想象中的企业困境,同时强调自己能给客户提供量身定做的优秀服务。20 世纪 80 年代初,一种新型广告方式变得流行起来,一些广告人将其称为“死亡体验”。一个著名的例子是 AT&T 商务系统使用的“商界写真”广告运动,该广告的目标对象是为公司购买电话系统的商人。AT&T 的广告指导说:“商人之间并不总是温文尔雅的。他们在混乱的环境中工作,决策对于他们的生涯来说是至关重要的。因此,我们说的就是不要犯错误。”死亡体验也被其他广告主用来制作 B2B 广告(企业间广告)。

案例解析

2005 年,斯玛特为了推出 2005 款新车,制作了 11 条电视广告片和 6 条平面广告。此次广告攻势主要针对欧洲市场，随后在 36 个国家和地区全面开展。这次广告活动的主题是:“真实汽车,真切生活”。与该主题相配合,提出了“开启心智之门”的口号,广告通过日常的生活场景来突显斯玛特的优点。斯玛特的市场总监说:“我们不想制作花里胡哨的广告,我们只是向人们展示他们的真实生活,就如同我们身边的每一个人在记录自己的生活一样。”[1] 在这次广告战役中,斯玛特的广告表现形式是典型的生活片断型。

2. 动画

动画也是一种比较常用的广告表现形式。美术家们绘制的、计算机制作的生动画面,包括卡通、木偶或者其他类型的虚构人物在此过程中可能被采用。卡通动画对于针对小孩的商业广告来说尤其受欢迎。

美国李奥·贝纳广告代理公司曾把生动的卡通人物成功地运用于绿色巨人蔬菜的广告运动中。

在中国,优秀的动画表现广告也日益增多。比如。光明牛奶的电视广告就通过电脑制作表现了一群奶牛经过严格的体检和考验,从而诙谐、幽默地传达了光明牛奶健康卫生的诉求。

由于创作专家们发现了计算机画图以及其他技术的革新的可能性，动画作为一种表现形式

1 参见耶纳斯:《斯玛特活跃在生活的各个角落》,方弈译,《国际广告》2005 年第 11 期,第 32 页。

可能会得到增强。分解拍摄的开发者威尔·文顿(Will Vinton)想出了一种被称为多维动画的新技术,把下面三种制作形式结合起来:分解拍摄、调整拍摄动画和计算机动画。

案例解析

美国加州葡萄干开发委员会制作的广告动画成功地运用分解拍摄技术制作了会跳舞的葡萄干。

耐克公司已运用这种方式开发了许多具有开创性、娱乐性的商业广告。其中一则广告以迈克尔·乔丹和小虫伯尼为特征人物,他们在篮球场上痛打了一群可恶的、恃强凌弱的小流氓,这则广告的灵感来自于影片《大掼篮》。

“迷你”车在一系列平面广告(图片 3-15)中使用了大胆的卡通造型,塑造了“特立独行”、个性、另类的品牌形象。广告画面中的卡通形象怪异夸张,车子则“长”上了喷着火焰的风火轮。

3. 人格化象征

图片 3-15(A)

图片 3-15(B)

另一种类型的广告表现形式是制作一位能传递广告讯息的中心人物或者人格化象征,并且使消费者意识到该中心人物就是该产品或服务的代表,或者使消费者可以通过中心人物辨别出该产品或服务。

在这种表现形式中,人物可以是真人,也可以是动画制作的卡通(人物或动物都可以)。比如,高乐高推出的电视广告制作了一个代表锌的蓝色小人形象用以吸引小孩子的注意,同时强调了产品的特点。美国 Box 快餐连锁店所做广告使用了“杰克”这一人物,他有一个巨大的塑料小丑脑袋,他被描述成是公司的首席执行官。“杰克回来了”这一广告战役在创立快餐连锁店的牢固形象以及增加销售方面取得了非常有效的成果。

视觉形象人格化象征可能使人们对产品(尤其是低卷入度产品)产生兴趣。挑食的猫科动物莫里斯(Morris)自从 1969 年以来就一直为一种猫食作促销;金枪鱼查里尔(Charile)在 1961 年开始的斯塔基斯特(Starkist)金枪鱼商业广告中便开始欺骗渔夫来抓它;东尼虎 30 年来一直兜售家乐氏甜脆麦片。最流行的广告人格化象征是一只名叫斯巴德(Spuds)的卡通雄性猎狗,几年来它一直被用来促销百威低度啤酒。然而,百威啤酒公司不得不应付来自一些团体的谴责,这些团体谴责该公司正在使用斯巴德来吸引未成年人,但该公司强烈否认这一谴责。实际上关于斯巴德的争吵比使用老乔(Old Joe)的争吵要温和得多。老乔是骆驼牌香烟广告中的一只卡通骆驼。围绕骆驼香烟的“温和性情”(smooth character)这一广告运动的争论一直持续不断。

人格化象征这种表现手法通常在感性诉求的情况下使用,但是,有些理性诉求的广告为了使广告看上去更有趣味、更加轻松,也会在广告中加以使用。在这种情况下,人格化象征物通常在广告中作为一种标志物出现,通常不处于画面的中心,而且画面形象表现得较小。

案例解析

南山奶粉在一则印刷广告(图片 3–16)中使用了人格化象征的表现形式,在两滴白色牛奶的基础上,创造了“南南”和“山山”两个人格化的形象。在该广告中,“南南”和“山山”出现在一片绿色草地上,位于画面的右下角,象征着天然与优质,也起了一种标志物的作用。

图片 3–16

该广告的大标题:南山奶粉,你可信赖的优质品牌。

广告画面视觉焦点之一:五个星符号(代表着品质见证)。

广告画面视觉焦点之二:奶粉包装样品。

广告画面视觉焦点之二:“南南”和“山山”两个人格化的形象。

4. 幻想

幻想表现形式广泛运用于感性诉求的表现中。幻想(fantasy)表现形式可以在平面印刷广告中使用,尤其适于电视商业广告,它可以在 30 秒的广告中使收视者走进另一种生活方式。产品或服务是广告主在这种表现形式中所营造的情景的中心部分。化妆品广告常常使用幻想表现来创造与该品牌有关的形象和特征。

案例解析

SEGA 足球游戏在其一则平面广告(图片 3–17)中使用了幻想式的表现形式,创造了真实的足球运动员和一个“风火怪人”激烈对抗的虚幻场景。广告画面极具视觉冲击力,为游戏爱好者提供了一份视觉厚礼。

图片 3–17

该广告的大标题:这可是极限足球。

5. 戏剧化

戏剧化是一种常用的广告表现形式,比较适于电视广告,在印刷广告中也可以使用。该表现形式的重点是讲述一个关于产品或服务的简短的小故事。

案例解析

标致车的一则印刷广告(图片 3–18)中,画面表现的是一个高速公路收费站,收费员的手正伸出收费站的窗口,几枚硬币还在半空中下落,画面中已经看不到刚刚驶过的标致车。该广告虽然是平面印刷广

图片 3–18

告，却用静止的画面语言讲述了一个动态中的小故事，从而产生了戏剧化的效果。广告清楚地说明了小型车也可以拥有高速度。

该广告的文案：新标致 206GTI，最大时速每小时 210 公里，从 0 到时速 100 公里只需要 8.4 秒。

SBP 杀虫剂的系列印刷广告（图片 3-19）利用画面与文字的配合，在平面内讲述了富有戏剧性的“故事”。

图片 3-19(A)

图片 3-19(B)

图片 3-19(C)

系列广告之一的视觉焦点：一株食虫草“举”着一张写有文字的纸板。纸板上的文字为：为了食物谋求工作。

系列广告之二的视觉焦点：一只食蚁兽“举”着一张写有文字的纸板。纸板上的文字为：为了食物谋求工作。

系列广告之三的视觉焦点：一只青蛙“举”着一张写有文字的纸板。纸板上的文字为：为了食物谋求工作。

该系列广告的广告语为：没有虫子可以逃脱。

这些广告讲述了这样的戏剧性故事：由于 SBP 杀虫剂的强大杀虫效果，没有虫子可以存活下来。因此，不管是食蚁兽、青蛙还是食虫草，为了填饱肚子，不得不开始寻找工作了。

有关戏剧化表现形式常常同时使用问题-解决方式，所以这一表现形式有点类似于生活片断表现形式，但它在讲述故事时更多使用了令人激动的情节和悬念。使用戏剧化表现形式，目的是把观众带入剧情所描绘的故事中去。戏剧化表现形式的倡导者们认为，当这种方式取得成功的时候，观众会沉迷于剧情中，经历着剧中人物的思维与感受。

美国学者桑德拉·莫里亚蒂（Sandra Moriarty）认为戏剧化商业电视广告有以下五个基本阶段：第一阶段是解说，这是为即将展开的情节铺陈发生的背景。第二阶段会出现冲突。第三阶段是剧情结构的中心，在该阶段，剧情活动增多，故事在发展，冲突在加剧，悬念在增强。第四阶段是高潮，即问题得到了解决。剧情的最后一个部分是结局，这时，整个故事进入了尾声。在广告中，整个过程既包括对产品的确认，又包括对消费者购买欲望的激发。对于广告文案创作者和其他相关人员来说，所面临的真正挑战是如何将所有因素融入一个 30 秒、15 秒甚至是 5 秒的商业广告中。

6. 幽默

幽默这种表现形式其实可以融入任何一种表现形式中去。有时，也有人建议把幽默作为一种诉求方式。笔者认为将幽默视为一种表现形式较为合适，因为幽默毕竟是一种表现诉求的手段和形式，而不是目的本身。不论是印刷广告，还是电视广告，或是其他形式的广告，都可以采取幽默这种表现形式。

许多学者对广告中运用幽默进行了研究。斯坦恩太尔和克雷格(Sternthal and Craig,1973)总结认为，幽默可以吸引注意力，但又不破坏受众对广告的理解。马登和温伯格 (Madden and Weinberger, 1984)调查了美国前150名广告公司的市场调研总监和创意总监对幽默的看法，得出三个结论：第一，电视和广播更适合使用幽默；第二，非耐用品更适合使用幽默；第三，与产品本身相关的幽默最有效。斯图尔特和弗斯(Stewart and Furse)通过研究则认为幽默提升了对广告的理解。此后，斯佩克(Speck, 1991)指出，在幽默广告中有三种相关性：(1) 有意相关性——幽默与信息种类和加工的关系；(2) 主题相关性——幽默与产品主题的关系；(3) 结构相关性——幽默的句法功能。[1] 总之，幽默是广告表现的一种有效的方式，但是在不同的媒体上、针对不同的产品属性有不同的表现效果。在电视和广播中，幽默广告运用得较多。不同产品类别的风险性和购买动机影响幽默的使用。高风险的商品使用幽默广告的几率低，低风险的商品使用幽默广告的几率较高。创意本身也会影响到幽默广告的效果，杰出的幽默广告可以突破媒体和产品属性的限制。

案例解析

Krass Optic 牌眼镜在一系列印刷广告(图片 3-20)中，利用出其不意的画面效果突显了广告的主题——眼镜可以塑造一个人的形象。在系列广告中，一个自行车座、一个电扇、一个梨、一个门把手、一个茶杯把由于"戴"上了眼镜，仿佛变成了一个个表情生动、神态各异的人。

该系列广告的文案：眼镜成就形象

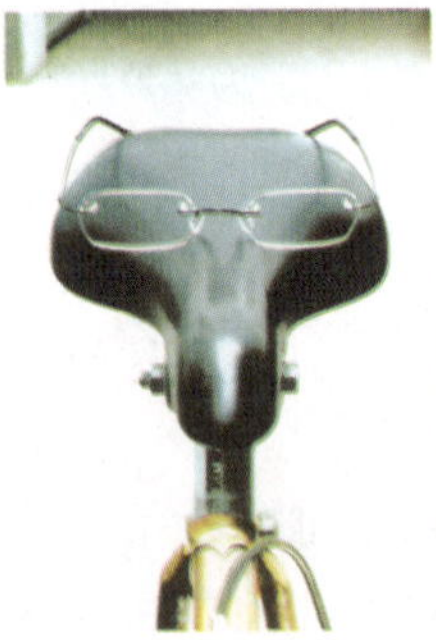

图片 3-20(A)

图片 3-20(B)

图片 3-20(C)

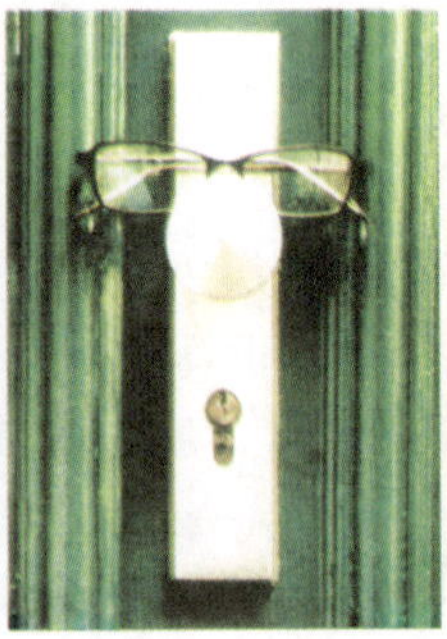

图片 3-20(D)

图片 3-20(E)

7. 组合式

许多表现形式都可以组合起来表现某一广告讯息。例如，动画常用来创造人格化象征或者表现一个幻想，生活片断表现形式也常用来展示一种产品或服务。对比方式有时会采用幽默的方式来表达。联邦快递使用"死亡体验"方式的幽默表现，描述了当商人们采用另外一种递送服务，而一份重要文件没有及时送达时，他们所面临的那种悲惨后果。在创作广告时是否应该使用更多的表现形式是由创作人员决定的。

当然，广告表现形式并不等于是创作技巧的全部。通过我们生活中所能接触到的广告作品，我们可以看到难以胜数的创作技巧和表现技巧。

1 参见王群编译：《幽默在不同广告媒体中的使用和效果》，《中国广告》2003 年 6 月，第 101 页。Speak，原文译为斯派克。

第四节 情感型广告何时更有效

在本书中，我们将以引起广告对象的情感反应作为最重要目标的广告称为情感型广告。这种广告的特征是，以感性诉求为主，广告文案（广义的）中通常只包含很少的或不包含促成逻辑思考的信息内容。这种广告主要依赖于感觉、感情与情绪的建立，以及它们与品牌之间的联系。情感广告与以刺激广告对象的逻辑思考的信息内容为中心的广告相对应。我们将以刺激广告对象的逻辑思考、理性反应作为最重要目标的广告称为思考型广告。有些学者将这种广告称为启发性广告。这类广告的特征是，以理性诉求为主，广告文案（广义的）中通常包含大量的信息，以试图激发广告对象的逻辑思考和理性反应。尽管我们将广告分为情感型广告和思考型广告，但是，实际上即使是最具有逻辑性的广告，也可以刺激某种情感反应；同样，即使是最富有感情的广告，也可以促成某些思考或认识活动。也就是说，在思考反应和情感反应之间，并没有一个绝对的分界线。这样一来，就引发了这样一个问题：何时应该运用情感型广告？或者说，何时情感更重要，何时情感型广告更有效？这是广告文案创作者非常关注的一个问题。在本节中，我们就来探讨这一问题。

一、消费者参与度会影响广告中情感的作用

通常来说，在消费者参与度（信息涉入度）比较低的情况下，情感对于确定品牌偏好更加重要。品牌的偏好由两个部分组成：一是受到有关品牌信念影响的评价部分，另一个是不能用品牌信念来解释的偏好部分。偏好部分通常被认为是以对广告的偏好以及广告的展示效果为基础的。基于这两点，我们认为，广告中情感的作用，在广告对象没有深入思考为何产生偏好的时候更为有效。当潜在消费者对品牌的偏好还没有完全形成并稳定下来时，与品牌或行为相联系的情感，在决定潜在消费者是否会选择某一品牌或采取购买行动时，显得更加突出。

当高卷入度的产品特性使消费者参与度比较高时，广告中情感的作用意义不大，甚至有可能削弱广告对象进行有关品牌的深入思考。当广告唤起了积极的情感时，有可能减少广告对象对该品牌为什么好的思考。在实际生活中，我们往往会听到人们说“某某广告拍得真感人”、“某某明星在广告中演得真好”之类的评价，而他们对这些广告中的品牌则所论甚少，这也正是广告在唤起广告对象情感的同时，削弱理性思考的反映。而我们知道，对于高卷入度商品，消费者参与度一般都比较高，在这种情况下，理性思考被削弱，则可能对消费者作出购买决策并没有显著的贡献。在广告历史上，有些企业的广告为此提供了证据。1989 年，联邦快递公司在隔夜快递业务竞争不断加强时，改变了此前轻松、幽默的广告，而采用了更加严肃的、以技术性为基础的广告，因为市场反馈显示之前的广告并不是很有效果。与此类似，美国 METLIFE 人寿保险公司利用可爱的小狗形象来做广告时，在传递其独特的产品与服务时也没有取得成功。

二、FCB 坐标图与罗西特 - 珀西模型

情感广告何时更有效，要回答这个问题，不仅与产品类别有关，而且与消费者参与度有关。正是因为存在着这样复杂的关系，广告界长期以来试图把这些影响因素综合起来，以帮助广告文案创作者分析在什么情况下使用情感广告更加有效果。在诸多研究和分析方法中，富特·科恩·贝尔丁（Foote，Cone & Belding ）广告公司所开发的模型是对广告界影响较大的一种分析工具。这一分析工具通常被广告界人士称为 FCB 坐标图（或 FCB 坐标网格）。

FCB坐标图根据消费者参与程度的高低，将产品或服务分为高卷入度产品（或高涉入度产品）和低卷入度产品，同时根据消费者对产品的认同途径的倾向，将产品分为思考型产品和情感型产品。这样一来，根据FCB坐标图，产品或服务实际上有四类：

第一类产品，消费者倾向于通过理性思考了解它们，并且在购买决策过程中进行高卷入。这类产品如人寿保险、经济型汽车，相机、立体声音响等。

第二类产品，消费者凭借感觉了解它们，并且在购买决策过程中进行高卷入。这类产品如香水、运动型轿车、高档手表等。

第三类产品，消费者倾向于通过理性思考了解它们，并且在购买决策过程中进行低卷入。这类产品如漂白粉、色拉油、除虫剂、一般洗发水等。

第四类产品，消费者凭借感觉了解它们，并且在购买决策过程中进行低卷入。这类产品如快餐店、啤酒、饮料、妇女杂志、小吃等。

在以上四类产品中，第四类"情感-低卷入度产品"最适合使用情感型广告进行促销。针对这种产品或服务，情感型广告唤起的情感对促进购买的效果比较明显。第一类"思考-高卷入度产品"最不适合使用情感型广告进行促销。

在帮助判断情感型广告用在什么产品上更有效方面，除了FCB坐标图之外，罗西特-珀西模型也比较受到广告界的认可。这个模型是由罗西特(Rossiter)与珀西(Percy)两人提出的，这个模型也因此得名。罗西特-珀西模型实际上是FCB坐标图的一种改进。罗西特与珀西对消费者购买一种产品或服务的动机增加了两种类型。除了高卷入-低卷入和思考-感觉动机之外，罗西特-珀西模型表明消费者拥有一些源自于信息需求的动机。例如，消费者会有解决或者避免难题的愿望（与信息相关的消极动机），也可能会想从购买一种产品或服务的经历中获得某种意义或者满足，即所谓的转换生成的动机（转换生成的积极动机）。这样一来，罗西特-珀西模型其实通过将消极动机-积极动机与高卷入-低卷入进行了组合分析来对产品进行分类。在罗西特-珀西模型中，"积极动机-低卷入产品"最适合运用情感型广告进行诉求。典型的"积极动机-低卷入产品"，如糖果、普通啤酒、小说等。在罗西特-珀西模型中，"消极动机-高卷入产品"最不适合使用情感型广告进行诉求。典型的"消极动机-高卷入产品"，如保险、微波炉、新工业产品等。

不论是FCB坐标图还是罗西特-珀西模型，都是辅助性分析工具，对于产品的分类也只能是一种参考。对于这些分析工具，广告文案创作人员一方面要充分利用，另一方面也不能拘泥迷信。因为，无论如何，人类的思维和情感要比任何精细的模型更为复杂和精巧，而人类的无限创造力也永远有突破常规、创造奇迹的可能。

三、产品生命周期会影响广告中情感的作用

产品生命周期也会影响广告中情感的作用。因此，在进行广告文案创作时，对产品所处产品生命周期具体阶段的研究，对于广告文案创作者来说，也非常重要。

产品生命周期的概念源自于产品销量通常遵循的形态。产品销量通常表现出四阶段周期性特征。在产品诞生进入市场之后，通常会经过一段时间的低销量导入阶段。在其后的成长期中，销售量和利润都会上升。在成熟期，销售量一般呈稳定状态，但通常情况下，单位利润开始下降。最后，在衰退期，产品的销售量会下降。这种产品生命周期内销量和时间的大致关系参见图3-2。在

产品生命周期图中，销量变化曲线和利润变化曲线是有差异的。

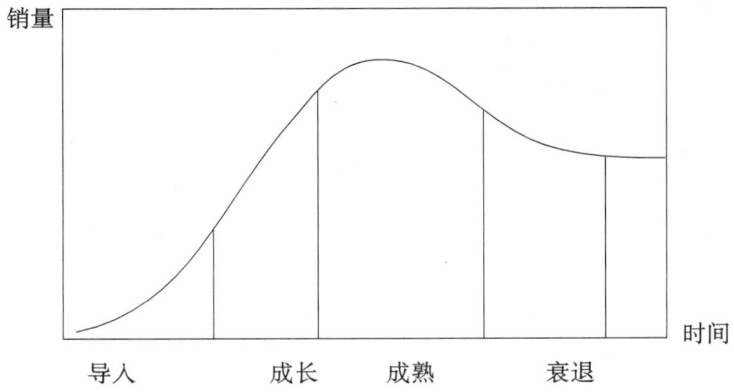

图 3-2 一个典型的产品生命周期模型[1]

产品生命周期的长度、各阶段的持续时间以及周期图中产品发展曲线的形状因产品不同会有很大的差别。

美国学者克莱普纳(Kleppner)等人将产品生命周期和广告活动螺旋线结合起来研究。他们认为，利用广告可以使某些产品的生命进行多个周期循环。克莱普纳等人的广告活动螺旋线包括领先、竞争、维持、新的领先、新的竞争、新的维持等不同阶段，这种螺旋式发展线在很多方面和产品生命周期相吻合。[2] 克莱普纳等人提出的核心观点是，针对不同生命阶段的产品要运用不同的广告策略。比如，当产品处于领先阶段(相当于产品生命周期中导入期和成长期的后半阶段和成熟期的前半阶段)，应该采取领导性广告策略；如果产品处于竞争阶段(相当于产品生命周期中成长期的前半阶段)，则可以针对竞争者的消费者群采取竞争性广告策略；如果产品处于维持阶段(相当于产品生命周期中成熟期的后半阶段和衰退期的前半阶段)，产品的广告量可能由于管理方面的决定而减少，要使产品进入下一个生命周期的循环，除了管理方面的重要措施外，可以借助创意性广告策略。克莱普纳等人的广告活动螺旋发展构想其实是把广告战略与产品发展阶段、消费者需求结合起来的一种复合体，建立了三者之间的思考纽带，对广告活动的策略性思考很有参考价值。

从某种程度上说，消费者的需求是一种产品的生命周期的决定因素。有三种消费者需求的变化(或其他因素所导致的消费者需求的变化)会导致一个产品衰退甚至退出市场：第一，替代产品出现导致的需要消失。第二，更好、更便宜、更方便的同类产品的出现。第三，同类竞争者的产品依靠成功的营销赢得决定性的优势。

以上三种情况，不论是遇到哪一种，通常来说，被替代产品的广告文案以情感型为宜。因为，对于被替代产品而言，思考型广告只能促使消费者更快放弃已经过时的产品——只有一种情况可能例外，即被替代产品相对替代产品而言，价格很低，而产品暂时基本上能够满足消费者的需要。对于替代产品而言，通常情况下宜采用思考型广告来争取消费者。

---

1 参见 J. Thomas Russell and W.Ronald Lane, *Kleppner's Advertising Procedure*, Prentice Hall, 1999, p.65。
2 参见 ibid., pp.62–66。Kleppner，原译为科普勒。

在变化的产品生命周期曲线背后，是消费者对产品和服务的处于变化之中的需求。消费者需求的变化，使每一种产品和服务均具有生命周期。一般情况下，需求在产品生命周期的导入期较小，在成长期快速增加，在成熟期相对稳定，此后，对产品的需求变小可能导致产品步入衰退期。消费者在对产品或服务的不同的需求时期，其消费心理和对信息的需求也不一样，且与产品生命周期形成某种对应关系。通常，当消费者对产品种类或品牌已经比较熟悉而且没有必要进行深度思考时，情感型广告对促进购买比较有效。这种情况最有可能出现在产品生命周期的成熟期。当产品属于新产品，在其刚刚进入市场且符合潜在消费者的需要、潜在消费者对其比较感兴趣之时，潜在消费者可能会搜寻更多的有利于逻辑思考的产品信息。1992 年，柯达公司向市场推出新产品，最初使用了温馨动人的广告，但是很快发现广告效果不好，而潜在顾客希望获得更多的信息。于是，在 1993 年初，柯达公司将其广告改变成提供大量信息的思考型广告，取得了良好的效果。

思考与练习

1. 马斯洛需要层级理论的主要内容是什么？
2. 广告文案创作中常常针对哪些人类基本诉求？请从近期的广告中寻找相应的广告文案案例并加以分析，说一说在这些广告中，广告文案是如何通过语言或画面来对潜在消费者进行诉求的。
3. 情感型广告什么时候更有效？请选择一个产品，并为其创作一至三则情感型的广告文案。

第四章

印刷广告文案创作

印刷广告是最古老的广告形式之一。在本书中,我们所指的印刷广告主要指报纸广告、杂志广告这两种传统的广告形态。在大多数情况下,将印刷广告称为平面广告也是合适的,因为传统的报纸广告、杂志广告是平面广告。除了这两种最主要的印刷广告之外,传统的直邮广告、广告海报、招贴等也是印刷形态的。实际上,从文案的角度来说,传统的直邮广告、广告海报、招贴等印刷广告的文案创作,与报纸广告、杂志广告有很大的相通之处,因为它们都以印刷物为载体,广告对象的阅读方式虽然有差异,但是并非存在天壤之别。然而,在整合营销观念盛行以及媒体技术不断发展之后,直邮广告、广告海报、招贴等传统的印刷广告形态出现了很多变体。在本书中,我们不对它们作专门的讨论,在此后的章节中(参见“新媒体和媒体创意时代的广告文案创作”)会作一些相应的介绍。在本章中,我们将重点针对报纸广告、杂志广告来讨论印刷广告文案的创作。

第一节　印刷媒体与印刷广告

作为一名广告文案创作者,要进行印刷广告文案创作,首先应了解报纸、杂志作为广告载体的媒体特点。

一、报纸的媒体特点

报纸是最主要的大众媒体之一,报纸广告也是对人们生活影响最为深远的广告形态。报纸广告是在早期的广告传单等印刷广告与报纸发展的共同作用下发展起来的。

在广告史上,对于广告文案而言,不可忽略的最重要的发展之一是15世纪40年代中期开始采用印刷机。在中国人发明了印刷术几个世纪之后,德国人古登堡发明了铅活字印刷术,使印刷机得到了完善,从此,出版书籍和印刷其他印刷材料变得更加方便。在此后半个世纪之内,印刷机在全欧洲得到了推广。这一新技术使广告传单、招贴标语等初级的广告形式得到了大发展。有了方便的印刷广告,商人们可以将自己的商品信息进行远距离传递,并且更容易使广告信息让更多的潜在消费者接触到。广告文案的力量由此被放大了无数倍。文字与图画的力量通过印刷媒体开始更为明显地冲击着人们的思想,改变着他们对商品或服务的看法。1477年,伦敦的印刷商人威廉·凯斯顿印刷并邮寄了第一份英语印刷广告。它是一张广告传单,只有3英寸高、5英寸长。这条广告的文案正文只有五行半,一共五十多个单词。这些文字推销的商品是一本祈祷书。

17世纪,欧洲出现了铅活字印刷的报纸。此后,随着报纸的发展,在这条广告出现后的很多年内,广告文案大多以文字为主,并且基本上以传达商品信息为主,谈不上什么创意。但是,从19世纪中期开始,随着广告代理公司性质的转变,广告文案的创作也发生了明显的变化。经过几个世纪的发展,报纸在大众生活中占据了重要的地位,而其特点也使它长期以来受到广告文案创作者的青睐。

报纸作为广告载体,有一些突出的媒体特点,其优点主要包括:

(1) 报纸读者面广,有大量的目标受众(读者)。报纸的发行量要比一般杂志的发行量大。通过报纸做广告,可以使广告到达大量的目标受众。

(2) 报纸地区选择性高,能够非常方便地到达地区市场。在我国,各地区一般都有自己的地方报纸。在地方报纸上发布广告,可以使广告精准地到达某个地方市场。报纸是地方性广告最为常用的媒体。

(3) 报纸传递迅速,能够到达地区市场的时间比较短。地方性报纸从排版印刷到读者买到手中的时间比较短。在城市里,人们在当天的早报上即可读到前一天发生的新闻,也可以在当天的晚报上读到当日发生的新闻。与此相应,如果地方性广告主希望自己的营销活动被潜在消费者迅速知晓,地方性报纸是可以选择的上佳媒体之一。

(4) 报纸携带方便。由于携带的便捷性,人们可以在地铁、公交车等交通工具上阅读报纸,也可以在公园或路边休憩时阅读报纸。报纸渗透在人们的日常生活中,对人们的思想观念、消费行为产生着深刻的影响。

(5) 报纸能够被反复阅读。作为最为重要的纸质媒体之一,报纸可以非常方便地被传阅。一份报纸单价并不高,这种廉价特征是其能够被大量传阅、反复阅读的重要原因之一。

(6) 报纸具有严肃性,权威性比较高,有助于增加广告的可信度。在我国,媒体是党和国家重要的喉舌,而报纸作为纸质媒体之一,更具有郑重性、严肃性等特点,因此与互联网等媒体相比,它的权威性比较高。报纸的严肃性、权威性有助于增加报纸广告的可信度。

报纸作为广告载体的局限性主要有:

(1) 报纸虽然可以反复阅读,但是通常保存时间不长。由于报纸价格低廉且以时效性内容为主,因此人们在一般情况下不会特意去保存报纸。阅读完的报纸可能被购报者随手丢弃,或在反复传阅中很快被损坏。报纸广告虽然可能被反复阅读,但大多数情况下,却很少被人们慎重保存。

(2) 报纸印刷技术限制了印刷精美度的提高。报纸的用纸、对低廉价格的追求都限制了印刷技术的使用。因此,报纸的印刷精美度不如大多数杂志的印刷精美度。由于这一原因,那些需要表现产品豪华、精美的广告,并不适合在报纸上做广告。实际上,我们也很少在报纸上看到奢侈品的广告。

(3) 报纸虽然携带方便,但同时也使读者阅读比较仓促。许多人喜欢在乘坐地铁、公交车时阅读报纸,在这种情况下,阅读的质量会受到影响。因此,报纸广告的创作尤其要注意大标题的吸引力与信息含量。无法引起消费者的兴趣、无信息含量的报纸广告标题,往往无法吸引读者进一步阅读广告正文。有的创作者试图通过吸引人的画面来诱导读者深入阅读广告内容。这种方法也有一定的效果,但是如果缺少有吸引力的大标题的配合,读者阅读广告的积极性依然会受到影响。因为报纸上的画面由于印刷效果无法达到很精美,它们的吸引力会大打折扣。设计人员在苹果电脑中设计出的精美广告画面,在报纸上印刷出来后很可能一塌糊涂、模糊不清。因此,广告文案创作者要特别重视报纸广告大标题的写作。

二、杂志的媒体特点

杂志也是传统四大媒体之一，是主要的印刷媒体。杂志的出现，为广告史翻开了一个全新篇章。在19世纪90年代，网目铜版照相制版术的发明，使杂志的图片印刷变得现实可行，质量提高。广告商在杂志广告中开始普遍利用这一技术。除了之前早已经广泛使用的插图，大量精美的照片开始出现在杂志广告中。随着美国全国性经济的扩张，消费者对信息和娱乐的渴求在杂志中得到体现。美国早期的几种杂志发行量非常大，广告成了大型、高质量月刊的支柱。例如，1899年11月版的《哈珀》(*Harper*) 杂志有135页的广告和163页的内容，广告的内容一度占整本杂志的45%。如今，由于造纸技术的发展、印刷技术的革新、电脑绘图技术的提高以及照相技术的发展，杂志广告变得更加精美。

杂志作为广告媒体，主要有以下一些特点：

1. 杂志有更加明确的细分受众，购买的选择性强。杂志和电视、广播、报纸相比，其最大的特点是有非常强的选择性。杂志是传统四大媒体中选择性最强的媒体。杂志的选择性主要表现在人口统计变数和地理统计变数方面。随着消费者日益细分化，消费者的行为特征成为杂志的重要选择标准。看某杂志的读者往往是生活形态较相似的一群人。在出版业极为发达的日本，杂志的细分化是非常鲜明的。每一种杂志都是针对特定一群人而出版的。随着一群人的成长，不断会有新的杂志诞生。而原来的杂志则根据新来者的特征作出调整。对于广告主和广告策划人来说，利用杂志可以非常准确地“抓住”自己想要传递广告信息的目标群。

2. 杂志印刷精美。杂志广告的特点是印刷精美。这一特点非常适合用来表现消费者产品的特点。服装、化妆品、电脑、手机、相机、汽车等众多产品非常适合利用杂志广告来向特定的目标群传递信息。

3. 可选择多种版面大小与色彩。杂志广告的版面设计具有一定的灵活性。利用杂志版面，广告人可以选择多种版面大小规格，还可以进行特殊版面的设计。杂志业非常发达的日本，经常利用杂志的特点开发许多新型的广告形式，比如多页广告、镂空广告、杂志内立体广告、礼品夹带广告等。

案例解析

IBM曾在一份杂志中作特殊形式的广告。该广告是在一个光盘套中夹了一个光盘，同时该光盘套上又有广告文案(图片4-1)。这种夹带广告光盘的做法，使传统的平面性杂志广告扩展为多媒体广告。而其光盘封套与封面的设计实际上也是一种异形的版面规格，能够有效提高阅读率。

4. 杂志可以被较长时间保存，传阅率较高。通常杂志是月刊或周刊，有的是双月刊或季刊。与电视、广播、报纸等广告形式相比，杂志广告具有较长的生命周期。由于杂志有较长的生命周期，它们经常被传阅，因此杂志广告通常具有较高的复读率。复读率成为考查杂志媒体重要的“质”的标准。

5. 杂志具有明显的个人购买特征，读者阅读比较仔细。由于杂志价格相对报纸更加高，每次购买杂志，读者都对购买行动有明显的感觉，价格敏感度也比较高。因此，在阅读杂志时，读者有较为明显的从投入中获取回报的心理，在阅读时也比看报纸和电视更加仔细。

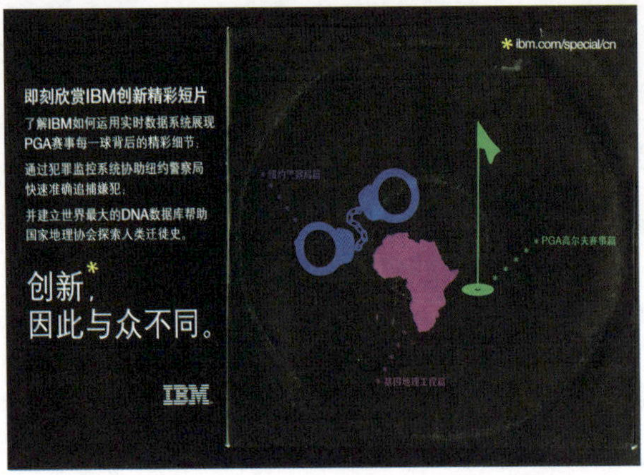

图片 4-1(A)

图片 4-1(B)

6. 广告价格相对较低,但有较高的广告到达率。由于杂志出版周期长,与电视广告、报纸广告相比,从开展一次集中性广告战役的整体来看,杂志广告的相对价格较低。但是由于杂志广告具有非常强的选择性,因此其也具有较高的广告到达率。

7. 杂志广告有时具有信息性质。杂志广告内容有可能和编辑定位一致,在这种情况下,杂志广告对于特定读者来说具有信息的性质,而且具有极高的重复阅读率。

8. 有容纳长讯息的潜力。因为杂志广告是以印刷形式出现的,所以可以容纳较多的文字信息。用杂志广告,通过长文案对特定人群进行深入的理性诉求,也是非常有效的方式。

9. 能制作并分发折价券。利用杂志广告可以有效发放折扣券。日本有一本著名的免费杂志叫做 *Hot Paper*,该杂志以各种消费信息为内容,内含大量的折扣券。

杂志作为广告媒体,也有一定的局限性,主要表现在以下几个方面:(1) 杂志广告单次绝对费用比较高。(2) 杂志出版周期比较长。(3) 广告覆盖面较小。(4) 杂志需要相当长的预约版面时间,月刊约为 1—3 个月。(5) 杂志读者数目累积缓慢,版面价格比较高昂。(6) 各个市场的发行数目不平衡。

要购买杂志媒体的广告版面,必须考察杂志的编辑方针、市场定位和广告目标群体特征,杂志的这些特征通常可以通过以下几个方面加以考察:(1) 以地区、市场、邮递区为地理变数分析杂志的目标群体。(2) 以收入、职业等人口统计变数分析杂志的目标群体。(3) 以购买行为分析杂志的目标群体。(4) 以篇幅大小(页数、几分之一页等)与彩色页作为版面特征和单位,比如四色一页广告(4C1P)、四色二页广告(4C2P)等。如果再加上广告版面的位置,则可把某则广告称为封面 4C1P 或内页 4C1P 等。(5) 杂志广告费用极为不同,但大体上与发行量的大小有所关联。(6) 选择杂志的另一重要因素是买了杂志在家庭内阅读本期杂志的“基本读者”(primary audience)的比例以及从别人处收到那本杂志的“传阅读者”(pass-along readers)的百分比。基本读者数目多被认为是一个基本的有利因素,因为那些付钱买杂志的是有强烈阅读意向或比较有阅读意向的读者。但是,传阅读者意味着较高的重复阅读率,这个特征在日益注重媒体“质”的时代,已经具有新的重要意义,成为衡量杂志“质”的重要指标。

三、报纸广告和杂志广告的使用

1. 何时合适使用报纸广告

针对报纸的媒体特点，广告人必须考虑在什么时候采用报纸广告比较合适。通常来说，在以下几种情况下，使用报纸广告是比较合适的：地区零售商做广告；广告以具体地理市场为目标对象；商家临时提供各项服务或优惠（比如说折扣优惠、组织顾客活动等）；有具体的利益提供时；产品的外观并不重要时；想要促成潜在消费者将产品或服务与竞争对手仔细比较时；需要信息能够被较快传播时。在以上这些情况下，报纸作为广告载体的优势能够得到较好发挥，同时，报纸作为广告载体的局限性和缺点可以得到规避。

2. 何时适合使用杂志广告

针对杂志媒体的特点，通常认为在以下情况下，比较适合使用杂志广告：做广告的产品或服务是信息密集型产品；产品的外观对于消费者来说非常重要；细分目标消费者比较明确且有较强购买力；需要产品或服务的形象能够得到较长时间的维持；广告创意需要呈现用以增加产品魅力的背景或广告代言人；针对行业目标顾客的企业广告和生产资料广告。比较适合选用杂志做广告媒体的产品主要有：豪华轿车、中高级轿车、高档手表、运动休闲产品、豪华旅游广告、一些大型企业的形象广告和生产资料广告。

案例解析

欧米茄手表的一则杂志广告[1]中，用大篇幅展示了欧米茄手表，同时展示了广告代言人恩尼·艾斯。

欧米茄广告大标题：恩尼·艾斯　我的选择

宝玑表（BREGUET）、帝舵表（TUDOR）的杂志广告（图片 4–2 和 4–3）中，也都把手表放在广告版面的醒目位置。

图片 4–2

图片 4–3

1　广告作品可参见《商业周刊（中文版）》2006 年第 11 期。

宝玑表广告大标题：宝玑表再度展现其历经两个世纪的制表传统

帝舵表广告大标题：帝舵表王者系列

不论是报纸广告，还是杂志广告，印刷广告的广告文案的要素主要包括：大标题、副标题、正文、正文中的小标题、广告口号、附文（企业 LOGO、电话、地址等）、插图、照片或图片等。有些印刷广告文案可能包含了所有要素，有的印刷广告文案可能只包括其中部分要素。比如，有的广告文案可能只有文字，或者只有图片和企业 LOGO。印刷广告文案的创作技巧，就是在有清楚广告策略的前提下，如何巧妙地运用这些广告文案要素来向广告对象传递信息。在下面的章节中，我们将依次对如何创作这些文案要素进行介绍。

第二节　大标题和副标题创作

一、大标题

在印刷广告(包括报纸广告、杂志广告等)中，标题是一个引起读者注意并促使他进一步阅读广告的关键因素。

（一）大标题的作用

1. 吸引消费者阅读

大多数读者在阅读报纸或杂志的时候，阅读的首要兴趣是非广告内容。对于广告信息，读者一般会以视线扫过标题和画面，如果标题不能引起阅读的兴趣，读者很快会放弃阅读。当然，当一个潜在消费者已经有了明确的需要或强烈的购买动机时，他会主动花费大量时间去报纸或杂志的广告中搜寻相关的产品信息。在这种情况下，广告文案大标题刺激阅读的作用会显得不那么明显，因为促使潜在消费者理性思考的信息才是吸引消费者的关键因素。但是，即使在这种情况下，广告的大标题如果能吸引潜在消费者的眼光，那对于广告效果的实现而言，也是锦上添花的好事。

不论怎样，大标题的首要作用是吸引读者的眼光。广告如果有一个好的标题，就有可能让人立刻注意到它，并读下去。克劳德·霍普金斯在其著作中指出："在广告中使用标题的目的就是挑选出你能激发兴趣的人。"[1] 大多数情况下，广告文案创作者必须为创作一个好的大标题不断地写，不断地修改。

2. 传递主要的广告讯息

根据有关学者的研究，阅读广告标题的人数大约是阅读广告正文的人数的五倍。报纸、杂志的读者大多以浏览的心态来阅读广告。如果他觉得广告中没有对他有用的信息，或者觉得广告中根本没有任何吸引人的东西，其阅读兴趣就会大大降低，很可能立刻便放弃继续阅读。广告大标题应该努力做到能够提供广告的主要信息，让读者一瞥之下能够知道广告的主要内容，比如，让读者迅速知道这是给什么产品或服务做广告，广告中的产品是什么品牌，广告中的产品有何独特之处，等等。

3. 刺激读者继续阅读

通常情况下，当读者认为某广告中可能有对他有用的信息，或者觉得该广告看起来很有趣或

1 〔美〕克劳德·霍普金斯：《我的广告生涯·科学的广告》，邱凯生译，第 194 页。

能够提供一些新东西，他就会产生继续阅读的兴趣。当读者认为广告大标题之下的信息可能和他的需要有关，他的继续阅读兴趣会很强烈。因此，从这种意义上说，广告文案创作者不能错过对该类产品有需要的读者。如果错过这种读者，那将是广告文案创作者的悲哀。在留住对该类产品有需要的读者这一基础之上，广告文案创作者才能对自己提出更高的要求，即引起更多的读者去关注广告正文的信息，以激发本来不存在的需要和欲求。

（二）大标题的类型与创作

要给出一个绝对的大标题的分类，几乎是不可能的。我们也不可能给出一个绝对的标准，说这类大标题要比那一类大标题有效。大标题作为一种文字创作，其写作方法几乎难以尽述。任何写作手法、语言修辞技巧理论上都可以用于大标题的写作。

但是，在进行大标题创作时，要避免一个错误的观念，不要以为语言优美的标题才是好标题。广告文案创作者应该时刻牢记，能够促销产品或服务的大标题才是好标题。当然，如果能够促销产品或服务的大标题的语言也很优美，那又何乐而不为呢！

下面是从不同分类标准对大标题进行的分类：

1. 以产品或服务的利益与陈述方式之间的关系为分类标准，可将大标题分为直接式、间接式。直接式大标题是直接表明广告主要内容，让读者明白该广告是为什么产品或服务而做广告，是为什么品牌做广告，甚至直接说明产品的利益点。间接式的大标题并不包含主要的广告内容，而以某种有趣的、耐人寻味或令人好奇的方式吸引读者继续阅读广告。

2. 以句式为分类标准，可将大标题分为陈述式、提问式、祈使句式。

3. 以修辞方式为标准，可将大标题分为比喻、对比、夸张等多种。

4. 以长短为分类标准，可将大标题分为长标题、短标题两大类。

大卫·奥格威讲述了他所遵循的标题写作原则[1]，这些原则包括：(1) 标题好比商品价码标签。不要在标题里说那种会排斥潜在顾客的话。(2) 每个标题都应带出产品给潜在买主自身利益的承诺。(3) 始终注意在标题中加进新的讯息，因为消费者总是在寻找新产品或者老产品的新用法，或者老产品的新改进。(4) 在标题中加入会产生良好效果的字眼，比如：如何、突然、当今、宣布、引进、就在此地、最新到货、重大发展、改进、惊人、轰动一时、了不起、划时代、令人叹为观止、奇迹、魔力、奉献、快捷、简易、需求、挑战、奉劝、实情、比较、廉价、从速、最后机会，等等。(5) 读标题的人是读广告正文的人的五倍，因此标题中总应该写进品牌名称。(6) 在标题中写进销售承诺。(7) 标题应能引起读者的好奇心。(8) 标题不要卖弄双关语、引经据典或者别的晦涩的词句。(9) 调查表明在标题中写否定词是很危险的。(10) 避免使用那些读者不读正文就无法了解意思的标题。

大卫·奥格威的标题写作原则对于广告文案创作者具有巨大的参考价值。然而，大卫·奥格威的时代毕竟已经过去了，在当今这个时代并不都完全适用。比如，关于大标题中不要卖弄双关语、不要引经据典或者别的晦涩的词句的原则在当今这个时代有时就并不完全正确。为什么呢？因为随着社会生活水平的提高，当代消费者的媒介素养也不断提高。尤其是在商品同质化严重的市场中，广告仅仅向消费者提供产品信息恐怕并不够。现代城市消费者对广告的娱乐性的需求已经大大增强了。一些所谓的“知性”广告更是应运而生。这类广告往往不仅具有愉悦消费者的特点，还有试图启迪消费者思考的倾向。

---

1 参见〔美〕大卫·奥格威：《一个广告人的自白》，林桦译，第 94–98 页。

二、副标题

印刷广告的大标题之下,常常还会有副标题。副标题的作用是进一步引起读者的注意,让他有继续读下去的兴趣。我们经过研究发现,大多数情况下,如果大标题是直接式标题,副标题以间接式为宜;如果大标题是间接式标题,则副标题以直接式为宜;如果大标题长,则副标题宜短;如果大标题短,则副标题可长。总之,在形式上,则副标题以与大标题有所区别为好,但是在功能上,它应该提供大标题所提供的信息之外的新内容,不论这种新内容是实际的产品利益点还是一种心理方面的情感刺激,只有这样,方可避免阅读疲劳,从而有利于吸引读者进一步阅读正文。

案例解析

北京现代汽车有限公司发布的一则悦动汽车杂志广告中,大标题和副标题即采取了相互区别的表达方式。

广告大标题:悦目,悦心,源自精工杰作

广告副标题:——ELANTRA,我的进享人生

广告画面:悦动汽车样品(视觉焦点一)

广告画面:广告代言人国际影星金城武(视觉焦点二)

在这则广告中,大标题是间接式标题,如果读者不看图片和下面的副标题,可能不知道广告中的产品。该广告的副标题属于直接式标题,在标题中直接出现了广告产品的品牌。

四川水井坊股份有限公司的水井坊酒的一则杂志广告中,大标题和副标题也采取了不同的表达方式。

广告大标题:水井坊,中国高尚生活元素

广告副标题:开启一种生活——流水中,感悟天人合一的大乐之音

在这则广告中,大标题是一种直接式标题,在标题中直接出现了广告产品的品牌。而该广告的副标题则属于间接式标题,没有直接表现产品的特征,而是以一种类似散文的表达方式,对大标题中的“中国高尚生活元素”作了诠释,隐讳地传达了产品能够带给消费者的利益。

广告文案创作者在开始写大标题和副标题之前,要根据创意想一想广告在完成后的大概样子,要考虑大标题和副标题与广告策略中确定的基调和风格是否相符。此外,还应考虑一下需要写长文案和还是写短文案,应该采取哪种文体,使用何种文风。作这些选择的时候,千万不要忘记广告的目标消费群,要时刻记住广告文案的对象的特征。广告文案创作者可以想象一下,广告目标对象当中的一个就坐在自己面前,广告是要同他说话。

第三节　正文创作与附文创作

一、广告文案正文

究竟是标题与画面对广告效果的贡献大、对销售的促进作用大,还是广告正文的作用大?关于这个问题,在广告界长期以来都存在着争论。实际上,这个问题恐怕永远都不会有一个明确的答案。广告发生作用的机制非常复杂,广告文案中各个元素的混合作用,显然要超过任何一个单一元素的作用的简单累加之和。当然,毫无疑问的是,如果一个广告除了大标题之外,有广告正

文,且前提是读者能够阅读它,那么它的作用是不容忽视的。

（一）正文的作用

有广告学者指出:“正文其实是某种更大的东西——整个广告或战役的艺术语言——的一个组成部分。”[1]广告文案的正文可以用来表明广告的销售主张。一些重要的产品或服务的特征、事实以及购买理由,都可以通过广告正文加以陈述。

产品或服务的性质不同,其广告的正文所能发挥的作用也不一样。对于“情感-低卷入度型”的产品或服务,广告正文的作用可能并不明显。为这类产品做广告,强有力的大标题、巨大醒目的产品标志以及吸引人的图片可能就已经足够了,这些广告元素足够承担起传播信息与促发购买行动的任务。在香水广告、软饮料广告、巧克力广告、甜点糖果广告之中,通常情况下都看不到广告正文,或者只要有简短的广告正文就足够了。

对于“思考-高卷入度型”产品或服务,广告正文的作用会非常明显。通常情况下,诸如电子设备、计算机、高档照相机、普通家用轿车等产品的广告,都需要精心构思的广告正文。而且这类产品的广告正文比较适合运用长文案。以普通家用轿车为例,广告中的正文发挥着重要的劝服作用。在家用轿车的印刷广告中,有样车的图片是非常必要的。但是,仅仅有样车图片可能只能刺激潜在消费者的兴趣、提高潜在消费者的好感,要想使他们真正产生强烈的购买动机,必须向他们提供更为详细的产品信息,比如发动机、油耗、轴距、车长等详尽的信息。

对于“情感-高卷入度型”产品或服务,有无必要用广告正文要视情况而定,用长的广告正文好还是用短的广告正文好,也要看具体情况。比如,豪华轿车就属于“情感-高卷入度型”产品,它的杂志广告可以只出现产品与品牌标志,也可以在这些元素之外,使用简短的或详细的长文案。

若将广告正文与大标题相比,前者的作用以刺激阅读、吸引注意力为主;而后者的作用则更加倾向于传达具体信息并进行劝服。美国著名广告人麦克·考克认为,“人们的眼睛总会避开那些冗长的句子”,“但有时,他们心里又渴望看到一条能提供信息的长句。你不要写像事实、事实、事实这样的句子。但你可以写像事实、魅力、魅力,事实、事实、魅力这样的句子”[2]。也就是说,广告中的语句应该写得既有事实、又显示出魅力。

（二）正文中的小标题

如果广告正文比较长,通常会需要小标题加以配合。小标题与大标题和副标题的功能不一样,它属于广告正文部分,它是正文某些段落的标题,而不是整则广告的标题。

广告阅读不同于新闻阅读,也不同于书本阅读。阅读新闻时,大多数读者是怀着索取信息或怀着兴趣之心去阅读的;而人们在阅读书籍的时候则认真得多,有时甚至以研究的态度去阅读。但是,大多人是以浏览的心态去阅读广告的。或者,读者是被大标题、副标题及广告画面激起了兴趣,才继续阅读广告。如果冗长而没有小标题的正文让读者刚刚激发的兴趣受到了挫折,那将是巨大的遗憾。

较长的广告正文容易使读者产生阅读疲劳,因此,在文案中安排几个小标题来分割内容,可以有效吸引读者的目光,能够刺激读者进一步阅读。小标题通常用粗黑字体,字号要比正文字体大一点。不过,通常的情况下,不要将小标题弄得花里胡哨,否则它们反而会分散读者对广告核心

1　〔美〕乔治·费尔顿:《广告创意与文案》,陈安全译,第 107 页。

2　〔美〕劳伦斯·明斯基等采访并整理:《如何做创意:十三位美国杰出创意指导和文案撰稿人的创意观念、方法与作品》,钱锋译,企业管理出版社 2000 年版,第 88 页。

信息的注意力，甚至削弱整个广告的劝服力。

小标题有以下几个主要作用：(1) 可以抓住尽量多的潜在消费者；(2) 使正文看起来轻松易读，饶有趣味；(3) 使一些要点得到适度的强调；(4) 可以增进读者在阅读中的阅读动力；(5) 使读者可以有选择地读文案，许多读者没有那么多时间去读所有的文字。

小标题与广告正文之间应该有严密的逻辑关系。小标题并非随意安排，而是要充分考虑整体文案的层次结构。广告文案创作者应该考虑这样的问题：如果是一篇长文案，那么整体文案可以在哪里分开，可以分成几部分，小标题应该出现在何处，小标题应该用陈述句还是用疑问句？此外，广告文案创作者也应注意使小标题与整体广告文案的风格相符。只有如此，才能为整体广告文案增光添彩。

二、广告文案附文

本书所指的广告文案附文是指大标题、副标题、正文、广告画面等广告主要构成元素之外的那些部分。广告附文主要有：商标、商标名、LOGO(通常都包含商标和商标名)、广告主名称、广告主地址、电话、权威机构的证明标志等。如果广告文案以图片、照片、插图等形式的画面为主，此外只出现企业 LOGO，那么这种情况下，企业 LOGO 也具有广告正文的功能。在奢侈品的品牌广告中，常常只出现 LOGO，使其发挥广告正文之功能。但是，习惯上，广告界仍将企业 LOGO 称为广告附文，或直接将它们称为企业 LOGO 或品牌名。

案例解析

是奢侈品牌 PRADA、CHANEL、Chloé、 TONY LAMARCA 以及个性牛仔服 Sergio Valente 的品牌广告。这几个品牌的广告中，除了画面外只出现了 LOGO(图片 4-4、4-5、4-6、4-7 和 4-8)。

图片 4-4(A)

图片 4-4(B)

图片 4-5

图片 4-6

图片 4-7

图片 4-8

广告文案中的附文绝对不是一种形式，实际上，广告附文发挥着重要的促销功能，不断提醒读者关注广告主的品牌。广告附文是潜在消费者与广告主、产品销售终端相联系的纽带，既是识别的纽带，也是联系的纽带，甚至也是情感的纽带。对于地方性销售商来说，广告附文的作用是切实可见的，因为它们有可能促使潜在消费者直接前往产品销售点去购买广告中的产品。即使是非地方性销售的产品，广告主也可以在印刷广告中罗列出各个经销商的名称、地址或者电话号码。

案例解析

宝玑表的一则杂志广告列出了在中国的多家经销商，起到了很好的沟通市场的作用。该广告的大标题本书在前文提到过(参见前文：宝玑表再度展现其历经两个世纪的制表传统)，广告的正文部分则出现在大标题之下，附文被一条横线与广告的主要内容隔开。

该广告的主要附文：

中国特约经销商：

(北京)英皇钟表珠宝赛特店-(010)85110800

新宇钟表北京亨得利瑞士名表专卖店-(010)65253490

北京冠亚名表城新东安店-(010)65282819

……

此后依次列出包括上海、大连、沈阳等在内的一共10家经销商的所在城市、该城市的经销商名字以及经销商的电话号码。

第四节 文字部分与视觉部分的协调

一、文字语言和视觉语言

本书所指的广告的视觉语言部分是指广义的广告文案中的图像(包括图片、插图等)。在印刷广告中，文字部分与视觉部分究竟哪个更加重要，常常引起文案写作者与美工之间的口舌之争。文案写作者与美工(较高级别的美工被称为美术指导或者艺术总监)站在各自的立场，都可能强调各自工作的重要性，这是很自然的。争论这个问题的实际意义其实并不大，实际上，大多数广告效果的实现是多种广告元素共同作用的结果。文字语言有文字语言的功能，图片、插图等视觉语言有视觉语言的作用，前者与后者正是在相互协作中才能产生最佳效果。与其彼此争论各自的地位谁更重要，还不如彼此尊重以建立完美合作的团队。团队的每个人都应该有这样的角色认同，即大家都是广告文案创作人员，只不过分工稍有不同。从这一点来说，广义的广告文稿定义有助于广告的文稿写作者与美工设计人员达成共同的角色认同，有利于团队内部分工不同的人员之间的协作。

美国著名广告创作人威廉·伯恩巴克最早倡导文案写作者和美工（或美术指导）要协同工作。威廉·伯恩巴克倡导的文案写作者和美工的“协作”观念对广告界的影响非常深远。如今，计算机绘图技术已经高度发达，但是在所有综合广告代理公司中，文案写作者和美工之间的工作紧密度是否超越了从前，却值得怀疑。对于广告公司来说，能否提高文案写作者和美工之间的协作度，将直接影响到公司为广告主服务的水平。

当广告文案创作者学会了协同利用文字语言和视觉语言来传递讯息，广告的传播能力将大大增强。好的图片或插图可以增强广告的效果，它们有时甚至可以取代文字语言。

在发达国家和地区，在丰裕而高节奏的都市中，读者正在进入一个读图时代。由于读者阅读方式的变化，文字语言似乎面临着被冷落的局面。但是，在读图的时代，文字的力量其实变得更加珍贵。文字语言不是没有用了，而是遇到了如何能够发挥作用的难题。

广告界中经常可以听到这样的陈词滥调，认为一幅图片真的可以顶上1000个字。其实，只有当一个人能够通过一幅图片把他所想的传达出去时，这种说法才成立。广告文案创作者要学会把文字内容和视觉内容加以整合思考，而不是将两者彼此孤立起来。

二、文字语言和视觉语言的协调

文字语言和视觉语言通过相互协调可以产生更加丰富的信息。正如DDB公司的创作公式所说：一幅画面传达一个信息，文字传达另一个信息，二者结合传达第三个信息 。[1]广告常常会需要插图或图片，广告的文案写作者需要美工的配合。好的文案写作者也会有丰富的视觉想象力。美工人员则常常需要学会用视觉性元素去配合广告的文字部分。对于职位较高、经验较为丰富的创意总监而言，则需要指导创作团队如何把握文字和视觉性元素之间的关系，并使它们在协同中发挥作用。如果无法做到这一点，广告中的艺术往往会远离广告的传播任务。

那么，在创作中究竟是应先创作文字部分，还是应先构想图像部分呢？关于这个问题，广告业界似乎也没有一个明确的答案。但是，有经验的广告创意人常常支持文字先行、视觉随后的观点。因为，人要使思想与概念扎根于心中，往往离不开文字语言。由文案写作者说出这样的观点可能对于从事美工设计工作的广告人没有很大的说服力，可是，如果一个杰出的广告艺术指导说出这样的观点，我们就不得不给予更多的重视。实际上，确实有杰出的广告艺术指导明确表达过这样的观点，比如美国著名广告创意人、杰出的艺术指导乔治·路易斯。

在《乔治·路易斯大创意》一书[2]中，乔治·路易斯这样写道：

> 当我给那些有着远大抱负的年轻艺术指导作演讲时，经常有人要我透漏一点我创作广告的“秘诀”。我的回答是：从文字开始。从一个艺术指导口中说出这样的话，听起来好像是一种反常现象。让我来解释一下：
>
> 艺术指导常常被认为是不通文字，只用视觉来进行思考的，且被认为是必须要这样做。

---

1 〔美〕劳伦斯·明斯基等采访并整理：《如何做创意：十三位美国杰出创意指导和文案撰稿人的创意观念、方法与作品》，钱锋译，第51页。

2 〔美〕乔治·路易斯：《乔治·路易斯大创意》，何辉译，中国人民大学出版社2008年版，第49页。

他们东一处西一处毫无目的地翻查杂志，以寻找视觉内容开始创作。不幸的是，大多数艺术指导，确实不愿意坐下来试着去将一个创意写出来。他们常常等着文案[1]去完成无法产生视觉联想的文字。与此形成鲜明对照的是，一大批杰出的艺术指导恰恰是那些优秀广告大标题的作者，或者他们与那些天才的文案[2]亲密合作来写出那些神奇的文字。反过来说，即使是一个文案独自工作时，他的文字也必须给他自己带来视觉刺激，因为一个杰出的广告创意只能通过那种绝对充满视觉可能性的文字加以表达。

从文字生发出视觉形象的概念听起来有些奇怪，然而在广告中(如同在真实生活中)，这恰恰是传达一个清晰创意的最强有力的方法。这种方法可以使创意扎根于人的思想和记忆。没错，一个画面确实能够抵1000个字。但是，如果一个画面恰好是一个强大主题或口号在视觉方面的延伸，那么它的力量将获得巨大的提升。一个视觉画面有可能具有沟通作用并产生感动力，但是有可能向不同的人传达了不同的意义。而我却想要将一个视觉形象永久地植入人们的头脑，同时让文字挂在人们嘴上。我想要让每个人接收到相同的讯息。[3]

我们再来看法国的1664牌啤酒的广告。2003年，法国的1664牌啤酒产量高达1.7亿升，成为市场上增长势头最强劲的啤酒。该啤酒通过在广告中坚持不懈地强调品牌而赢得了消费者的忠诚。其系列广告对品牌的强调，是一个文字与视觉元素高度结合的极端例子。1989年，在“棋盘篇”广告中，1664牌啤酒突出了自己一流品牌的形象。在该则广告中，1664牌啤酒的标志——由四个数字组成——叠放于棋盘上。在类似的系列广告中，“1”、“6”、“6”、“4”四个数字都组成一个造型，占据了大幅广告画面。1990年，1664牌啤酒保持了原来的广告标语，告诉人们“1664带给您最强有力的数字”，并且继承以往的广告风格。1992年，1664牌啤酒提出了新口号“四个数字，胜于所有的词汇”。在1994年的一则平面广告中，1664牌啤酒的标志变成了四座“数字大山”，每个数都成了一座山，整齐地排列在空旷的平原上。2002年，1664牌啤酒的拥有者克能博格公司被苏格兰纽卡斯啤酒股份有限公司收购，推出了价值营销策略，该啤酒口号改为“四个数字，一种啤酒”。这一时期的广告，仍旧沿用1994年以来的风格，品牌中的四个数字在广告中占据重要位置。在法国的1664牌啤酒的广告历程中，我们可以看到，文字所蕴涵的概念以视觉的方式得到了夸张的表达，从而在消费者头脑中创造了关于广告品牌的鲜明意象。

制作好的广告照片需要一个好的摄影师。每个摄影师都有各自的专长，有的擅长拍人物，有的擅长拍物品和食品，有的擅长拍风景。美工(或美术指导)需要知道如何去选择一个好的摄影师。广告照片的创作需要具有针对性。从图片库中选用的图片或者从杂志中拷贝的图片，往往会使广告的图片和文字部分看起来牵强附会，图不对题，甚至粗制滥造。

作为广告文案创作者的一分子，文案写作者除了善于运用文字进行概念表达之外，如果能够使文字具有强烈的视觉意象，将会使广告文案效果大大提升；作为广告文案创作者的一分子，美工设计人员除了善于用视觉来表现文字所传达的概念之外，如果能够学会用文字来表达视觉意象，同样将会使广告文案效果大增。

1　此处指文字部分的文案，即狭义的广告文案。
2　此处指狭义广告文案的写作者。
3　此处，乔治·路易斯是针对同一广告而言，他希望同一个广告的目标受众对该广告有着共同的理解。

三、优秀印刷广告的基本要素

广告业界对优秀印刷广告有哪些基本要素有过许多讨论，发表过许多成果。其中，美国兰开斯特报业公司推荐的好广告的基本要素对于广告界的影响颇为深远。

兰开斯特报业公司推荐的好广告基本要素主要针对零售商如何创作报纸广告。它们是在几项调查研究结果的基础上总结出来的，一共包含十条内容。

1. 易于辨认

在美术、布局技巧和字体的运用上独具一格的广告，一般比普通的广告所获得的阅读率高。让自己的广告在外表上绝对不同于竞争对手的广告，但同时又保持自己的统一风格。通过这种方法，读者还没读广告就可以辨别出那是你的广告。

2. 构图简单

构图应该轻松地把读者的眼睛引导到讯息上，并按照适当的顺序看下去，从标题到插图，从说明文字到价格直至商店名称，避免使用过多的字体种类、过多的装饰性边框和反白字体。这些方法会损害广告，降低阅读效果。

3. 主体突出

运用大图片或大标题。确保读者一眼能够看见。照片或真实绘画的注意度不相上下，但是真人照片的阅读率更高。与当地任务或地点相关的照片注意度也很高。采用优美的美术作品，能够吸引更多的眼光。

4. 标题突出利益

读者看见广告后提出的第一个问题是："这个东西我能够做什么用？"从你的商品中挑选一个重要利益点，然后用容易打动人心的标题加以突出。带有"如何"字眼的标题一般都能促使读者看完整个正文。提供信息或建议有用的标题也能做到这一点。白纸黑字的标题比覆盖在插图上的标题更加容易辨认。

5. 利用空白

广告不能太满，空白是报纸广告的一个重要构图元素，可以让读者注意到你的广告，可以突出标题和插图。如果不得不采用文字与画面充塞式的广告，比如说减价促销广告，则最好将商品分门别类，以便读者轻松地找到自己的目标。

6. 正文

尺寸和颜色是非常重要的与正文相关的信息。正文应该热情、真诚。由完整句构成的正文比一堆短语或碎词构成的正文易于阅读。布局时，采用粗体导语，顺序排列的小图也有助于阅读。不要耍小聪明，也不要使用生僻或难认的词语。

7. 明确价格或价格幅度

不要害怕公布自己的价格，如果省略价格，读者猜测的价格往往偏高。如果广告上公布的价格较高，那么应解释这件商品为什么要有如此高的价格——也许由于材料较好或工艺更高，或者具有不同凡响的特点。如果价格低，就要用实在话支持这个低价位——比如说停业大甩卖、促销或清仓甩卖，如此方能令人信服。

8. 明确商品品牌

如果商品属于名牌产品，一定要在广告中大为宣传。生产商为了销售自己的产品已经花费了大量的金钱,你(零售商)应该利用他们的广告,同时又可以通过突出这些名牌的产品来提高自己商店的声望。运用品牌名称还能得到生产商的联合广告津贴。

9. 纳入相关商品

在突出一件物品的同时,顺带表现另一件相关商品,可以卖出两件商品。比如,在宣传洗碗机的时候,可以带上厨房碎渣机;在宣传裙子的时候,可以带上手袋。这些方法都有可能带来销售。

10. 行动号召

广告要发出购买号召。通过"限量供应"这样的短语,可以刺激消费者立即采取行动。如果在广告中加进邮购优惠券,那么一定要给消费者提供足够大的填写空间。

观察每天出现在我们周围的印刷广告,我们可以发现,这些要素确实在许多广告中得以体现。但是,我们不应该把以上这些建议看成是不可改变的教条,而应该在实践中不断去验证它们、完善它们,并不断尝试新的有效的文案技巧。

艾尔弗雷德·波利茨(Alfred Politz)[1]在谈论创作广告的窘境时提醒广告创作人,"有智慧的噱头、巧妙、诙谐或灵敏复杂的文字组合,非但不能增加广告的效果,相反还会减少广告的效果。甚至口号的价值都是可怀疑的。事实上这些所谓争取注意的玩意儿实际上是在做分散注意力的工作"[2]。他还说:"广告之发生效能似乎在于使用简单的语言——把销售论据简单直接地表达出来——避免使用与商品无关的争取注意力的复杂玩意儿。"[3]尽管他的话说得非常绝对,但是却犀利地指出了广告创作人、广告文案写作者最容易犯的错误,即容易陷入为了创意而创意的陷阱,却忘了广告文案最为重要的任务是为销售而进行的创作。因此,广告文案写作者须注意,要善于运用技巧,而不是被技巧所束缚,或被它所能带来的创作方面的愉快幻觉所迷惑。"文案的使命是去形成动机与欲望,建立信任感,给消费者找一个在众多品牌中一定要选择某一品牌之原因"[4],一个好广告应该使得商品看起来与其他一切商品都不同,并且广告并不违反事实。

思考与练习

1. 报纸媒体有哪些主要特点?
2. 大标题和小标题都有哪些功能?
3. 优秀的印刷广告有哪些基本要素?
4. 请选择一个适合做报纸广告的产品,并为其创作报纸广告。请每人尝试至少为它创作十种大标题,并根据实际需要考虑如何使用小标题、正文等广告文案元素。对所创作之广告,先由自己判断它们所能引起的喜好度,并依次打分加以排序;之后,可以由老师组织同学们对别人所创作之广告文案进行交叉打分,打分依据依然是打分者的主观喜好;最后由创作者将自己所打分数与别人所打分数进行比较。老师也可以在课堂上组织同学们就广告文案所能引起的喜好度展开讨论,分析为什么有些广告作品能够被人喜爱,有的却喜好度很低。

---

1 原书中译为阿夫来德·波立兹。
2 〔美〕汤姆·狄龙等:《怎样创作广告》,刘毅志译,第49页。
3 同上书,第49页。
4 同上书,第52页。

第五章

电视广告文案创作

第一节 电视与电视广告

一、作为广告媒体的电视的发展

电视是四大传统广告媒体之一，电视广告也是四大传统形态的广告之一。电视广告与广播广告常常被统称为电波广告。

电视作为广告媒体，首先是在美国发展起来的。20世纪50年代之前，也就是在电视出现之前，广播广告在美国一直是电波广告最主要的形式。在电视诞生后不久，电视媒体的优势便逐渐凸显出来，很快就使无线电广播相形见绌。电视在大众传播方面，日益展现出其特有的魅力，广大的观众纷纷被这一新的媒体所吸引。电视给亿万普通大众带来前所未有的廉价娱乐和异常丰富的信息。很快，精明的商人敏锐地意识到，一个新的媒体时代已经到来了。

通过电视，观众既能看到产品的图像，也能听到声音，它具备了广播所不具有的优势。在1950年，美国只有9%的家庭拥有电视机。该年电视广告总量只占全国广告总量的3%左右，总支出1.71亿美元。[1]到1960年，美国已经有87%的家庭拥有电视机。[2]电视成了真正的大众性的广告媒体，借助电视，广告能够在短时间内到达非常广泛的受众。同时，这种新型的视听媒体所具备的塑造产品积极形象的能力似乎是无限的。许多美国学者认为，电视广告的增长直接促进了美国消费文化的形成。

电视广告不仅影响了人们的选择，引导了人们的金钱消费流向，而且影响了大众文化。到20世纪70年代，在美国市场上，大部分目前流行的大众广告形式已经非常成熟。用在电视广告上的广告费经费也迅速增长，各种形式的大众传媒展开了更加激烈的竞争。

1940年到1970年这三十年间，美国广告业的发展呈现出两个趋势。第一，投放在广告上的资金增长异常迅猛。在1940年，广告主花在广告上的钱为21亿美元，而在1970年，这个数字增长到196亿美元，增长率为933%。如果扣除通货膨胀的因素，这三十年广告的实际增长率为337%。第二个趋势是关于广告资源的分配。虽然所有的媒体广告营业额在这三十年间都提高了，但是一些媒体比另一些媒体增长率要快。电视广告经营额在各种广告媒体中，拥有最快的增长率。1940年，电视广告经营额仅占美国广告经营额的3%，二十年后便占据整个广告

---

1 参见〔美〕威廉·阿伦斯：《当代广告学》（第7版），丁俊杰等译，第474页。

2 J.Thomas Russell and W. Ronald Lane , *Kleppner's Advertising Procedure* , 13th ed. Prentice Hall, Inc.1996，影印版，清华大学出版社1997年版，第219页。

额的18%。[1]美国电视广告份额的增加大多数来自对报纸和广播广告份额的切割,杂志和直邮广告受到的影响较小。1996年,美国电视广告支出超过425亿美元,超过全美广告支出的24%,终于超过了报纸广告份额。[2]

在中国,电视作为广告媒体的优势地位的确立比较晚。1990年,中国各种形态的媒体作为广告载体的地位和作用发生了微妙的变化。报纸广告营业额明显下跌。1989年报纸广告经营额占全国广告经营全额的31.5%,1990年这一比例降至27.1%。同年,电视广告营业额却显著上升,电视广告经营额占全国广告经营全额的比例从1989年的18.1%上升到22.4%。到1991年,电视广告经营额占全国广告经营总额的比例是28.5%,而报纸广告经营额占全国广告经营总额的比例降至27.4%,电视广告规模第一次超过了报纸。[3]中国广告的电视时代和声像时代真正到来了。1990年,对于杂志和广播来说,也是形势急转而下的一年。从这一年起,杂志和广播广告经营额占全国广告经营全额的比重日益下降。媒体作为广告载体的地位和作用的变化加速了各种媒体之间的竞争,使中国媒体的发展更上一层楼。

在美国,有线电视的增长在20世纪80年代吸引了不少广告主的注意。如今,在中国,有线电视也比较普遍。但是,随着新情况的出现,中国的有线电视正在进行各种改革。有线电视可以拥有数以百计的电视频道,它改变了传统电视的大众媒体的性质,其实是一种分众媒体。有线电视为广告主提供了一个分众的选择机会。通过有线电视,广告主并非面向大众做广告,而是根据看特定频道的特征,针对那些对自己产品最感兴趣的人做广告。虽然有线电视提供了针对目标人群更为有效的广告手段,但它并不排斥大众广告。

二、电视作为广告媒体的特点

(一)市场的概念

电视是集画面、声音、动作于一体的广告载体,是四大传统媒体中对大众文化影响最为深远的广告媒体。有学者这样说道:电视,"既有视觉之美,又有声色动作之妙,它作为一种传播媒介,与报纸、杂志不同,它不仅具有空间形式的版面——画面,而且提供时空相结合的视听节目,它也不同于只诉诸听觉的广播媒体,它将视觉和听觉结合起来,给人以声音和画面的双重体验和享受"[4];电视具有声画结合、按照时间进程安排内容、感染力强等特点。[5]我们认为,电视较之其他媒体有许多优点,主要体现在创造性和冲击力、覆盖面、成本效益、家庭性、"俘获"观众和引起关注以及可选择力和灵活性等方面。

1. 创造性和冲击力

电视的最大优点是它提供了展示广告信息和让人体验想象使用产品和服务的机会。例如,印刷广告也能有效地展示一辆汽车,传递有关其特性的信息,但是只有电视广告方能使人体验到如同坐在驾驶位上亲自驾驶一般的感受。画面和声音融合在一起,使产品与服务带来的体验得以生动地呈现。电视广告能为一个品牌传达一种基调或形象,而且充满情趣与吸引力,使无活力的产品变得有趣。

---

1 参见何辉:《当代广告学教程》,第12页。
2 参见〔美〕威廉·阿伦斯:《当代广告学》(第7版),丁俊杰等译,第474页。
3 参见何辉:《当代广告学教程》,第39页。
4 夏晓鸣、钱正、曹晓燕编著:《广告文案写作》,第264–265页。
5 同上书,第265–266页。

2. 覆盖面和成本效益

电视拥有大量的观众。几乎每个人,无论其年龄、性别、收入或受教育的程度如何,都会收看一些电视节目。多数人定时观看电视。

据尼尔森公司估算,美国2.67亿人家中有电视,其中77%的人年龄在18岁以上。那些销售产品、提供服务以吸引广大观众的市场营销人员发现,电视能使他们以非常低廉的成本进入大众市场。在美国,黄金时段的一个普通电视节目就能覆盖到1100多万个家庭,有些高收视率的节目则能覆盖近2000万个家庭。根据尼尔森公司和《广告时代》的调查,美国30秒广告在2000—2001年度、2001—2002年度、2002—2003年度(5月前)的平均CPMs(针对18—49岁的目标群)分别是35.91美元、29.42美元、26.19美元。[1]

电视自20世纪五六十年代开始在中国大陆进入人们的生活。在很长一段时间内,全村老少或几家人聚集在一起看一台黑白电视的场景在中国大陆是非常常见的。随着中国社会经济的发展,电视已经在中国人的家庭中普及开来。根据国家统计局的历年家计调查可知,从20世纪90年代开始,中国城市家庭的电视机拥有率已经陆续开始超过100%。2002年,拥有两台和两台以上电视机的家庭比例在城市已经达到了24.9%,即使在农村也达到了13.5%。这说明已经有越来越多的中国家庭正在同时拥有两台或两台以上的电视机。另根据央视-索福瑞媒体研究的调查结果,2002年中国内地4岁以上的电视观众规模已经达到11.67亿人,2006年中国内地4岁以上的电视观众规模达11.99亿人。

因为电视能够以低成本的方式覆盖大量的观众,所以深受那些销售大众消费品的公司的欢迎。产品和服务的分布及用途广泛的公司,利用电视进入大众市场,同时以很低的千人成本来传送广告信息。电视对于经营成套消费品的大公司、汽车制造商和大的零售商来说,已经变得必不可少了。像宝洁、可口可乐这样的公司将媒体广告预算的80%用于各种形式的电视广告——电视网络、地方电视、有线及联播节目。

3. 家庭性

电视具有很强的家庭收看特征,因此特别适合为家庭性产品做广告。由于中国人非常注重家庭观念,因此电视媒体在中国市场具有独特的优势。

学者们的研究显示,在中国城市家庭中,父母收看电视的时间要比孩子长一些。丈夫和妻子在收看电视时间长度上的差异不大。孩子是一个家庭内部接触电视时间长度最短的成员。在中国城市家庭中,从周一到周五,孩子平均收看电视的时间要比父母少1.5—2小时,周末孩子收看电视的时间会增加。就中国家庭收看电视节目的类型来说,新闻类节目是最受家庭成员欢迎的节目。丈夫和妻子收看新闻类节目的比例都很高。电视剧、娱乐类节目和体育节目也是受家庭全体成员喜欢程度比较高的电视节目类型。动画片依然是孩子们最喜欢的节目类型。孩子们也喜欢电视剧、娱乐报道和娱乐采访秀、电影、综艺节目和音乐类节目。

随着中国社会经济的发展,人民生活水平提高,媒体内容的生产也极大丰富。在这种背景之下,中国家庭内部成员对媒体内容偏好的差异也逐渐明显起来。有些家庭甚至以购买多台电视机来实现收视的个性化。

---

1 参见 Bradley Johnson, "Low CPM can spell bargain for buyers: but does 'Smackdown!' represent deal over 'Friends'?", *Advertising Age*, May 19, 2003, p.10。

根据学者的研究，进入21世纪以来，中国典型的城市核心家庭中，“父母和孩子一家三口共同收看电视节目的行为相对不多，均不超过总体比例的20%”[1]。因此，他们认为：“电视依然是各个家庭成员接触最多的媒体，但是随着电视节目内容的丰富，不同成员的媒体内容偏好差异越来越明显，同时伴随着第二台、第三台甚至更多的电视机走进家庭，在同一台电视机面前聚集的家庭成员越来越少，电视媒体在家庭中的共享性正在下降。”[2]

尽管电视媒体在中国家庭中的共享性有下降趋势，但是就目前来看，电视媒体依然是中国家庭在同一时间共享最多的广告媒体。这一点，学者们是基本认同的。

4. 俘获力和吸引注意力优势

电视具有很强的“侵入性”（或叫“闯入性”），因此，当观众观看他们喜爱的节目时，广告也就被强加于他们。除非我们去避开广告，否则我们每年都会看到成千上万条广告。随着观看选择力的加强和录像机、遥控器及其他自动设备的出现，电视收看中更加容易避开广告信息。关于观众收看习惯的研究发现，在广告时间，多达1/3的观众会转换频道，而剩下的观众可能会对广告信息有所关注。在看电视时，消费者学习和反应过程基本是被动的，因此，电视广告通常可以通过大量的重复、易于记忆的口号和广告歌曲来影响消费者。

5. 选择力和灵活性

电视常被批评为没有选择力的媒体，因为通过电视广告来覆盖一个准确定义的细分市场是困难的。但是，由于节目内容、播放时间和覆盖地域不同，观众群构成也各异，电视业确实具有一些选择力。例如，在中国，傍晚时间以及周六上午有专为儿童制作的动画片等电视节目；周六、周日的下午和晚上则以家庭性节目吸引家庭收看，或者以体育节目为主吸引男性观众（如一些世界主要足球联赛大多安排在周末晚间）；工作日白天的节目则多以家庭主妇为目标受众。中国电视节目也已出现细分化的趋势。比如，阳光卫视以历史人文为主，星空卫视以娱乐休闲影视为主。中央电视台开办了多个频道，播出不同类别的节目，以满足不同群体的收视需要。

随着有线电视的发展，广告主有可能通过体育、新闻、历史、艺术或音乐等不同兴趣类别的有线电视内容，吸引不同的消费群体。比如，Discovery Channel新开办的一个有线电视网络叫做“动物行星”，它的全部节目内容都与动物有关。

广告主也可以调整其媒体战略，通过针对特定市场区域的地方广告来到达不同地域的市场。它们也可以通过广告进度安排反复播出一个广告或抓住某些特殊机会播出广告。例如，一些大型体育赛事的主要赞助商，就可以在奥运赛事期间针对目标群体大作宣传。百事可乐公司就曾在世界杯足球赛期间针对目标群体制作专门的广告，其中一则以世界著名门将范德萨为主角。在该电视广告片中，教练把一罐罐百事可乐抛给每个队员，结果唯一一个没有接住可乐的是范德萨。这则广告让非球迷感到平淡无奇，但对于球迷来说，却具有独特的黑色幽默风格。这则广告很好地利用了事件和目标消费群的联系，并借助电视媒体使这种联系加强了。

（二）电视媒体的局限性

从发挥创造性角度来说，电视作为广告媒体的价值是无与伦比的。但是，这种媒体也有一些缺点。这些缺点限制或者阻碍了许多广告主对它的利用。这些缺点包括高成本、缺乏选择力、瞬间

1　黄升民、陈素白、吕明杰：《多种形态的中国城市家庭消费》，中国轻工业出版社2006年版，第207页。
2　同上书，第207–208页。

性、易受干扰、观众注意力的有限性以及对电视广告的不信任。

1. 成本

尽管电视有效地覆盖了大量观众，但是它仍是昂贵的广告媒体。其高成本不仅来自于购买播放时间的费用，而且包括制作高质量广告的费用。

在中国，一个30秒的普通电视广告片的平均制作成本大约是30万元，也就是说每一秒钟制作费要花1万元左右。所以，如果电视广告的文案不够吸引人，广告没有被看到被听到，广告费用的浪费是非常巨大的。

在美国，一个全国性30秒钟的插播广告的制作成本平均约30万美元，更精良的广告的制作成本可能超过100万美元。许多广告主，如汉堡王和可口可乐等，还针对美籍非洲人和美籍西班牙人这样的特定民族市场制作广告。更多的广告主在实际的广告战略实施中，需要制作各种各样的广告，成本也因此大大增加。地方广告制作起来也很昂贵，而且常常质量不高。制作和播放电视广告的高成本经常使得中小广告主望而却步。

2. 缺乏可选择性

电视媒体正在根据消费者细分化的趋势逐渐进行改革，使节目更具多样化。同时有线电视的出现使电视增加了一些可选择性。但是，寻找特定的小观众群的广告主发现，电视的覆盖面常常超出了它们的市场，降低了其成本效益。电视难以专门针对一个小群体。对于零售商这样的当地广告主来说是一个问题，因为电视台的广告费建立在其所覆盖的全部市场的基础之上。

例如，浙江电视台的节目是上星的卫视节目，覆盖范围远远超出浙江省，如果一家企业主要针对浙江市场分销产品，他就不得不以浙江电视台为选择之一，也就不得不忍受出现一部分的费用浪费。因为在这种情况下，电视所覆盖的地域大于厂家的销售区域。同样，一个城市电视台也在本城市缺乏可选择性，因为任何一种产品的销售不可能针对本城市的所有人。

广告主通过选择做广告的节目和时间，能够在一定程度上瞄准特定的消费群体，因而对观众的选择力有所提高。但是，要覆盖准确的细分市场，电视的选择力仍不如广播、杂志、报纸和直接邮递。

3. 瞬间性

电视广告通常只持续30秒或者更短，常常无法向观众传递详尽的信息。由于媒体资源的稀缺以及广告制作和播出费用的昂贵，加之在许多国家对广告长度有限制，广告变得越来越短。广告主则努力从它们的媒体预算中获到更大的效果。以美国为例，30秒广告是20世纪70年代中期电视广告的标准长度。美国的三家电视网于1986年9月开始在所有时段播出了5秒广告(除儿童节目时间段)。1987年以来，这些较短的广告一直占美国所有电视网广告数量的1/3。

随着黄金时段播出的广告平均费用的不断高涨，许多广告主把较短的广告视为控制其媒体成本预算的主要方法。15秒广告的成本要比30秒广告低很多，所以广告主认为如果采用15秒甚至5秒广告，他们可以多制作一些广告，以加强广告效果或到达更多的观众。许多广告主都认为短广告与长广告相比花费少得多，却达到与其一样的传播效果。

4. 易受干扰

电视广告会因电视广告集群播出而受到很大的干扰。由于广告信息转瞬即逝，广告越来越短，再加上各广告主的广告只是广告时间内众多广告和其他非节目类信息中的一条，所以广告信息往往难以引起注意，或者彼此之间产生信息干扰。由于易受干扰，观众常常记不住广告信息，也难以准确识别广告主的产品或服务。

比如，我们经常可以在电视上发现，大量的丝袜广告、大量的运动鞋广告集中在一起播出，这样，它们不可避免地会彼此产生干扰。广告主对电视广告最大的一个担忧就是这些干扰可能会削弱其传播效果。所以，电视广告的创意和表现能否会令广告脱颖而出就显得尤为重要。

美国广告界所做的一项研究发现，美国三家电视网在黄金时段内每小时播出的非节目类信息长于 13 分钟，某些有线电视网则超过 17 分钟。所有这些信息都在争夺人们的注意力，因此也就容易理解为什么观众会感到困惑和恼怒，甚至抱怨广告太多。

干扰存在的一个原因是广告主采用较短广告和 30 秒的分割广告，即在 30 秒的广告时间内广告主分别宣传两种产品甚至更多的产品。当电视网和电视台增加更多的广告时间，给受欢迎的节目重新分配时间来为其节目作宣传时，也形成了干扰。我们经常在可以看到电视台为自己的频道或节目做的广告。中央电视台各个频道、凤凰卫视以及各个省级卫视都有这种情况。

许多年来，美国全国广播工作者协会的法规局将广告时间限定为黄金时段每小时 9.5 分钟，非黄金时段每小时 12 分钟。美国司法部于 1982 年以其违背了反企业垄断法为由终止了这一规定。电视网最初并不改变其时间标准，但近年来已增加了广告播出的分钟数，它们表示必须增加广告数量或提高本已很高的费用。广告主和代理机构方面，则一直给电视网施加压力，要求减少干扰源。由此可见，电视广告易受干扰这一问题并非轻而易举可以避免。

5. 观众注意力有限

一般的电视节目给人的感觉是收看电视不需要费用（虽然可能在某个时候交过某些收看费用），这种感觉使收看者通常不会珍视他们当前看到的节目。广告主购买了某个电视节目的广告时间，但不能保证观众一定会观看该节目，它只是得到了向广大观众传递信息的机会。广告期间观众的人数有所减少，这一点日益得到证实。人们会离开电视，去吃点或喝点东西，或为其他事而分神。

近年来，将消费者的注意力吸引到广告上来已成为一个更大的挑战。录像机和遥控器日益增多，造成了“跳过”和“转台”的情况。

“跳过”指重放以前录过的节目时，一到广告便快进。尼尔森媒体研究所发现，80%的录像节目在重新播放时，观众会“跳过”半数以上的广告。另一项研究也发现，在观看以前录过的节目时，多数观众会完全或部分地“跳过”广告。

“转台”指更换频道，避开广告。大多数的家庭现在有带有遥控器的电视机，这使换频道很容易。美国一项观测研究表明，多达 1/3 的观众在广告出现时换台。尼尔森的研究表明，换台的情况多发生在广告开始时，在结束时较少。之所以会换台是因为广告时间长且能够被观众预计到。CNN、MTV 等有线频道有了 24 小时不间断播出的节目，转台现象也因此加剧了。观众可以换台去看新闻提要、体育赛事的比分或音乐电视，然后再换回原来的节目。研究表明，成年人中年轻的比年长的更可能换台，男性比女性更可能换台。

如何防止换台呢？电视网采用某些策略来保持观众的注意力。比如预告下周节目，或是在节目结束时安排简短的结束情景。有些节目以一系列的动作开始，然后再播出演职员名单和广告。有些广告主以为，对同一个活动主题采用不同的实施方式是保持观众注意力的一个方法。还有些广告主认为，防止看广告换台的最终方法是制作出更有创意的广告内容来吸引、保持观众的注意。但是，说起来容易做起来难，因为许多消费者就是不愿意看广告。随着更多的观众使用遥控器和电视频道的不断增加，换台问题无疑仍会继续。

6. 观众对电视广告的不信任和负面评价

研究表明，在以各种各样的形式出现的广告中，电视广告是人们最不信任的。而且电视广告对一些特定群体，如儿童或老年人等弱势群体的影响已引起了多方关注。对许多广告批评家而言，选择电视广告来评论是因为其普遍性和电视媒体的侵入特性。消费者对电视广告的进攻是无法防御的，因为他们控制不了信息的传送和电视荧屏上出现的内容。当电视观众认为电视广告有侵犯性、无丰富的信息，或播出过于频繁，或不喜欢其内容时，他们就会不喜欢广告。

三、何时比较适合使用电视做广告

根据上文对电视媒体特点所作之分析，我们可以知道，有些情况可能不适合使用电视媒体来做广告，而有些时候利用电视来做广告载体，则可以凭借电视的优势，达到更好的广告效果。

通常来说，以下一些情况用电视媒体做广告比较合适：

(1) 全国性品牌比较合适利用电视媒体在大众市场中迅速建立品牌形象。

(2) 产品导入期阶段希望能够迅速创造品牌知名度。

(3) 产品或服务的展示对潜在消费者的偏好会有至关重要的影响，或者展示能够有效刺激潜在消费者的欲望，或者展示对潜在消费者做出购买决策有明显的推动作用。

(4) 产品是低卷入度产品，可以有效凭借周边信息来感染潜在消费者。所谓的周边信息(或外部提示)指采用流行音乐、舞蹈、背景的色彩氛围或者名人来吸引人们对品牌的注意。

(5) 广告主拥有较强财务资源，能够为广告播出投入高的绝对成本。

我们无法列举出所有比较适合利用电视来做广告的情况，但是，广告主在决定选用电视作为广告媒体之前，可以与广告文案创作者进行交流，看看产品是否符合以上情况的一种或几种。如果答案是肯定的，那么一般情况下选择电视作为广告媒体是合适的。对于广告文案创作者而言，如果对为何选择电视媒体的理由有充分的了解，或许能够为电视广告文案的创作提供一些灵感。

第二节　电视广告的文案创作

一、电视广告故事板

(一) 什么叫电视广告故事板

电视广告故事板的创作是电视广告文案的重要创作环节，而故事板本身则包含了电视广告的文案。对于广告文案创作者而言，故事板是一种意图的陈述，一种传达创意的途径。

电视广告故事板相对于播出的电视片而言，就好比粗略的设计稿等待印刷。电视广告故事板不能仅仅从字面理解，因为它实际上不能做电视所做的事。就它本身而言，它不能有运动，不能有歌声，不能有音效，因为它显示的是一系列无运动的镜头，它不能有连续的表演。

广告创作人用故事板向广告主的广告负责人解释广告的创意。这从来就不容易，因为广告主常常并没有经过专门的广告创作的训练，可能很少有丰富的想象力。因此，广告创作人创作的故事板要清晰，使人信服，并且有趣。广告主可以从故事板上看到文字形式的电视广告文案，可以看到电视画面分镜头的静止的草图，可以看到关于音乐和音效的说明。但是，他们只能想象拍摄出来的电视广告片可能是什么样子。电视广告故事板也可以帮助广告创作者向导演和项目经理等有关人员确切地阐述广告的创意。

（二）电视广告故事板应具备的内容

电视广告故事板通常包括三大部分：(1) 画面部分。故事板中的画面是用草图的形式说明电视广告片的分镜头。故事板中的画面有时可以是不着色的，有时则绘制成彩色。画面可以用手绘，也可以用电脑绘制，或者是先用手绘然后输入电脑之中进行处理。(2) 画面说明部分。这一部分用来说明电视广告的视频内容，是用文字来对电视广告的分镜头画面进行说明。(3) 声音部分。这一部分用来说明电视广告的音频内容，通常是用文字说明音乐效果、音效等。

具体而言，一个电视广告故事板通常应使人清楚地知道：

(1) 该电视广告片将拍摄多少种场景。

(2) 电视广告片一共将拍摄多少场景。

(3) 电视广告片中场景的展示地的顺序。

(4) 电视广告片中的主要演员包括哪些人，这些人中谁是广告主角，跑龙套的角色有哪些。如果使用明星做广告代言人，要予以特别说明。

(5) 电视广告片中的演员应该是什么形象，他们的大概年龄、穿着怎样，在电视广告中做什么样的动作。

(6) 电视广告片每个场景中会有什么动作。

(7) 电视广告片的场景中有哪些主要景物。

(8) 电视广告片中每个场景有多长时间。

(9) 电视广告片中的演员在荧屏上会说什么台词。电视广告片画外音(或解说词)说些什么内容。台词，严格意义上说，是指处于电视广告画面中的人物所说出的语言。画外音是指处于电视画面之外的人物所说出的文字内容。如果电视广告的文字部分使用的是客观的说明，或者以旁观者的身份进行解说，那么这些文字也常常被称为解说词。

(10) 电视广告片的每个场景需要什么音效。

(11) 电视广告片中将会有什么样的音乐。

(12) 电视广告片中将会在哪些地方用到什么特技。

(13) 电视广告片整体的基调和气氛。

在电视广告故事板中，台词、画外音或者解说词构成了电视广告文案最主要的部分，即狭义的电视广告文案。从广义上讲，整个电视广告片的所有广告元素，包括音乐、音效等，都是广告文案。

（三）电视广告故事板的表现形式

1. 电视广告故事板最常见的形式

电视广告故事板最常见的形式叫做工作故事板，也叫分镜头脚本。故事板最普遍的格式，通常包含一些长方形的画框，这些画框是图片出现的地方。具体说，电视广告故事板的格式与其内容相呼应，包括三个构成部分：(1) 视频部分，即画面部分，通常画在长方形的画框中。(2) 视频部分的说明，即画面说明部分，通常在画面的一侧。在该部分，除了画面的内容说明，通常还需要说明两个分镜头之间如何衔接或变化。(3) 音频部分的说明，即声音说明部分，可能包括台词说明、音效以及音乐说明。这些说明通常在画面的另一侧。最简单的电视广告故事板可以画在一张A4纸上。表5-1就是电视广告故事板的一个基本格式。

表 5-1 电视广告故事板

视频内容说明（VIDEO）	画面（也叫分镜头画面）	音频内容说明（AUDIO）

有些时候，广告公司为了更好地向客户阐释创意和展示电视广告故事板，可能将电视广告故事板的每个分镜头画面单独制作成大规格的图板；有些时候，广告公司也可能将故事板的画面输入电脑以方便进行 PPT 展示；更有甚者，可能将电视广告故事板制作成具有动画效果的短片来展示接近电视广告成片的效果。不论采取何种形式，电视广告故事板的目的都是为了向广告主更好地阐释广告的创意。

2. 电视广告故事板中常用的术语

在故事板对画面内容的说明部分，通常会使用一些影视制作方面的术语。电视广告文案创作者应该熟悉这些术语。在电视广告故事板中，画面常常需要用镜头语言来说明。用来说明画面镜头特征的常用术语包括以下几个：

大特写（tight close-up, TCU 或者 extreme close-up, ECU）：这种镜头使画面中能够呈现出拍摄对象的局部细节，比如可以用来表现一个人的眼睛、嘴巴、手的动作等，也可以用来表现产品名称或商标。

特写（close-up, CU）：在拍摄时将镜头对准拍摄对象或拍摄对象的一部分。但是，并不像大特写那样非常突出细节。比如，画面中出现一个人的眼睛，可以叫做大特写；如果出现的是一个人的脸部，则是特写。如果产品包装的局部充满整个画面，属于大特写；而画面展现了产品包装的全貌，则属于特写。

中特写（medium close-up, MCU）：这种镜头的拍摄重点依然是某个特定的对象。但是，在这种镜头中，观众在看到特定对象的同时，也可能看到旁边的部分环境。观众依然可以感觉特定对象的重要性。中特写呈现的画面也常常被叫做近景。

中镜头或中景(medium shot, MS)：在这种镜头中，被拍摄物体的重要性减弱。在画面中，被拍摄物体的一些细节看不见了。这种画面给观众的感觉好像从中特写的位置往后退了几步。观众可以看到画面中的物体和人，并且能看出它们(他们)与周围物体和人的相对位置关系。

中长镜头或中远景(medium long shot, MS)：在用这种镜头拍摄的画面中，观众能够分辨不同的角色，但无法看清楚特定物体或人的细节，这种镜头主要用来表现特定对象与所处的局部环境。

长镜头(long shot, LS)：这种镜头常常用来交代整体场景或环境。在这种画面中，人往往不是镜头拍摄的重点，而以体现整个环境为主，常常用于拍摄故事发生的自然环境，因此用长镜头拍摄的画面也常常被叫做全景。

特长镜头(extreme long shot, ELS)：这种镜头也叫广角镜头，常常用来拍摄开阔、辽远的自然景色，以用来铺垫故事发生的大环境。这种镜头拍摄的画面常常给人开阔、壮观、苍茫、悲壮的感觉，因此常常用来抒情。

由于术语的使用习惯不同，不同的广告文案创作者与影视制作者还可能使用上面没有提到的用来说明镜头特征的术语，但是以上这些术语是非常常用的，绝大多数影视工作者都对它们比较认同。

说明画面间变幻的术语也不少，通常有这样几个：切换(CUT)、渐隐渐显或叫淡入淡出(DISSOLVE/DISS)、慢速渐隐渐显或叫慢速淡入淡出(SLOW DISS)、快速渐隐渐显或叫快速淡入淡出(SHORT DISS)。快速淡入淡出也叫做软切换(SOFT CUT)。

3. 关键镜头板

除了电视广告故事板，广告公司有时也需要制作出关键镜头板。关键镜头板也是故事板的一种，这种故事板只显示一张图，这张图就是整个电视广告视觉效果的关键所在。在这张图中，广告文案创作者也需要写上画面说明、声音说明、音效以及音乐的说明，并说明为何它是电视广告中的关键。

(四) 电视广告故事板创作的注意事项

电视广告故事板应该能完整有效地说明问题。如果一个电视广告故事板需要广告文案创作者不停地解释才能使人明白，这个故事板所传达的广告创意就很可能不是一个好的广告创意。电视广告故事板要根据广告创意的需要进行创作，有时以理性信息为主，有时则以感性、娱乐性为主。广告文案创作者在创作故事板时，应确保有制作手段可以实现故事板所表现的内容，如果不能确定，可以与电视广告制作人或电视广告导演进行沟通。

在导演、经理和广告主的广告负责人同意之后，电视广告故事板有时还要到客户公司的法律部门审核。为了保险起见，电视广告板最好先送到广告审查机构，让那儿的审查人员进行审查之后再实施拍摄计划。因为电视广告的拍摄费用非常高，播出费用更高，如果电视广告因违法或违反伦理道德被投诉而被要求停播，那将造成巨大的损失。

故事板可以帮助制片公司了解需要多少花费来做这个广告。这使他们可以提出制片的价格。制片公司可以根据故事板预计他们的导演需要多少拍摄时间，哪些场景可以在当地进行选景，哪些最好搭景。然后，他们计算出需要多少胶片或录像带，以及它们的花费是多少。制片公司还可以根据故事板计算出剪辑的预算。他们通常还要根据电视广告故事板计算出所需设备的开支、导演要给演员多少附加费用、道具服装的开支、场地的费用，以及照明需要多少电力。在此基础之上，他们还要计算需要多少人员，并列出工资单，预计整个小组和制片公司的代理人、客户的早餐和午餐的费用。

二、电视广告文案的创作

1. 电视广告的长度

通常来说，电视广告有几种常见的长度规格：5 秒、15 秒、30 秒和 60 秒。除此之外，还有 7.5 秒、10 秒以及数分钟到半个小时等一些不太常用的长度规格。5 秒的电视广告通常被叫做广告标板。15 秒、30 秒的电视广告是最常见的插播广告和贴片广告形式。使用何种长度的电视广告，要根据广告战略的需要来确定。

2. 电视广告的长度与电视广告文案创作

对于电视广告文案创作者而言，5 秒的电视广告标板是相对比较容易创作的一种电视广告形式。该种电视广告，画面要求简洁、明了，一般在画面中要求出现广告主的 LOGO、广告口号（或广告标语），并伴之以具有识别功能的音乐。如果有明星作为形象代言人，在标板中也可以出现。对于 5 秒的电视广告标板，文案创作的重点是广告口号（或广告标语），以及使 LOGO 的出现过程显得醒目且易于识别。尽管标板广告时间长度短，但是依然可以发挥比较好的促销功能。它既可以作为提醒手段直接促进“情感–低卷入度产品”的销售，也可以作为整合营销传播的一部分，充当广告战略中的一个辅助性手段。由于大多数电视广告是套拍并剪辑出不同长度的广告，因此，5 秒标板的电视广告文案实际上是更长长度电视广告创作任务中的一部分。

15 秒的电视广告是最常用的电视广告形式之一。15 秒的电视广告，由于时间比较短，一般情况下不太适宜在广告中进行产品展示或用户访问。因为，在有限的时间内安排需要观众进行大量信息处理的视觉或文字语言内容，对于讯息的有效传播非常不利，也在一定程度上削弱了广告的记忆度。15 秒的电视广告中，视觉语言的运用非常关键，文字语言则需要简练、易于记忆。产品的关键卖点的清晰度显得非常重要。如果卖点不清晰，广告可能无法让观众意识到它的存在。另外，15 秒的电视广告中可以使用短小而精彩的幽默，激发观众的兴趣，从而形成观众记忆的兴趣点。

30 秒、60 秒的电视广告也是很常用的电视广告形式。这两种电视广告的时间长度相对比较长，有比较充分的时间来表现画面、声音与动作。因此，这两种长度的电视广告几乎适合运用各种表现形式，尤其适合用演示式、证言式、戏剧式等表现形式来传达广告信息。对于一个复杂的、高技术产品的演示，观众会比较乐意去看。有力的证言，也可以因为有较长的时间得到较为充分的表达。另外，观众也乐意在 30 秒或 60 秒内看到一个戏剧性的故事，同时在这种戏剧性中体会产品能够给自己带来的价值。

案例解析

LOMEGA ZIP 软盘的一则电视广告（图片 5–1）将非常枯燥的产品价值通过戏剧性的故事强调得非常突出。广告讲述了在一个现实世界中不可能发生的故事：在自家的游泳池中，一个名叫弗瑞格的胖男人惬意地躺在充气垫中。突然，游泳池中不可思议地冒出一只巨型八爪鱼。八爪鱼用可怕的巨大触手卷住弗瑞格将他吞噬。正在惊魂未定之时，活生生的弗瑞格又骤然出现在充气垫上。

图片 5-1

该广告的画外音：这位是弗瑞格。我们假设弗瑞格是你电脑里的一份文件，是你花了两年心血的成果。你为弗瑞格感到骄傲。突然，电脑病毒来了。弗瑞格去哪了？消失了!? 看！这有一个弗瑞格的备份。你在 ZIP 里作了弗瑞格的一个备份。欢迎回来，弗瑞格，ZIP IT!

广告画面中的情景在现实世界中不会发生，没有哪个人家里的游泳池会冒出巨型八爪鱼。但是，该广告所比喻的事件——电脑病毒毁坏电脑文件在现实生活中却经常发生。该则电视广告将枯燥的产品价值通过这种带有魔幻色彩的比喻加以凸显，令人惊魂未定之余产生深刻的印象。该广告同时也具有强烈的黑色幽默意味，更增加了广告诉求的效果，使人过目难忘。

长达数分钟甚至长达 15 分钟或 30 分钟的长广告，通常叫做“信息式电视广告”。由于这种广告通常与电话购物直接挂钩，因此，也被通俗地称为“电视购物广告”。所谓的信息式广告，具体说，是一种以近似电视节目的形式出现，以各种产品或服务的演示或讨论为主要特征的电视广告。短的信息式广告有 2 分钟或 5 分钟的，长的则可达 15 分钟或 30 分钟。信息式电视广告比较适用于健身器材、美容产品、保健产品、厨房用品和各类培训教材与录像带。信息式电视广告一般都不在黄金时段播出，也通常无法在广告资源紧张的“明星”电视频道播出。由于信息式电视广告一般都比较枯燥，因此，需要高频次播出才会有效果。这种广告形式的功能有点类似于印刷广告中的直邮广告，常常在电视广告中不断出现要求观众拨打的购物电话号码。信息式电视广告基本上是一种直接反应广告，它通过鼓励观众拨打电话直接订货。大多数信息式电视广告会让用户或专家充当广告代言人，通过长篇文案给观众灌输大量信息。在广告中，常常有热烈的推荐、讨论以及与之相伴的产品演示，有时还邀请嘉宾，说明自己使用产品之前与之后的情况，并进行充分彻底的比较。很多关于产品的关键信息在一条信息式电视广告中会反复出现。信息式电视广告的文案创作通常需要较多的文字语言，文案中通常要包含具体的商品信息，常常需要饱含热情并反复出现推动观众马上行动的鼓动语。信息式电视广告明显的促销意图与高频次的播出，常常引起许多观众的投诉。因此，对于广告文案创作者来说，要注意广告语言不要出现冒犯观众的问题，应将注意力集中到产品上，传达强烈的销售信息，并使用可靠的、适度的传达方式，比如演示、证言、真实可信的推荐和问题解决等方式。另外，广告文案创作者在创作信息式电视广告时，应该坚守职业道德，拒绝创作虚假广告。

3. 电视广告的拍摄方式

从拍摄使用的主要材料来看，电视广告主要分为两类：一类是用胶片拍摄的电视广告，另一类是用磁带拍摄的广告。

用胶片拍摄的广告使用的胶片通常与拍摄电影使用的胶片没有什么两样。大多数全国性广告主采用胶片拍摄电视广告，因为相对于用录像带拍摄的电视广告而言，胶片拍摄的广告具有很多突出的优点。胶片电视广告的画面质量要明显高于用磁带拍摄的电视广告，能够赋予广告产品更高的品质形象。由于胶片能够表现更加细微的色差和阴影，因此用它拍摄的图像比用磁带拍摄的更加逼真。在拍摄食品、高档相机、轿车等产品的时候，用胶片拍摄的优点会显得更加突出。使用胶片拍摄的食品，质感真实、色彩鲜艳，能够充分刺激观众的食欲。用胶片拍摄高档相机、汽车等产品，可以充分表现产品材料的质感，为产品赋予高品质的形象。对于广告文案创作者来说，胶片拍摄为他们提供了比磁带更大的创意空间。当然，由于胶片的价格比较昂贵，拍摄中损耗也非常大，拍摄之后还多出一个胶转磁的环节，因此材料与加工成本远远高过用磁带拍摄的广告。另外，胶片广告的拍摄条件更加苛刻(比如灯光师就需要专业的电影灯光师)，拍摄的制作组相当于一个小型的电影制作组，所需人员的数目要远远大于磁带拍摄电视广告的人员数目，因此，胶片广告拍摄所花费的人员成本也远远高于磁带拍摄的电视广告。

用磁带拍摄电视广告，所用的磁带与拍摄电视节目用的一般磁带没什么两样。因此，用磁带拍摄电视广告所需的材料费用、加工制作费用、人员成本等方面的花费要比胶片拍摄低得多。但是，由于受制于拍摄材料，拍摄手段和方式也有很大的局限性。如果确定要使用磁带进行电视广告的拍摄，广告文案创作者一般不可在广告创意中设计高难度的特技，也不能将过多的希望寄托于拍摄的光学技巧和后期加工手段。对于地方性广告主来说，磁带拍摄电视广告的低成本特征成了一个特别突出的优点。很多广告文案创作者可能不喜欢创作磁带拍摄的电视广告，他们往往觉得这种拍摄方式使人的想象力不能得到充分的发挥。不过，对于一位真正的广告专业人士来说，即使未来只用磁带进行电视广告片的拍摄，也不应该为这种想法所困扰。因为，广告从来不以创造精美绝伦的艺术作品为首要目标。一位真正的广告专业文案创作者，应该将用磁带拍摄电视广告看成是对自己专业能力的绝好挑战。

4. 电视广告文案创作的主要经验

对于稍纵即逝的电视广告而言，其中最主要的原则，可能就是在电视广告中一定要使诉求突出。下面有许多从实际工作中得出的经验，可以为广告文案创作者提供一定的参考。

好的电视广告一定要有好的构思，不要把希望完全寄托在制作手段和特技上。电视广告文案的工作在有了一个构思之后其实刚刚开始。这只是一条创作长路的起点。在开始制作之前广告文案创作者要多动脑筋，让自己的构思尽量富有冲击力和说服力。这样，广告文案创作者才能与团队一起充满信心和兴趣去完成以后的工作。

在开始创作之前，广告文案创作者应该尽量弄清楚广告主愿意花多少制作费。这样广告文案创作者才能使自己构想的创意具有更大的可操作性。广告文案创作者可以通过广告公司的客户经理去了解客户到底有多少制作费。

电视是视觉性的媒体，对于电视广告文案创作者而言，学会用视觉手段解决问题显得尤其重要。不要将希望寄托于向消费者唠唠叨叨来解释广告创意，要尝试用画面向他们讲故事，文字语言则应在电视广告中发挥画龙点睛的作用。在电视广告中，画面上正在表现的内容，通常情况下就不用再用语言来解释了，除非文字语言能够增进观众的理解，起到锦上添花的作用。文字语言解释的东西应该给画面赋予额外的意义。

广告文案创作者应该努力让制作技巧为广告构思、广告创意服务。广告文案创作者应该了解最新最好的制作手段、制作技巧，但是，同时也不该被它们牵制与约束，而要为广告构思、广告创意寻找最合适的制作技巧。

广告文案创作者应该学会在简单中寻找伟大。广告制作费少的时候，是检验广告文案创作者创意能力的好机会。

如果能在电视上演示广告主的产品，电视广告文案就应该尽量让事实说话。对于潜在消费者而言，眼见为实，没有什么比亲眼看到的东西更能让潜在消费者信服了。真实的演示能够使观众产生较高的记忆度。

广告文案创作者应该有强烈的效率意识，在进行电视广告文案创作时，要时刻思考每个广告元素是否都能充分高效地发挥作用。如果能在一秒钟之内让电视广告抓住观众的眼光，就尽量不要用两秒钟。

对于低卷入度产品而言，一条电视广告最好从头到尾都富有娱乐性，在最后一秒钟仍然让观众圆睁双眼。有人认为，电视广告有一个出人意料的结尾就够了。这是一种误解。好的广告应该让消费者从头到尾百看不厌。

广告文案创作者不要勉强使电视广告看起来和自己创作的印刷广告一样。其实，在一次集中性广告战役中，广告文案创作者要做到的是使所有媒体上传达的讯息一致、声音一致。这里所说的是“一致”，而不是一模一样。不同的媒体在发布同一主题的广告时，有时会需要使用不同的表现手法。

广告文案创作者一般情况下应该避免自己的广告主题与竞争对手的广告主题过于相像。有一种情况可以例外，那就是自己所服务的产品处于该类别产品的领导者地位，而且广大消费者对该产品的品牌非常熟悉。在这种情况下，完全可以使用与竞争对手相似的广告主题和表现手法，用正面对抗战略压制竞争对手。因为，在这种情况下，观众更容易记住自己所熟悉的领导者的品牌。

广告文案创作者应该将强大的广告战略主题体现到电视广告之中。广告文案创作者要战略性地思考问题，使电视广告有延续的潜力。如果广告战略主题在市场上表现不错，那么就不应该轻易地变换它。频繁地变换广告战略主题，可能使广告主之前已经建立起来的产品和品牌认知度下降。

广告文案创作者可以在广告主预算允许的情况下，利用有力的广告代言人（通常是名人）来推销产品。长期持续地使用一个具有良好公众形象的名人作为产品的广告代言人，可以对产品的识别产生积极的作用。

广告文案创作者应该重视产品名称和产品本身。在电视广告中，产品名称可以多次出现。不要拘泥于使产品只出现在开头与结尾。假如产品的外观对于潜在消费者的购买决策很重要，广告文案创作者应该考虑使产品外观在镜头前有足够的暴露时间，这样将有利于加强观众对产品的识别与偏好。比如，汽车、手机之类的产品，在电视广告中长时间出现产品外观，并不会使观众感到厌倦，反而可以使观众对该产品增加印象。

案例解析

OPEL汽车的一则电视广告（图片 5-2）讲述了一个破冰钓鱼者遇到冰裂的故事。在电视广告中，那位钓鱼者驾驶 OPEL 汽车飞速驶离正在裂开的冰面。广告片中，汽车一直是镜头中的主角。

图片 5-2

福特 MAV 轿车的产品特点是有七个座位，同时车体小巧，利于停车。在一则电视广告（图片 5-3）中，一辆车在雨后开离停车点，露出一片干燥的地面。这时，一辆福特 MAV 轿车停在这个车位。镜头是俯拍的。在镜头中，可以看到福特 MAV 轿车车体轮廓要比干燥地面的轮廓小得多。当福特 MAV 轿车车门打开时，可以看到共有五个人走出汽车。在这整个广告片中，福特 MAV 轿车长时间暴露在观众的眼前。

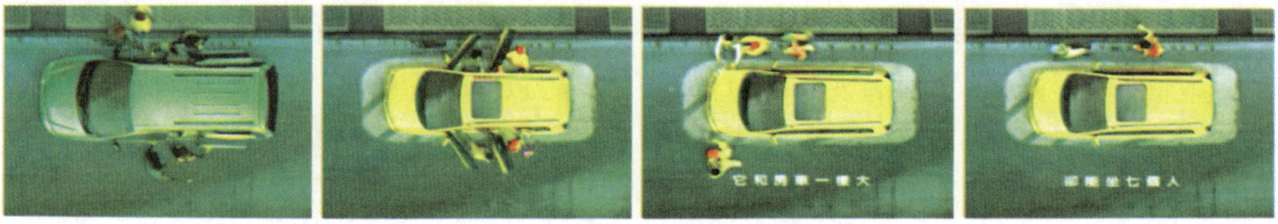

图片 5-3

该广告的画外音是：福特 MAV，五加二人座，轿式休旅。FORD。

字幕：它和房车一样大，却能坐七个人。

MOTO 手机 E398 以音乐手机作为自己的卖点。在一则电视广告（图片 5-4）中，E398 成为男女主人公感情交流的纽带。在该广告中，镜头多次将特写对准了产品，给人留下了深刻的印象。

另外，在地方性的电视广告中，广告文案创作者可以在广告片的结尾处发出推动潜在消费者做出购买行动的号召。在电视广告片的结尾处突出产品名称与包装，可以有效加强潜在消费者对产品的记忆。

三、从电视广告文案到电视广告制作

1. 电视广告的制片人和导演

如果要开始制作电视广告，创作组的第一件事是和广告代理公司的制片人接触。广告文案创作者要将故事板拿给制片人看，解释广告内容、基调等情况。通过这样的会面，创作人员和制片团队会就挑选演员的细节问题、外景地、布景、服装、视觉效果、音乐设置以及广告制作中的其他要素达成清楚的共识。

制片人往往会向广告公司推荐适合的导演和制片公司，并安排广告公司的创作人员看一些导演的作品。关于这些作品，一定要仔细看，并作出评价与分析。广告文案创作者要判断这些导演

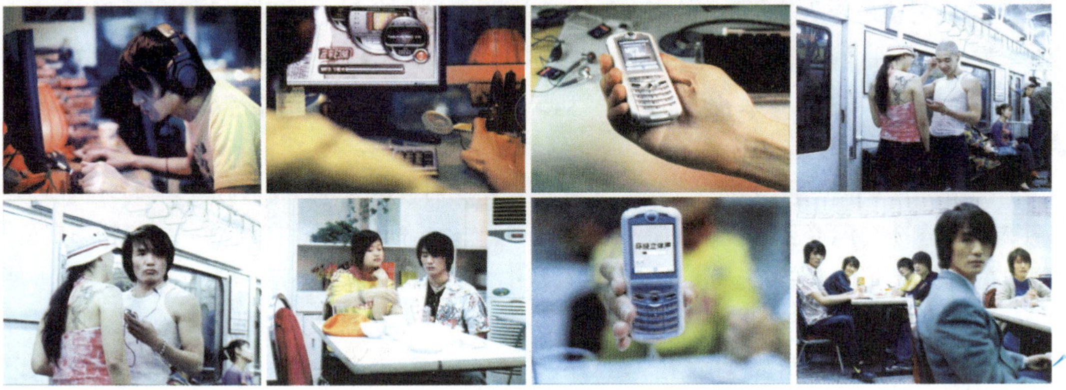

图片 5-4

作品中的灯光技巧、摄影技巧等是否符合本次电视广告拍摄的需要。

广告文案创作者可能会接触到很多导演，他们各有所长，有善于拍人物的，也有善于拍美食的，但这并不意味着他们只会干其专长。事实上，如果没有一些特别的要求，他们大都能做出几乎所有广告文案创作者想要的效果来，当然最终的成片不可能和广告文案创作者设想的一模一样。

导演通常会决定具体需要什么人参与拍摄与制作，如摄影助手、灯光师、舞美、静物摄影员、化妆师、道具员等。

下面一些事项是广告公司需要关注的：尽早和制作人员接触；寻找合适的导演，开价高的不一定就好；每个导演都有自己的拍摄风格，都擅长某种题材的拍摄；向导演阐述创意；向导演描述广告文案创作者想要看到的电视广告的样子以及演员的风格、电视广告的基调等等。

2. 关于演员

电视广告演员的挑选工作，常常也颇为复杂。挑选演员一般先有试镜，若是导演觉得还不错，便会给他复试的机会。第二次挑选后，若是导演认为这个人非常有潜质，或十分善于传达广告意图，便会确定由他做该广告的演员。

如果有必要，广告文案创作者可以参与挑选演员的工作。但是，这方面的工作，电视广告导演具有重要的决定权。当选择名人做广告代言人时，由于牵涉较大的专门性的聘请费用，因此最终决定权在广告主手中，导演和广告文案创作者则具有重要的参谋建议权。广告文案创作者应该以自己所创作的电视广告建议如何选择演员。对于导演而言，则应尽量选择那些能传达广告意图的演员。

除了主要演员之外，不要忘了画外音、配音演员的选择。这项工作，广告文案创作者最好与导演进行商量，参与其中。因为，选择配音员时是广告文案创作者考察文案的又一次机会。如果有必要，还可以对文案进行最后的修改。

3. 关于电视广告的拍摄与后期制作

电视广告的拍摄前会议是很重要的。在开始制作广告之前，有一件很重要的事，就是开一次制作前的筹备工作会，以确保每一个参与者都对工作有非常清楚的概念。除了工作人员以外，广告主方面的客户代表也应出席。广告代理公司这边，广告制片人、创作总监、客户主管等重要人物也应参加。开始拍摄后，广告文案创作者要注意和广告制片人保持步调一致。如果演员没有准确把握文案创作者的意图，广告文案创作者应通过导演与演员沟通。当广告文案创作者不同意导演的时候，要将自己的想法说出来，但是最好把导演拉到一边说。在拍摄现场，导演是一切工作的主导，应该尊重导演的专业角色。在拍摄期间，应与广告主保持联系，随时关注产品与企业信息，以应付突发事件。在极端的情况下，新的法律法规的出台和重大事件的出现，可能使已经进入拍摄制作的电视广告创意在当前显得不合时宜。如果出现这种情况，最好对广告文案做出及时的调整，以减少不必要的浪费。

后期制作的工作也容不得半点疏忽。对于制作团队而言，要为广告找到最合适的剪辑师，为广告选择合适的音乐，必要时可请作曲家进行专门创作。后期制作应注意合成一定要精细到位。广告文案创作者也可以在一定程度上参与后期制作，以考察制作效果是否准确地传达了广告创意。制作团队通常会根据要求，为客户拷贝可在家用机上播放的录像演示带。广告文案创作者可以为自己拷贝一份作为资料，这是对自己创作工作的一个检验，也是对自己工作成果的一次记录。当然，在很久以后，它也将带来许多美好的回忆。

第三节　几种基本类型的电视广告文案创作

在前面的章节中，本书已经从广告表现形式类别的视角，对一些广告表现形式做了介绍，常见的表现形式有：直接/实实在在地表现讯息，科学性/技术性证据，展示/演示/举例，对比，证言，生活片断，动画，人格化象征，幻想，戏剧化，幽默，组合式，等等。这些表现形式，有些不太适用于印刷广告的文案创作，却几乎全部可以用于电视广告文案的创作。在本节中，我们从电视广告文案创作的视角，按照广告表现形式的基本类型，来讨论不同表现类型的电视广告文案的创作技巧。

一、较适合理性诉求的表现形式与相应的电视广告文案技巧

1. 直接/实实在在地表现讯息

如果使用直接表现讯息的广告表现形式，电视广告文案创作要注重语言的逻辑清晰、重点突出。电视广告用以对受众产生刺激的主要是视觉手段，因此即使在有大量讯息要传达的情况下，也要避免往一条只有 15 秒或 30 秒的电视广告中塞入过多的信息。电视广告文案创作者应该将最为重要的实实在在的产品信息提炼出来，利用画外音或字幕来配合视觉图像。有些时候，也可以同时使用画外音与字幕，以使观众在听到文字语言的同时，也能看到它们，这样可以有效增加观众对信息的理解。由于直接、实实在在地表现讯息，广告的文字语言一般不带感情色彩，显得冷静、客观，有时甚至有些枯燥。因此，在这类电视广告中，视觉语言应该强调新奇、不同一般，这样可以提高电视广告的可欣赏性，从而使观众乐于接受那些被直接表现的产品讯息。

案例解析

康佳 D163 精薄手机的一则电视广告中，广告视觉形象的焦点是舞台上的“千手观音”与康佳 D163 精薄手机。画面中的“千手观音”是身着银色紧身舞蹈装的女人，她盘腿而坐，合掌时，手掌之间是康佳 D163 精薄手机，观众可以看到手机薄薄的侧面。随着镜头移向“千手观音”的每只手掌，观众可以看到康佳 D163 精薄手机或是被一只手拿着，或是悬浮在一只手掌之上。电视广告的画面中依次打出字幕，说明了康佳 D163 精薄手机的四大特征：MP4 电影、MP3 音乐、200 万像素拍摄、电子书阅读。该广告的广告语为：薄揽众长，康佳超薄手机。这则电视广告的诉求点清晰，广告主题明确，视觉语言和文字语言都直接地表现了产品讯息。微有不足之处是广告语中使用了谐音，将成语“博采众长”中的“博”换成“薄”字来说明产品最主要的特征。（当然，这一点很可能恰恰

是创意灵感的最初来源。)但是,在电视广告中,谐音的运用其实风险很大。因为观众在听的时候,首先联想到的是自己所熟悉的词语,即使字幕打出文案创作者想要传达的词语,观众在短时间内可能也无法反应过来。另外,针对康佳手机而言,其目标消费群是中低收入者,教育程度相对比较低,很多目标消费者可能无法意识到"博采众长"与"薄揽众长"之间的文字游戏。与其如此,广告文案还不如直接使用"博采众长,康佳超薄手机",而把文字游戏留给有心的观众自己去体会。

2. 科学性/技术性证据

使用科学性/技术性证据型的广告表现形式时,电视广告文案创作在视觉图像方面可以展示图表、实验室、权威人士等形象,在文字语言方面,一般应同时使用字幕和解说(画外音或画面内的人物进行直接讲解),以加强观众对科学性、技术性证据的理解。文字语言的表述应该客观、无漏洞,否则可能引起观众和消费者的质疑甚至投诉,从而给广告主带来损失。

3. 展示/演示/举例

使用展示/演示/举例这一表现形式,电视广告文案创作的重点应放在视觉语言的运用方面。电视广告文案创作者应设计合理的拍摄镜头,尽量使观众通过观看展示/演示/举例的过程,不需解释就能知道产品或服务的特点。在这种电视广告中,文字语言应尽量言简意赅,否则会给观众唠叨之感,也易使观众分散注意力而无法专注于对展示/演示/举例过程的观看。即使使用文字语言,也应尽量短小精悍、切中要害。电视广告文案新手和不熟悉镜头语言的广告主常常会有一种担心,觉得仅仅靠展示/演示/举例而不详细解说,观众可能无法理解产品或服务。在这种想法的困扰下,他们往往会督促文案创作者写出尽量多的解说用来配合画面。然而,过多冗杂的文字语言并无法如人所愿,甚至可能适得其反。他们应该清楚,在这类电视广告中,使用言简意赅、短小精悍的文字语言才得当。实际上,正是恰如其分的解说,才可以为视觉展示/演示/举例增色。

案例解析

MOTO V3 手机的一则电视广告(图片 5-5)通过富有灵动感与变化感的电视画面,将该款手机的折叠特征非常醒目地展示出来。广告的音乐富有节奏和跳跃感,在这样的音乐背景中,广告画面中的笔记本、家具甚至整个屋子都行云流水般地飞快而顺畅地"折叠"起来,最后,所有这些东西"折叠"入一部 MOTO V3 手机之中。

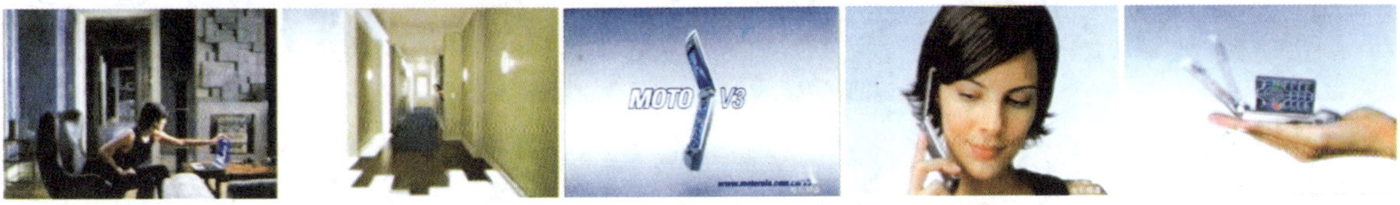

图片 5-5

4. 对比

采用对比表现形式的广告,通常被称为比较广告。比较广告一方面可以凸显品牌自身的优越性;另一方面,如果与知名度高的竞争品牌进行对比,则可以有效吸引消费者的注意。

在美国、日本等国家以及我国台湾地区,是允许采用对比表现来进行诉求的。因此,在这些国家和地区,比较广告是比较普遍的。而且,在这些国家和地区,比较广告中允许明确提到竞争对手的品牌。最为典型的比较广告有三种特征:(1)两个或两个以上的品牌被比较;(2) 就产品的单一特征或多个特征进行比较;(3)产品事实或客观资讯被示范宣传。

案例解析

2002年,丰田在我国台湾地区推出新款 CAMRY,成为众矢之的,引来福特 METROSTAR 以及尼桑 CEFIRO 的挑战,形成了三大品牌的广告大战。

首先推出广告的是新款 CAMRY,广告名为《背影篇》,广告中的主要文案是:“追随者只能看到领先者的背影。”在该电视广告中,画面依次出现了时装模特、拳击手、医生、领先的赛跑运动员以及企业家的背影,最后出现的是新款 CAMRY 的背影 (图片 5-6)。

图片 5-6

尼桑 CEFIRO 随后推出广告,说明四缸与六缸引擎的差异,广告将尼桑 CEFIRO 与奔驰、奥迪归为同级车,而将新款 CAMRY、福特 METROSTAR 和本田的雅阁归为一类 (图片 5-7)。广告一发布,立即引发了比较广告的大战。

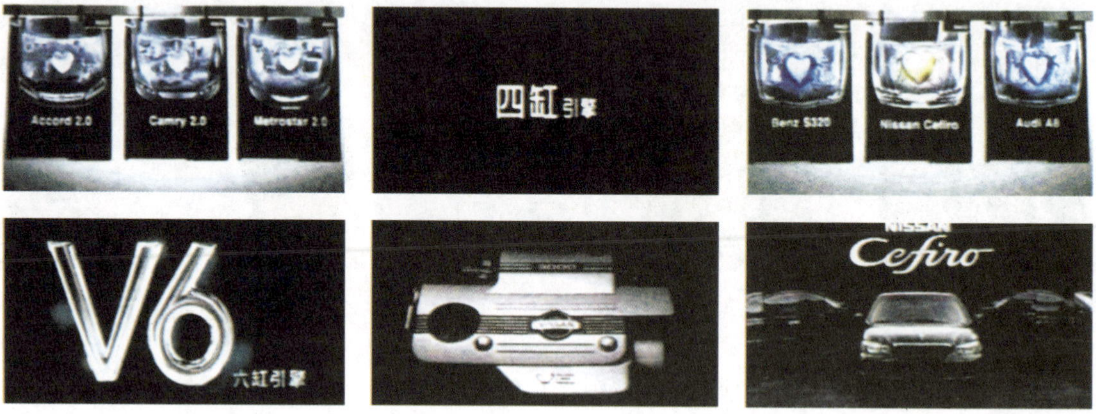

图片 5-7

福特 METROSTAR 为了对抗竞争者,推出一个名为《追随者篇》的广告(图片 5-8)。广告中,将新款 CAMRY 指为真正的追随者。该广告的文案为:“在德国的销量是 Camry 的 102 倍,Camry 只能看着它的背影苦苦追随。这部车在德国叫 MONDEO。MONDEO,METROSTAR。如果你跟德国人一样追求。”

图片 5-8

比较广告就比较内容而言，大概可以分为六类：(1) 批判比较。在这种比较广告中，被比较者处于被批判的地位，从而凸显自己的商品的优越性。但是，批判内容应该真实，来源要有根据，否则可能构成侵害商誉的恶意攻击性广告。(2) 攀附比较。在广告中提到被依附的品牌名称，目的是为了攀附知名度较高的广告，由此提升自己的知名度和产品地位。(3) 暗示比较。在这种比较广告中，不直接表明被比较者的名称，借助消费者的联想确定特定的竞争对手。(4) 数据比较。这种广告通常利用具体的统计数据作比较，以加深消费者的印象。(5) 自我比较。这种比较广告通常是指将自身的老一代产品与新一代产品进行对比。(6) 虚拟比较。这种广告是针对虚拟对象进行对比，通常是将缺少某种元素的产品和具备某种元素的产品进行对比。但是，缺少某种元素的产品并不一定真的存在，它不是竞争对手，更类似于一个参考坐标或“假想敌”。

在中国大陆地区，采用对比这一表现形式的电视广告，通常在对比时使用的是自我对比或针对虚拟对象进行的对比。因为，在中国大陆地区，广告法不允许在广告中针对竞争对手进行对比。

在比较式电视广告的文案创作中，常常可以结合展示/演示/举例的表现形式。因此，在创作该类电视广告文案时，广告创作者要特别注意运用恰如其分的文字语言和视觉语言。

5. 证言

利用证言这一广告表现形式，电视广告文案创作者的文案创作难度会比较大。在这类电视广告片中，文字语言要清晰有力，内容要真实可信。如果让广告代言人亲自说出广告口号，则广告口号一定要经过精心打磨，使其朗朗上口，易于记忆。电视广告文案创作者可以尝试以证言人的身份来看待问题，尝试使证言人说出的话尽量符合其身份和性格。因此，电视广告文案创作者应该深刻理解证言人在社会中所承担的角色，通过各种信息把握证言人的个性特征。只有这样，证言在电视广告里才具有较高的可信度。

案例解析

贵州益佰请郎平为其出品的正红花油做代言人。在该产品的一则电视广告中，郎平对着镜头向观众作产品推荐。该广告的广告语是：“有铁榔头，这点伤算什么！”(图片 5-9)广告文案非常符合郎平的身份。由于产品和广告代言人的关系密切，因此该广告中的广告证言非常令人信服。

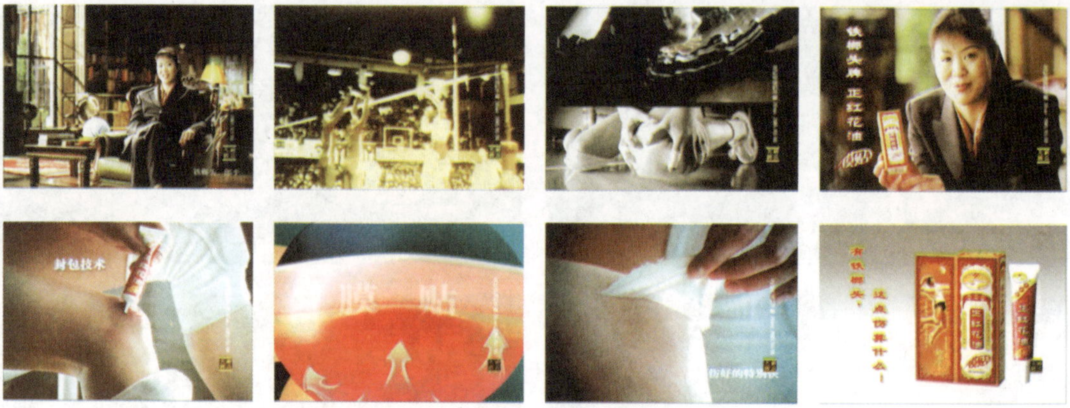

图片 5-9

二、较适合感性诉求的表现形式与相应的电视广告文案技巧

1. 生活片断

以生活片断为电视广告的表现形式时，广告文案的创作可以利用纪录片式的镜头语言。可以利用剪辑，使用不同场景的镜头讲述一个小故事，或者呈现一个或几个没有明显故事情节的生活片断。不论故事的构思，还是场景的设计，一定要做到真实可信，最好是目标消费群所熟悉并认同的。该类电视广告的文字语言，可以采用多种手法，可以用散文式的陈述，也可以用诗歌般的抒情。这类电视广告甚至可以不用文字语言，完全用镜头语言来讲述生活中的故事。当然，即使在这种情况下，也并不排斥广告口号的使用。

案例解析

M-ZONE 动感地带是 NBA 中国区合作伙伴，它的一则电视广告以促销为主要的广告目的，促销的方式是买卡就有机会去美国看 NBA 现场。电视广告中的故事发生在一个街头报亭。一个小伙子去报亭买手机充值卡，报亭的主人正端着水杯在看电视中的 NBA 篮球赛。那个小伙子示意报亭主人要买一张 M-ZONE 动感地带的手机充值卡。电视画面表明在那个小伙子买手机充值卡几天之后，报亭的主人又在盯着电视看 NBA 篮球赛。此时，在报亭的主人盯着看的那台电视机的屏幕中，先前买手机充值卡的那个年轻人竟然出现在 NBA 现场的看台上，正冲着镜头手舞足蹈大声欢呼。

该则电视广告的台词、字幕以及画外音：

报亭主人：好球！

小伙子：老板，买张卡。哎，我在这儿呢！

画外音(旁白)：买 NBA 全明星手机充值卡，送我去现场看 NBA。

这则电视广告是典型的生活片断型广告，采撷了年轻人生活中一个普通的场景和片断，将产品能够带给消费者的惊喜蕴藏在平凡的生活中。就广告文案来看，不论是视觉画面还是文字语言，都体现了朴素、直白、真实的特征，完全符合现实生活。该则电视广告中小伙子所说的“哎，我在这儿呢！”一句，不仅符合当时的情境，而且暗示了 NBA 全明星手机充值卡将把这个小伙子带到他平时无法想象的 NBA 现场，语言直白，但却是经过精心设计与构思的文案。

好丽友派在它的一则电视广告(图片 5-10)中讲述了两个小朋友的故事。广告主人公是同桌的一个小男孩和一个小女孩。小男孩用一个空的好丽友派包装袋捉弄女孩。女孩被惹恼了。最后，

图片 5-10

小男孩还是用好丽友派争取到了女孩的原谅，在桌子上画的那条“三八线”也被擦掉了。该广告的广告语是：好丽友，好朋友。广告表现的生活片断温馨而富有情趣。

东陶机器(上海)有限公司 TOTO 卫浴产品的一则电视广告以明星陈慧琳作为广告代言人。在电视广告中，陈慧琳一人扮演数个具有不同职业身份的人。广告展现了这些不同身份的人的生活片断。广告的声音与字幕：“她开始洗了，她也开始洗了，她也开始洗了。水让你更美！卫洗丽，你开始洗了吗？”这则广告通过不同身份的人的生活片断，说明了 TOTO 卫浴产品被人们广泛使用，而让陈慧琳一人扮演数个具有不同职业身份的人，不仅使广告具有视觉方面的趣味性，而且凸显了产品使用的广泛性。广告的文字语言也简洁、自然，并以问句促使潜在消费者做出购买行动。

2. 动画

采用动画作为电视广告的表现形式，在创作上可以采用多种技巧。动画不仅可以用来表现现实中的物体与人物，也可以用来表现想象中的场景、物体与人物。但是，通常情况下，动画往往用来表现想象中的物体与人物，以给观众的视觉带来新奇、刺激的体验。在动画型的电视广告中，广告的文字语言部分要根据动画所创造的氛围来确定文案的风格。如果动画表现的是超现实的高科技物体或环境，文字语言的风格一般应采用陈述式、描述式，给观众的感觉应该是冷静的、客观的；如果动画表现的是某种幻想中的浪漫意境与神话般的人物，文字语言的风格一般可采用抒情式；而如果动画表现的是可爱、精灵般的动画角色，文字语言则应符合角色的性格，可以是活泼的、简短的、幽默的。

案例解析

Teld 公司的 MEKO 系列饮料电视广告使用了动画的表现形式。在其中一则电视广告中，广告文案创作者塑造了一只蚊子的形象。这只蚊子看到了沙滩上一个金色的细沙堆中露出一个肥美的“屁股”，便一头扎下去准备饱餐一顿。结果发现，原来那个“屁股”是在阳光下晒太阳浴的水蜜桃。

该则广告的声音及字幕：

画外音：很好的天气啊！在沙滩晒晒太阳多好。

蚊子：飞啊飞，噢！发现新大陆。多么肥美的午餐啊！冲刺！

画外音：一击命中。

水蜜桃：哎呀！什么东西咬我？我只是蜜桃来着。我跳跳跳！

字幕：MEKO 果汁饮料。

该电视广告使用动画的表现形式，突出了该种 MEKO 果汁饮料的蜜桃口味。广告的文字语言部分配合可爱的动画形象，写得轻松、简洁，易于理解，非常符合果汁饮料饮用时轻松的心情。将产品的蜜桃口味转换成动画形象来表现，既有趣味，又令人印象深刻。

2005 年，百事可乐推出了一条利用动画表现形式的电视广告(图片 5-11)。这则广告名为《鸟人挽救篇》，广告主角是影视明星古天乐和 F4 演唱组合成员。电视广告讲述了几位年轻人与烈火鹰鹫搏斗的故事。在广告片中，烈火鹰鹫和搏斗场景的制作动用了大量动画，创造了一种令人印象深刻的魔幻色彩。比如 F4 主演的英雄在喝了百事可乐后长出了翅膀，烈火鹰鹫在魔幻的环境中盘旋飞翔。该则广告片中的广告口号为：“蓝色风暴，突破梦幻国度”。广告片的视觉语言与文字语言相互配合，使广告主题非常鲜明。该广告以网络游戏的风格，采用动画技术创造了动感、奇

图片 5-11

幻的视觉印象，试图以此来赢得青少年消费者群的青睐。该则电视广告片文案的突出之处在于视觉语言的强大冲击力。

百事可乐的主要竞争对手可口可乐在 2005 年也推出了一条以动画结合真人演出为主要表现形式的电视广告片（图片 5-12）。该电视广告邀请台湾著名歌唱组合 S.H.E.作为广告片主演。她们以 CG 人物形象，共同演绎了可口可乐这则以“魔兽世界”为主题的电视广告。在这个广告中，S.H.E.扮演的三个年轻人由于无法忍受粗暴猥琐的老板而与其抗争。S.H.E.在喝了可口可乐之后，幻变为动画与游戏世界中的女战士，而她们的老板则幻变为兽人。经过激烈的战斗，三位女战士将兽人彻底打败。三位女战士最后站在山崖上，面对灿烂壮丽的太阳喝着可口可乐。该电视广告片配合与网络游戏商的战略合作关系的确立，也以年轻人为潜在消费者群，电视广告片的色调以红色为主，利用高超的动画技术创造了一个魔兽世界的幻境，为可口可乐塑造了青春、热情的形象。与百事可乐《鸟人挽救篇》那则电视广告片相似，该则电视广告片文案的突出之处，也在于充分展现了视觉语言的表现力。该则广告片的最后，打出了网站地址，并附有广告语：“适度娱乐，健康生活”，对广告所反映的网络游戏世界可能带来的负面影响作出了提醒，可以说比百事可乐的广告考虑得更加周全。

3. 人格化象征

在该类广告中，电视广告文案创作者需要创造出一位能传递广告讯息的具有人格化象征的中心人物，并且使消费者意识到该中心人物就是该产品或服务的代表，或者使消费者可以通过中心人物辨别出该产品或服务。该类电视广告中，文字语言需要根据所创造的中心人物的性格特征进行设计与构思。电视广告文案创作者所创造的中心人物常常会在电视广告中以第一人称说话，有时可以自言自语，有时可以与其他广告角色对话，有时可以说出广告语。

案例解析

广州长隆香江野生动物世界在一则电视广告中，突出了园中新来的动物考拉。以动画制作的小考拉作为广告主角，在广告片中，它们被拟人化，开口说话，开口唱歌，热情地邀请人们前去观光。

该广告的声音及字幕：

画外音(旁白)：欢乐长隆新奉献。

歌词：我们是快乐的小考拉，我们天天一起歌唱，我们在广州，我们在长隆，我们天天等着你。

画外音（旁白）：I LOVE YOU. MO, MO, MO. 我们是澳洲国宝，我们在广州香江野生动物世

图片 5-12

界等着你呀，记得来呀！

4. 幻想

使用幻想表现形式的电视广告，视觉画面要重视环境氛围的营造，要创造出与普通生活环境有明显区别的场景，以使观众进入另一种生活或生存环境。文字语言则根据所创造的幻想的意境确定风格，既可以用一般的叙述文、说明文，也可以用抒情式的散文。与消费者感官体验密切相关的产品，例如巧克力等各种食品（与味觉相关）、音响（与听觉相关）、化妆品（与触觉相关）、卫浴用品和设备（与触觉相关）等，比较适合运用幻想的表现形式。

案例解析

杭州奥普电器有限公司为其奥普绿色浴霸产品做的一则广告中就使用了幻想的表现形式。电视广告画面语言创造了一片静谧的、绿色的森林环境，使使用浴霸沐浴的一家人仿佛处于绿色清新的森林中。画面中，女主人躺在一片绿色的树叶上安睡，实际上则是躺在一个浴缸中。奥普绿色浴霸的灯光从天花板上照下，片片绿叶盘旋在屋内。丈夫在给孩子擦身时，屋子内也同样是片片绿叶轻盈地盘旋。

该则电视广告的声音及字幕部分：

字幕：创新，每时每刻。

画外音（旁白）：奥普绿色浴霸，绿色灯暖技术，柔和光线更省电。

字幕：GNBSS 色温降低 400K，热效提升 8%。

画外音（旁白）：绿色风暖技术，深度送风，360 度空间关怀。

字幕：90 度风道旋转，深度送风。

画外音（旁白）：给你更自然的沐浴享受。奥普浴霸，因为专业，所以安全。

5. 戏剧化

本书前文已经讲过，戏剧化的广告表现形式重点是讲述一个关于产品或服务的简短的小故事。因此，在该类表现形式的电视广告中，视觉画面是以叙事为主的，文字语言则配合叙事的需要，或由广告中的人物以台词的方式说出，或以旁白的方式讲述视觉画面所叙述的故事。该类电视广告中，视觉画面的构思要符合情节与悬念的需要，产品或服务及其特性应巧妙融入故事的情节，避免牵强附会、生搬硬套。

案例解析

创维电视在 2006 年世界杯足球赛期间推出了一则电视广告。这则电视广告中的小故事从裁判吹响一场足球比赛的结束哨声开始。当比赛结束、观众退场时，一个球迷逆着人流挤入空荡荡的足球场。在球场上的球员和裁判发愣时，那个球迷说："慢着，再来一次。再来。"比赛竟然真的重新开始了。这时，电视广告的画外音是："错过的精彩，其实可以重来，创维可录大液晶，更有节目录像功能。精彩，想重来就重来。"该广告在世界杯足球赛期间播出，由于 2006 年世界杯赛对于中国观众来说，大部分是在凌晨播出，因此，希望能够重新看到比赛的心理为该则广告的诉求点提供了很好的契机。在虚构的戏剧化故事中，创维可录大液晶电视的节目录像功能，给电视广告的观众留下了非常深刻的印象。

6. 幽默

电视广告如果要将幽默作为重要的表现手段，电视广告文案创作者将面临巨大的挑战。幽默的表现形式，不仅有赖于故事的情节，还有赖于文字语言。在电视广告片中，幽默效果的实现还有赖于广告演员恰如其分的表演。在文字语言方面，幽默如何与产品信息建立联系，幽默如何与主题建立联系，以及如何通过语言的句法功能实现语言的幽默，都是对广告文案创作者创造力与语言能力的挑战。

案例解析

金地梅龙镇(房地产)的系列广告做得颇有幽默意味。该系列广告表现了各种职业的年轻人在工作状态下由于想着金地梅龙镇而陷入沉思或者做出与工作环境不符合的怪异行为。其中一则，表现了一位芭蕾舞女教练在为学员们示范高难度的舞蹈动作时，因为惦记着金地梅龙镇而陷入了沉思。结果，众多学员便学着女教练高难度的舞蹈动作单脚站立许久，以至左摇右晃，却不知老师有何深意。而此时，电视广告画面上打出的字幕是盘旋在女教练脑海中的想法："鞋柜，要一面墙。"广告非常准确地抓住并放大了想要买房的人的心理，并在广告中将这种心理加以凸显，从而创造出一种意味深长的幽默效果。

电视广告的表现形式多种多样，而对于广告文案创作者来说，文案技巧更是无穷无尽。本书针对不同表现形式所列举的一些电视广告文案，并不能囊括所有的文案技巧。如何运用广告技巧，也无固定的法则。电视广告表现形式只不过提供了电视广告的可供文案创作参考的一般思路。电视广告文案创作者应在平时训练中不断开发自己的视觉形象想象力，同时不断训练自己运用各种文体的写作技巧。

思考与练习

1. 电视媒体有哪些优点和局限性？
2. 什么是电视广告故事板？电视广告故事板应该包含哪些基本内容？
3. 较适合理性诉求的广告表现形式与较适合感性诉求的广告表现形式通常都包括哪些形式？尝试从最新的电视广告中寻找相应的广告案例。

第六章

广播广告文案创作

第一节 广播与广播广告

一、作为广告媒体的广播

广播是人们最熟悉不过的大众媒体之一。在中国媒体发展史上,广播的影响力无可非议。广播在中国的影响可能比电视要更为深远。甚至可以说,广播巨大的传播威力对于新中国的成立来说,也是功不可没的。收音机的出现使广播具有流动性。现在我们几乎在任何地方都能听到广播。在家中、在车上、在广场,只要我们留心,广播真是无处不在。

在我国,目前广播广告可以说正经历一个低谷期。如何发挥广播的优势来创作和发布广告是今后的思考重点。只要能处理好这个问题,置身于世界上规模最大、潜力最大的市场中,我国的广播媒体的前景是不可估量的。广播的重要性可以用已有的数字来说明。以美国为例,美国大约有超过 11000 个广播电台,其中包括 4906 个调幅商业广播电台和 5285 个调频商业广播电台。美国现在拥有的收音机数目超过 5.76 亿台,平均每个家庭有 5.6 台。12 岁以上的美国人每天听收音机的比例达 77%。听收音机已经成为一种非常普遍的现象,是读书、开车、跑步、工作和社交时的背景性活动。美国人在工作日每天收听收音机的时间为 3 小时 18 分钟,而周末时接近 6 小时。这种无处不在的媒体并没有被美国的广告主忽略。美国广播广告的年收入从 1980 年的 35 亿美元增长至 1995 年的 115 亿美元。我国的人口众多,而且同样地域广阔,广播可发展的纵深性远远大于美国。我们应该有信心在中国进一步发挥广播的潜在威力。

广播作为一种广告媒体,可以说是一种极端地方性的媒体。大多数电台的信号范围都有其限度,而人们一般也喜欢收听当地的一些电台。当然,在传播技术高度发达的当今社会,由于国际文化交流的发展,一些国际性广播电台的影响力已经超出了国界。我国也有自己的对外广播——中国国际广播电台。

广播节目形式多样,包括新闻节目、谈话节目、音乐节目等。在某一种节目类型中,常常又可以分出许多更细的类型。比如,以音乐节目为例,包括摇滚乐节目、交响乐节目、民间音乐节目等。一般的综合性电台,节目类型根据时间段有明显的不同。现在,中国的广播电台正在走向细分化和专业化。比如,在北京地区,就出现了音乐台、交通台等细分化的电台。

通常可以把广播时段分为晨间时段、午间时段、下午时段、晚间时段。周末广播的具体时段安排有一定的特殊性。由于各个国家和地区人们的作息习惯不同,对广播时段的划分也各有特点。随着中国经济的发展和人们生活节奏的加快,晨间和傍晚时段开始显现出日益重要的地位。虽然中国还没有出现类似美国等国家的大规模的开车上班(morning drive)现象，但晨间上班时段的价值，在北京、上海等大城市正在呈现出成为广播特级时段的趋势。

购买广播广告时间与购买电视广告时段极为不同。人们只对有限数目的广播电台有“忠诚”的倾向。由于这些原因，购买广播时间非常注重“累积听众”。如果你有心，在北京乘出租车，你会常常发现，在出租车上短短几十分钟时间内，就会听到同一个广告播送好多次。这就是广播广告为了追求到达率和平均频次的结果。为了建立到达率，广播广告每天固定次数整批地重播(12次、24次、36次，甚至更多次数)才能产生平均频次，制造一定的到达率。

广播广告的重点插播通常可借助广播网发挥更大的威力。基于CPM的计算，广播是最有效率的媒体。广播联播网更是如此。但如果想得到大量到达率，广播媒体也需要很多预算。

广播联播网与电视相比在建立平均频次方面虽然相对有效率，但广播媒体却比电视的侵入性小。有人认为，广播是一种背景媒体，需要大量预算才能达成高到达率。

地方电台的广播广告能使广告主迅速进入市场，并且便于更改文案、便于与当地名人及当地节庆事件相结合，并能选择重要地区加以支援。广播在媒体组合中能补足电视的不足，起到很好的辅助作用。因此，一般情况下，广播广告常常以辅助媒体的形式出现。有许多学者认为，现代社会已经成为一个读图时代。在这个时代，电视可以说是最适合建立品牌印象、品牌形象的媒体。因此，电视经常被当作理想的第一广告媒体加以运用。其实，在电视出现以前，广播也曾是最为重要的广告媒体。如今，广播已基本演变成为一种主要的地方媒体。

广播之所以能够作为一种广告媒体生存下来并仍然保持强劲的生命力，完全是因为它可以给广告主提供特定的广告价值，以使它们能与其潜在的顾客交流讯息。

广播广告是指以无线电台广播作为载体的广告，它依靠语言、音乐、音响产生的听觉形象来传播产品或服务的信息。简单地说，广播广告具有信息传播迅速灵活、传播空间广泛、几乎不受地点环境限制和广告费用较低等优点。但是，广播广告具有瞬时性。广播广告给人的印象往往不十分明确，不够深刻。而且，广播广告对于听众而言，一播即过，无法查阅。此外，听众在听广播广告的时候，注意力常常比较分散，可能在开车，也可能在屋子里做家务。下面我们来详细讨论一下作为广告媒体的广播的特点。

二、作为广告媒体的广播的特点

(一) 广播媒体的优点

对于广告主的媒体战略来说，广播有其独特的优点。有学者认为广播媒体主要有这样几个优点：(1) 目标对象更加明确。(2) 播出灵活。(3) 收听随意。(4) 成本低廉。(5) 用耳朵来看，意境深邃等。[1] 也有学者认为，广播媒体有这样几个优点：(1) 覆盖面广，渗透性强。(2) 传播迅速，时效性强。(3) 内容丰富，制作灵活。(4) 费用低廉，收听方便。(5) 诉诸想象，参与性强。[2] 在广播的诸多优点中，成本低、具有灵活性显然得到明显的认同。至于广播的其他一些特点，不同学者对它们的重要性评价略有差异。在本书中，我们将广播的优点总结为以下几个方面：成本效益、选择力、灵活性、创造性、整合营销机会。

1 夏晓鸣、钱正、曹晓燕编著：《广告文案写作》，第238–242页。
2 吕尚彬等编著：《广告文案教程》，北京大学出版社2007年版，第228–229页。

1. 成本效益

广播作为广告媒体的主要优势之一就是低成本。首先，广播广告制作起来非常方便，可以由播音员录制甚至现场播送，也可以由广告主或广告公司录制后交由广播台审查后播出。其次，广播播出广告的时间成本也非常低。在美国，广播网络联播广告每播出一分钟的成本为5千美元，折成每千人成本仅为3—4美元。

中国广播广告的每千人成本则更低。和电视广告、报纸广告、杂志广告等广告形式相比，广播广告具有较低的相对成本。这一点使广播成为在预算有限的情况下最有效的媒体之一。同时，广播广告自身制作和播出都具有较低的绝对成本，这意味着进行有效的广播活动所需的预算比其他媒体低。

广播的低成本意味着在一定的预算下，广告主可以在它们的媒体计划中做范围更广、次数更多的广告。它们可以在不同的电台发布广播广告，扩大其广告的覆盖范围，多次播出广告，以确保足够的播出次数。许多全国的广告主已经认识到广播广告的成本效益。

2. 选择力

广播对听众的高选择力是其又一大优点。广播可以通过不同的广播方式及许多电台不同的覆盖范围形成对听众的高度选择。广播可以使公司将其广告集中在特定的听众群中。广告公司在策划广播广告时，可以充分地利用人口统计细分、行为细分等多种细分方法（参见前文）对潜在听众进行分类。

在我国，大部分地区有许多不同风格的电台，如新闻台、交通台、音乐台等。对于容易被忽视的消费者，如处于印刷媒体传送不便利或电视信号不好的山区或水域的人们、农村人口、青年人、大学生、正在工作的成年人，广播常常比其他媒体能更好地影响到他们。中国共产党第十六次代表大会期间，曾依靠邮递员向交通不便的山区和湖泊区的人们传送报纸，宣传十六大精神。利用广播开展广告宣传活动，如果能在多种媒体的整合中，更好地发挥广播媒体的效力，效果将会更好。广播能覆盖到其他媒体鞭长莫及的消费者。

少数电视观众听广播的时间比看电视的时间更长，这些人根据其收入及受教育程度的不同形成了一个广大的市场。在美国，广播已成为覆盖特定非英语民族区域市场很受欢迎的方式。洛杉矶、纽约、拉达斯、迈阿密有几家电台用西班牙语广播，以覆盖西班牙人区域的市场。因为在美国，大众化的无差异营销已经开始逐渐为细分市场和地区市场营销所取代，所以广播的重要性也将越来越大。

在我国，情况要比美国复杂得多。我国的市场发展非常不平衡。因此，在我国发达的市场中，比如北京、上海、广州、浙江、江苏等省市，要注意就广播广告对人群的高度选择性善加运用。而对于经济不发达的地区，建议首先要考虑广播广告对地域的选择性，其次才应该考虑它对人群的选择性。

3. 灵活性

广播作为广告媒体，具有高度灵活性。广播的播出很灵活，广告主在广告即将播出时仍可以改变其广告的内容。从这点看，广播可能是所有广告媒体中最具有机动性的。

广播广告能制作出很短的形式来进行播出，广告主也很容易根据当地市场的条件和市场形势进行广告的调整。比如，如果北京某个饭店开业，就可以选择北京音乐台或北京交通台做广告，并且可以根据开业日期较为方便地确定广播广告的时间。如果突然改变了开业日期，在制作时间允许的情况下,可以非常方便地改变广播广告的文案。

4. 创造性

广播广告的潜在优势经常被忽略。广播广告可以刺激人们在听到广告时充分发挥他们自身的想象力。因此,在某种意义上说,广播广告无法出现画面形象反而是其优点。这一特点使广播广告创意可以激发听众的无限想象力。听众可以在想象中看到色彩、情景、人物,一切都可存在于想象之中。

广播广告可以对电视广告制造的印象起到很好的加强作用。这是通过一种被称为“印象转移”的技巧来实现的。通过广播广告可以将电视广告的印象注入广播广告中。首先,广告主制作出一个有图像效果的电视广告。然后,它们用与电视广告相似或相同的听觉部分(词句、相同的音乐或相似的旋律)来制作广播广告。这样,当消费者听到广播广告的声音之后,就联想到了电视广告,也就加强了对电视广告的印象。这种印象转移使得广播广告能够与电视广告协同发挥作用。

5. 整合营销的机会

广播广告可以为广告主提供很多整合营销机会。由于广播电台日益成为许多社区的一部分,音乐节目播音员和节目主持人成为非常受欢迎的人。广告主可以经常利用电台和名人来与人们建立联系,从而可以更好介入当地市场和影响当地零售商。广播台应该认识到优秀的广播主持人是其重要资源。许多听众常年收听某一广播节目,是因为他们可能对该节目的主持人产生了深厚的感情和忠诚度。

广播广告可以在地区性促销活动中有效发挥作用。零售商经常在特价销售或促销中利用现场的广播来吸引顾客到它们的商店购物。

比如,在北京的王府井大街和西单,每逢重大节日,有些商家就常常用现场广播来吸引消费者达到促销目的。资生堂的俊士男用化妆品系列就曾在北京东方广场(东方新天地购物中心)中结合现场广播广告,邀请香港著名艺人郑伊健和他的一位好友(也是香港艺人兼主持人)来促销其产品。

(二)广播媒体的局限性

广播固有的局限性也影响了其在广告主媒体战略中的作用。广播广告的局限性主要表现在以下几个方面:传播特征的局限性、有限的研究数据、购买广告时间的无序性以及易受干扰等。媒体策划者在考虑如何将广播这种媒体运用于在广告战役中时必须考虑到这些因素。

1. 传播特征的局限性

(1) 广播作为广告媒体的主要缺点在于缺乏视觉的图像。广播广告者无法展示它们的产品,作示范或运用任何视觉性的元素或信息。

(2) 广播广告的时间持续较短。和电视广告相类似,广播广告也是短暂的、转瞬即逝的。广播广告以其自身的速度播放,观众当然也无法控制其播出的进程。由于存在这种创意的局限性,许多广告创意人不喜欢运用这一媒体。广告代理公司也常常把初级人员分配在广播广告业务中。

(3) 通常电台数目众多,造成听众高度分散。调至同一个电台的人在听众全体中的比例通常是很低的。即使在那些调频和调幅台比比皆是的大都市中,享有最高收听率的电台的听众人数占整个听众人口的比例也非常低。需要将广告信息通过广播来传送的客户不得不去许多家电台购买广告时间,哪怕仅仅是为了覆盖一个地区性的市场,为了获得有效的到达率,也需要将广播广告多次播出。

(4) 听众注意力的缺乏。广播广告很难使听众对广告保持注意。广播节目，尤其是音乐，往往是听众进行日常活动时的背景声音，可能不会引起听众的足够注意。听众有可能错过全部或是部分的商业广告。广播广告能吸引住听众的一个环境是在汽车中。但是，即使在汽车中，让听众注意到广告仍然是困难的。许多人都预调好他们的收音机，到广告时间就换台或转换去听车内的CD。

(5) 易受干扰。任何媒体广告都会遇到干扰。易受干扰是广播媒体与其他广告媒体共同存在的问题。大部分电台平均每小时播出10分钟的广告。在比较受听众青睐的早上或晚上高峰时间段内，广告时间可能会超过12分钟。广告主必须努力制作出能够避免受其他广告过多干扰的广告，或用大量重复来确保它们的广告能影响消费者。

2. 研究数据有限

和电视、杂志、报纸等媒体相比，广播的听众研究数据通常是非常有限的。大部分电台都是小型营运机构，缺乏对其听众进行详细研究所需的资金。而广播的客户大都是本地的公司，没有能力支持在其市场中的听众调研。这样，媒体计划的策划者在广播媒体中就无法获得像其他媒体那样的听众信息，以指导它们去有效购买合适的广播广告时间。

3. 购买程序比较混乱

我国地域辽阔，各地都有自己的地方电台。对于地方性广告主来说，购买程序并不很复杂。但是，对于一个区域性或全国性的广告主来说，其媒体计划和购买过程可能会非常复杂，加之研究数据非常有限，因此执行起来常常比较混乱。

第二节　广播广告文案的创作

一、声音的选择

广播广告借助声音来传播信息，但却要借助视觉来发挥广告作用。广告文案创作者进行广播广告的创作，认识到这一点相当重要。一个人在听广播时，必须借助他自己的想象力去创造画面，在自己的头脑中描绘自己听到的声音，想象说话人的形象，想象声音的环境。

广告文案创作者不要低估想象力的能量，正是听众的想象力才使声音发挥威力，使广播广告产生巨大的感染力和影响力。广播广告背景中的音效和音乐的选择，可以使听者利用想象力想象时间、地点、环境，并把时间、地点等抽象的因素转化为具体的情景等形象化的因素，广播广告因此可以更具感染力。

声音选择是创作广播广告要做的重要工作。广播是以声音为语言的大众媒体。对于广播广告而言，声音一般包括人声、自然音响、音乐以及现实生活中可能出现的各种声音。

声音具有空间感。广告文案创作者可以充分利用声音的空间感，在很短时间内创造出一种情境、一种背景。通常情况下，人们只要听到某种声音，就能迅速感受某种空间与背景，而不需要过多的解释。

声音可以使人们产生联想。联想的产生主要源于人们对声音的接收。学者麦茨曾经研究过人是如何体验声音的。他根据研究指出，虽然声音本身相对于听者来说是一个客体，但是听者显然并不将声音理解为一个客体，而是将它理解为另一个客体的特征。听者对声音的认同往往与对声音源头的认同相联系。如果听者的感知无法得到进一步的明确，就会留下某种神秘与悬念。

广播广告如果单纯使用声音，而不加以任何的解释，听者的感知有可能只是部分的，心中会产生悬念。在好奇心等动机的驱使下，听者会主动进行联想，并且为所听到的声音补充某种内容，从而完成对声音的感知。比如，听者听到火车的隆隆声和汽笛声可能会联想到火车开进一个火车站的情境，因为此时，听者已经用自己的经验来完成对声音的感知。又如，听者听到一个清脆的女孩的声音可能会联想到女孩年轻、美丽的容貌，甚至进一步去推知这个女孩的个性和她的心情。也就是说，听者在对所听到的声音加以感知的过程中，很可能将自己的经验与所感知的声音、所联想到的概念进行组合，从而产生形象。这就是所谓的视听联想。

因此，广播广告文案创作者要想创作出有效的广播广告，就必须会利用声音来使听者产生视听联想。为了能够促使听者按照创作者的意图进行视听联想，广播广告中的声音选择就显得尤其重要了。在创作广播广告文案的时候，声音的选择主要考虑以下几个因素：(1) 广告中人物的性别；(2) 广告中人物的年龄；(3) 广告中人物的职业；(4) 广告中人物的社会角色；(5) 广告中人物的口音；(6) 广告中人物的态度；(7) 广告中背景音的选择；(8) 广告中的音乐。

以上这些因素，如果能够考虑周全、使用恰当，将有利于引导广播广告的听众进行视听联想。联想对广播广告效果的作用是清晰可见的。联想使听众的思维对广播广告的声音进行了补充与“完形”，可以极大提高听众对广告的兴趣，并有利于加强他们对广播广告内容的记忆，为更高级的心理过程做好准备。

二、广播广告中声音的运用技巧

1. 典型声音的运用

广告文案创作者在创作广播广告时，一定要善于运用典型声音来引起听众的注意与联想。声音是一种符号，而听众对符号的反应是根据长期积累的经验而作出的。这在生理学、心理学中可被解释为整个有机体根据长期积累的经验对符号作出的反应。在传播学中，以共同经验域这一术语来解释传播的实现机制。要使传播得以实现，传播者和受众必须对传播中所使用的符号的理解有一定的共同之处。两者理解的共同之处越多，共同经验也就越多，传播也就更加顺畅。

典型的声音具有这样的特点：人们在一定范围内对它的含义的理解比较一致。以典型声音作为符号的信息，从发送讯息者到受众，对信息含义的理解的偏差会比较小。比如，如果在广播广告中出现鸟鸣声，大多数听众都能辨别出来，并且大部分人会由鸟鸣声联想到清新的环境或森林与树木。鸟鸣声在广播广告中就是一种典型声音。人与人之间的对话中，也可以使用一些典型语言，使它们在广告中充当典型声音。对于广播广告的听众来说，典型声音(典型语言)会唤起他们头脑中的记忆，回忆起类似的经历，从而形成与传播者之间的共同经验域，使传播得以顺畅实现。

2. 人声的运用技巧

人声是广播广告中最常用的元素之一。人声主要通过文字语言传达信息，但是除此之外，声音的音色、音高、节奏与力度等特征，也包含着大量信息。声音的各种特点，被称为声音的表情特征。

广播广告文案创作者在写作广播广告文案时，应将声音的表情特征作为重要的考虑内容。说话的节奏、力度、音色等表情特征通常能够在一定程度上反映人的性格和心理状态。即使是相同的话语，由于声音的表情特征不同，也将赋予信息不同的情感色彩与含义，从而产生不同的效果。比如，在广播广告中听到浑厚的男中音，听者可能产生沉稳可信的印象，而粗重仓促的话语可能会使听者以为广告中的人物心情急切。对广告播音的研究表明，在能够被听清楚的前提下，节奏比较快的人声容易引人注意并可能使听者觉得说话人很自信。

广播广告的文案创作者在构思广播广告中的对话时，最好能够让具有不同音色的人进行对话，因为对人声的识别主要依靠音色。音色的差别越大、越特殊，声音的识别性就越强，而听者对声音的识别就越容易。音色具有较强的表现力，不同的音色给人的心理感受也不同。比如，明亮的女声可以让听者感到青春的活力，而浑厚的男声则给人以深沉感。广播广告文案创作者可以根据产品的特征、定位以及广告创意的需要进行音色的设计和组合，从而使广播广告能够被听众更好地理解。

3. *声音与声音的含义*

声音可以被赋予“含义”。人声是广播广告中运用最多的声音。因此，如何为人声赋予特定的含义，是广播广告文案创作者应该深入研究的重要问题。

由于声音是一种符号，因此它包含了符号形式与符号内容。同一符号，由于产生的意义层次不同，会被理解为不同的符号内容。低一层级的含义被称为“指示义”，高一层级的含义被称为“内涵义”。在符号学中，分别被称为符号的“能指”与“所指”。

想要对符号有较深的了解，广播广告文案创作者可以涉猎一下符号学分析法。符号学分析法是用来检视文本素材的一种方法，它源自于语言学和文学文化分析，被社会科学研究所借鉴。具体而言，符号学起源于对符号的讨论，或者更精确地说，是对一个众多符号构成系统的讨论。瑞士语言学家索绪尔(Ferdinand De Saussure)对语言系统的内部结构特别感兴趣，在描述他所称的“符号的科学”时，他使用了“semiology”一词。最初的符号学家们集中研究某一信息或沟通系统内部各部分之间的关系。因为，他们认为，只有通过各组成部分之间的相互作用，意义才得以产生。索绪尔认为：“语言符号连接的不是事物的名称，而是概念和音响形象”，他把概念和音响形象的结合叫做符号。他用“能指”和“所指”分别表示符号的概念和音响形象，认为“能指”和“所指”之间的关系是符号的“意指”作用。后来，符号学又扩展了索绪尔的理论，应用于分析非语言符号系统。符号学认为，当某一事物可以代表和替代另一事物时，这就具有符号功能，而承担这种功能的事物也就是符号。法国学者罗兰·巴特(Roland Barthes)是从这种观点出发对广告进行研究的早期研究者之一。

对于广告文案创作者而言，应认识到一个符号(sign)可以是一个相当简单的事物——物体、词或者图画，它们对于一个人或一群人来说可以具有一种特殊的意义。而对于广播广告的文案创作者而言，尤其要理解一个符号在一个意义系统中可被分离为两部分：能指(signifier)和所指(signified)。在广播广告中，能指通过声音得到直接体现，它在符号内容的低层级，是意义的物质载体；而所指则是物质载体实际的意义。能指是意义具体的一面，所指是抽象的一面。虽然为了分析的方便，符号可被分离为能指和所指两部分，但在实际使用中，这两部分是不可分离的。

同一符号可以因人们的认识和理解而产生不同的概念和意义。人们主观认识和理解的概念同客观世界的事物是有区别的。符号一般可分为语言符号和非语言符号。能指在语言符号中表示符号的音响形象(单词的语音要素)，而在非语言符号中则表示通过感官所感知的媒体物，是带有物质性的，如物体、图像、气味等。能指一般可理解为符号的形式。在广播广告中，能指是通过具体的声音来传达的。所指表示语言符号和非语言符号所表述的概念，即符号的意义，一般可理解为符号内容。

符号的能指和所指之间的关系是任意的，它们之间没有天然的联系。或者说，在表述同一所指时，可以有不同的符号形式。但是，按规则形成的符号系统有一定的稳定性和固定性。规则(convention)是一个符号与其意义之间的文化约定。各种符号系统有严密的规则，符号学称之为“代码”。代码(code)是一种公认的转化，或者说是一套明确的法则，借此信息从一种表现转化为另一种表现。一般而言，语言符号系统的代码最为完整、严密，它包括词汇和语法两部分规则。代码具有很强的约束力，超越代码约束力通常要依赖于“语境”或“情境”。罗兰·巴特在研究中举了玫瑰的例子。在西方文化背景中，玫瑰的意义和爱情联在一起。在分析时，有三个要素：能指——玫瑰；所指——爱情；符号——玫瑰和爱情的统一体。符号学分析最重要的一点是区分能指和符号：它们表面上是同样的，但它们并不是同一的。在玫瑰的例子中，没有什么固有的东西要把玫瑰仅仅和爱情联系在一起。在不同的文化系统或意义系统中，玫瑰可能具有不同的意义，或者说玫瑰可以是完全不同的符号。作为能指而没有所指的玫瑰是无意义的，作为符号的玫瑰才具有意义。在广告中，信息的创造者试图把受众熟悉或不熟悉的能指转化为有意义的符号，并希望这些符号能够促成受众满意的反应。

在广播广告中，人的话语是通过人声所表达的语言符号，而听者由此所产生的联想可能进一步生成非语言符号。不论是语言符号还是非语言符号，都可以产生概念，也就是说产生符号的意义，或者说是符号的内容。因此，在广播广告中，声音生成含义的机制非常复杂，是多重的含义生成机制。比如，“玫瑰”一词如果出现在广播广告中，可以使听者头脑中产生“玫瑰”这一词语概念(语言符号)，并产生形象的联想——玫瑰花(非语言符号，也是“玫瑰”这一符号的所指)，在特定的文化背景与广告背景中，听众可能进一步会由“玫瑰”一词的概念与“玫瑰花”的形象联想到“爱情”(符号的意义和内容，即“玫瑰”这一符号与“玫瑰花”这一符号的所指)。因此，在广播广告中，人的话语所能产生的符号内容是非常丰富的，这就使广播广告具有非常大的表现空间。美国BBDO广告公司创意执行部主任菲尔·杜森伯里曾这样夸奖广播语言的非凡表现力：“广播里最吸引人的东西，让撰稿人最有兴趣前来加盟的东西——就是语言。充满力量、打动人心、获取信任，用的都是语言……还有什么比广播更能善待语言呢？还有什么能像广播这样爱抚、亲近语言，把各种各样美妙的声音带给消费者的呢？”[1] 但如果运用声音的技巧不够纯熟，也可能使不同的听众对声音产生不同的理解，将声音符号解释为不同的意义。因此，声音的特征，使广播广告成了一把双刃剑，善于运用者可以使它发挥非常好的广告作用，不善运用者则可能无法利用它实现预想的广告效果。

三、广播广告中声音的要素

人声(主要是文字语言)、音响、音乐是构成广播广告声音的三大要素。

1. 人声

在广播广告中，人声是最主要的要素。其中，最主要的又是通过有声方式进行传播的文字语言。

语言是人类最重要的沟通工具，它是以语音为物质外壳、以词汇为“建筑材料”、以语法为结构规则的完整体系。语言包括口头形式与书面形式。广播广告中的语言，特指有声语言或听觉语言，即语言的口头形式，当然它们主要都是文字语言。广播广告文案创作者先进行文字语言(书面形式)的创作，然后经由声音演出者(如播音员、配音员等)将文字语言转换为有声语言，通过广播

1 〔美〕汤姆·范德莱：《广播广告》，王丽君、赵德全编译，内蒙古人民出版社2002年版。

广告的播出，诉之于人的听觉。广播广告的听众通过听觉器官感知人声，并通过声音语言来接收广播广告的信息。因此，广播广告文案创作者在写作广播文稿时，事先应该对语言有充分的考虑，要通过文字语言清晰表达想要传播的信息，并且要考虑在文字语言转换为声音语言之后，是否会使所传播的信息变得模糊不清。

2. 音响

广播广告中的音响是指除语言、音乐之外的各种声响。广播广告的常用音响要素有三类：一是背景声音音响，比如风声、雨声、街道上的喧哗声等。二是人物声响，是指人在活动过程中发出的声响，比如脚步声、掌声等。三是机械器具的声响，这可以是广告中产品在操作过程中发出的声响，也可以是其他器具发出的声响。

在广播广告中，各种音响的作用不可低估。各种音响可以在广播广告中营造出某种特殊的环境气氛，可以传达产品的特性，可以表现人物和产品的状态。当听众听到各种音响时，可以根据他们自身的经验作出判断，并进行联想，从而使广播广告的声音传播在头脑中生成形象。由于音响可以有效帮助听众产生联想，因此，它可以有效增强广播广告中情境的真实感，有利于广告效果的实现。

案例解析

斯坦·费雷伯格为美国广播广告局创作的一则广播广告成为巧妙运用音响效果的一个经典案例。

该广告的主要文案：

男子：广播？我为什么要在广播上做广告，没有图像，什么都看不到。

费雷伯格：听着，在电视上做不到的事情在广播里却有可能做到。

男子：有这么回事吗？

费雷伯格：好吧，看看这个。(清嗓子)朋友们，我先提示一下，有一座高700英尺、用掼奶油堆成的山，现在，我要让这座山滚滚流入已被抽干了水、灌满巧克力热饮的密执安湖，再请加拿大皇家空军的战斗机从湖面上飞过，机上装着10吨糖汁樱桃，在2500名临时演员的欢呼声中，樱桃被投进了掼奶油。好啦，现在是掼奶油山的提示音！

音响：巨大的隆隆声，接着是阵势很大的渐泼声。

费雷伯格：空军的提示音！

音响：飞机的嗡嗡声。

费雷伯格：糖汁樱桃的提示声！

音响：长的啸叫声和低沉的溅泼声。

费雷伯格：下面是2500名临时演员发出的欢呼声。

音响：人群发出巨大的喧嚣声。

费雷伯格：好啦，现在，你想在电视上试一试这个效果吗？

男子：咽……

费雷伯格：你看，广播真是个独特的媒体。它可以使人的想象力得以延伸。

男子：难道电视就不能延伸人的想象力吗？

费雷伯格：能，但只是 21 英寸，情况就是这样。[1]

3. 音乐

在广播广告中，音乐既可以作为广告文案的主体，也可以用来作为广告的背景音乐。当音乐作为广播广告主体文案的时候，它主要用来传达产品或服务的特征，或者以情感诉求的方式感动听众，使潜在消费者与产品或服务建立情感纽带。好的广告音乐甚至可能被听众广泛传唱，成为流行文化的一部分。

不论是作为广播广告主体文案的音乐，还是作为背景声响的音乐，只要有优美的旋律或引人共鸣的歌词，都可以成为与潜在消费者进行有效沟通的工具。广播广告文案创作者可以选择已经流行的音乐作为广告中的音乐，也可以自己写作歌词请音乐家谱曲制作，或请专业的音乐创作者根据广告主题的要求进行专门创作。优秀的音乐作品与广播广告的其他元素相结合，可以使广播广告产生巨大的艺术魅力，有效提高广播广告的吸引力，并可有效防止听者对广告记忆的衰退。

四、广播广告的时间长度与文稿写作

1. 广播广告的时间长度

广播广告的时间长度有多种，常用的广播广告长度有 10 秒、15 秒、20 秒、30 秒、60 秒等几种。具体选择何种长度的广播广告，主要受两个因素的影响：一是广告战略的需要；二是广播电台所提供的广告时间段和具体的广告时间长度。广播广告文案创作者通常根据已经选定的时间长度进行文案创作。但是，当广告主与广播电台合办广播节目时，广播广告时间长度的确定就可能有较大的自由度。

2. 广播广告中文稿时间的计划

作为广播广告文案的写作者，一旦广播广告的时间长度已经确定，则必须精心考虑广播文稿的长短。因为时间是有限的，文稿的长度必须适应广播播出的需要。下面是一些广播广告文稿时间的控制技巧：

在通常情况下，职业的播音员大声读广告文稿作品时，比未经专业训练的人读得要慢得多。这一点常常被没有经验的广播广告文稿写作者所忽视。通常情况下，除非是具体创意的需要，否则广播广告文稿写作者千万不要为广播广告写太长的文案。

播出广播广告文稿的播音员需要一定的时间去表现广告中人物的性格与情绪，因此，根据创意的需要，会加快或放慢语速来强调卖点。广播广告文稿创作者应该在文稿写作时就把这种因素考虑在内。如果有可能，在创作文稿的过程中，文稿写作者可以与选定的播音员进行探讨，以更好地控制文稿的播出时间。

在通常情况下，创作一个 60 秒的广播广告，文稿的写作者最好不要使需诵读的文案超过 50 秒，30 秒广播广告的文稿则最好不要使朗读时间超过 25 秒。如果，在广播广告中还要使用音乐，则在 60 秒的广播广告中，需朗读的文稿通常情况下不要超过 45 秒，在 30 秒的广播广告中，需朗读的文稿通常情况下不要超过 22 秒。

此外，如果根据创意的需要，广播广告中必须要出现一些音响，则广播广告中也要为音响声留出时间，并考虑在音响与其他声音之间，是否还需要一定的间隔时间。

---

1 〔美〕汤姆·范德莱：《广播广告》，王丽君、赵德全编译，第 195–196 页。

3. 广播广告的文稿结构

广播广告是通过听觉媒体来传递信息的，声音是稍纵即逝的。广播媒体不像印刷媒体，可以在发布广告时以静态的、可见的形式表现广告的文稿。因此，广播广告从文稿结构角度来说，没有明显的大标题、副标题，广播广告的文字语言通常只可区分出正文和结尾。在广播广告中，文字语言之外，还包括音响与音乐，它们也是广义的广告文案的一部分。

根据广播广告各种元素的组合情况，广播广告可以分为两大类：

一是单一式文稿结构。这类广播广告的文稿结构只有可以转化为声音语言的文字文稿部分。这种广播广告在发布时，通常由播音员从头至尾播出广告文稿。即使是单一式文稿结构的广播广告，也可以在播出时通过播音员的创造性工作产生丰富的表现力。首先，播音员可以是一位，也可以是两位或者几位。其次，播音员可以是男性，也可以是女性。最后，可以根据创意的需要，选择不同年龄的声音演出者。

二是混合式文稿结构。在这种广播广告文稿中，混合了人声、音响、音乐等元素。这种广播广告的制作程序比较复杂，人声和各种音响要进行多次录音，最后进行合成。混合式文稿结构又可分为三种类型：一种是人声与音响的混合，一种是人声与音乐的混合，还有一种是人声、音响与音乐这三种元素的混合。

4. 广播广告文稿的写作技巧

广播广告主要依靠声音来传递信息，一般情况下，人声作为广播广告中最重要的文稿元素，担负着大部分的信息传递任务。因此，广播广告文字语言的写作显得非常重要。如何增强广播广告文稿的表现力与信息传达效果，是广播广告文案创作者不可回避的问题。广播广告文稿写作中常用的技巧有多种，常见的包括：押韵、对仗、反复、设问、配乐、设计音响效果等。其中，押韵、对仗、反复、设问等语言方面的写作技巧也可以运用于印刷广告、电视广告、户外广告等其他类型的广告文稿的写作中。本书对这些语言方面的写作技巧将在后面的章节中专门讨论，在此不赘。配乐、设计音响等创作技巧在电视广告的文案创作中也会用到，但是，它们在广播广告文案中的作用与在电视广告中略有不同。因为，在电视广告中，音响与音乐主要配合视觉画面来进行创作，而在广播广告中，音响与音乐的创作技巧则重在如何引发听众联想方面发挥作用。

第三节　几种基本类型的广播广告文案创作

广播广告按区域类型来分类，主要包括全国性电台广告、区域性电台广告与地方性电台广告三种。如果按广播广告发布的方式来分类，主要包括普通的插播广告、赞助广告、特约广告等几种。不论是按区域类型分，还是按发布的方式分，广播广告的基本类型都与广播广告的购买形式有关。在本节中，我们主要从广播广告的区域类型和发布方式两个视角来了解不同类型的广播广告文案的创作须知。

一、广播广告的不同区域类型与创作须知

购买广播广告的发布时间和购买电视广告的发布时间相类似。广告主既可以购买全国性电台的广播时间段，也可以购买地区性电台或地方性电台的广告时间段。

1. 全国性电台广告与文案创作须知

在我国,全国性的广播电台是中央人民广播电台。中央人民广播电台在中国影响巨大,有很高的权威性。在中央人民广播电台做广告,可以对全国性的电视广告或印刷广告起到很好的辅助作用。利用全国性电台发布广告,在文案创作中要突出产品的品牌,广告文案的主要任务是品牌提醒并塑造品牌的良好形象。在文案创作时,应注意使用不同地区都能理解的语言,要使不同文化区域的人们都能理解广播广告文案的含义。在全国性电台播出的广播广告中,使用方言是不合适的。这种做法,不仅使广告主的大量广告费被浪费,而且可能引起不同方言区的人们的反感。中国是个多民族、多方言的国家,广播广告文案创作者要对这一问题加以特别重视。有些时候,尽管方言能够产生某种幽默效果,但是在广播广告中并不适用。因为,广播广告毕竟承担着促销产品与服务的任务。即使是公益性的广播广告,也承担着传递某种观念的任务,这与舞台演出不同,冒得罪听众之风险使用方言来做广告并不明智。

2. 区域性或广播网广播广告与文案创作须知

区域性电台或广播网的听众都可能因为地区不同而有不同的文化。我国没有真正意义上的商业广播网。在美国,广告主可以购买全国性广播网的广告时间。美国有数家全国性广播网,还有一百多个地区性的广播网,使用广播网可以实现全国或地区性的广告覆盖。

对于区域性广播广告,广播广告文案创作者要重点研究不同区域的文化差别,对于某个特定区域文化和消费者特征要进行深入研究。创作区域性广播广告与创作全国性广播广告在创作思路上,有很大的区别。全国性广播广告注重文化的共通性与文案的普世性,而区域性广播广告则既可以采用普世性文案,也可以采用具有地区针对性的广告文案。

3. 地方性广播广告与文案创作须知

全国性广告主当然可以在多个市场购买地方性电台的广播时间段来发布广播广告。全国性广告主选择地方性广播电台发布广告时,其广播广告同样既可以采用普世性文案,也可以采用具有地方针对性的广告文案,因此在广告文案创作上具有很大的灵活性。

但是,本地广告主一直是地方广播电台最主要的广告用户。汽车销售商、各种商品的零售商、餐馆和金融机构通常都是本地电台的最大客户。

不论是全国性广告主的地方性广播广告,还是本地广告主的地方性广播广告,只要是地方性播出的广告,在文案创作时都要考虑到当地消费者的特征。地方性广播广告的文案语言要能被当地的潜在消费者所理解,广告文案要强调促销作用,常常可以运用鼓动性的语言鼓励听众作出购买行动。地方性广播广告中,通常都应带有地方性广告主的地址与联系方式。播音员在播出这些信息时一定要清晰可辨。广告文案创作者一定要在广告文稿中为地方性广告主的地址与联系方式留出充裕的时间,不能让播音员在录制或播出广告的时候靠提高语速来挤出时间。用临时挤出的时间播出广告主的地址与联系方式等信息,将严重损害广告信息的接收效果。

二、广播广告的不同发布方式与创作须知

从发布方式看,广播广告的类型大致可以分为普通插播型广告和节目赞助型广告两类。

1. 普通插播型广播广告

普通插播型广播广告在两个节目之间播出或在某个节目中间插播。普通插播型广播广告的具体插播时间,是广告主根据自己的需要,在广播台广告刊例公布的时间段中做出选择的。广告

主根据广告时间段的资源购买自己想要的时间段，对广播电台没有额外的要求。

广告文案创作者在进行普通插播型广播广告的文案创作时，应仔细研究插播广告前后的节目或插播广告所在节目的内容与风格，并了解这些节目听众的喜好，结合节目的内容与语言特色，创作听众喜欢收听的广告。这种创作方法，可以有效避免听众一听到广告开始便换台或注意力分散。

2. 节目赞助型广播广告

节目赞助型广播广告是由广告主出钱或出物赞助广播电台的某个节目，在该节目中或前后插播企业的广告。如果广告主与广播电台联合策划节目，节目赞助型广告的具体形式就可能多种多样，广告的信息可能以非常灵活的形式融入节目，与节目浑然一体。

节目赞助型广播广告的文案，可以根据节目和听众的关系来进行策划。广告可以结合节目的内容与特色，根据听众的兴趣爱好，提供听众感兴趣的信息。通常节目赞助型广播广告可以较长一些，因为这些信息可能是听众所喜爱的，或者是与听众关系密切的。

案例解析

雀巢咖啡曾长期赞助北京音乐台的音乐节目，创造了一个为许多听众所喜爱的"雀巢咖啡音乐时间"。这是一个以流行音乐为主的节目。该节目在播出时，每播放一些歌曲后，就会播出一段雀巢咖啡的广告。

该广告的主要文案：门铃叮叮地响，张张熟悉的笑脸带来满室的温馨，来一杯香浓的雀巢咖啡，好吗？随后，广告歌曲响起。广告歌词为：从什么时候，我们开始享受这份金曲，在这温馨世界里，陪伴我们的是雀巢咖啡。广告最后是广大消费者所熟悉的雀巢咖啡的广告口号：味道好极了！

"雀巢咖啡音乐时间"节目中的广告是典型的节目赞助型广告。在这一广告案例中，广告文案创作者巧妙地结合了节目内容，并用音乐来吸引本来就喜欢听音乐的听众。雀巢咖啡的广播广告，其广告内容因此与节目天衣无缝地融合在一起，达到了非常好的传播效果。

思考与练习

1. 广播媒体有哪些优点和局限性？
2. 在创作广播广告文案时，选择声音要注意哪些问题？
3. 从发布方式上看，常见的广播广告有哪两种基本类型？进行这两种类型的广播广告文案创作要注意哪些问题？
4. 在老师的指导下，选择一个产品，组成创作小组，每个创作小组分别为该产品创作一条广播广告文案并进行录制。录制完成的广播广告作业可以在课堂上播放。老师可以指导学生们就广播广告的创作技巧进行交流和讨论。

第七章

户外广告文案创作

第一节　户外媒体与户外广告特点

一、户外媒体与户外广告

（一）户外媒体与户外广告的界定

在广告界，户外媒体长期以来被视为报纸、杂志、电视、广播等四大传统媒体之外最重要的辅助性媒体。有人甚至将户外广告称为第五大广告媒体。户外媒体通常也叫做屋外(outdoor)媒体或OOH(out of home)媒体，通常指广告牌、广告塔等。

所谓户外广告，是指在一定时期内，**以众多的不特定的人为对象**，在户外的特定地方发布的广告。户外广告通常是非常有用的一种辅助广告形式。当然，在有些情况下，户外广告也可用作广告战役的主要广告形式。

案例解析

MINI车是一款设计精巧的微型车。它的车体虽然小，但是速度非常快。在一次名为"公路与交通"的测试比赛中，它的速度名列前茅。它的另一个特点是操作非常灵活，尤其是转弯时的敏捷令人吃惊。MINI车在传播策略上个性鲜明，以户外广告作为主要广告形式。此外，也在杂志、影院和互联网上发布一些辅助性广告。MINI车采取这种广告策略，是因为它的目标消费群并非一般的大众，而是一些富有个性、特立独行的人。MINI车的广告追求的是受众的质量而不是数量。它宁愿在一个小范围内做深做透，也绝不盲目地散布信息。在其中一则户外广告(图片7–1(A))中，一辆大型轿车载着一辆MINI车行驶于城市中。在大型轿车的车体上，写着这样的广告语："这个周末你做点什么来取乐？"另一则广告(图片7–1(B))中，MINI车的广告牌出现在一个自助式售报

图片7–1(A)

图片7–1(B)

机旁边。广告牌中的MINI车看上去还没有那个自助式售报机大。该广告的广告语是:“使任何其他东西看上去都太大了一点。”MINI车的户外广告借助其他物体作为参照物,突出了自己精巧的车体。

户外广告看起来简单,但往往是最难处理的媒体。使户外广告如此难以创作的原因是:广告的受众把注意力集中在开车或行路上。以大型广告牌为例,当汽车以高速掠过广告牌时,如果广告真的引起了车中人的注意,它也只能持续两三秒钟。在如此短促的时间内通过平面广告传播一条有效的信息,对于广告创作者来说,实在是种巨大的挑战。

(二)户外媒体与户外广告的分类

户外广告媒体的分类一直以来没有统一的标准。从户外广告媒体是否固定这一特征来分类,可以分为固定式和活动式两类。常见的固定式户外媒体有公路旁的大型广告牌、大楼顶部或楼体上的大型广播牌或招牌、灯箱、电子翻板、LED电脑看板、电子显示屏等。常见的活动式户外媒体有飞艇、气球、可移动位置的模型、条幅等。

交通媒体是一种比较特殊的广告媒体,既可以将它作为户外媒体的一种,也可以单独将它作为一种广告媒体形式。在本书中,我们将交通广告归属于户外广告加以讨论,但考虑到它与一般的户外广告又有所区别,因此会在本章中用单独一节来对它进行专门的介绍。

二、户外广告的特点与如何发布

(一)户外广告的特点

与传统四大媒体相比,户外广告的主要特点表现在以下几个方面:

(1)户外广告具有非家户性,其广告对象主要是公共场所的流动人群。

(2)户外广告无法承载过多信息。户外广告主要发布于城市的商业区、交通要道的路旁,能够接触大量流动人群,个体受众接触广告的时间比较短,因此,户外广告无法承载过多过细的信息。

(3)户外广告效果主要在流动人群中累积产生,产生广告效果的时间比较长,因此不适合做主打媒体。

(4)户外广告一次性投入比较大,有效时间比较长。

(5)户外广告使经过和停留在它前面的人很难回避。

(6)户外广告的制作工艺根据具体载体的不同,有巨大差异。

吉劳蒂(Giraudy)户外广告公司为了推广自己的户外广告牌,曾邀请法国BDDP&FILS广告公司创作了一个系列广告(图片7-2)。该系列广告以夸张的超现实手法,反衬了户外广告相对于电视广告的独特优势。

系列广告之一的大标题: 你可以在你的电视机前沉沉入睡,广告牌前就不会这样了。

该广告的视觉焦点: 十多个人在大街上“睡”着了,呈现出一幅怪异景象。

系列广告之二的大标题: 尝试一下不去看一个广告牌。

该广告的视觉焦点: 一辆飞驰中的汽车的驾驶员用手蒙住自己的眼睛。

图片7-2(A)

图片 7-2(B)

图片 7-2(C)

系列广告之三的大标题：在广告牌面前，你不能“方便”，不像你看电视那样可以很容易“方便”。

该广告的视觉焦点：一个西装革履的人令人吃惊地在一棵大树背后脱下裤子“方便”。

（二）发布户外广告应注意的问题

根据户外媒体的特点，发布户外广告应该注意以下几个方面：

1. 选择合适的发布时机

由于户外广告具有非家户性，主要发布于城市的商业区、交通要道的路旁，主要接触的是流动人群，而且广告效果主要在流动人群中累积产生，产生广告效果的时间比较长，因此户外广告比较适合在新产品上市的时候进行投放。整体的投放策略可以采用漏斗式的投放方式。所谓漏斗式的投放方式，是指在投放初期，以最大力度投放，以在户外的特定地点形成规模化视觉效果，此后可以逐渐减少投放。

当然，在产品的成熟期也可以投放户外广告，通常采用点式的投放策略，主要投放于重要的地点，以起到品牌提醒之效果。

2. 选择合适的发布形式

户外广告的制作根据发布媒体的不同，制作工艺会有不同。有关户外的制作工艺，可以算是一门专门的学问。广告文案创作者在创作广告文案的时候，通常应对所使用的户外广告的具体形式与制作工艺有所了解，以确保能够借助制作工艺实现预期的广告效果。

第二节　户外广告的文案创作

一、户外广告文稿的长度

随着生活消费方式的改变，人们越来越在家庭之外度过更多的时光。人口流动加剧已经成了一个非常明显的趋势。人们日常的活动、接受服务、接受信息，越来越多地发生在家庭以外的环境。与这一趋势相适应，家庭以外的户外环境，也越来越多地汇聚着各类信息。这种趋势对于户外广告而言可谓喜忧相杂。户外广告不得不面对这样一个难题：如何在一个无比巨大而又庞杂的信息场中，使广告的信息能够被人们所接收并产生广告效果。

户外广告文稿的长度因此成了一个广告文案创作人必须关心的问题。户外广告创作有自身的规则。户外广告具有非家户性，其广告对象主要是公共场所的流动人群，个体受众接触广告的时间比较短。因此，创作户外广告力求醒目和简洁，有视觉冲击力。当然，不能缺少创意。

以户外广告牌为例，户外广告牌信息应该大得足以被人看见，而且应使用尽可能少的文字。有专家认为户外路牌广告最好不要超过九个字（指英文）。至于中文户外广告，语言也以简洁为好。我们认为，大型户外路牌广告的文字部分最好不要超过七个汉字。

案例解析

中国联通公司为CDMA做的一则户外广告，广告大标题为："联通新时空CDMA"。广告大标题简单明了，出现在巨大的户外看板上非常醒目。

二、户外广告的文字语言与视觉内容

在一般情况下，户外广告中的文字语言比较少，因此视觉内容在传播广告信息方面承担着很重的任务。大多数户外广告主要依靠创意独特的画面来吸引人们的眼光，文字内容则与画面配合，起到画龙点睛的解释作用。

户外广告的画面视觉效果与户外广告载体的材质和制作质量有关。大部分国际品牌对户外广告发布的最终效果非常看重，对于画面的效果要求很高。户外广告载体材质制作质量、灯光设计等都会影响到户外广告的最终视觉效果。户外广告文案创作者在进行文案创作时，应将广告载体可能出现的状况考虑在内，并尽量在预算和其他客观条件允许的情况下努力提高户外广告最终的视觉效果。

大型广告牌面积巨大，画面中所表现的形象超过正常的比例，这就使得广告画面能够产生巨大的视觉冲击力。通常情况下，在大型广告牌上，名人、异形的物体、人体局部大特写等画面更加容易吸引人们的眼光。在画面抓住人们眼光的基础上，户外广告的文字语言就能发挥出传达具体信息的优势。

案例解析

别克GL8陆尊的户外广告的创意点是一条正在大楼外墙上展开的"红地毯"，广告语是："尊贵为谁引路？"在该建筑的正面一个红色高台上陈列着一辆GL8陆尊，以与墙上的"红地毯"形成对比。该户外广告突出了GL8陆尊的尊贵与大气。

2005年，联合利华公司在美国推出了多芬日用系列广告。广告中的模特不是传统广告中常常出现的苗条美女或性感尤物，而是选用了18岁到40岁的业余模特。其中一则户外广告（图片7-3）中表现了六位不同种族的女人，她们有的高，有的矮，有的胖，有的瘦，穿着白色的内衣，露出自然而自信的微笑。该广告用极具冲击力的画面告诉人们，真实就是美，美就是健康。生动真实的人物形象在这则户外广告中，成为强大而有力的"文案"。

在大约同一时期耐克推出的一则户外广告（图片7-4）中，表现了一位女性粗壮的大腿，广告

图片 7-3

图片 7-4

图片 7-5

画面非常引人注意。而这一户外广告的广告标题为："I have THUNDOR THIGHS."（"我有一双粗腿。"）广告标题与画面彼此呼应，非常有力地传达了广告信息。

奥迪曾在上海延安路高架桥旁为推出一款新车发布了一个户外广告（图片 7-5）。该广告外形呈不规则状，依附于正在施工中的建筑物外侧而建。

该广告的大标题为：别看我，看路！

广告画面的视觉焦点：一双睁得圆圆的大眼睛。

奥迪的这一户外广告，充分利用了建筑物的自然外形，广告画面简洁，视觉焦点表现突出，广告语与画面以及周围环境相呼应，简单而幽默。可以说，这一户外广告的广告画面与文字语言充分发挥了户外广告的特点。

图片 7-6

2003 年 7 月，诺基亚在北京西单华威大厦整面玻璃幕墙上推出了主打诺基亚 3300 手机的超大型户外广告（图片 7-6）。该广告牌为内打灯式，面积 600 平方米，是当时北京最大的户外广告牌之一。北京西单华威大厦地处西单商业区的核心地带。在它的周边，有西单图书大厦、西单文化广场等重要商业、文化设施，不论白天与夜晚，这一地带总是熙熙攘攘，人流涌动。而且，北京西单华威大厦对面就是北京手机销量最大的西单科技广场，这使该广告牌不仅具有树立品牌形象的功能，更具有直接的促销功能。

该户外广告的视觉焦点之一：一个美丽的脸部神情混合着爱慕与惊喜的女郎

该户外广告的视觉焦点之二：诺基亚 3300 手机

由于巨大的画面、极佳的地理位置，以及符合户外广告特点的广告文案创作，诺基亚 3300 手机的该户外广告一发布，即引起市民与当地媒体的广泛关注，取得了非常好的广告效果。

第三节　交通广告

一、交通广告的种类与特点

交通媒体可分为交通工具与交通环境（或场所），交通工具广告与交通环境广告可以统称为交通广告。公共交通工具及其环境的一个典型的特征是它们的对象具有非家户性，因此也可归属于户外广告。

交通工具广告指利用火车、地铁、公交汽车、出租车、飞机、船舶等交通工具作为载体的广告。常见的交通工具广告形式有公共汽车车身广告、出租车顶部的灯箱或标牌广告等。交通工具广告中，最常见的是车体广告。所谓车体广告是指利用公交车、地铁、列车等车体作为广告载体的广告形式。利用车体做广告往往会根据每个国家的规定（甚至具体地方管理部门的规定）而有所不同。

利用与交通工具紧密相关的设备、器械、场所而发布的广告，叫做交通环境广告。常见的交通环境广告形式有地铁站台广告、候车亭广告等。

上文已经简单介绍过，交通广告大致可以分为交通工具广告与交通环境广告。但是，对于广告文案创作人员而言，这种分类显得有点粗疏。因为，随着现代交通工具与交通环境设施建设的不断发展，交通媒体的具体形式越来越多样，不同的交通媒体形式承载了越来越多样化的交通广告。各种不同形式的交通媒体有着不同的媒体特点，进而也使交通广告的形式精彩纷呈、特点多样。

具体而言，交通广告可以进一步细分为以下几种，由于具体载体各有特色，因此不同的交通广告形式也各有特点：

1. 交通工具外部广告，即在公共汽车车身、出租车车身及顶部、地铁车身等处所做的广告。这种广告也被称为车身广告。各种交通工具的车身广告由于接触个体的时间比较短，因此承载信息的能力有限。城市公共交通工具某些路线的主要接触人群是上班族，因此具体到每条线路，都可能接触一群相对稳定的流动人群。在这种情况下，交通工具外部的广告具有不断强化广告信息的作用，是品牌提醒的有力工具。

案例解析

三星打印机曾在公共汽车的车体上做了这样一条广告(图片 7–7)：一边车门上的画面是一位男士正撅着嘴，另一边车门上的画面是一个女孩的脸；当车门关上时，一边车门上的男士吻上了另一边车门上女孩。广告语为："要，就来真的！"广告一语双关，突出了三星打印机打印图片色彩逼真的特点。

图片 7–7

美国一家名叫"第 6"的汽车旅馆曾发布一则公共汽车车体广告(图片 7–8)，巧妙地利用了车窗。广告语是："困倦了？那就到下一个第 6 汽车旅馆去。"在每个车窗部位，出现的是形象各异的绵羊头像，有的戴着墨镜，有的戴着棒球帽，有的则在看报纸。这则车体广告创作得巧妙而富有情趣。

图片 7–8

Warburtons 食品公司在它的一则交通广告中(图片 7–9)则在整个车体上刷上了一个巨型面包的图案。当公交车行驶时，看上去宛如一个巨型面包在移动。

图片 7–9

图片 7-10

MARMITE汤料的一则广告(图片 7-10)做在伦敦街头的出租车车身上。广告文案创作者巧妙地将车体涂成两种颜色,一半为红色,一半为黄色。在红色的半边,广告语为:“百年的爱。”在黄色的半边,广告语为:“百年的恨。”该车身广告设计巧妙,广告语也应了中国的一句古话:萝卜白菜,各有所爱。

2. 交通工具内部广告,即在公共汽车、出租车、地铁等交通工具内部所做的广告。这种广告也被称为车厢广告。比如,公共汽车内部的小看板广告、拉手广告、地铁内部的小海报等,都属于交通工具内部广告。在交通工具内部,受众个体相对处于静止状态,因此交通工具内部的广告比交通工具外部的广告能够传达更多的具体信息。但是,交通工具运行的状态可能会严重影响广告信息传播的质量。当交通工具运行稳定时,广告信息的传播效果较好;而运行状态不稳定时,广告信息可能无法被人们有效接收。在交通工具运行状态极端糟糕的情况下,人们甚至无法清楚地看到交通工具内部广告中的文字。

案例解析

诺基亚 3100 是一款机身上有荧光材料的手机。广告创作者别出心裁地利用了公共汽车车内的空间,在驾驶座后部的挡板上、两层巴士车内楼梯台阶的侧面以及楼梯前方的横立面等多处做了车体内部广告 (图片 7-11)。驾驶座后部的挡板上的广告语为:“请不要和司机聊天”,“想聊天,拿起你的诺基亚 3100 上移动 QQ 吧!”两层巴士车内楼梯台阶的侧面之上,广告语为:“走到哪里,都能感觉诺基亚 3100 的耀眼!”两层巴士车内楼梯前方的横立面上,则有这样的广告文稿:“越黑的地方,越能显得诺基亚 3100 耀眼!”

图片 7-11(A)

图片 7-11(B)

图片 7-11(C)

3. 交通工具站点广告,即在交通工具的停靠站的整体环境中所做的广告。比如,地铁站内的灯箱、海报、看板,公共汽车站的灯箱,火车站内的电视墙,机场内的广告牌与灯箱等,都是交通工具站点广告。在交通工具站点,人们通常都处于等候交通工具的状态,因此,广告有相对多的传达广告信息的时间,能比交通工具外部广告承载更多的信息。对于交通工具站点的整体利用,可以形成具有巨大视觉冲击力的站点整体环境广告。

4. 交通工具沿途广告,即在交通工具行经的道路沿途所做的广告。这类交通广告是一种典型的户外广告,比如高速公路沿途的大型广告牌。该类广告的特点可以参见前文对户外广告一般性特点的介绍。

综观各种交通广告,主要有以下一些优点:固定空间内的交通广告暴露率比较高;公共交通工具上的广告对上班族来说,广告到达率比较高;利用城市公共交通工具做广告,可以及时发布一些促销信息;对于地方广告主而言,交通广告具有较好的地区可选择性;此外,交通广告相对于借助其他一些媒体发布的广告形式而言,成本比较低。交通广告的局限性主要有:城市交通工具的运行状态与环境质量良莠不齐,有时可能会对广告主的形象产生负面影响;在城市交通工具的具体路线上发布广告难以覆盖所有区域,对于被排斥于某些路线之外的潜在消费者而言,广告到达率比较低;交通工具广告存在着一定的浪费;受城市交通管理规定的限制,广告创意和文案创作有很大的局限性;此外,交通工具乘坐者的心理状态会影响广告的实际效果。

二、交通广告的文案创作

概而言之,交通广告的文案创作应该以简洁明了为主要创意思路。一般情况下,交通广告的文案要短小精悍,广告画面应醒目突出,同时,要注意与主打媒体发布的广告文案相呼应,符合整体广告战略的要求。

案例解析

浙江省经济发达,城市公共交通广告的受众具有较强的消费能力,因此,浙江一些主要城市的交通广告效果比较明显。下面是出现在浙江省省会杭州的几个交通广告案例。

中华乌鸡精于1997年进入杭州市场,1998年利用车体广告配合报纸、POP广告形式进行推广。由于广告效果良好,1999年包下杭州28路公交全部车体做专线广告车广告,进一步扩大了广告效果。

肯德基在杭州利用公交车体推出广告,车体上打出醒目的广告语:"美味多,选择更多","烹鸡美味,尽在肯德基"。该广告的广告注目度很高,广告效果不俗。

2001年9月,《浙江青年报》改名为《青年时报》,也利用了车体广告,主打"牛奶面包,青年时报"的广告语,获得了较好的广告效果。

2001年,斯达舒胶囊在杭州车体投放量达80多万元。通过近20台车体,在重点区域的暴露频次甚至达每20分钟出现一次。"在发布后的3个月内广告的到达率达60%",广告主的产品2001年在杭州市场的销量得到大幅度增长,"车体广告功不可没"[1]。

交通广告的文案创作思路有一定的共性。但是,交通广告多种多样,不同的交通广告,文案创作技巧也有所不同。下面,我们根据上文对交通工具广告的具体分类,分别介绍每种具体形式的交通广告的文案创作要点。

1. 交通工具外部广告。在创作这种车身广告时,广告文案应该以品牌、广告口号或产品外观为主。富有创意的视觉形象也可产生巨大的吸引力。交通工具外部的广告文案创作常常利用车门、车窗与车体其他部分的相对位置及运动状态来创造戏剧性的效果。过多的信息出现在车身上,难以被受众有效接触,反而会削弱广告的整体效果。

---

1 参见吴迪:《杭州公交广告公司:培养优势》,《现代广告》2003年4月。

案例解析

SMINT迷你薄荷糖的车体广告(图片7–12)画面创意新颖,巧妙地突出了产品的诉求点。广告文案创作者利用大巴的车门,构思了一个有趣而机智的画面:当车门关上之时,两扇车门上的一男一女正好可以“吻到”对方。广告文案创作者通过这一创意,以幽默的方式告诉消费者:这就是味道超爽的SMINT迷你薄荷糖的威力呀!

图片7–12

王冠食品(CROWN)的一则户外广告(图片7–13)也在大巴车门上作“文章”。在车体上有一个男人张着嘴的脸部特写,而在车门上的画面中,则有一只手拿着一块糕点。当车门向一侧打开时,那只手中的糕点看上去正好“送入”车体上那个男人的嘴里。

该广告的广告语:尝一口!

广告的视觉焦点:随着车门打开而“送入”男人嘴中的糕点。

2. 交通工具内部广告。此类广告非常适合地方性广告主发布促销性广告、新产品上市广告。房地产、家用电器、家庭用经济型轿车、旅游服务等产品比较适合在交通工具内部发布广告。广告文案可以写得比较具体,风格方面应该以语言轻松、贴近生活为主。

图片7–13

3. 交通工具站点广告。很多人在等候地铁、公共汽车时,都会表现出一定程度的不耐烦。因此,这类广告文案的创作需要高度的技巧,应以克服潜在受众可能出现的烦躁心理为主。其广告文案应该尽量显得简洁、清爽、具有可欣赏性。广告文稿要短小精悍,并且最好读起来有音韵感。这样的文字,受众阅读时会获得一种美学享受,可以有效消除等候交通工具时可能出现的烦躁心理。

4. 交通工具沿途广告。在创作这类广告时,有严格的文案创作规则。这类广告的文字一定要简短,语意清楚易于理解,通常情况下只出现品牌和广告语;广告的画面部分要醒目,可以用色彩来吸引目光,也可以用奇妙的创意创造出具有视觉冲击力的画面。

思考与练习

1. 户外广告的特点有哪些？

2. 创作户外广告文案通常应注意哪些问题？

3. 交通广告大概可分为哪几类？各种交通广告的主要特点是什么？

第八章

互联网广告文案创作

第一节　互联网媒体与互联网广告特点

互联网兴起的时间不长，却毫无疑问是热门的广告媒体之一。互联网的成长速度异常惊人，对人们的生活产生了深刻而深远的影响。

一、互联网的定义

互联网是指通过一系列相互连接的计算机在全世界范围内实现信息交换与传播的一种传播与沟通工具。

互联网可以为全世界范围的用户提供异常丰富的服务。在互联网上，人们可以使用电子邮件、在BBS上进行讨论、利用BLOG发表信息并进行信息检索。广告主也可以在各类网站上发布广告。互联网强大的信息传播与沟通功能和它所提供的异常丰富的传播与沟通方式，使它成为广告主日益青睐的重要广告媒体。

在互联网中，功能最为强大的是万维网（World Wide Web，WWW），通常情况下也被称为Web网。在通常情况下，人们所说的互联网的含义其实与万维网的含义是一样的。对于广告主而言，最有价值的正是万维网。本书所讨论的互联网媒体与互联网广告，也以万维网广告为主。

二、互联网广告的特点

互联网广告与传统媒体中的广告形式相比，具有许多不同的特点。

（一）互联网广告的主要优点

1. 互联网广告兼具印刷广告和电波广告的特性。它与印刷媒体的类似之处是可以传播关于产品与服务的大量信息；与电视的类似之处是可以将画面、文字、声音、动作组合起来加以运用。我们可以认为，从整体上看，互联网广告是一种多媒体广告。

2. 互联网广告具有高度的交互性。互联网广告可以极大地提高广告对象的参与度。广告主网站的访问者有强烈的搜寻信息的动机，对广告主的产品或服务已经有一定的兴趣。对于有意访问者而言，商业公司或其他组织机构站点内的所有内容，都具有广告性质。

案例解析

在国际著名快餐企业汉堡王行将破产之际，奥美广告公司接受委托，为其主打产品“嫩脆鸡”策划了一项名为“随心所欲”的营销计划。该计划是使用少量预算的电视广告将潜在消费者吸引到汉堡王的网站。在网站上，访问者可以参加各种游戏。其中，最吸引人的一种游戏叫“测谎”。游戏是回答黑勋爵(《星球大战》的反派主角)提出的20个问题，往往问题还没有问完，他就可以猜出访问者的心里在想什么。该项计划使汉堡王的周销售额增长了3%。该网络营销计划的主创者说：“技术并不重要，关键是娱乐性、浏览者的参与度和具有时代个性的有趣元素，这些才是网络营销成功的关键。”[1]

3. 互联网广告适合用于目标营销。访问者在接触互联网媒体时，具有高度的主动性，因此，具体网站或网页的访问者是非常有价值的目标消费者。在了解目标消费者的各种特征的基础上，互联网广告的文案可以根据目标消费群的特点与需要进行创作。

案例解析

统一冰红茶与华纳唱片公司合办“闪亮之星”大学生歌手选拔赛，网易自2001年担当“闪亮之星”官方网站。2001年至2005年间，冰红茶在目标消费者中的影响力与美誉度大幅度上升。2005年，网上报名人数超过2万人。[2]可见，只要互联网广告内容符合目标消费者的心理需求，就可以有效俘获目标消费者。

4. 互联网广告可以非常及时地发布信息。因为在互联网上发布信息非常容易，所以可以利用互联网的这一特性，在网上发布有关产品与服务的最新信息。只有要良好的管理与维护，广告主便可以在自己的站点或其他网站发布及时信息。

5. 互联网广告可以作为一种直接反应广告加以使用。在互联网上，可以凭借网络广告直接促使消费者在网上实现订货购买。实际上，对于有意搜索某种具体产品或服务信息的人而言，站点或网页内的信息具有泛广告性。

案例解析

美国最大的内衣品牌之一“维多利亚的秘密”利用时尚网站为消费者提供网上体验。其网站整合了与消费者的每一个接触点，进行着具有高度统一性的品牌信息的传达。该网站设计得非常仔细，在线的商品目录与线下渠道完美结合，以前收到过邮寄目录的用户会对网站提供的产品目录非常熟悉。新用户同样可以非常快地找到所自己需要的商品。消费者点击“目录快速定购”选项，可以进入最近一个商品目录，之后可以像观看邮寄的商品目录一样浏览页面内的商品。顾客可以使用鼠标对产品进行选择、放大、设定型号与在线购买。该网站的网上销售特具魅力，极大满足了消费者日益个性化的需求，使上网者可以根据自己的需要体验商品。以比基尼为例，该网站提供了一百多个样式以及数量繁多的套件组合。消费者可以在网上选择尺码和颜色。该网站一直保持很高的访问量，已经成功销售了数以百万美元计的女性内衣、时装、美容用品和饰品。[3]

6. 互联网广告制作成本比较低。由于制作成本低，广告主可以根据需要，频繁地修改或替换广告，从而可以不断刺激广告对象，有效防止他们对广告的兴趣出现衰退。

7. 互联网广告借助搜索引擎技术可以被信息搜索者主动接触。搜索引擎技术发展飞速，极大地扩展了互联网的功能。有人甚至认为，搜索引擎技术与多媒体、互动性等特征一起，成为了互联网广告发展的三大驱动力。

---

1 该案例参见季风:《互联网:营销链条延长线》,《国际广告》2005年第11期,第100页。笔者对案例进行了整理。

2 同上。

3 该案例参见周环宇:《维多利亚的秘密 做一个真正的女人》,《国际广告》2005年第11期,第25–27页。笔者对案例进行了整理。

(二) 互联网广告的主要缺点

1. 互联网广告很难吸引对产品或服务无需要的人。对于网络访问者而言,他们在访问网络时具有高度的主动性;而就互联网广告本身,则被动性很明显。所以,互联网广告对注意力的吸引比平面广告和电波广告完成同样的任务要更加困难。互联网广告不像电视广告那样具有高度闯入性。电视只要一打开,电视广告就可能以绚丽的画面或优美的音乐冲击人们的视听感官。在高闯入性的电视广告面前,人们往往无力抵制闯入的信息。报纸广告的闯入性虽然比电视广告要弱,但是,大版面画面、吸引人的标题也常常容易吸引读者的注意力。互联网上信息庞杂,广告信息很难吸引对产品或服务没有需要的网络访问者的注意。而且,从上网者的心理角度分析,许多人都有明显回避广告的倾向,除非他们主动搜索这方面的广告信息。

2. 对于受众来说,接触网络广告需要成本。上网需要时间,而且需要付费(至少是网络使用费),因此,受众接触网络广告的时间成本和金钱成本都比较高。

3. 互联网广告的效果很难衡量。由于互联网是一种个人性很强的媒体,不同的人接触同一互联网广告的时间可能不同,因此,除直接反应的互联网广告之外,很多互联网广告的效果非常难以衡量。目前只能以点击数和网上反馈数作为衡量互联网广告效果最主要的方法。但是这种方法也存在一些问题,比如无法获得受众具体的数据,因此许多广告主都试图寻找更加准确的测量方法。对于广告文案创作者而言,如果无法获知更多的潜在受众的信息,他们也就很难创作出更加有效的广告文案。

4. 互联网上信息庞杂,互联网广告吸引注意的能力明显受到影响。互联网上充满着各种各样的信息,浏览者有不同的信息需求,但是很显然大多数人上网并不是奔着广告去的。在信息庞杂的互联网上,广告要吸引互联网的浏览者具有很大的难度。

5. 互联网广告可能由于网路拥挤而引起访问者的抱怨,从而不但无法实现预期的互动效果,而且有可能给企业造成公共关系方面的负面影响。

第二节　互联网广告文案创作

一、互联网广告创作的首要任务

互联网广告创作的首要任务是吸引注意力、增加点击率。与其他媒体形式相比,互联网广告的创作仍然离不开两个要点:(1) 本身有吸引力的讯息;(2) 有吸引人的设计。但是,由于互联网广告要在庞杂的信息中脱颖而出,因此在互联网广告的创作中,设计的重要性增强了。

与传统媒体相比较,互联网具有很高的技术含量。在互联网广告文案创作中,文案创作者如果能够掌握各种互联网技术,就可以使用这些技术为传播广告信息服务。在互联网广告中,不仅可以运用文字、图片、色彩,而且可以综合利用动画、人声、音乐、音效等各种创造性元素,在虚拟空间中创造出丰富多彩的广告内容。

案例解析

华硕笔记本电脑在雅虎网站首页做的一则广告,采用了 FLASH 技术,同时使用文字、图片、色彩等多种创意元素。广告文案逐屏展现,首先出现的是一个问句:“有香味的笔记本?”此后,文案为:“华硕 F6 首款香味笔记本,基于英特尔迅驰 2。四种颜色,四种香味。”广告还出现代言人韩寒的照片,配上一句文案:“韩寒选择黑色。”广告的几屏画面以 FLASH 形式循环播放,广告语以设问开头，对年轻人具有很大吸引力。

二、互联网广告的主要类型与文案创作

互联网是一个庞大的信息集散场，在这个巨大的信息集散场中，具体的广告形式也异常丰富。对于各种具体的互联网广告形式，本书无法一一穷尽。目前来看，互联网广告主要有以下一些形式：

1. 旗帜广告。这是互联网广告中最常见的一种广告形式。旗帜广告的规格尺寸有多种。通常情况下，旗帜广告的文案应该简洁明了，广告的色彩应该以能够与网页上其他信息明显区分开来为宜。

案例解析

雪花啤酒曾在新浪网上发布了一则旗帜广告，广告文稿只有一句广告口号："雪花啤酒，勇闯天涯。"画面则是一个登山者的剪影。广告文字部分与画面部分都简洁明了。这则旗帜广告中使用的文字语言与雪花啤酒的电视广告、杂志广告等其他主打广告中的广告口号是一致的，从而产生了相互呼应的整合传播效果。

诺基亚在雅虎网站首页发布了一个旗帜广告，广告面积很小，长度只有屏幕一半，高度大约两厘米。该广告主要展示了诺基亚 N70，广告文案为："现在一切完美融合，诺基亚 N70。"该广告的文稿同样具有简洁明了之特征。

2. 企业或其他类型组织机构的网站。企业或其他类型组织机构如政府、学校等的网站从整体上看，都可以被视为是一个大广告。当访问者进入站点后，他所接触的所有信息都具有广告性质。因此，从某种意义上说，企业或其他类型组织机构的网站是一个"广告"的集合场。

案例解析

现代汽车公司于 2008 年 7 月 30 日在自己的企业网站首页设置了一个插播流媒体广告。广告中主打产品是维拉克斯、新胜达两款车。广告使用了 FLASH 技术，主要的广告文案为："8 月 1—31 日，买维拉克斯即可赢得名牌笔记本电脑。买新胜达即可赢得时尚产品 iPod。"广告大标题为："赢得精彩。"广告大标题使用了四种色彩。该广告可以点击进入，访问者可以阅读到关于本次促销的更多信息。当然，该企业网站还包含了大量关于现代汽车公司其他方面的信息。这些信息对于访问者了解现代汽车公司及其产品，具有很大的帮助。

3. 网上插播广告。网上插播广告是指在访问者点击进入某一网站时，在打开网页的过程中，出现在该网页上的闯入式广告。这种广告具有很强的强迫性，通常需要访问者点击"关闭"或"取消"才会消失。

案例解析

2008 年北京奥运会期间，招商银行在新浪网首页做了插播流媒体广告，广告口号为："心手相连，红动中国。"该插播流媒体广告设有"关闭"键与"重播"键，可以让网络访问者自己决定是否再次观看该广告。

4. 搜索引擎广告。搜索引擎广告是互联网广告中发展最为快速的一种广告形式，它以搜索引擎作为与受众接触的工具，受众可以通过搜索获取自己想要的广告信息。

5. 电子邮件广告。这种广告形式是将广告信息以电子邮件的形式发送到收件人的信箱中，使收件人通过查阅邮件来与广告进行接触。由于垃圾邮件盛行，该广告形式的效果受到很大的影

响。不经收件人同意的电子邮件广告，往往无法达成良好的效果，甚至还会引起收件人的抵触与反感。

6. 网络论坛广告。网络论坛是互联网空间里的一个用户讨论组的集合体，在论坛中，通常都有比较集中的主题，论坛访问者可以接触到与主题相关的信息，可以发送新信息，也可以对他人的信息进行回复。对于广告主而言，可以通过论坛主题寻找潜在消费群。由于论坛参与者都对某些主题比较感兴趣，可能存在类似或共同的需求，因此，广告主可以在论坛中发布一些论坛参与者可能关心的广告信息。这种广告常常具有一定的隐蔽性，而且阅读率比较高。

互联网是一个复杂的、高速变化的媒体，广告文案创作者要为互联网创作广告，必须保持高度的敏锐性和开放性。正如有学者指出，互联网广告文案创作，应遵循这样的原则："为互联网创作广告，文案创作者必须将它视为一种互动媒介，为消费者创造出互动的机会。"[1]

思考与练习

1. 互联网广告的优点和缺点有哪些？
2. 互联网的发展速度日新月异。对互联网广告作一专门的跟踪研究，在此之基础上，谈一谈互联网广告文案创作的发展趋势。
3. 互联网广告的主要类型有哪些？

1 William Wells, John Burnett, and Sandra Moriarty, *Advertising Principle and Practice*, 7th ed., New Jersey: Pearson Edueation, 2006.

第九章

售点广告文案创作

第一节 售点广告

一、售点广告的定义

售点广告又叫 POP(Point of Purchase)广告，是指在消费者购买商品的地方(通常为零售店、超市、商场等地)张贴、悬挂或利用其他形式发布的广告。

产品销售点与服务提供点是广告主与消费者建立联系并进行沟通的重要场所。在这里，消费者同产品与服务进行接触，并接触大量关于产品与服务的信息；在这里，消费者作出最后的购买决策。因此，售点广告具有重要的信息沟通意义，对于促销产品与服务具有重要的贡献。

售点广告的主要功能是在有利的位置、恰当的时间发布，以吸引顾客、引导顾客了解具体的产品与服务，并刺激顾客的购买动机与购买欲望。

二、售点广告的主要形式

售点广告主要依据广告展示、陈列的时间、地点和方式进行创作与设计。根据售点广告展示、陈列的时间、地点和方式以及设计的材料等因素可以对售点广告进行分类。

1. 按照使用时间长短分类

售点广告是主要的辅助性广告，发布广告的时间要根据营销战略及集中性广告战役的整体战略来确定。通常情况下，售点广告具有较强的时间性与周期性。按照使用时间的长短，可以将售点广告分为长期使用的售点广告与短期使用的售点广告。

2. 按照产品生命周期分类

售点广告主要在产品售点与服务提供场所发布，因此必须符合产品生命周期的规律性。按照产品周期对售点广告进行分类，可以将售点广告分为产品导入期售点广告、产品成长期售点广告、产品成熟期售点广告与产品衰退期售点广告。

3. 按照制作材料分类

售点广告的制作材料种类非常多。在各种制作材料中，由于纸质制作成本比较低，所以纸质的售点广告最为普遍。由于现代制纸工艺的发展，纸的品种也日益丰富，因此单单是纸质售点广告也有很多种。除了纸质售点广告，还有塑料、纺织面料、皮质、木材、金属等各种材料的售点广告。具体使用何种材料来制作售点广告，主要视广告创意与广告预算而定。

图片 9-1

案例解析

尤里卡 (EUREKA)吸尘器在售点的广告展示台以纸为主要材料(图片 9-1)。用这种材料制作的展示台,适合于印刷文字与色彩,对于传递具体的产品信息非常有利。尤里卡吸尘器的广告展示台使用明快的红黄色以及黑白对比色,给人以时尚现代的感觉。展示台表面印刷了许多产品的特点,便于潜在消费者充分了解产品。

4. 按照陈列位置与陈列方式分类

售点广告是在产品售点与服务场所发布的，其形式受场所环境的影响与约束。一般情况下,根据陈列位置与服务场所,我们可以将售点广告分为柜台广告、橱窗广告、壁面广告、悬吊广告、地面立式广告、印刷册页式广告等。不论是哪种陈列方式,都可以在陈列中使用灯光等技术手段与环境特征来增强广告的效果。

案例解析

宝洁封面女郎(COVERGIRL)修复系列化妆品的柜台广告设计得简单精巧(图片 9-2)。该柜台广告看上去像是一本竖立着的杂志。一些样品陈列在这个“杂志”的底座上,以促使顾客动手试用。广告画面是一位妩媚女郎,产品品牌看上去仿佛就像杂志的名称。该广告虽然不大,却非常具有挑逗性,对于潜在消费者很有吸引力。

E.L.公司出品的眼影也通过精巧的柜台展示台来促使潜在消费者试用。在该柜台广告(图片 9-3)中,最为突出的画面是一只美丽的眼睛。在小小的展示台上,摆满了颜色典雅的眼影。柜台展示台的设计非常用心,它的颜色基调与眼影的颜色非常协调。几面小镜子更让潜在购买者感到商家的细致周到。

图片 9-2

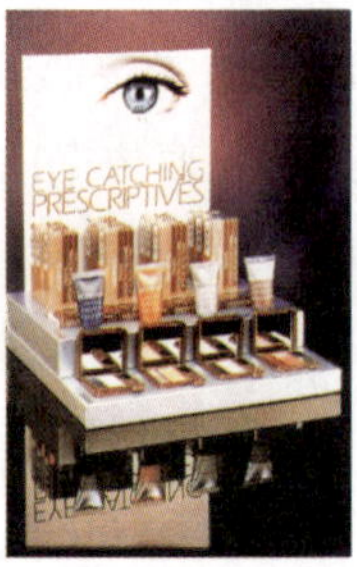

图片 9-3

邦迪牌的产品家族在超市中依靠悬吊广告吸引购物者的注意(图片 9-4)。悬吊广告以纸为材料,但是设计巧妙,使该悬吊广告既经济又醒目。该悬吊广告与产品堆头、产品陈列台广告相互呼应,成为超市内一道突出的售点广告风景。

玉兰油的一个地面立式展示台设计得朴素典雅(图片 9-5)。高挑的展示台与广告画面中身材窈窕的女郎巧妙呼应。展示台以粉色为基调，恰好也与广告画面中女郎的长裙颜色协调一致。一个不大的展示台,以巧妙的设计创造了售点的一道“梦幻之光”。

图片 9-4

图片 9-5

第二节　售点广告文案创作

一、售点广告文案创作与消费者心理

人们进入商店后所发生的购买行为，会受到店内各种信息的影响。“与其认为店内选择是随机的或非逻辑性的购买，不如将其视为消费者在店内获取了附加信息的结果，这样更有利于制定有效的营销策略。”[1] 在诸多营销工具之中，售点广告是在销售终端促进销售最重要的手段。优秀的售点广告能在售点吸引潜在消费者的注意，引发潜在消费者对电视广告或其他广告的回忆，并激发潜在消费者的购买欲望，从而直接刺激销售。

售点广告研究所(PPAI)将消费者的购买行为分为五类[2]：(1) 具体性计划购买。在进店之前已经决定了所要购买的具体产品与品牌，并且按计划进行了购买。(2) 一般性计划购买。在进店之前已经决定购买的某类产品，但没有决定具体品牌或品种。(3) 替代。由一般性计划购买或具体性计划购买转向买一种替代品。(4) 非计划购买。购物者在进店之前没有购买计划，但购买了该商品。(5) 店内决策。该类行为的比例相当于一般性计划购买、替代和非计划购买的总和。该研究所的研究显示：“大多数消费者是在进店之后才作出购买何种商品或品牌的决定的。”[3] 这一结论至少可以说明，店内决策是一种非常重要的购买决策方式。这一结论也为售点广告对于营销的价值提供了积极的证据。

但是，售点广告对购买决策的影响与人们作出购买决策之间究竟可以产生多少相关性，前者对后者的贡献究竟有多大，这个问题就如同“广告对销售的贡献究竟有多大”一样，非常难以回答。因为有太多的影响因素无法有效分离出来。也就是说，“如何才能使售点广告更加有效”这个问题的答案，并不能从“大多数消费者是在进店之后才作出购买何种商品或品牌的决定的”这样的结论中推断出来。

作为广告文案创作者，在创作售点广告时，要对消费者的心理有足够的了解。深入洞察消费者的心理，是创作有效售点广告的前提条件。

进行售点广告文案创作，首先，应该了解消费者决策过程的基本模型。消费者决策过程是消费行为研究的重要内容。在学术界，关于消费者决策过程的研究已经进行了很多。不同学者对消费者决策过程中的某些环节可能会有不同的看法。但是，对消费者购买决策的一般性过程，学术界的看法基本大同小异。本书在此提供一个典型的消费者决策过程的基本模型[4]（图 9–1）。这一基本模型显然受到学习理论和层级理论的影响。不过，这个模型为营销者和广告策划者提供了清晰的思路，对思考如何利用营销推广和广告来影响消费者的决策具有很大的参考意义。当然，它对广告文案创作者进行售点广告文案创作也具有很大的参考作用。

1　〔美〕德尔·I.霍金斯等：《消费者行为学》，符国群等译，机械工业出版社 2000 年版，第 350 页。
2　同上。
3　同上书，第 350 页。
4　〔美〕乔治·E.贝尔齐、麦克尔.A.贝尔齐：《广告与促销》，张红霞、李志宏主译，东北财经大学出版社 2000 年版，第 141 页。

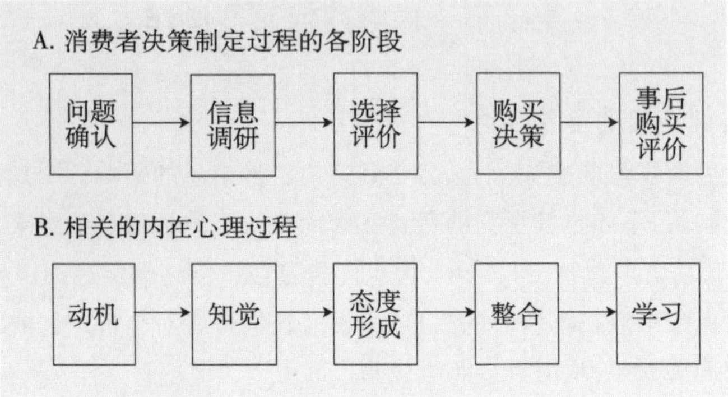

图 9-1　消费者决策过程的基本模型

根据该模型我们可以知道，对于那些在商场闲逛而没有任何购买动机的顾客来说，售点广告承担着大量任务，它需要影响顾客的问题确认、信息调研、评价选择和购买决策等阶段。对于曾经购买过该产品但目前没有任何购买动机的顾客，售点广告还需影响他们对产品的售后评价。实际上，在这种情况下，针对没有购买动机的闲逛的顾客，售点广告的效果并不好——尽管售点广告有可能对他们发生影响并刺激他们作出购买行动。如果一个顾客在来到售点的时候，事先已经有购买某类产品的动机，在决策过程中处于选择评价阶段，在心理上处于态度形成阶段，那么，售点广告就可能非常有效。

当然，消费者解决决策问题的方法也会影响消费者对产品和服务的需求。对于在决策过程中采取有限问题解决型的顾客，由于他们通常是从熟知的产品类别中选择产品，售点广告也比较有效。另外，对于购买决策是例行反应行为型的顾客，售点广告则主要通过提醒对顾客产生影响。因为，在采用这种决策方式的情况下，顾客通常已经熟知产品种类、品牌，顾客的购买决策易于受价格等其他营销措施的影响。在这种类型中，消费者的购买行为已经是一种习惯。售点广告针对这类顾客，可以将品牌、价格、促销措施作为重要信息。

因此，对于售点广告而言，与其试图在消费者决策过程的各个阶段去影响潜在消费者，还不如集中力量去影响具有一定购买动机、在决策过程中处于选择评价阶段的顾客；与其试图去影响各种类型的顾客，还不如集中力量去影响购买决策是有限问题解决型和例行反应行为型的顾客。

另外，售点广告对于有冲动购买心理的潜在消费者特别有效。冲动购买包括四种类型[1]：(1) 纯冲动购买。这种购买主要出于纯粹的好奇心或消遣。(2) 提醒性冲动购买。这种购买是因为消费者在过去有一定的商品知识和使用经验，在商店里看到商品时，回忆起自己该商品已经用完。在这种情况下，售点广告通过提醒作用促使人们作出购买行动。(3) 诱导性冲动购买。购买者事先对于所购商品没有任何了解，在看到商品时当场考虑其必要性。这种冲动购买对商品的质量和价值有一定的评价，与纯冲动购买有所区别。(4) 有计划的冲动购买。这种情况是消费者事先没有该商品的购买计划，但是在售点的减价、赠送礼品等活动的刺激下作出购买行动。针对有冲动购买心理的潜在消费者，广告文案创作者可以有针对性地在售点广告文案创作中安排一些相关的刺激因素。

1　参见〔日〕仁科贞文：《广告心理》，李兆田等译，中国友谊出版公司 1991 年版，第 48–49 页。

二、顾客到售点的距离与售点广告文案创作

根据顾客到售点的不同距离，我们可以确定售点广告在不同情况下的形式与主要任务。

（一）店前与入口处

在商店的店前与入口处，售点广告最重要的目标是引起顾客的注意。在店前与入口这种环境中，售点广告可以采用挂旗、横幅、灯箱、橱窗、地面立式充气模型、立板式身像为主。广告内容应以品牌名称、突出的广告口号、重要的促销活动名称为主。一般情况下，没有必要提供非常细节的信息。过于细致的信息不仅不可能吸引顾客的注意，还有可能使仔细观看信息的顾客打消进一步接触产品的念头。店前与入口处的售点广告的文案要具有一定的鼓动性，语言要热情、有力量，重要的促销活动名称要突出明确。

（二）店内

在店内，售点广告的主要任务是引起注意、引发兴趣，并在一定程度上刺激顾客的购买欲望。店内的售点广告可以采用多种形式，比如，为了进一步引起顾客对产品或服务的注意，可以采用货架插牌标记、柜台引导标记；为了引发顾客的兴趣，可以利用小彩旗、横幅、悬吊式标记、地面立式的产品模型、灯箱、影像、印刷册页、主题堆头等。在大型超市内，购物手推车上也可以出现广告。店内售点广告的文案可以视觉形象为主，色彩要具有特点，详细的文字部分依然以简洁为上。在印刷册页和地面立式广告中，可以提供较为详细的产品特征。

案例解析

跳跳蛙（LEAPFROG）玩具公司的一个店内售点广告设计得非常醒目（图片 9-6）。其广告将地面立式展示架与形象物标记组合运用，从而使产品品牌非常突出。该广告的色彩绚丽多彩，卡通人物生动可爱，很容易引起孩子们的注意。

印刷册页在 EPSON 打印机的售点广告中发挥了重要的促销功能。其中一则印刷单页的正面（图片 9-7(A)）将产品与广告代言人著名影星朱茵同时作为广告主角，背面（图片 9-7(B)）则提供了丰富的产品信息，将印刷单页的功能发挥得非常出色。

图片 9-6

图片 9-7(A)

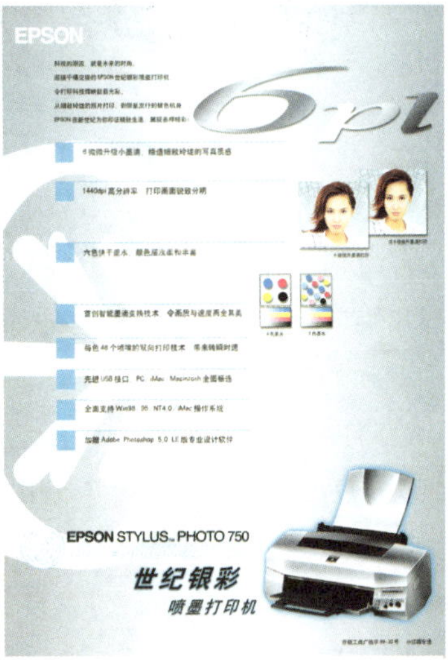

图片 9-7(B)

(三)柜台

如果顾客来到柜台,售点广告就可以发挥出进一步的功能。除了继续引起顾客的注意并引发顾客的兴趣,售点广告需要进一步激发顾客的购买欲望,尽量促使顾客去主动索要观看产品样品并拿起产品。柜台的售点广告也是多种多样,一般情况下,常见的柜台售点广告的形式有:柜台标记、商品目录架、旗帜、产品特征说明板、产品展示台、产品陈列架以及各种醒目的标记、摆设与悬挂物。其中,产品特征说明板、产品展示台、产品陈列架等可以有效地促使顾客去拿起产品样品。因此,柜台的售点广告的文案应以信息型为主,并且应提供最为突出的产品特征。

案例解析

VERIZON无线公司为其产品设计的柜台广告非常实用(图片9-8)。在产品展示台的上层可以放产品宣传册和说明书,下层则可以展示产品。图片9-8中展示的是一款适合野外使用的移动电话。因此,在产品展示架的上层,还可以放置地图等野外活动者关心的一些资料。

玉兰油"梦幻之光"系列化妆品的柜台展示台设计也非常典雅实用(图片9-9)。眼影的样品非常整齐地放置于小展示台上,展示台立面上的广告语是:"新眼影!梦幻之光,冷色系的重生。"该柜台广告的设计淡雅不事张扬,却充满了自信。

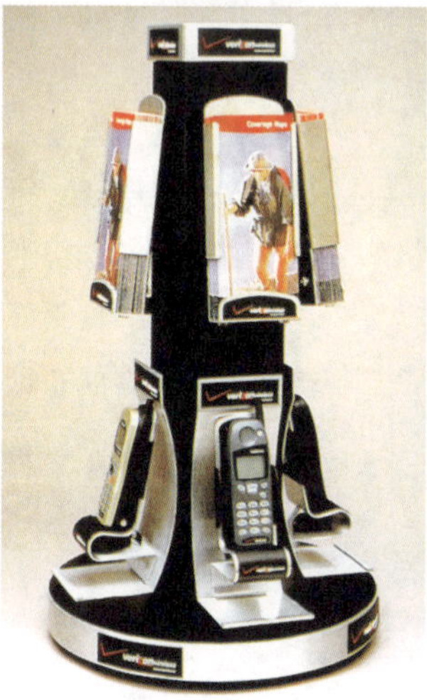

图片9-8

图片9-9

(四)前往结款台的沿途与结款台

针对一次特定的销售而言,结款台是店内销售活动的终点。顾客在已经作出购买决策之后,通常需要走过一定的距离前往结款台。在从柜台前往结款台的沿途,广告主可以设置固定式或移动式陈列架、特别商品的标志。在结款台,广告主还可以做印刷册页、赠券等结款台广告。这些售点广告的设置,将有助于抚平消费者的认知不协调心理,有利于建立品牌忠诚度。这类广告以品牌提醒为主,广告文案应该突出广告口号与品牌标志。

案例解析

METAROM音乐公司为自己产品设计的一个店内广告突出了原创性音乐热情奔放的魅力(图片9-10)。展示架广告与所展示的音像产品非常完美地结合在一起。展示台上部的广告语与人的视线处于同一高度,非常具有冲击力。展示台中部陈列各种音像产品。展示台下部则非常自信地打出这样的广告语:"请在你购买前试听。"

HI-TEC 运动鞋的店内陈列架是可移动的，非常轻便(图片 9-11)。但是，该产品陈列架设计非常巧妙，造型简练新颖。一根原色的木条和绳网组成的三角形极其富有“户外”感。陈列的轻便设计使它可以被放置于店内的任何地方。当它出现在结款台附近的时候，绝对是对购买者的一种鼓励。

图片 9-10

图片 9-11

思考与练习

1. 什么叫售点广告?
2. 请回顾自己最近三次的购物过程，分析自己的购买决策过程大概经过了哪几个步骤。将自己的购物决策过程与消费者决策模型相比较，看一看自己的购物决策过程是否和这一模型相吻合。不论吻合与否，请分析自己购买决策过程每个步骤的具体心理活动内容和心理对行为的影响。
3. 选择一种日常使用的快速消费品，为其创作一则店前广告和一则柜台广告。在老师的指导下，同学们分组对所创作之广告文案进行分析与讨论。

第十章

媒体创意时代的广告文案创作

第一节　媒体创意时代对文案创作的挑战

一、媒体创意时代的到来

科技的发展与社会的变化引发着广告界的深刻变革。在广告界诸多变革之中，最为突出的变革之一是作业方式的改变。

在传统的广告公司中，媒体策划与广告内容策划通常是分开进行的。近些年来，这种对媒体与讯息分而治之的做法正在发生改变。许多广告公司的媒体策划工作已经或正在与广告内容策划融合在一起。

在新型的广告公司中，传统的策划部、媒体部演化为战略部、创意部与制作部。其中，战略部包含战略策划、资深AE以及调研；创意部包含媒体计划(MP)、客户策划(AP)、艺术总监(AD)以及文稿创作(CW)；制作部包含联络人员、媒体购买(MB)以及初级AE。资深AE与初级AE都是属于客户服务人员，在传统的广告公司中，他们归属于客户部。客户策划AP是一种将客户服务与创意工作融合在一起的职能。媒体计划与媒体购买在传统的广告公司中都归属于媒体部，在新的作业方式中，这两项工作融入了广告内容创意与制作。这种变化的核心思想变革是，将媒体作为创意内容的一部分。因此，我们可以说，广告的媒体创意时代已经到来。

在媒体创意时代，如何运用传统媒体，如何改进并运用正在演化中的新媒体，同时不断开发新的媒体，不仅是媒体策划人员的工作，也是广告创意与文案创作人员所面临的挑战。广告讯息在何时、何处、如何传递更为有效，广告创作人员在考虑这一问题时，不仅需要将媒体作为媒体本身来考虑，还要尝试将它视为内容的一部分。在媒体创意时代，广告创意与文案创作成为一个更为错综复杂的过程，但是想象空间却前所未有地扩大了。

伴随着创意观念的变化，媒体计划也不再是一个对媒体进行选择和排期的相对简单的过程。媒体计划必须与创意与文案进行统一的考虑。在媒体创意时代，传统的四大媒体之外的各种媒体，在整合传播中的作用在上升，在媒体创意中所能发挥的作用也更加明显。

二、媒体创意的主要空间

各类辅助性媒体、综合性广告媒体、销售促进媒体以及现场活动媒体是进行媒体创意的主要空间。

除了电视、报纸、广播和杂志等大众媒体之外，其他一些媒体由于在集中性广告战役中通常起辅助性作用，因此也被称为辅助性媒体。主要的辅助性媒体广告包括户外广告、交通广告、互联网广告、交互式电视广告等。

此外，在媒体创意时代，展览会、博览会、大型体育运动会，是重要的综合性广告媒体。有时，现场促销活动和各种大小型文艺演出、体育赛事等被统称为现场活动(event)媒体。

邮件广告、报纸夹页广告、户外广告、交通广告、POP、电话本、展览会、博览会、大型体育运动会等由于在促销活动中具有主要作用，因此又被称为销售促进媒体。

我们可以看到，由于看问题的视角不同、强调的重点不同，一些具体的媒体形式可以被归入不同的媒体类别。比如，展览会、博览会、大型体育运动会既可以被归入现场活动媒体，也可归入销售促进媒体。

在媒体创意时代，各种媒体主导与辅助性的功能趋于模糊化，即使平时看上去很不起眼的物品或材料，也可能在某个广告战役中成为主导媒体，而这类非传统媒体是否能发挥良好的广告作用，则要看利用媒体进行创意是否能将新意建立在广告有效性基础之上。

案例解析

雅典奥运会期间，著名运动品牌阿迪达斯推出了一项极富创造性的广告活动（图片 10-1)。它在香港和大阪推出了 IMPOSSIBLE SPRINT 赛事。在香港，高达 40 层的太古广场外墙上，出现了一条砖红色的标准百米跑道。只不过这条百米跑道与普通百米跑道不同，它是垂直的，出现于大楼的玻璃幕。在这条“百米跑道”上，还有醒目的阿迪达斯标志以及广告口号：“IMPOSSIBLE IS NOTHING”。雅典奥运会圣火点燃的那一刻，阿迪达斯亚太行政总裁为 IMPOSSIBLE SPRINT 赛事的第一批参赛运动员鸣枪。这次赛事要求参赛者对抗地心引力，以最快速度“跑”完这条百米垂直跑道。该赛事吸引了大批体育爱好者，百米跑道和比赛引来了大量的路人观看，也吸引了大量的媒体报道。这次活动既是一次巨大的户外广告的创造性展示，也是一次效果巨大的公共关系活动，成为跨媒体创意的一个经典案例。

图片 10-1(A)

图片 10-1(B)

由于媒体创意的空间异常广泛，我们不可能一一加以介绍。这里，我们以大型体育赛事以及相关体育器材与设备作为一个例子来说明在现代社会媒体创意空间为何空前扩大，以及广告文案创作者在利用体育赛事进行体育营销时应该考虑的一些主要问题。

一种媒体——不论是一种物品还是一次大型体育赛事——之所以具有广告价值，是因为它能够与在营销上具有意义的一群受众确定比较稳定的关系。大型体育赛事成为媒体创意时代的重要的创意空间也符合这一规律。

大型体育赛事成为广告人青睐的媒体，正是因为它与大量在营销上具有巨大价值的人群有着稳定的关系。然而，这一事实并非从来就是如此。实际上，大型体育赛事的兴盛与体育赛事的电视化是分不开的。电视使体育赛事成为服务大众的娱乐形式，从而使它成为一种真正具有广告价值的媒体形式。

奥运会、FIFA 世界杯足球赛、NBA、世界田径锦标赛等众多赛事已经成为广告主争夺的热门的综合性媒体。这些赛事都已经实现了电视节目化。体育节目也成为许多大型媒体公司谋求未来增长的关键。迪斯尼公司(它拥有 ABC 和 ESPN 两大联网节目)、时代华纳公司和新闻集团下属的福克斯(Fox)广播公司都非常热衷于体育节目。当 1979 年美国第一个体育有线联网电视 ESPN 建立的时候，许多评论家断言它是多此一举，因为美国已有的三个电视联网中已包括了所有好看的体育节目。但是，如今，ESPN 已是全美最成功的有线电视联网之一。ESPN 广播联网拥有 420 个分支机构，ESPN 的“体育地带”网站是最常被光顾的网站，每周的访问人次都在 2000 万次以上。在美国，虽然许多评论家抱怨体育节目过多，但是有经验的体育节目制作人表示，他们不仅不会缩小规模，反而将继续扩大体育市场的规模。他们还指出，美国全国性有线体育节目网的用户从 1989 年底的 2.536 亿上升到 1996 年底的 4.504 亿，上升幅度为 77%。他们同时发现，在该市场的增长中，除传统成年男性观众外，妇女和儿童也在不断增长。

这些赛事也为广告文案创作者提供了开阔的文案创意空间。针对这些媒体进行文案创作，绝不能将思路局限于传统的狭义的广告文案创作思路，而应将媒体本身作为广告内容的一部分，作为文案创作思考的一个重要部分。因为，在这类媒体空间中，人们不仅是在看文案，更是在接触文案，在体验文案。也就是说，传统上一顶帽子只是一顶帽子，但是，利用媒体创意的思路，广告文案创作人要设法使帽子成为文案的一部分，传递一定的意义，而不仅仅是作为文案的载体。

在实际的媒体创意中，由于具体广告活动的目标不同，通常会有使用某种媒体作为主打媒体的倾向。但是，任何一个广告主，若想在信息爆炸的时代中获得竞争优势，必须保持开放的头脑，充分考虑各种与受众接触的渠道，利用一切合适的媒体创意空间，创作出能够打动潜在消费者的广告文案。

第二节　媒体创意与广告文案创作

一、广告创意、跨媒体创意与广告文案创作

广告创意在整个广告活动中是不可缺少的重要环节。广告创意工作通常在客户定向说明会之后开始。客户主管作为广告公司代表，在参加广告客户召开的定向说明会之后，向广告公司内部汇报定向说明会的内容，同时组建由市场营销、创意等部门的人员组成的项目小组，进行综合性广告方案的策划。广告创意是综合性广告方案的关键一环，其执行者必须了解这一环节和其他环节如何协调和衔接。

通常所说的广告创意是狭义的广告创意。狭义的广告创意通常和广告表现联系在一起。打个

比方,广告创意就像是广告作品的灵魂,广告表现是广告作品的肉体。广告作品是可以看得见的,而广告创意则是在视觉形象以及各种符号背后的思想。视觉形象以及各种符号是广告创意的外化显现,它们构成了广告作品。

广义的广告创意可以体现在整个广告活动中。它可以包括媒体创意、促销创意、公关创意等。在实际操作中,广告创意的思想往往渗透整个广告活动。值得注意的是,近年来随着信息传递途径的增多、新技术的出现、消费者细分的加剧以及企业对促销重视程度的提高,越来越多的广告创意演变成一种跨媒体的创意活动。众多的学者和实践者从不同的角度、不同的立场对这一现象提出了不同的看法。但是,毋庸置疑的是,这种趋势的确对广告创意人产生了影响。

另外,跨媒体创意趋势的加强也与接触点管理思想及"生活者"观念有关。接触点管理思想认为任何一个可与消费者进行接触的场所或情境都可以成为广告创意的切入点和信息传播的场所。"生活者"这个概念是相对"消费者"提出的,最早由日本电通、日本博报堂等日本广告公司所倡导。"生活者"这一概念的倡导者们认为,"消费者"这个说法只是单纯反映了人们在生活中进行购买和消费的行为,但是,人们并不单纯有着消费活动,每个人都是活生生的个体,他们按照自己的价值观、生活方式生活着,消费活动只是人们生活的一部分。也就是说,人们的价值观、生活方式以及生活的方方面面都可能对消费活动产生影响。这些思想使人们广泛的生活空间在广告传播中都具有意义,也使广告创意与文案创作有了更多的用武之地。

媒体创意时代的广告文案创作活动是以广义的广告创意思想为基础的,是以跨媒体创意为主要创意思路的。

二、媒体创意型广告文案创作的主要思路与技巧

媒体创意型广告文案创作的空间异常广大,除了上一节所介绍的大型体育赛事之外,还有许多种媒体创意空间,大到机场、火车站、商场、街道,小到墙壁、台阶、垃圾箱等,都可以成为媒体创意与广告文案创作的空间。

媒体创意型广告文案创作的主要思路是将现有事物作为重要的创意内容加以利用而创造出新的意义。对于现有事物的利用主要有几种思路:

1. 将现有事物的材质、形状、位置等特征作为文案内容的一部分

这种媒体创意型文案创作思路的关键所在,是思考事物的材质、形状等特征是否与广告要传达的讯息具有某种关联性。

案例解析

著名的魔术师大卫·柯波菲尔在某个城市演出时,广告公司为他的演出创作了一则海报广告。广告的文稿部分就一句话:"大卫·柯波菲尔在城里演出,星期六上午10:45。"如果仅仅看这句话,似乎平淡无奇。这则海报广告精妙之处乃是它出现的位置。该广告悬挂在路边的一个灯柱上,海报上除了那句话之外,主体画面中是砖墙。在这一海报之后,也就是在灯柱背后几米远的街边,是一栋建筑物。该海报画面的砖墙和它后面建筑物外立面的砖墙的图案与色彩完全一致。这样一来,从远处看,悬挂海报的灯柱仿佛消失了一段,上半段灯柱仿佛悬浮在空中。大卫·柯波菲尔是世界著名魔术师,他以令大型物体在短时间内消失而闻名。这则海报所创造的视觉"幻象",正好传达了大卫·柯波菲尔这位魔术师所能带给人们的魔术表演的精彩所在。从这一意义上说,建筑物的墙体、灯柱以及墙体与灯柱之间的空间都成了广告文案创作者所创作的文案的一部分,

它们与海报上的文字和画面一起构成了一个可以产生丰富联想的广告文案整体。

Laminex厨房与浴室表面装饰公司的广告(图片 10–2)与大卫·柯波菲尔的演出海报有异曲同工之处。镂空的广告板被固定在树干、岩石、石板等物体的表面。在广告的镂空的画面框中,可以直接看到树干、岩石、石板的表面,广告让自然之中的物体在广告中“现身说法”,以传达装修的天然、环保等诉求点。

图片 10–2(A)

图片 10–2(B)

图片 10–2(C)

图片 10–2(D)

某头痛药的广告也将原有事物的表面材质、形状作为广告文案的一部分,来说明该药品能够帮助潜在消费者解除病痛。该产品系列广告海报(图片 10–3)的创意是将海报镂空,镂空处是头部的轮廓。这些广告分别贴在各处有裂纹的墙上、门上,因此镂空处就出现了一个个“开裂”的脑袋,头痛欲裂的病痛以这种方式被异常强烈地表达出来。广告使产品能够带给潜在消费者的利益得到了凸显。

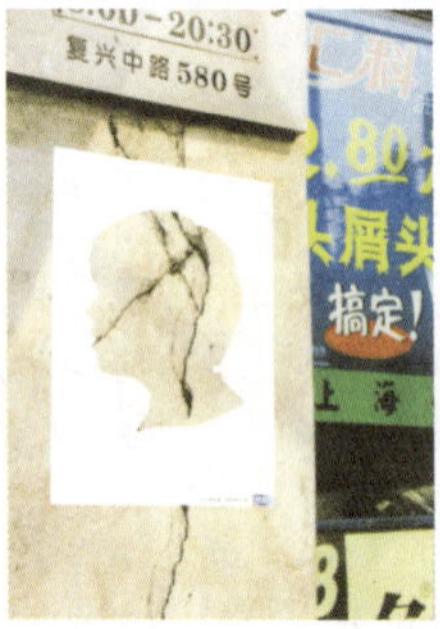

图片 10–3(A)

图片 10–3(B)

图片 10–3(C)

图片 10–3(D)

反对酒后驾车基金会做了一系列公益广告(图片 10–4)。广告或以现成的路面、公路隔离墩

图片 10–4(A)

图片 10–4(B)

作为文案内容，或以树干、人行道作为文案内容。广告以一种近乎黑色幽默的方式声称：“为酒后驾车者留个车位。”不过，广告中那些用白色粗线勾勒出的车位的正中不是长着大树，就是一个公路隔离墩。

植物生长素广告的诉求重点在于促进植物生长。FRUX 生长素的户外广告(图片 10-5)直接放置在一棵大树的枝干之间。该广告牌上只打出了产品的品牌 LOGO。不过，大树也成了这个有趣的户外广告文案的一部分，仿佛在告诉人们：“瞧，这生长素的效果不错，要不是它，我怎能将这户外广告牌连根拔起呢！”

图片 10-5

推销黄页的户外广告以现实生活中可能遇到的麻烦事作为诉求的切入点。你想购买合叶却可能不知道去哪里购买，找黄页来查询吧。在黄页的一则户外广告(图片 10-6)中，文案创作者巧妙地利用了有折角的屋顶广告牌，在折角处画上了合叶。广告文稿则只有一个单词“合叶？”广告牌的底色为黄色。该广告简单明了，巧妙地将广告牌的形状作为广告文案的一部分。

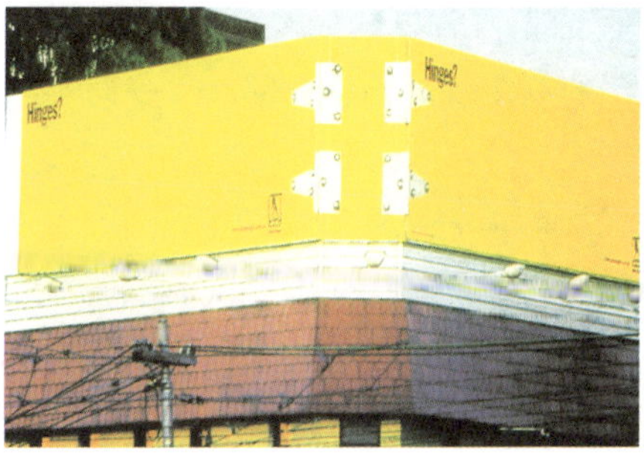

图片 10-6

百事减肥可乐创造性地利用媒体，在多个广告(图片 10-7)中，将百事减肥可乐的身材苗条的模特形象印刷在灯箱的脊背上、书本的书脊上以及楼房下水道的管子外壁上，凸显了产品“减肥”的诉求点。

图片 10-7(A)

图片 10-7(B)

图片 10-7(C)

图片 10-7(D)

公益组织在伦敦火车站做了一则广告，提醒那些有自杀企图的人要珍惜生命。该广告出现在火车站铁轨旁边站台的内侧面上，广告的文字是：“这里并不是这条线的终点。”该广告利用了火车站台的位置，因为自杀者一般视线朝下，该广告出现在火车站铁轨旁边站台的内侧面上，更容易被有自杀企图的人所看到，加之广告文字一语双关，从而起到了很好的警醒作用。

2. 将现有事物的存在状态、运动状态作为文案内容的一部分

将现有事物的状态作为文案内容的一部分，这一创作思路需要广告文案创作人仔细思考事

物的状态能否产生某种意义，并且考虑这种意义与广告想要告诉潜在消费者的产品或服务的重要利益点是否能够建立联系。通常，用这种思路进行文案创作的技巧在于巧妙运用暗喻，即将事物的运动状态比喻成产品或服务能够带给消费者的重要价值。

案例解析

《经济学家》杂志（*The Economist*）曾经利用香港机场的环境创作了一系列含义丰富的广告。其中一则是在机场的自动门上做了一个招贴式的广告。在贴纸上，以红色为主色调——红色是《经济学家》杂志的标志色。广告中只有一句话："门将会自动打开。"（Doors will open automatically.）这句话的文字使用的是白色，在红色的底色上显得异常醒目。在该广告的右下角，是《经济学家》杂志的标志。该广告暗喻只要阅读《经济学家》杂志，机会之门将自动为你打开。该招贴式广告贴在机场自动门的透明玻璃上，既有提醒人们小心撞上玻璃的实际作用，也有提醒人们阅读《经济学家》的广告作用，可谓妙用事物的运动状态的好例子。在该则广告中，机场自动门本身已经成为广告文案创作者构想的文案的一部分。实际上，如果没有机场的自动门，该广告便几乎丧失了大部分的意义。

另外一则《经济学家》的广告（图片 10-8）则巧妙地利用了大楼外墙上两块玻璃幕墙上之间的空隙，广告以其标志性的红色为底色，衬托出"Ign re obst cles"（意为"无视障碍"）两个漏了字母的英文单词，其中"Ign re"一词实际上是"Ignore"一词中间缺了字母"o"；"obst cles"实际上是"obstacles"一词中缺少了一个字母"a"。广告人利用了格式塔原理，使人们通过视觉自己去对单词进行完形，从而对广告的潜台词产生了更深的理解。在这个广告中，两块玻璃幕墙上之间的空隙也成为广告文案的一部分。

魔术文胸的一则杂志广告（图片 10-9）巧妙地利用了翻开杂志页面的隆起形状，将文胸所能制造的视觉效果强烈地展示在潜在消费者的面前。

图片 10-8

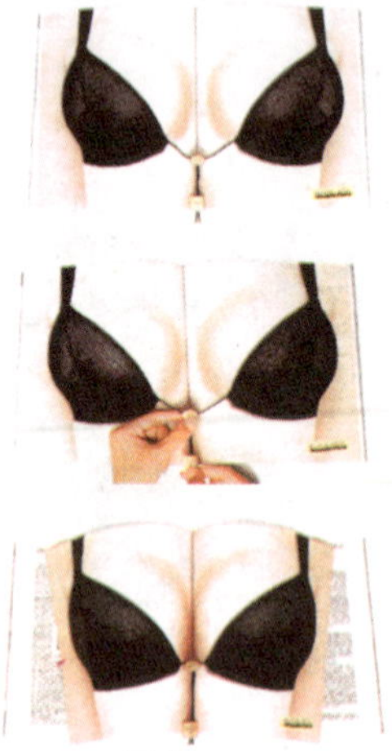

图片 10-9

3. 将现有事物的功能作为文案内容的一部分

将现有事物的功能作为文案内容的一部分，利用这一媒体创意与广告文案创作的思路，广告文案创作者应该将事物的功能与作用纳入文案意义的一部分。该种思路关键的文案创作技巧在于事物的功能与作用是文案产生意义不可或缺的部分。

案例解析

公益组织SANTA曾邀请广告公司创作了一则巧妙的公益广告，该广告的目的是提醒人们预防肺结核。该广告的文字部分印在一个小气球上。

广告正文：

如果你得了严重的肺结核，你就不能读到这些文字了。

肺结核侵害你的肺部，令你无法呼吸。

它可以令你致残，甚至杀死你。

然而，许多人被肺结核病菌传染后仍然四处乱走，甚至自己不知道。

于是，这种严重传染性疾病便通过一个喷嚏或一声咳嗽传播开去。

因此，如果你开始感到持续性的疲惫，或者夜里盗汗并发烧，体重下降或没有食欲，以及持续性咳嗽，那么你有可能是患了流感。

或者，可能是肺结核。

这种疾病每个月大约杀死1000人。

如果你怀疑自己患了肺结核，请立即就医。

及时治疗，肺结核是能够治好的。

SANTA

若需要更多的信息或者捐助，请致电(011)4540260

该广告的主要目标对象是健康人群，它提醒人们应该警惕肺结核这种严重的传染疾病。广告文案使气球发挥着重要的提醒作用，因为，如果一个人得了肺结核，就无法吹起气球了。在该广告中，气球的功能成了警示人们的广告文案的一部分。

在另一则广告中，广告人将《经济学家》杂志的广告做在了机场的行李推车的挡板上(图片10–10)。该广告的文字部分是："安放你的箱子。"(Rest your case.)该广告同样使用标志性的红色为底色，文字的颜色为白色。在英语中，"case" 一词有 "箱子"、"案例"、"实情"等多种含义。因此，该广告具有一语双关的作用，既陈述了顾客可以在行李推车上放行李箱这一事实，也暗示潜在消费者，阅读《经济学家》杂志将对他们处理所遇到的问题有所帮助。

图片10–10

上文提到的《经济学家》在机场自动门上的广告，在利用事物运动状态的同时，也是利用事物功能作为广告文案的好例子。

奥美公关公司帮助可口可乐公司与它的合作伙伴"Scholastic and First Book"创造了一本可能是世界上最大的书——《阅读的天赋》(*The Gift of Reading*)，以唤起对美国阅读危机的关注。这本巨大的书足足有两个人那么高。奥美公关公司组织了该书的巡展，每个人都可以在这本巨大的书上签名，只要签下名字，可口可乐公司就会向签名者赠送一本书。这一活动使15万册书到达了孩子们手中，同时增强了公众意识。在该案例中，那本"巨书"本身就是一种广告讯息，它以惊人的视觉效果向人们传达了阅读的重要性，可以被视为广义的广告文案的一部分。

4. 将消费者对产品的使用方式、使用习惯作为构想文案、创造新载体的主要依据

有些时候，消费者使用产品的习惯也能够成为很好的媒体创意点。该创意思路与文案技巧在于深入细致地考察消费者使用产品的方式与习惯，以及在产品使用过程中可能产生的问题与烦恼。媒体创意型广告文案的着力点则是通过广告消除消费者在使用产品过程中长期存在的不便、烦恼等。

案例解析

日本电通公司的创意人员在为某方便面做广告时，注意到许多消费者在等待方便面泡好的这几分钟时间内，通常都有不耐烦和不知做什么好的心态。广告文案创作者联想到日本人喜爱阅读漫画，因此，构想了一种非常小的漫画书，阅读这本漫画书只要三到五分钟。该漫画书被放在方便面的盒子里，消费者在等待方便面泡好时，正好可以阅读这本小漫画，而当阅读完成时，面也就泡好了。这个小创意帮助许多方面便的消费者度过了这段“难熬”的等待时间。从某种意义上说，在这个例子中，小漫画书成了广义的广告文案，而消费者对产品的使用方式成了广义广告文案发生作用的基础。

思考与练习

1. 媒体创意时代给广告创意与广告文案创作带来什么样的影响？
2. 媒体创意型广告文案创作的常用思路有哪些？
3. 请在自己的生活中寻找媒体创意型的广告文案，并分析它的成功之处和可能存在的问题。

第十一章

几种专门广告的文案创作

第一节　几种专门的广告形式

本章将就公益广告、公共关系广告等几种专门广告的文案创作进行讨论。这几种专门的广告形式有专门性的广告目标，在广告主题上更加明确，也更加集中，具有一些特殊的广告性质。因此，这几种专门广告在文案创作方面也有一些特有的规律。

一、公益广告

公益广告的广告目标并非为促进产品或服务的销售，并非以赢利为目的，因此属于非营利性广告。在日常生活中，我们所看到、听到的广告大多数是商业机构所做的营利性广告。但是，并不是说商业机构做的广告一定就是营利性广告。商业机构出于纯粹的公益目的，专门直接或间接出资制作并发布的以公益为主题的广告，只要**不出现**任何企业的名称和标志，并且使受众**无法辨认**广告主时，该广告也是严格意义上的公益广告。

公益广告的性质与商业广告的性质是不同的：公益广告宣传有益于公众的观点和行为，商业广告则试图去影响人们对于某一商业机构销售的产品或服务的态度和行为，或者期望影响人们对于商业机构本身的态度和行为，以及对于商业机构所支持的观念的态度和行为。

非严格意义上说，不论是政府、非政府组织还是企业，只要主题是宣传公益的广告都可以称为是公益广告，哪怕非政府组织与企业在广告中署名，也都可以算是公益广告。

案例解析

比利时公路安全局的一则公益广告（图片11-1）以驾驶安全为主题，告诫人们不要高速开车。该广告的大标题为："在每小时70公里情况下发生的撞车，就像从六层楼上摔下来。"广告画面展示了一个人正从六层楼上坠落。广告以一种新颖的类比，将一个非常抽象的公益主题形象化地表现了出来。

德国癌症救助协会和预防皮肤病项目攻关组在其系列广告（图片11-2）中，简洁的文字与富有冲击力的画面相互配合，提醒人们注意那些可能引起皮肤癌的隐患。其中一则广告画面展示了一个女子光滑美丽的腿。在女人的大腿上，出现了一个皮肤斑。广告人在这个不起眼的皮肤斑周围勾勒出一个苹果的轮廓。那个皮肤斑就仿佛是一个苹果上的烂斑。广告大标题则非常简洁地点出："早日发现，早日清除。"在其另一则广告的画面中，一个死神出现在一群在阳光下嬉戏的孩童之中。广告大标题提醒人们："在某人行动之前，尽快将孩子们从太阳下带走。"

图片 11-1

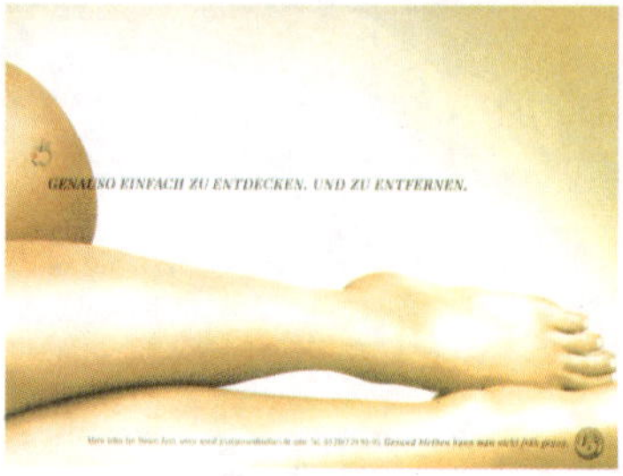

图片 11-2（A）

图片 11-2（B）

福特汽车公司发起了与乳腺癌抗争的广告宣传活动，推出了一组系列广告（图片 11-3）。广告以佩戴时尚的多彩丝巾的名人为广告主角。多彩丝巾象征着希望、勇气。广告意在通过公众参与佩戴彩丝巾这一行动来宣传与乳腺癌抗争、共享美好生命的理念。在系列广告作品中，多彩丝巾的花样与色彩出现在头巾、裙子、浴帘等多种物体上，暗示活动的广泛性。这一系列广告是由企业出资，并且福特公司在这些广告中都打出了品牌。但是，如果从非严格意义上讲，该系列广告依然可以算是公益广告。

图片 11-3（A）

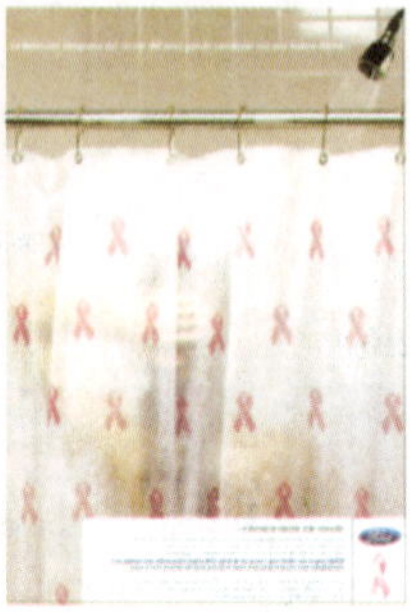

图片 11-3（B）

图片 11-3（C）

图片 11-3（D）

图片 11-3（E）

二、公共关系广告

公共关系广告（简称“公关广告”）可能是商业广告，也可能是非商业广告；可能是营利性广告，也可能是非营利性广告。当商业机构试图通过广告来向利益相关者或大众传达企业的某种主张，以改善企业与公众的关系时，该广告就属于公共关系广告。这种公共关系广告由于是商业性机构出资制作并发布，因此属于商业广告、营利性广告。企业发布公共关系广告，通常是在企业卷入一个很可能给它的形象带来负面影响的公共事件时。当政府机构或非政府组织为了改善组织与公众的关系而发布公共关系广告时，该种公共关系广告则属于非商业广告、非营利性广告。公共事务广告则属于公共关系广告中的一种。“公共事务是公共关系的一项专门领域，旨在建立和维护政府及地方社区关系，以便影响公共政策。”[1] 公共事务这一概念具有一定的模糊性。公共事务大多针对政府与非政府组织的工作而言，但是企业也常常设立公共事务部门。“在公司中，‘公共事务’通常指的是与公共政策和‘法人权利与义务’相关的公共关系活动。”[2] 因此，公共事务广告的广告主既可能是政府和非政府组织，也可能是企业。

---

1 〔美〕格伦·布鲁姆、艾伦·森特、斯科特·卡特里普：《有效的公共关系》，明安香译，华夏出版社 2002 年版，第 15 页。
2 同上书，第 15 页。

三、政治广告

政治广告意在说服选举人投票给候选人或者在某项立法问题上影响公众。由于不同的国家的国体和政体不同，并不是所有国家都有政治广告这种广告形式。在美国，政治广告非常普遍。政治广告在美国的地方、州和全国等不同层次上发布，使用大部分的媒体形式，报纸、电台、电视和直邮广告是最常用的形式。在美国总统选举年，大约有10亿美元被用在政治广告上。政治广告受到瞩目是因为它提供了一个使选民认识和了解候选人的方式。它也使候选人在选举中能够定义自己想要说明的问题。因此，政治广告常常被更加明确地称为竞选广告。

由于我国大陆并没有严格意义上的政治广告或竞选广告，因此本书中不再另作专门讨论。下面两节重点介绍公益广告、公共关系广告这两种专门广告的文案创作。

第二节 公益广告文案创作

一、公益广告的特征

公益广告宣传那些有益于社会及其成员的态度和行为。公益广告的广告主，既可以是国家政府，也可以是地方政府、非政府组织或者企业。公益广告的发布可能是全国性的，也可能是地方性的。

在中国，一般情况下，公益广告通常由政府投资制作和发布，或者由企业或组织机构出资制作，媒体赠送时间或版面发布广告。在美国，广告委员会是制作公益广告的著名机构。这个委员会由广告公司和媒体支持，它诞生于二战期间以宣传战果。它每年运作数十个广告活动。这些活动代表公众的利益，是非商业性的、非党派的、非派系的、非政治的。在日本，公益广告一般是通过日本公共广告机构 (AC机构)发布的。

公益广告的一般特征是主题突出，语言简洁有力，宣传一个具有公益性的主张。公益广告的主题常常是社会的焦点问题、热点问题，比如：环境问题、动物保护问题、健康与安全问题、教育问题、公民素质问题、公共道德、义务献血等。

案例解析

绿色和平组织在一则招聘广告(图片11–4)中也不忘宣传公益主题。广告画面展示了一片波涛汹涌的大海 。广告中的文字提醒人们，在这片海水之下，曾经是人类的家园。

公益组织SANCCOB发布了一个构思巧妙的杂志广告（图片11–5）。广告在连续的两页上出现。第一页广告画面展示了一只由于海水污染而死去的企鹅的尸体。广告大标题为：“企鹅们需要

图片11–4

图片11–5

图片 11-6

你的帮助。”在第二页上,广告画面是企鹅尸体拿去后在纸面上留下的油污。广告大标题为:“把这一页翻过去了,并不能使问题走开”。广告正文为:“企鹅可能并不是这个星期的头版新闻,但这并不意味着它们的问题解决了。它们仍然需要钱或者你能捐助的任何资源。它们唯一不需要的是漠不关心。”这个公益广告创意独特、文字犀利、意味深远,如尖刀一般刺中了人们心中很容易滋生的冷漠。

公益组织 WWF 在一则广告中(图片 11-6)将动物描绘成了受到恐怖分子劫持与威胁的受害者。广告中,一头羚羊被蒙上了眼睛,对着它脑袋的是黑洞洞的枪。该广告简洁明了,效果令人震惊。

日本公共广告机构以防止水质污染为主题发布了一则公益广告(图片 11-7)。该广告的表现极其简单。广告用特技制作了一个透明的人。在这个透明的人体内充满了水,当身体内的水慢慢变黑后,那人便慢慢地倒下了。该广告的广告语是:“人体 70%是水。”广告非常简洁,其所展现的画面亦令人印象深刻。

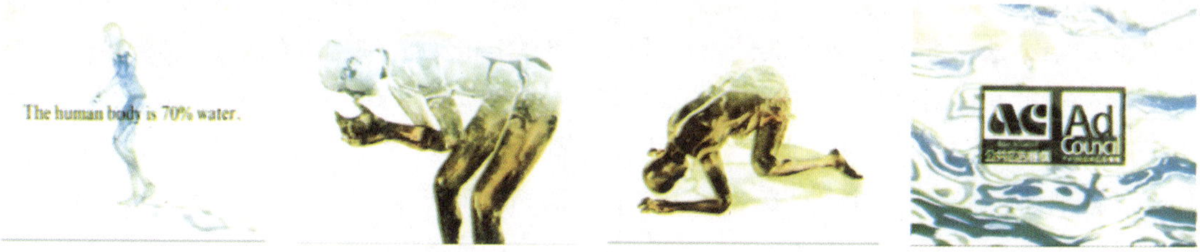

图片 11-7

1999 年,以“科教兴国”为主题的一则电视广告[1]引起了较大的社会反响。该广告中使用了三位院士作为广告代言人,他们是陈佳洱、邹承鲁、王选。

该广告的文稿如下:

陈佳洱:我们的国家正在实施科教兴国战略,科教兴国要以教育为本。

邹承鲁:科学对人类来说,就像蛋白质在生命活动中所起的作用一样重要。

王　选:科技是第一生产力!

陈佳洱:科教是希望!

邹承鲁:是生命!

王　选:是力量!

字幕/声音:科教兴国

该广告以“科教兴国”为主题,主题非常明确。广告文案使用了三位院士“自己的话”,所说的内容完全符合他们各自的研究领域,因此使广告具有很高的可信度。

1 笔者是该广告的文案创作者,关于该广告文案的具体创作过程,读者可以参阅拙作《从分析作品学做广告》。

二、公益广告文案创作须知

由于公益广告的主题本身一般情况下都为大众所熟悉，主题本身很难具有明显的新意，因此公益广告文案创作的难点在于如何运用富有创造性的文案使公众对一个熟悉的主题产生兴趣，并使广告对受众产生一定的心理冲击，在接触广告之后产生一定程度的态度改变。

案例解析

葡萄牙一家反对注射迷幻剂的公益组织在一则公益广告(图片 11-8)中展示了一个女人的背部。广告的画面非常简单，仿佛向读者展示了一尊古希腊的雕塑，广告透出静穆中的沉重。这一画面令人自然留意到黑底上的白字。广告大标题为："她失去了女人最重要的部分。这不再是昨日的她。"广告正文："不孕症和其他生殖系统疾病、癌症、心脑疾病、肺病，都是停用迷幻剂的主要原因。更有说服力的一个原因是，你可以在镜子里面对自己。"广告以近乎冷酷的文字道出了可怕的现实，劝诫人们远离迷幻剂。

加拿大的一家名为"联合之路"的公益组织曾推出一个公益广告(图片 11-9)，用真实的人物故事鼓励人们振作起来重新生活。该广告的大标题："值得注意的是，不是你在读这条广告，而是我写了它。"广告正文为："我是查莉·爱德华。几年前，我想我是快要死了。我失去了活在这个世界上的希望。我 6 岁开始喝酒。12 岁服用镇静剂，昏迷了两周。17 岁时，我被海洛因缠上了。25 岁，我发现我怀孕了。我那时想，是活下去还是选择死去？我不敢肯定自己可以是一个好母亲。不过，上帝赐给我一个漂亮的孩子，他依赖我。这使我想让他过上幸福安定的生活。我于是决定做一个好妈妈。我来到了这个中心，走上了我的人生之路。当我大喊大叫时，他们爱我；当我叛逆闹事时，他们依然爱我。最终，我学会了怎样去爱。如果你们想要知道你们给'联合之路'的钱派上了什么用场，请别忘了我们，正是你们的捐助帮助我们改变了自己的生活。如今，我是一个母亲，我为这个曾经帮助过我的中心做志愿者。"该广告的文稿语言平实、感情真挚，具有非常强的感染力。它将一个人们非常熟悉的公益主题，通过一个真实的故事，以令人信服的方式进行了宣传。

图片 11-8

图片 11-9

公益组织 AAD 在系列广告(图片 11-10)中利用电脑合成技术创造了奇异的视觉效果。系列广告的广告大标

图片 11-10 (A)

图片 11-10 (B)

图片 11-11

题都相同,都是:“阳光对人的伤害有80%以上是在18岁以前就发生了。”其中一则广告的正文为:“您今天看起来好极了,但是皮肤下面可并不漂亮。请戴上太阳镜,穿上防晒装。”该则广告画面中的人长着一个老人的脑袋,但是却有肌肤光滑富有弹性的年轻人的身躯。另一则广告的正文是:“从小保护您的孩子。请戴上太阳镜,穿上防晒装。”构思奇特的画面使广告文字部分的效果倍增,从而使整个广告文案产生了巨大的心理冲击力。一个平常的防晒主题被表现得如此精彩,令人不得不佩服广告文案创作人的神奇创意。

有一则劝诫人们不要酒后驾车的公益广告(图片11-11),使用了异常简洁却令人深思的视觉语言给人以深刻印象。

该广告的大标题:酒后,别开车

广告画面:红色为底色,画面左边用黑线勾勒出三个酒杯的形象,画面右边,用更粗的黑线勾勒出一支拐杖。

第三节　公共关系广告文案创作

一、何时使用公共关系广告

公共关系广告的广告目标是向利益相关者或大众传达企业的某种主张,以改善企业、政府或非政府组织与公众的关系。

开展公共关系,需要评估公众的态度,为组织制定符合公众利益的政策和程序,并采取行动和进行沟通以获得公众的理解与接受。公共关系被认为是一种管理职能。因此,从这个观点出发,我们可以知道,公共关系涵盖范围异常广泛,远远超出了促进产品或服务的销售这一任务,公共关系广告也是为实现组织的管理职能服务的。

公共关系广告是公共关系工作中的一个部分,组织也并非在任何时候都需要做公共关系广告。通常情况下,只有当组织卷入了某个公众关心的事件的时候,或者组织认为可以通过与公众关心的事件建立联系的时候,才有策划和发布公共关系广告的必要。

为了实现与公众的良好沟通可以采用多种沟通方式,组织一旦决定采用公共关系广告来实现与公众进行沟通的目的,首先要加以明确的问题是谁将是公共关系广告的目标受众。公共关系广告的文案创作者不一定是公共关系专家,因此,公共关系广告目标受众的确定这一工作,通常要在公共关系专家的帮助下进行。

二、公共关系广告文案创作须知

对于公共关系广告的文案创作者而言,了解公共关系广告的目标受众的大致分类是很有必要的。一般而言,根据公众与组织的利益关系,可以将公共关系广告的受众大致分为两大类:一类为内部公众,一类为外部公众。对于商业机构来说,如果进一步将公众进行细分,则可以将内部公众分为公司的雇员、商业机构的股东和投资者；可以将外部公众分为社会大众、社区成员、供应商和客户、媒体、教育部门、非政府组织、政府等。美国学者约翰·马斯顿(John E. Marston)则认为，由于社区成员和公司客户与组织已经存在着某种方式的联系，而且这种联系内在于公司的日常工作程序中，因此，应该被划归为内部公众。[1]对于政府来说，如果进一步将公众进行细分，则可以将内部公众分为政府内部高级官员、中级官员、低级公务员等；可以将外部公众分为社区、媒体、教育部门、非政府组织、商业机构等。总之，相对于特定的组织而言，公众的界定与细分具有相对性。

案例解析

在美国洛杉矶大地震后，西尔斯公司发布了一则著名的公共关系广告。广告文案中最突出的是公司的名称，“SEARS”这个单词以大标题的形式出现。该广告的文稿如下[2]：

致洛杉矶市民书

我们认识到，由于最近的地震，目前是洛杉矶地区的居民的一段困难时期。我们西尔斯公司的每个人，都希望能使你们的艰难生活变得更好一些。我们希望下面这些措施能够为您和您的家庭提供帮助：

在 1994 年 6 月之前免收金融服务手续费。

……(广告共列出了七项措施。)

现在，你可以比以往更加依赖我们。

该则广告以洛杉矶地区的居民作为公共关系广告的对象，广告文稿详细地介绍了企业推出的多项惠民措施，对于灾区的居民具有巨大的吸引力。广告文稿的语言朴实、真诚，仿佛在与一位困难中的朋友聊天。该广告对于西尔斯公司加强与洛杉矶地区的居民的感情纽带具有积极的作用。

《华尔街日报》曾经发布了一则公共关系广告[3]，将潜在广告主作为广告的目标公众。

该则广告的大标题为：“为何一个强大的品牌形象可以赋予你几乎是令人感到不公平的优势？”广告的副标题为：“在一个产品与服务同质化的时代，没有什么比强大的品牌/企业广告更能戏剧性地赋予你竞争优势。”

该广告的正文如下：

一个品牌或企业的形象，不是那种可以看得见、可以触摸的、可以品尝的、可以定义、可以测量的东西。它无形无迹，它是抽象的。它只作为一种概念存在于思想中。然而，它却常常是一个公司最为宝贵的资产。

20世纪 80 年代，一些大型集团为了赢得拥有像 Jell–0, Del Monte, Maxwell House, Nabisco 之类品牌的公司，付出了数十亿的资金。它们所追求的并非是产品本身，而是那些强大的具有温馨形象的品牌。实际上，当尘埃最终落定时，一切将变得很清楚，这十年间发生的合并、接管以及收购，主要是为了获得品牌。

然而，尽管品牌具有巨大的价值，但是在一个经济形势严峻、竞争激烈的情况下，它们对

1　参见 John E. Marston, *Modern Public Relations*, New York: McGraw-Hill, 1979。

2　〔美〕广告文案英文原文参见贝尔齐等著：《广告与促销：整合营销传播展望》，东北财经大学出版社 2000 年版，第 762 页。

3　同上书，第 766 页。

于被忽视并不具有免疫力。在这种情况下,公司通常倾向于为了短期促销目的而牺牲品牌与企业广告。尽管这种战略可以获得立竿见影的效果,但是长此以往将削弱品牌并使之黯然失色。

对 PIMS (Profit Impact on Matket Strategy,营销战略对利润的影响)数据库进行的研究显示,那些在品牌上花费更多的企业更容易成为市场主导者,在同类产品中它们更容易排在首位,并且它们的销售量大概是最接近的竞争对手的 1.5 倍。而且,品牌广告的花费相对于短期促销广告的花费比例越高,投资回报率(ROI)就越高。当品牌广告只占促销预算四分之一时,投资回报率大约是 18%,当这一比例变为 50/50 时,投资回报率能够超过 70%。

不论在好的经济形势下,还是在糟糕的经济形势下,如果能够一直对品牌予以支持,并在人们面前树立品牌形象,将意味着你能够获得更多的利润,并且有可能成为行业的领导者。

该广告的正文使用了长文案。在正文中,广告列举了几个著名公司运用品牌获得竞争优势的成功案例,利用权威机构的研究,说明在品牌上具有优势的企业可以获得更高的销售额和投资回报率。广告正文中还加入了展示销售额和投资回报率的图表。通过论据充分的广告文案,该广告说明了品牌广告对于企业成功的价值,从而加强了报纸与潜在广告主的关系。

通过对大量公共关系广告文案的分析,我们认为,公共关系广告的文案创作应注意以下几个基本原则:

1. 公共关系广告文稿的语言要表达出广告主的真诚。真诚也是有效公共关系的特征之一,作为公共关系活动的一种形式,公共关系广告也必然应该具有公共关系活动的一般特征。只有真诚,才能赢得公众的信任、尊重与理解。

2. 公共关系广告文稿的语言风格要尽量平实、朴素。公共关系广告的广告目标是非常明确的,即一定要为组织与目标公众创造良好的关系。任何性质的公众,从根本上说,都是生活者。组织要与生活者就他们所关心的社会现实问题进行交流。平实、朴素的风格是最适用的语言风格。

3. 利用理性诉求时,公共关系广告文稿中运用的数据一定要客观真实,或者要有科学依据。没有什么比事实更具有说服力了。

4. 公共关系广告在文案中要表现出与目标公众进行沟通的意愿。

5. 公共关系广告不应该回避公众关系的问题。由于当组织卷入了某个公众关心的事件的时候才最有必要做公共关系广告,因此,在广告文案中必须直面公众所面临或所关心的问题,并给出合理的解释,阐明组织的态度。

案例解析

著名的石油公司 BP 公司希望通过一系列广告为自身树立一个开明的能源巨人的形象与一个领导性的全球品牌。这就意味着需要和由众多能源公司引起的各种复杂的矛盾的情感作斗争。这一广告任务具有明确的改善公共关系的目标。奥美公司为 BP 创作了系列广告,让 BP 公司同每一个与 BP 有关的对象进行真诚的交流。在该系列广告中,阐述了 BP 的企业理念与主张。该系列广告的对象包括公司一般雇员、管理者、环境保护人士、投资人以及汽车驾驶者。下面是 BP 系列广告中几条具有代表性的广告。[1]

---

1 该案例中的文稿参见〔美〕奥美集团:《奥美看奥美》,何辉译,中国人民大学出版社 2006 年版,第 30 页。

在纽约街头的一个巨大的长条形户外广告牌上，BP 表明了自己的企业愿望、企业使命与企业能力，广告文案为：“但愿我们能够把纽约市的活力也转化为能量。我们会利用太阳能、天然气、风能、氢。是的，当然还有石油。这只是刚刚开始。太阳：距地球 930000000 英里，但我们具备以太阳能为动力的‘加油站’。BP 超越石油。”

该户外广告使用了户外广告中罕见的长文案，但是，广告效果却非常突出。几个方面的原因使该广告的长文案能够产生好的效果。首先，该户外广告牌出现在一个商业街路口拐角，行人与车的行进速度都比较慢，人们能有充足的时间读长文案；其次，该户外广告牌非常巨大，几乎将一栋方形大楼绕了半圈，实际上单位面积上的文案字数依然很少；最后，该广告设计非常简洁，白底黑字，且模仿人们读书时用荧光笔划出重点的学习习惯，用黄色标出需加以强调的文字。

在另一则巨大的户外墙体广告中，文案写道：“做个深呼吸。我们正在 41 个城市使用更清洁的燃料以帮助减少臭氧污染。这只是刚刚开始。BP 超越石油。”该广告的目标对象是社会大众和关心环境保护的人士，以维护 BP 与公众的关系、树立企业形象为广告主要目标。

在一则印刷广告(图片 11–12)中，广告画面以一个女性电视制作人为主要形象，采用证言的广告表现形式。该印刷广告的广告正文为：

“这不是一家试图在将来改变世界的石油公司。”

——菲罗美·娜瑞安（电视制作人）

虽然这正是某些石油公司试图要做的事。在 1997 年，我们在这个产业中首先认识到全球气候变化所隐藏的危险，并设定一个目标以减少我们温室气体的排放。我们刚刚实现了这一目标，比我们的计划提前了 8 年。

这只是刚刚开始。

BP　超越石油。

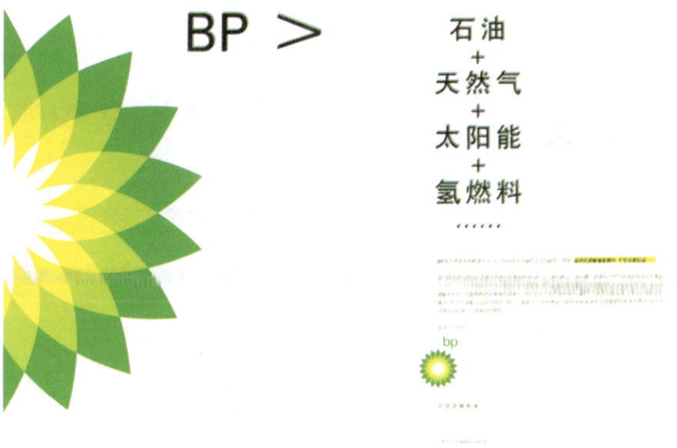

图片 11–12

思考与练习

1. 什么是公益广告？什么是公共关系广告？
2. 请尝试以戒烟这一常见的公益广告主题创作一则公益广告文案。在老师的指导下，由同学们以举手投票的方式选出排名前五位的最佳广告文案，并就这五则最佳广告文案进行分析与讨论，总结它们的创作技巧。
3. 何时适合使用公共关系广告？
4. 公共关系广告文案创作的基本原则有哪些？

第十二章

广告文案的语言艺术

第一节　广告文案与修辞

一、修辞的要义与广告文案

(一) 修辞的要义

任何一本修辞学著作或现代汉语教材都会对什么是修辞进行详细的讲解。广告文案创作者虽然不一定要成为作家、文学家，但是如果能够熟练掌握一些修辞技巧，对于广告文案创作无疑具有巨大的帮助。

当人们谈到"修辞"一词时，往往包含了多种含义。修辞可以指运用语言的方法、技巧和规律，即修辞规律；也可以指人们对语言运用的方法、技巧的调整、把握，即修辞活动。研究语言运用的方法、技巧的学问，被称为修辞学。

修辞与语法不同。语法的概念来自于西方，而修辞之说，我国古已有之。我国自古传承的修辞思想是中国古代文明的珍贵遗产，是中国广告文案创作者的宝贵财富。《易·乾·文言》中，就已经提出了"修辞"的要义，认为"修辞立其诚，所以居业也"[1]。这句话中所说的"修辞立其诚"可以解释为：修辞要建立在"诚"的基础之上。所谓的"诚"，我们可以理解为真实、真诚、符合事物的真实、恰当或合适。南宋的朱熹论及修辞时说："修辞见于事者，无一言之不实也。"[2] 宋代学者王应麟在《困学纪闻》之中也将"实"作为修辞的要义，他指出："修辞立其诚，修其内则为诚，修其外则为巧言。易以辞为重……养其诚也。"[3] 清代学者章学诚在其著作《文史通义》之中论及"易之名"与"易之意"的关系时写道："上古淳质，文字无多，固有具其实而未著其名者"[4]，由此可知他在思想上是认同《文言传》中所提到的修辞要义的。现代诸多学者也继承了古代学者关于修辞的观点。可见，"诚"、"实"乃是修辞最为重要的特征和基本要求。

修辞以"诚"、"实"为要义，理解这一点，对于广告文案创作者而言，具有重要的意义。广告是为消费者服务的，背离 "诚" 、"实" 的原则，乃是对消费者的欺骗。如果背离 "诚" 、"实" 的原则，再优美的广告文案，也失去了其最为重要的意义。

(二) 广告文案的真实性原则与修辞要义的一致性

从历来的广告定义看，我们也可以发现，广告要实现其真正的价值，其文案必须坚持真实性

1　《易·乾·文言》。

2　参见朱熹：《周易本义》，苏勇校注，北京大学出版社 1992 年版，第 162–168 页。

3　参见王应麟：《困学纪闻》，翁元圻注，商务印书馆 1935 年版，卷一，第 1 页。

4　参见章学诚：《文史通义》，中华书局 1985 年版，第 3 页。

原则。由此可见，广告文案的真实性原则与修辞的“诚”、“实”之要义具有内在的统一性。

1890年以前，西方社会对广告较为公认的定义为：广告是有关商品或服务的新闻。英文的原文为：News about Product or Service。这一广告定义将广告界定为一种起告知作用、与新闻报道相类似的传播手段。虽然这种定义并没有揭示现代广告的本质，但是新闻的要义也是“真实”，这与修辞要义“诚”与“实”是一致的。

19 世纪末 20 世纪初，广告是印刷形态的推销手段(salesmanship in print)这一观点在美国广告界得到普遍的认可。这个广告定义强调了现代广告的重要特征，即广告是为销售服务的手段。早期的广告曾经一度被置于虚假与欺骗的恶名之下。但是随着这个定义的提出与被认同，企业界与广告界渐渐认识到，靠欺骗消费者来推销产品，最终将损害各方的整体利益。企业的产品与服务只有真正符合消费者的需求，才能获得持续的成功。广告只有真实传递产品与服务的信息，才能真正赢得消费者的心。

东方汉文化圈内的各国学者更加强调广告的社会功能。他们对于广告的定义也在根本上要求广告坚持真实的原则。比如，1924 年，日本学者中山静提出：“广告宣传的目的是劝诱人们对某一特定的事情产生或增强信心，使他们赞成或坚决执行。要达到这个目的与广告宣传的次数有关系，如果使用的方式、方法和时机选择得适当，即使广告的次数少一些，也会得到满意的效果。广告是通过宣传商标达到销售的目的。”[1] 该定义中强调广告应使人们增强信心，赢得人们的赞成，这就从根本上要求广告具有真实性。另外，该定义强调了广告要使用适当的方式、方法，这其实也为包括广告文案在内的各项广告工作提出了技巧方面的要求，即应该对具体的方法进行选择，要用合适的方法与技巧进行广告传播。《易·乾·文言》中“修辞立其诚”之语，其实也包含了修辞要符合真实之意。1926 年，我国著名报学史专家戈公振先生提出了对于广告的看法，认为：“广告为商业发展之史乘，亦即文化进步之记录。人类生活，因科学之发明日趋于繁密美满，而广告即有促进人生与指导人生之功能。故广告不仅为工商界推销出品之一手段，实负有宣传文化与教育群众之使命也。”[2] 这一广告的定义强调了广告在人类社会生活中的重要地位及其所负的重要功能。因此，该定义也在根本上要求广告应该坚持“诚”的原则。不真实的广告，背离“诚”与“实”的广告，是无法实现促进人生与指导人生之功能的。

迄今为止得到广泛认可的现代广告定义指出，广告是由可确认的广告主，以任何方式付款，对其观念、商品或服务所作的非人员性的陈述和推广。[3] 这一定义也从根本上要求广告必须坚持真实的原则。因为，虚假的广告将使可确认的广告主蒙羞，将使其观念、商品或服务最终被消费者所抛弃。如此一来，广告主就无法获得持久的利润，更不可能成为成功的品牌。

二、广告文案创作中如何运用修辞

(一) 消极修辞与积极修辞

在现代汉语修辞学奠基之作《修辞学发凡》一书中，陈望道先生将修辞分为积极修辞和消极

---

1 〔日〕柏木重秋：《广告概论》，王建玉等译，中国经济出版社 1991 年版，第 44 页。转引自丁俊杰、康瑾著：《现代广告通论》，中国传媒大学出版社 2007 年版，第 5 页。

2 戈公振：《中国报学史》，三联书店 1955 年版，第 220 页。

3 参见 “Report of the Definition Committee”，*Journal of Marketing*, XII, No.2 (October, 1948), p.202。

修辞。[1] 这一观点，对于广告文案创作来说，具有重要的参考意义。按照陈望道先生的观点，消极修辞主要包括词语的锤炼、句式的调配等内容，而积极修辞主要是指辞格。当然，修辞学界对将修辞分为消极修辞与积极修辞的观点有不同看法，比如有学者认为修辞还可以分为语音修辞、词语修辞、句子修辞等。

陈望道先生将修辞分为积极修辞和消极修辞对我们理解广告文案语言对修辞的运用方式与技巧有很大的帮助。根据广告文案创作的特点，在本书中，我们将消极修辞细分为语音修辞、语体修辞、语言风格修辞，积极修辞则主要指各种辞格。

在广告文案创作中，文字语言的锤炼以及语音、语体与语言风格直接影响到文稿的表现力。在广告语的创作中，辞格的运用则非常普遍。

1. 语音修辞

优美的语言，读起来朗朗上口，听起来悦耳动听，语音上抑扬顿挫、回环婉转，给人以美的享受。语音修辞就是利用语言的声音进行修辞，以创造语言的音乐美。它大体包括音节的配合、声调的协调和声韵的和谐。

(1) 音节的配合与节拍的和谐

所谓音节的配合，就是指在使用语言时，根据表达需要恰当选用不同音节的词或者短语，以使音节匀称整齐，提高语言的表达效果。广告文案语言中注意语句中词语的音节配合，能够有效提高受众阅读或收听广告文稿的流畅度，也便于受众记忆与回忆广告文案。通常来说，单音节词与单音节词相配合，双音节词与双音节词相呼应，可以有效增强语言的声音美。

案例解析

雷克萨斯的一则杂志广告的广告文稿中，使用了音节配合的语言技巧。

该广告的大标题之一："全新旗舰 LS460L 尊贵加长版　以不凡诠释豪华。"(图片 12-1(A))

该广告的大标题之二："别人走过的路　您不会去走。"

部分广告正文为：

　　您与众不同，

　　您的坐驾也理应如此。

　　LEXUS 雷克萨斯的设计哲学由此而生：

图片 12-1(A)

1　参见陈望道：《修辞学发凡》，开明书店 1950 年版，第 87-359 页。该书 1932 年由上海大江书铺初次出版，对中国修辞学发展有深远影响，出版后多次重印。1982 年复旦大学出版社出版《〈修辞学发凡〉与中国修辞学》一书，以纪念《修辞学发凡》出版五十周年。

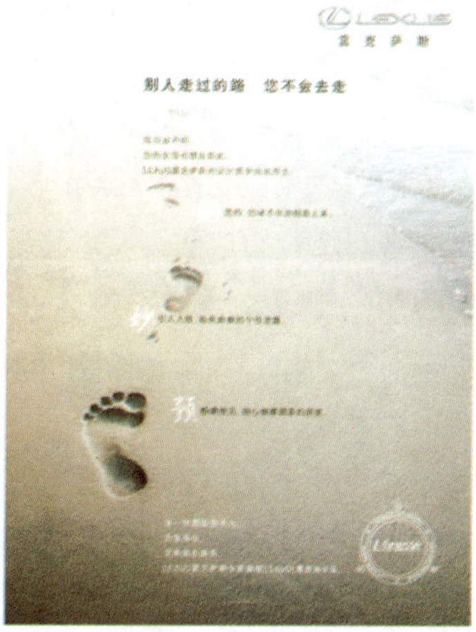

图片 12-1(B)

纯　　简约,回味不尽的极致之美。

妙　　引人入胜,高贵典雅的个性流露。

预　　精确预见,细心揣摩顾客的期望。

当一切都因您不凡,

为您而生,

完美就在眼前,

LEXUS雷克萨斯全新旗舰 LS460L 尊贵加长版。

(图片 12-1(B))

"纯"、"妙"、"预"三个单音节词无论哪一个更换为双音节词,都不再有匀称整齐的效果。

为了使音节匀称整齐,增强语言的声音美,还可利用叠音词。例如,苏州网师园联这样写道:风风雨雨暖暖寒寒处处寻寻觅觅,莺莺燕燕花花叶叶卿卿暮暮朝朝。杭州西湖联则这样写道:山山水水处处明明秀秀,晴晴雨雨时时好好奇奇。这两条著名的对联,将叠音的修辞技巧运用到了极致。

(2) 声调的协调与平仄的和谐

所谓声调的协调,就是利用声调的平仄变化,使语言形成抑扬顿挫的音乐美。平仄法是指利用不同调类的音节的配合运用以协调语音升降高低变化的一种语音手法。古代汉语声调有平声、上声、去声、入声的分别;"平"指平声,"仄"指上声、去声和入声。现代汉语的普通话有阴平、阳平、上声、去声,也是四声;"平"指阴平、阳平,"仄"指上声、去声。通常情况下,进行现代广告文案创作时,用现代汉语普通话的四声来判断平仄即可。我国的唐诗、宋词之所以能够流传千古,很重要的一部分原因在于诗人们巧妙运用声调的协调技巧所创造的语言声调优美、便于记忆。合理巧妙地利用平仄,也可以加强广告文案的语言魅力,从而使广告文案便于阅读和记忆。

案例解析

哈尔滨正阳河调味食品有限公司的广告语:百年经典,源自御厨。该广告语的声调是:仄平平仄,平仄仄平。前后半句的声调正好抑扬相对,因此朗读起来非常上口。

丹凤眼牌美目贴的广告语:两眼不憔悴,十足女人味。该广告语的声调是:仄仄仄平仄,平平仄平仄。前后半句的两个字平仄相协,加之前后半句最后一个字押韵,因此语言声调颇具有韵味。

(3) 声韵的和谐

广告文案创作中,尤其是广告语、口号的创作中,用得最为普遍的是押韵。所谓押韵,就是在上下语句或隔句的句尾,或者是较长的停顿处,有规律地使用韵母相同或相近的字,令语言音韵回环、和谐悦耳,使语句听起来富有韵律,给人以音乐般的协调优美的感觉。

案例解析

伊利牛奶的广告语:天然天地,共享伊利。

好丽友派的广告语:好丽友,好朋友。

TOTO 卫浴的广告语:洁净感受,新贵享受。

索尼 VAIO 笔记本电脑的广告语:澎湃动能,无限可能。

中央电视台的广告语:心有多大,舞台就有多大。

太阳石药业的广告文案:好娃娃生病好娃娃帮,好娃娃让好娃娃更健康。

此外,双声叠韵也是创造语言声韵和谐的重要技巧。

2. 语体修辞

常用的语体大致可以分为公文语体、政论语体、科技语体、文艺语体等几类。这些语体在广告文案中都可以用到。当广告策略建议广告使用理性诉求时,通常使用公文语体与科技语体。在企业对企业(B2B)的广告中,尤其是技术性企业的广告中,广告文案使用科技语体是最为常见的。当广告策略建议广告使用感性诉求时,通常使用文艺语体。政论语体既可以用于理性诉求,也可以用于感性诉求,在融合感性诉求与理性诉求时也可以使用,正所谓"晓之以理,动之以情"。

案例解析

苏黎世保险的一则杂志广告(图片 12-2)中,广告画面是一辆火星探测车出现在火星表面。

图片 12-2

该广告的大标题是:假如你的产品只能在 1.72 亿英里以外运行?

该广告大标题使用了具体的数据,并使用疑问句,显示出科技语体的特征。

全球通的系列印刷广告的广告文案:

系列之一:一边白云牧歌,一边查阅万里外的 mail 报告。

系列之一:8:10,用 3 分钟交了手机费,继续享受上午阳光。

系列之一:深夜,地下停车场,听到他的声音就不会害怕。

全球通这一系列印刷广告的广告文案采用了文艺语体,将潜在消费者所处的环境与心境非常生动地传达出来。

左岸咖啡馆的一则电视广告也采用了典型的文艺语体:

> 我在这里找到了一个角落,
> 一个上午,一杯 café au lait。
> 一如记忆里的模糊地带。
> 这是春天的最后一天,
> 我在左岸咖啡馆。

图片 12-3

SKF 公司的杂志广告(图片 12-3)文稿中采用了政论语体与科技语体,广告正文这样写道:

> 到 2020 年,风能将可以满足全球十分之一的电力需求。现在,SKF 的创新技术对全球大部分风力发电机的正常运转发挥着关键作用。
>
> 在发电成本中,同维护有关的成本高达 25%。

借助我们在线状态检测和自动润滑系统，可以显著缩减这方面的成本。我们可以帮助客户以更经济的方式开发出更洁净、更低廉的能源。

分享我们的经验、技术与创新能力吧！这将有助于各行业实现超乎想象的绩效。我们将发挥所有潜能。

欢迎向我们的专家提出挑战！

在SKF公司这则广告的正文中，第一段至第三段显示出科技语体的特征。正文的后两段看起来仿佛是政治宣言，充满了鼓动的言辞，显示了企业的自信，具有典型的政论文体的特征。这种语体风格使文稿显得严肃、庄重，使企业值得信赖。大型企业的企业广告文稿非常适合采用这种文体。

广告史上最为著名的政论语体的广告文稿恐怕是西奥多·麦克马纳斯(Theodore MacManus)于1915年为凯迪拉克车(Cadillac)所创作的文稿。当时，凯迪拉克车正受到竞争者的攻击。麦克马纳斯创作的一则论文式的广告，为凯迪拉克树立了品牌声望。即使在今天，我们来重新阅读这篇广告，依然可以感到它超越时空的影响力。它的真诚、雄辩，使它成为广告史上最感人的广告文稿之一。为纪念这位杰出的智慧的广告人，也为向他表示我由衷的尊敬，我将这篇广告自英文译成中文：

领先者的苦恼

在人类努力开拓的每一个领域，处于第一位的人总是生活在公众的注目之下。不论这种领先性被赋予一个人，还是被赋予一种产品，竞争与嫉妒总是会发生作用。在艺术领域，在文学领域，在音乐领域，在产业领域，回报与惩罚总是相伴相随。回报是被人们广泛地认知；惩罚则是遭到粗暴的否定和贬抑。当一个人的作品成为全世界的标准的时候，他也就成了一部分嫉妒者的箭靶子。如果一个人的作品只是普普通通，他终将被遗忘。如果他完成了一个杰作，他将令千百万人议论纷纷。嫉妒不会将自己带刺的口舌朝向只能画出普通作品的画家。无论你写什么，画什么，演什么，唱什么，建造什么，没有一个人会想要去超越你或诽谤你，除非你的作品被贴上了天才的标签。在一个伟大的作品或一个好作品被完成很久之后，那些失意者和嫉妒者依然会大声嚷嚷它不可能被完成。在广大的外部世界已经将惠斯勒誉为最伟大的艺术天才的时候，来自我们自己的主流艺术界的少数恶意评论却依然将他说成是江湖杂耍。当千万人涌向普鲁士去沐浴瓦格纳的音乐之光时，那些被挤下去的被取代的一小群人却恼怒地宣称瓦格纳根本算不上是个音乐家。当全世界的人都拥到岸边去看富尔顿制造的蒸汽船冒着蒸汽驶过时，一小撮人依然顽固地认为他不可能造出蒸汽船。领先者受到攻击，就是因为他是一个领先者，而那些想要和他一比高低的努力只能为他的领先地位添加证据。在这种想要与他一比高低或想要除去他的努力失败之后，那些跟随者就会想方设法进行贬损和破坏——但是所有这些努力只能再次使他试图去取代的领先地位变得更加稳固。在这个问题上没有什么新鲜的东西。这种情况就像这个世界一样古老，也像人的各种情感——嫉妒、恐惧、欢快、抱负以及想要超越的欲望等——一样亘古难变。但是，嫉妒与贬损没有任何作用。如果领先者是真正的领先者，他将依然是领先者。大诗人，大画家，大作家，他们一个个被攻击，但是在时光的流逝中，他们依然享有着头顶上的月桂花冠。无论贬抑之声如何喧嚣动地，那些好的和伟大的事物终会令它自身闻名天下。它们注定与世长存。[1]

公文语体在广告文案中用的比较少。因为如果使用不当，这种语体常常使读者产生刻板、枯燥之印象。该语体在广告中大多只作为文稿的一部分用以传达某些具体特征或解释某个具体问题。

案例解析

IBM 在推广“随需应变的业务”时，巧妙地运用了公文文体，对一些重要业务提供了解释。其中一则广告对 WebShpere 提供了公文式的注解：

(1) 客人以无线方式登记入住。

(2) 大堂经理查询客人的偏好。

(3) 紧密整合供应商的服务。

(4) 供应自动满足需求。

(5) 回头客使盈利不断增加。

以上这些文字只不过是 IBM 广告正文中的一部分。广告画面则表现了在一个豪华酒店的大堂中，不同的人正各自从事着各自的活动。广告用从 1 至 5 的几个数字，给不同的人的活动贴上了数字标签。然后，在广告正文中，用公文文体对 1 至 5 进行了逐点说明。IBM 的广告试图告诉广告读者，所有这些看起来毫不相关的活动，其实都可能与 IBM 的业务有关。在 IBM 这则杂志广告中，尽管这部分文稿本身显得有些单调，但是当它们与具有现实性的场景结合在一起的时候，则产生了对画面中的人与事的解释作用。IBM 的广告构思的巧妙之处，乃是用可以创造具有视觉愉悦性的画面来引起人们的思考，然后利用文字加以解释与说明。通过这种文案技巧，IBM 将很多抽象的业务理念形象化、生活化地表现出来。

3. 语言风格修辞

汉语是一种表现力极强的语言。汉语表现力有很大一部分来自于语言的风格。在广告文案中，语言的风格与广告基调密切相关。我们可以将语言风格分成相对应的几大类：豪放与柔婉，繁复与简约，明快与含蓄，绚丽与平实。豪放的语言风格朗读出来响亮悦耳，具有一定的鼓动性。柔婉的语言风格创造出一种娓娓道来的气氛，可以以情动人。明快的语言风格令人精神爽朗。含蓄的语言风格令人回味。绚丽的语言风格可以创造出令人兴奋的意象。平实的语言风格有助于增加信任与好感。

对于广告文案创作而言，应根据广告创意的需要与消费者特征等实际情况活学活用。广告语、广告口号一般采用简约、明快的语言风格。广告标题与正文的写作，则可以根据需要采用各种语言风格。

案例解析

李宁公司的广告语：一切皆有可能。这句广告语的语言风格豪放、简约。

麦当劳的广告语：我就喜欢。这句广告语以简约、明快为主要特征。

动感地带的广告语：没错，我就是 M-ZONE 人。这句广告语的语言风格简约、平实。

全球通的广告语：我能。这句广告语也以简短为主要特征。

波导的广告语：冠军风采，波导拍。这句广告语以简短、明快为主要特征。

---

1 本篇广告文稿的英文原文参见〔美〕斯沃卡：《美国广告文化》，东北财经大学出版社 1998 年版，第 114 页。

王老吉凉茶的广告语：怕上火，喝王老吉。这句广告语的语言风格以有力、干脆为主要特征。

农夫山泉的《大脚篇》电视广告文案：“俺叫大脚，不是俺脚大，是俺跑得快，2008 年，俺想去北京跑。”（图片 12-4）农夫山泉是第 28 届（雅典）奥运会中国体育代表团训练及比赛专用水，广告以此为创意的出发点，讲述了真实人物的故事，用一个男孩的口吻来说话，广告文案风格平实、朴素。

图片 12-4

（二）修辞与广告文案语境的关系

广告文案的创作要根据创意的需要设定合适的广告文案语境。修辞与语境密切相关。从语境的构成方面说，语境可以分为两类：一类是上下文语境；另一类是社会语境，即语言运用的背景因素，小的如言语交际的对象、目的、时间、地点等，大的如时代、地域、民族文化、风俗习惯等。

那么，修辞与广告文案语境之间存在怎样的关系呢？首先，广告文案的语境是进行广告文案修辞活动的依据。在广告文案中，语境的确定影响着文案的风格与广告的基调。对于广告文案语言来说，所运用的语言形式合适与否、能否取得最佳的表达效果，皆取决于语境。在生活片断型广告中，语境显得尤其重要。同一种修辞手段，在一个生活片断的语境中可能会收到良好的效果，在另一个生活片断的语境中则不一定适用。其次，广告文案的语境能够赋予词语各种不同的语境意义。有些广告文案语义表达准确、生动，令人产生丰富美好的联想，主要是因为词语在特定的语境中实现了特殊的语境意义。这样的例子在广告中很容易找到。

案例解析

Solis 饮料公司出品了名为“力量”（Power）、“防御”（Defence）、“珍爱”（Cherish）、“极乐”（Bliss）的四款饮料。在四则广告（图片 12-5）中，使用统一的广告语：“释放你的感觉”（Unbattle your feelings）。四则广告画面为广告文案提供了各自独特的语境，使广告文案中“感觉”一词具有丰富的意义。在“力量”那则广告中，饮料瓶被画成一个火箭飞向太空。在“防御”那则广告中，饮料瓶被画成一个满身是刺的瓶子。在“珍爱”那则广告中，饮料瓶被画成相拥的情

图片 12-5

人，画面背景是夕阳下的海滩，还有几颗“红心”在空中飞动。在“极乐”那则广告中，画面是开满五颜六色的花的原野，一个饮料瓶的瓶盖被画成嘴角高翘的嘴巴，瓶子也仿佛是狂喜中扭动的身体。在四种不同的语境中，广告文案中“感觉”一词分别对应了四种不同的情感。

三、 广告文案创作中对辞格的运用

在修辞学领域，“辞格”又叫修辞格。最早使用“修辞格”这一术语的，是唐钺的《修辞格》一书。后来，陈望道先生在《修辞学发凡》中，使用了“辞格”这一术语，此后被广泛使用并沿用至今。辞格是修辞学中具有特定表达效果的语言结构模式。现代汉语的辞格非常多，本书无法一一介绍，仅就广告文案创作者应该了解的、比较常见的一些辞格进行介绍。下面是一些常见辞格及其基本特点以及在广告文案中的运用。

（一）常见辞格及基本特点

1. 比喻

比喻是指在描写事物或说明道理时，用同它有相似点的本质不同的别的事物或道理来打比方。比喻有三个要素：本体，即所要说明的事物；喻体，用来作比的事物；相似点，也叫喻解，指的是本体同喻体的相似之处。比喻的构成必须具备两个特点：(1) 本体和喻体必须是本质不同的两类事物。(2) 本体和喻体必须具备相似点。比喻的常见类型有：(1) 明喻，本体、喻体都出现，常用喻词“像、如、似”等。(2) 暗喻，本体、喻体都出现，常用喻词“是、变成、等于”等，如：“广场变成了花的海洋。”(3) 借喻，只出现喻体，不出现本体和喻词，如：“银鹰在蓝天翱翔。”(4) 引喻，只出现本体、喻体，不出现喻词，一般用并列的句式表示两者的比喻关系，如：“树影再长也离不开树根，人走得再远也忘不了故乡。”

案例解析

日清大豆油的一则广告的广告语：日清新品大豆油，纯香美食专家。这句广告语使用了比喻的修辞手法，或者更具体地说，使用了引喻的修辞手法。在这则广告中，一桶日清大豆油戴上了一顶厨师帽。视觉语言在传达信息时与文字语言相呼应，同样使用了比喻。

2. 对比

对比是指把两种不同事物或同一事物的两个方面放在一起相互比较的一种修辞格。对比可以分为两体对比或一体两面对比两类：(1) 两体对比，即把两种根本对立的事物放在一起进行对照，使两者的特征更加显著。(2) 一体两面对比，即把同一事物中矛盾对立的两个方面放在一起叙述，从而深刻地说明问题。

案例解析

2002 年，中国电信推出一个名叫“互联星空”的应用品牌。它是中国电信为了让用户体验宽带更广泛的应用而开辟的宽带应用平台。在此平台上，中国电信聚集了众多宽带 ICP，涵盖了包括影视、游戏、交友等方面的宽带项目。通过调查，中国电信与其广告代理公司广东省广告有限公司认为，娱乐是公众用户在宽带应用上的主要目的，电影、音乐、视频材料是用户所热求的内容。同时，广告公司发现，在现实生活中淘碟、淘音乐费时费力。于是，广告公司为中国电信创作了以解决潜在消费者问题为目标的系列广告。下面是其中两则广告（图片 12–6）的主要文案：

图片 12-6

或者继续在众CD架里寻它千百度，或者在互联星空享受五十万首歌精准下载。

或者蹲在天桥辛苦淘碟，或者在互联星空享受2000部电影轻松点播。

在这两则广告中，主要文案都采用了对比修辞，将一个人的两种选择加以对比，前半句陈述了潜在消费者面临的问题，后半句告诉受众中国电信的互联星空能够帮助他们解决难题并给他们带来价值。

梦龙雪糕在一个组合式的广告(发布在画报的两侧)中，以对比的方式表现了两种不同的梦龙雪糕(图片12-7)。该组合式广告的广告大标题：有时候，我爱豪放粗犷。(左)有时候，我爱细腻温柔。(右)

图片 12-7

3. 对偶

对偶是指用两个结构相同或相似、字数相等的短语或句子来表达相关的意义内容的一种修辞格。对偶可以分为正对、反对和串对三类。(1) 正对，从两个角度、两个侧面来说明同一道理，表示相似关系。如："宝剑锋从磨砺出，梅花香自苦寒来。"(2) 反对，把处于对立关系的两种事物或同一事物的两个方面放在一起，以突出事物的本质。如："横眉冷对千夫指，俯首甘为孺子牛。"需要说明的是，反对，从结构上看是对偶，从语义上看是对比。(3) 串对，也叫"流水对"，即将事物的发展过程或因果、条件、假设等关系用字数相等、结构相似的句式叙述出来。如："老夫喜作黄昏颂，满目青山夕照明。"当然，在广告文稿中，用得最多的是正对，反对用得不多，因为在广告文稿中出现否定性的语言是一件风险很大的事。这种做法常常容易使广告受众在快速阅读中无法作出准确判断而对产品留下负面印象。串对的语言技巧难度较大，而且容易使语言含义更加丰富。但是，广告文稿中使用串对，一旦把握不到位，就可能增加广告受众理解文稿的难度。因此，在广告文稿中，串对的修辞技巧比较少见。

案例解析

杉杉服装的广告语：中国有我，杉杉有你。这句广告语是典型的对偶(正对)修辞。广告语简洁明了，暗示了杉杉是中国服装界的名牌。

对比和对偶的区别主要表现为着眼点不同：对比着眼的是意义上的反差与对立，在结构上不作具体要求；而对偶着眼的正是结构上的对称、一致，在意义上不作具体要求。二者功能有别：对比的作用是使客观事物表现得更鲜明突出；对偶的作用是增强感染力。

4. 排比

排比是经常使用的一种修辞方法。严格意义上的排比是指把三个或三个以上的结构相似、语气一致的词语或句子排列起来以表达相关内容的一种修辞格。排比可以分成两类：(1) 句子排比。(2) 句子成分排比。在广告文稿中使用排比，可以有效加强文稿的气势，使文案富有节奏，便于记忆。

案例解析

加拿大莫尔森(MOLSON)啤酒酿造公司的一则电视广告的主要文稿如下：

我不是一名伐木工人，
也不是皮毛贩子。
我不住冰屋，
不吃鲸脂，
也不坐狗拉的雪橇。
我有一个总理而不是总统，
我读/zed/，而不是/zi:/，是/zed/。
加拿大是世界第二大国。
加拿大人。

在加拿大莫尔森啤酒酿造公司的这则电视广告文稿中，运用了句子排比，三个结构类似的句子形成排比，而且第二个句子的句子成分也使用了排比修辞。排比的运用使广告文稿如水银泻地，非常具有气势。该电视广告由于其文稿的排比，显示出令人兴奋的节奏，极大地调动了观众的情绪。

图片 12-8

在系列广告之中，每个广告的大标题各自独立，但是放在一起，如果能出现排比效果，则可以增强广告的系列感和整个系列广告的阵势。因此，在系列广告中，常常采用这种大标题跨作品之间的排比技巧。

案例解析

微型轿车 QQ 在“秀我本色”的系列广告(图片 12-8)中，采用了如下一些大标题：

系列广告之一的大标题：时尚，我来执笔。

系列广告之二的大标题：风景，我来勾画。

系列广告之三的大标题：日子，我要做主。

系列广告之四的大标题：个性，我去创意。

5. 反复

反复是指为了突出某个意思，强调某种感情而有意识地重复某个词语或句子的一种修辞格。反复可以分为连续反复和间隔反复两类。如果被重复的词语是连用，则为连续反复。如果在被重复的词语或句子之间有其他词语或句子成分，则为间隔反复。

案例解析

Zespri奇异果有一则印刷广告的广告文案为：吃我！吃我！吃我！丰富维他命，吃越多，养颜美容越青春。

排比和反复经常综合运用，但二者有明显的区别：首先，结构上存在差异。排比是三项或更多项的平行排列，而反复只要求两项的重复排列。当然，在广告文案的语句中某些词语或句子有两项以上的重复排列，也属于反复。关键的区别在于，排比重在相似结构的并列，而反复则重在相同词语或句子的重复。其次，功能不同。反复的运用主要是为了强调，而排比的运用则主要是为了增强语言的气势。

有些时候，反复修辞会与排比修辞混用。

案例解析

李宁体育用品的一条电视广告，其文案如下：

再见，赖床；

再见，烦恼；

再见，胆小鬼；

再见，XL；

再见，板凳；

再见，上届冠军；

再见，昨天的记录；

一切皆有可能。

在该广告文案中，“再见”一词可以视为是多次反复，而每个分句之间则可视为是并列。因此，该广告正文可以视为混合运用了反复与排比修辞。广告语句既对“再见”这个意思起了强调作用，同时增强了广告正文整体的语言气势。

6. 双关

双关是指利用语音或语义条件，有意使语句同时兼顾表面和内里两种意思——言在此而意在彼的一种修辞格。双关可以分为以下两类：(1) 谐音双关，即利用音同或音近的条件使词语或句子语义双关。(2) 语义双关，即利用词语或句子的多义性在特定语境中形成双关。

案例解析

中国建设银行推广e路通产品的一则广告的大标题是：“别怕，建行e路通保你安全！”广告副标题为：“建行e路通，便捷又省时，安全更省心。”广告文案中，使用了“一路通”与“e路通”之间的谐音双关。

三星打印机曾有一个广告的广告语是：“要，就来真的！”电视广告和平面印刷广告都讲述了一个故事：一个男孩喜欢一个女孩，并请求女孩嫁给他。广告同时表现了三星打印机可以打印出逼真的色彩。广告语一语双关，既说明男孩真的想和女孩结婚，同时说明了三星打印机可以打印出逼真的色彩。

7. 引用

引用是指在文章或讲话中援引别人的话语来阐述问题的一种修辞格。引用可以分明引和暗引两类:(1) 明引,是指明出处的一种引用。(2) 暗引,不指明出处的一种引用。在证言式的广告表现中,常常采用明引的修辞方式来增加广告的说服力和可信度。

案例解析

宝玑表的一则杂志广告 (图片 12-9) [1] 中即使用了明引的修辞。

图片 12-9

该广告正文为:

“一个追求完美的人独自在林荫大道上徘徊,
时光在不知不觉间流逝,
蓦然回看手上的宝玑腕表,
才警觉时间的真谛。”
亚历山大·普希金写于“Eugene Onegin”1829 年

8. 顶真和回环

顶真,也叫联珠,指用上一句结尾的词语做下一句的起头,使前后句子头尾蝉联、上递下接的一种修辞格。“我站在桥上看风景,看风景的人在楼上看我”这句诗就使用了顶真的修辞技巧。

案例解析

昆仑润滑油的广告语: 好车加好油,好油在中油。该广告语使用了典型的顶真修辞,使得广告语朗朗上口。

回环是指把前后语句组织成穿梭一样地循环往复的形式以表达不同事物间的有机联系的一种修辞格。比如:“长相知,才能不相疑;不相疑,才能长相知。”回环是非常重要的一种修辞手法,但是在广告文案中并不多见。在广告文案中使用回环,通常是为制造一种语言的趣味。

味丹“多喝水”牌矿泉水的广告语: 多喝水没事,没事多喝水。该广告语使用了回环修辞,同时也包含了顶真修辞。这使得广告语不仅朗朗上口,而且产生了一种独特的意味,蕴涵了幽默、机智以及诙谐。

顶真和回环的区别主要表现在:(1) 结构不同。顶真在结构上一环扣一环,向前推进,而回环在结构上则是循环往复的。(2) 功能不同。顶真的运用主要是为了条理清晰、说理严密,而回环的运用则主要是为了使意义精辟警策、富于哲理。

9. 反问和设问

反问是指无疑而问,把要表达的确定意思包含在问句里的一种修辞格。设问是指无疑而问,自问自答,以引起听读者注意和思考的一种修辞格。

案例解析

薇姿的一则杂志广告(图片 12-10)的大标题是:“能像脱去冬装一样,轻松拥有轻盈的体态吗?” 广告大标题以设问的修辞手法提出问题。该问题的答案是由画面语言来解答的。在广告画面中,一个女子正脱去冬装,露出柔嫩的肌肤、纤细的腰身。

除了以上这些辞格之外,还有通感、移就、衬托、借代、比拟、夸张、拈连、反语等辞格。这些辞格在文学作品中很常见,但是在广告作品中并不常用。这些语言修辞技巧的运用对语境的要求很

---

1 广告作品参见《商业周刊 (中文版)》2007 年第 8 期。

高，需要读者投入更多的思考与体会；而广告文案通常强调简洁明了，尽量避免使受众产生误解和费解。不过，广告作品中却通常通过视觉语言和文字语言的配合来产生类似于文字语言所能产生的通感、移就、衬托等修辞效果。我们将在下文讨论相关的视觉语言艺术时介绍通感、移就、衬托这几项技巧在视觉语言中的表现。尽管通感、移就、衬托、借代、比拟、夸张、拈连、反语等辞格在广告文案的文字语言中比较少见，我们在此处也简单介绍一下它们的含义。

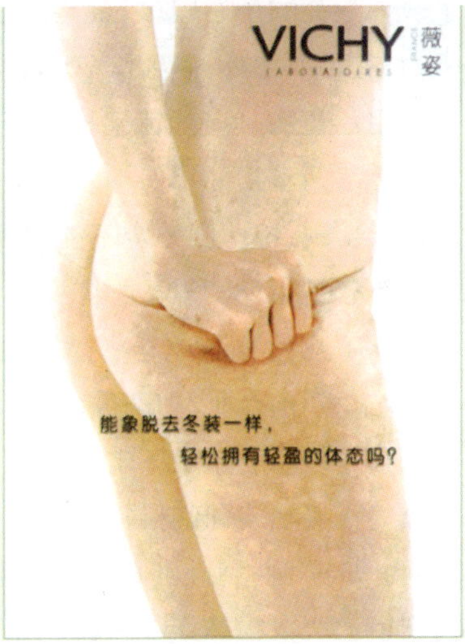

图片 12-10

通感修辞就是利用人们的审美活动中各种感官的反应，使人的视觉、听觉、嗅觉、触觉等多种感觉互相沟通、互相转化。

所谓移就，是指把原来属于形容甲事物的修饰语移属乙事物，或把人类的性状移属于非人的或无知觉的事物。移就是一种超乎常格的语言现象，是词语搭配的创造性运用。通过词语的移用，可以将人的情绪、状态同事物联系起来，简练生动地将人的情绪、思想、性格鲜明地表达出来，或将事物的形状、本质突出出来。移就可以使语言产生意蕴丰富的效果，也可以使语言于变化中出奇制胜，产生独有的情趣。常见的移就有两种：一种是移人于物；另一种是移物于物。移人于物是把原来形容人的修饰语移用于物。移物于物是把原来形容甲事物的词用来形容乙事物。

衬托是用对一种事物或情状的表现来衬托另一种事物或情状。衬托可以使描写的对象形象更加鲜明。

借代，也叫换名，是指不直说本名，而借相关事物的名称来代替本名的一种修辞格。借代可分为以下几种类型：(1) 部分代整体；(2) 专名代泛称；(3) 具体代抽象。借喻和借代的共同特征是本体事物不出现，借另一事物来代指本体事物，但两者的区别还是比较明显的。借喻的本体、喻体之间有一种相似性，但本质上是不同的事物，两者之间没有实在的关系；而借代的本体、借体之间不存在相似性，但却有实在且密切的联系。另外，借喻一般都能转换成明喻。

案例解析

中国电信"互联星空"产品的一个系列印刷广告中使用了借代的修辞技巧。

系列广告之一（图片 12-11）的广告大标题：不去电影院，也能天天"奥斯卡"。在该广告大标题中，以专名"奥斯卡"来借代"看电影"。

图片 12-11

比拟是指根据想象把人当物写，或把物当人写，或把甲事物当成乙事物来写。比拟可分为以下几种类型：(1) 拟人，即把物当作人来写。如："密集的芦苇细心护卫着脚下偷偷开放的野花。"(2) 拟物，即把人当物来写，或把甲事物当乙事物来写。前者如："随着一连串脚步声，屋里飞出了一个漂亮的小姑娘。”后者如："蓝色的火苗舔着锅底。”比喻和比拟均需涉及两个不同质的事物，有相似之处，以致修辞学界有人主张要将两者归并。其实两者是有很明显的区别的：(1) 比拟是用乙事物具有的特性描写甲事物，或者说，把乙事物的特性强加于甲事物；而比喻则只是侧重于甲乙两事物的相似点。(2) 比喻中，喻体一定要出现，本体则可不出现；而比拟则相反，本体一定要出现，拟体则一定不能出现。

夸张是指为了表达的需要故意言过其实，对客观的人或事物作扩大或缩小的描述。夸张可以分为以下几种类型：(1) 扩大夸张，即故意把事物往大处说。(2) 缩小夸张，即故意把事物往小里说。(3) 超前夸张，即两件事中，故意把后出现的事说成是先出现的或同时出现的。

拈连是指利用上下文的联系，把用于甲事物的词语巧妙地用于乙事物的一种修辞格。拈连可以分为直接拈连和间接拈连两类：(1) 直接拈连，即不借助于其他修辞手法把甲乙两事物拈连在一起。如："刨啊刨，刨直不平的木头，刨直弯曲的思想。”(2) 间接拈连，即需借助于其他修辞手法把甲乙两事物拈连在一起。如："问君能有几多愁？恰似一江春水向东流。”双关和拈连的区别主要表现在：(1) 结构不同。双关是一个语句同时兼顾两种意思，只有一项，而拈连则有一个顺势移用的过程，一般多为两项及两项以上。(2) 功能不同。双关追求的是表达的含蓄曲折、意味深长，而拈连追求的是表达的生动、机智。

反语也叫反话，是指故意使用与本来意思相反的词语或句子来表达本意的一种修辞格。反语可分为以下两类：(1) 反话正说。如："你真聪明，这么多天竟想不出一个好主意。”(2) 正话反说。如："几个女人有点失望，也有些伤心，各人在心里骂着自己的狠心贼。”

在广告文案写作中，辞格也常常被加以综合运用。辞格的综合运用主要有三种情况：连用、兼用和套用。

辞格的连用是指同类辞格或异类辞格在一段文字中的接连使用。辞格的兼用是指一种语言表达形式兼有多种辞格。辞格的套用是指一种辞格里又包含着其他辞格，形成大套小的包容关系。

案例解析

飞利浦的一则印刷广告的大标题是："生命初始本不复杂，为何要改变它？”

广告正文："生活已够复杂，科技不该再添烦恼。因此，飞利浦致力让科技对您更有意义。科技，应该如同打开盒子一样的简单。科技，应该轻松体验。科技，应为您的工作和生活而设计。科技，本该是这么简单。”

在广告正文中，使用了排比，同时套用了比喻——"科技，应该如同打开盒子一样的简单”这句话使用了比喻辞格。

对于如何在广告文案创作中运用修辞，广告界有些不同的观点。有一部分人认为，过度地强调修辞上的雕琢，会损伤广告文案的有效性。另有一部分人认为，修辞是广告文案创作不可或缺的手段。前者强调广告文案应该直白、简洁，认为过度追求修辞效果可能造成文案难以被消费者迅速理解。实际上，这种情况确实存在，阿夫来德·波立兹举出了一些因误用修辞而造成广告效果不好的例子，他指出："结论之一是，有智慧的噱头、巧妙、诙谐或灵敏复杂的文字组合，非但不能增加广告的效果，相反的还会减少广告的效果”[1]；“把直接与简单换成了故意造作的旁敲侧击，实在是浪费的事”[2]。后一类人不仅重视广告中的“议题”，而且非常重视修辞的手段。比如，以意识形态广告与后现代广告著称的许舜英在被问及中兴百货广告的创作思想时，这样说道：“所谓的‘议题’，只是创作思考的一个出发点。广告如果只跟‘议题’的表达有关，岂不是太枯燥？我承认中兴百货的作品在广告主张或所谓议题的讨论上是它的重点之一，因为我认为一个聪明的概念是最具挑逗性的，也最能塑造所谓的态度，但同样重要的是美学的手段、视觉及影像的手段、修辞的手段，广告创作并不只是选择‘议题’的工作，议题只是一个被处理或玩弄的元素。”[3]其实以上两类人的观点并不是绝对的对立，也并不存在着不可调和的矛盾。因为在现实世界中，产品多种多样，消费者也千差万别。有些高档产品的目标消费群希望在广告中看到更多的智慧或诙谐，而有些普通日用品的目标消费群则更愿意看那些简短明了的广告。不同表现方式的广告，也可能对不同的消费群产生不同的效果。因此，我们主张现实地看待广告中如何使用修辞这一问题，按照目标消费者的特征与产品的具体情况，根据具体情形合理使用各种语言修辞技巧。

第二节　视觉语言艺术

从广义的广告文案视角出发，广告中的视觉内容可以被认为是视觉语言。视觉语言在传播广告信息方面，往往具有文字语言无法取代的独特魅力。

一、视觉内容的色调

广告中视觉内容的色调是指广告中的视觉内容的主色调，也就是广告画面色彩的总倾向。在广告中，图片、照片等视觉内容的色调可以创造广告的背景、氛围与语境。

从色彩的色相方面看，色彩有红、橙、黄、绿、青（蓝）、紫等多种色调。从色彩的色性方面看，色彩有冷色调、暖色调和中性色调。从色彩的色度看，色彩可以分为明调、灰调与暗调。

广告画面使用何种主色调，可以从三个方面进行思考。首先，可以考虑广告主题的基调。广告主题的基调大致有三个方面：价值感、形象感以及情绪感。其次，商品形象色也是广告画面使用何种色调的重要参考。商品形象色又包括商品固有色、商品表现习惯用色、商品象征色、企业标志标准色等。最后，还可以考虑广告目标对象对色彩的好恶。广告目标对象的民族、国家、性别、年龄、文化等方面的因素，都可能影响到他们对某些颜色的好恶。

案例解析

可口可乐的包装主色是红色。可口可乐曾发布了一个名为“红色激情”的系列广告，甚至以红色为创意点，在商场营造了“可口可乐红色休闲区”。在“红色激情”的系列广告中，广告画面的主色调是热烈的红色，画面中的人物是生机勃勃的年轻人。可口可乐希望通过该系列广告和相关活动在年轻消费者心中增强品牌的现代气息和年轻向上的品牌形象。

泰国会员俱乐部 Thailand Elite 的一则杂志广告（图片 12-12）用深红色的地毯作为画面，来

1　〔美〕汤姆·狄龙等：《怎样创作广告》，刘毅志译，第 51 页。
2　同上书，第 53 页。
3　曾玉萍：《锋发韵流许舜英》，《国际广告》2001 年第 4 期，第 95 页。

图片 12-12

说明泰国尊荣卡的尊贵。

该广告的大标题："时而徜徉高贵的大理石地面，时而漫步细软的沙滩，但感觉总像是踏上了尊贵的红地毯。"广告画面所用的主色调与广告主题、正文相互呼应，简洁明了，具有很强的说服力。

该广告的正文：

泰国尊荣卡，是一个全球创新的国家贵宾会籍卡。

泰国之菁华，我们为您精挑细选；本卡独有的优惠和特权，更令其美妙绝伦，让每一位会员处处尊享生活、商务及休闲之乐趣。

现在就加入吧，到这个泰国政府所支持的会员俱乐部获取您值得拥有的一席之地。您将会发现，为尊荣所准备的，正是泰国的菁华。

图片 12-13

JOHNNIE WALKER 出品的 BLUE LABEL 酒在杂志广告（图片 12-13）中展示了酒瓶及酒瓶中的质感，用深蓝的背景来突显酒的高贵，并与该款酒的品牌(BLUE LABEL，蓝标)相呼应。

该广告的大标题：慧眼识价

THINKPAD 笔记本电脑在以“让思想更有力”为主题的系列杂志广告(图片 12-14)中使用黑色的主色调。黑色暗示了思想的稳健、冷静与严密，符合产品的商务定位。

其中一则广告的正文为：这个星球上，每天有数十万台笔记本诞生，其中的一小部分所要接受的考验，旁人无法想象。被要求的更多，被赋予的使命也更重，它注定是商务人士的思想利器。

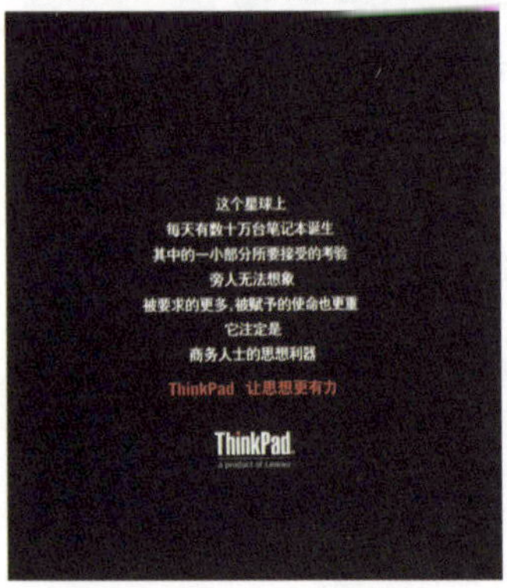

图片 12-14(A)

图片 12-14(B)

图片 12-14(C)

M&M巧克力豆的产品特点之一就是具有丰富多彩的糖衣。因此,在其广告中,色彩被作为重要的文案元素加以利用。在其一个系列广告(图片 12–15)中,白色以及单纯明艳的红色、绿色、黄色都几乎布满画面,仅仅是这些色彩,也令人心情大快。它的另外一些广告(图片 12–16)也在颜色上“做文章”,通过舌头的颜色衬托出 M&M 巧克力的颜色。

图片 12–15(A)

图片 12–15(B)

图片 12–15(C)

图片 12–15(D)

图片 12–15(E)

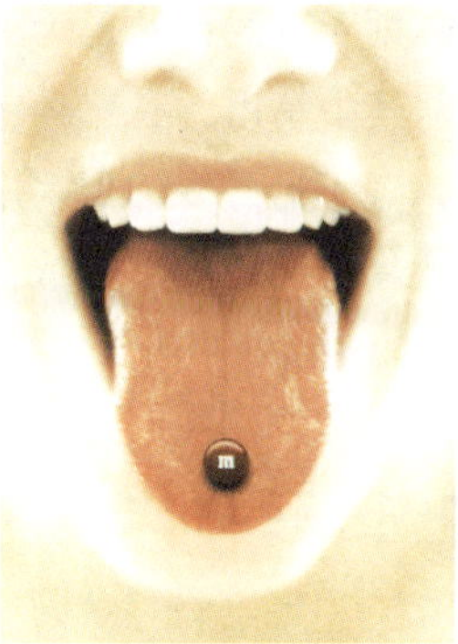

图片 12–16(A)

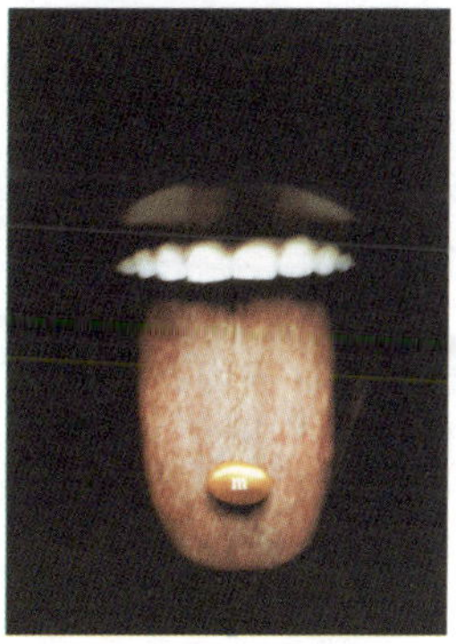

图片 12–16(B)

二、布局与设计

广告画面中视觉内容的布局与设计,可能直接影响到广告重要信息传达的力度。布局与设计要考虑产品、人物、色彩、背景、文字、标志等多种元素。在印刷广告中,布局与设计的一般原则是:将产品、广告代言人、主色调色块、大标题放置于醒目的位置,企业标志一般放置在广告的左上角或右下角。如果在广告中要用大篇幅的照片或插画,通常情况下是将它们放置于广告的上部,广告正文在下部,大标题则出现在正文上方位置。这种布局,被称为印刷广告的经典布局。但是,有时候根据创意的需要,广告画面的布局与设计可以打破一般原则,采用独特的布局技巧。广告文案创作者还常常根据纸张的大小、利用装订工艺创作出特型广告(或称“异型广告”)。

案例解析

打破布局与设计一般原则的一个著名的案例是大众金龟车的一则广告。该广告的大标题是“想想小”(Think Small)。(广告正文参见前文。)该广告中,广告的主角——大众金龟车并没有出现在画面的正中,也没有占据大部分篇幅,而只在画面中占据了一个小角落,画面其余部分是大面积的空白。这种布局与设计,突出了广告的创意,使广告诉求的效力放大了无数倍。这种反规则的布局与设计方法,成为众多后来者追捧与模仿的对象。

图片 12-17

在新一代的甲壳虫车的广告(图片 12-17)中,广告人也根据创意的需要,采用了异曲同工的布局技巧。产品出现在广告画面的背景处,毫不起眼。画面呈现了一个人的眼中所见。虽然画面中的前景是招人眼球的美女模特，但是画面却告诉受众，真正引人注目的是背景中的甲壳虫车。广告文稿是“那有一辆”。这句话虽然简单,却将广告中的产品变成了主角。

雷克萨斯全新旗舰 LS460L 尊贵加长版的一则杂志广告(图片 12-1)为了突出产品和广告诉求,制作成了加折页的特型广告。

该广告的大标题之一:“全新旗舰 LS460L 尊贵加长版　以不凡诠释豪华。”

该广告的大标题之一:“别人走过的路　您不会去走。”

三、减少视觉元素

在广告画面中,减少视觉元素的目的是为了突出画面、突出创意的意图和广告诉求。减少视觉元素的具体技巧有很多,其中常用的有三种:

1. 让产品本身来“说话”,不另外专门撰写广告大标题与广告正文。运用这种技巧时,通常情况下是因产品的外形、包装具有某种突出的特征,或者产品包装上的文字出现在广告创作者构思的画面中即可传递重要的信息。

案例解析

Country Fresh 牌牛奶的一则印刷广告运用产品本身来“说话”,广告中没有专门撰写的广告文稿。广告画面表现了一只手拿着一盒 Country Fresh 牌牛奶,图中的产品处于视觉中心,产品包装上有牛奶的商标以及黄底黑字“LOW FAT”(低脂)的字样。图中的另一视觉焦点是那只纤细的手。在那只手的无名指上,戴着一枚戒指,令人吃惊的是戒指其实已经变宽松了,手指上露出一圈原来被戒指遮挡而未被阳光晒黑的白色印痕。在这一广告中,“低脂”牛奶带给消费者的价值被以令人吃惊的方式加以突出。

2. 产品作为广告画面中唯一的主体,通过布局和设计传达创意意图,并另用大标题和广告正文辅助加以说明。这种表现技巧的特征是,如果遮去广告文字部分而只看广告画面,一般无法理解广告的含义;只有在阅读广告文字部分后,广告的意义才会生成。

图片 12-18

案例解析

固特异(GOODYEAR)Eagle F1 款轮胎是高端产品,具有静音性与操控自如的性能特点。麦肯光明广告公司的创意与文案人员想到了以“飞碟”来比喻该款轮胎,因为飞碟给人的印象是安静、神秘,以及转瞬即逝。在完成的广告中,白色占据了画面的绝大部分空间,一只轮胎出现在广告画面的右上角,仿佛掠过空中的“飞碟”(图片 12-18)。

该广告的大标题为：能飞，不一定在天上。

该广告的正文：它只在地上飞，全新 Eagle F1 轮胎，操控自如，悄无声息，转瞬即逝。看好了，UFO 不会经常出现。

广告语：固特异轮胎，一路领先。

在该广告中，画面中的视觉元素非常单纯，只有一个轮胎以及大面积的白色，因此，给人的视觉冲击非常强烈。大面积白色的应 用，也非常符合广告创意的构思。这一案例将产品作为广告画面中唯一的主体，另用大标题和广告正文辅助加以说明。

3. 既利用产品本身的外形或包装特征、布局与设计，又结合文字的力量。用这种技巧创作的广告的特征是，如果没有广告文字部分而只看广告画面也能猜到一部分广告含义，但是只有在阅读广告文案写作者专门撰写的广告文字部分后，广告的意义才会完全生成。

案例解析

Gold Fischi 巧克力的广告（图片 12-19）中，产品的包装与形状非常有特色的巧克力豆被放在画面的右上角。广告画面的主体则是一个侧坐着的女人背部。这个女人穿着一条巧克力色的裙子，戴着一顶白色的帽子。在淡色背景的衬托下，穿着巧克力色裙子的女人的身体，仿佛就是一颗巧克力豆。广告大标题为："甜蜜的新包装"。此一广告标题可谓有画龙点睛之作用，一下子增加了广告的诙谐。而该广告意义的生成，则主要依赖于广告巧妙的布局与设计。广告画面与广告文字，一同造就了一则诙谐、动人的广告。

图片 12-19

SPEEDUP 牌内衣在中国上市时，广告以"会呼吸的内衣"为诉求点。广告目标人群界定为22—25 岁的青年男女，收入中高，崇尚自然健康的生活方式，积极乐观，憧憬美好生活。其广告（图片 12-20）以简洁的画面、巧妙的创意传达了这一诉求。其中一则广告的画面以纯白为底色，画面正中摆着一只红色胸罩和一条红色三角裤，看上去就像一个红色的嘴唇。另一则广告画面正中摆着一条红色的直角内裤，看上去就像一个鼻子。广告语为：It can breathe. Just like you.该广告以产品为主角，经过精心的构思，利用简洁的视觉元素，准确而强烈地传达了产品的诉求点。这一案例将产品作为广告画面中唯一的主体，产品外形以及布局与设计透露了部分广告含义，大标题起了重要的说明作用。

前文提到的大众金龟车的"想想小"那则广告，也用产品本身外形小来"说话"，同时用广告大标题与正文加以说明。

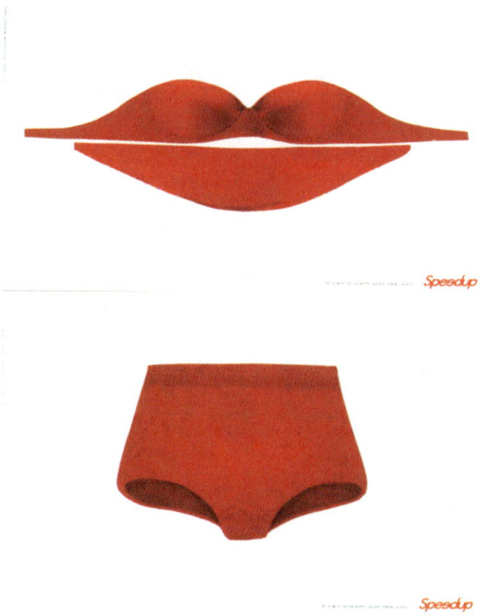

图片 12-20

四、使广告画面产生类似文字语言的修辞效果

我们知道，在文字语言的修辞技巧中，有比喻、比拟、夸张、移就、通感、借代、双关、拈连、设问、对偶、对比、衬托、反复、排比、层递、仿拟等多种辞格。在视觉语言的运用中，使广告画面产生文字语言的修辞效果也是常用的视觉语言技巧。当然，由于是非文字形式，视觉语言所能使用的“辞格技巧”也远远没有文字语言的辞格那样丰富。视觉语言所能使广告画面产生**类似**文字语言的修辞效果，通常有比喻、夸张、对比、衬托、移就、通感、借代、比拟等几种。

图片 12-21

案例解析

新 Audi A8ji 加长型车的一则跨页杂志广告（图片 12-21）中，与车并列于画面的是一艘大海上的游艇。

该广告的大标题之一是：因为，尊贵没有终点。

大标题之二：新 Audi A8ji 加长型　领袖座驾

大标题之三：启航

虽然该广告的标题与正文中没有提到画面中的游艇，但是，广告所用的视觉语言创造了类似于文字语言所能创造的比喻效果。

FALMEC 吸油烟机的系列广告（图片 12-22）在视觉语言运用方面使用了典型的夸张技巧，描述了吸油烟机吸力不强，造成油烟残留屋内的“恐怖”后果。

该系列广告的广告文案：别再让油烟充满这个房屋。

系列广告之一的视觉焦点：巨大的鱿鱼张牙舞爪地占据了整个房屋。

系列广告之二的视觉焦点：巨大的龙虾张牙舞爪地占据了整个房屋。

图片 12-22（A）

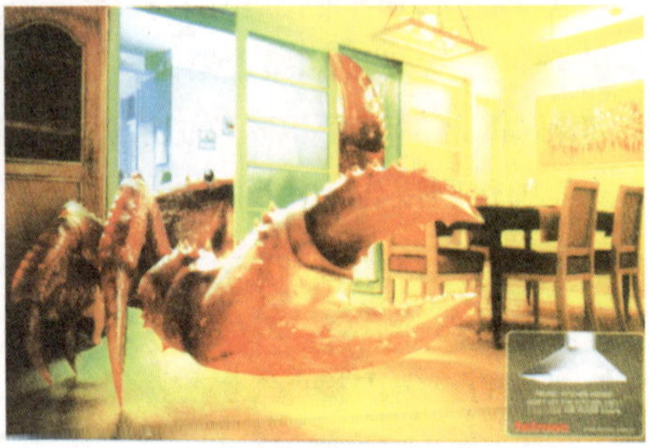

图片 12-22（B）

图片 12-23

OASIS 英国高级休闲女装的一则印刷广告（图片 12-23）的视觉内容创造了类似文字语言中的比喻、移就和通感的修辞效果。

该广告的广告大标题是：OASIS 英国高级休闲女装三月闪亮登陆上海。

广告画面视觉焦点之一：屋内，一位年轻美丽的女郎身穿布满桃红色花饰的外套。

广告画面视觉焦点之二：门外绿草如茵，桃树上粉红色的桃

花缀满枝头，一些桃花花瓣从枝头飘落，随风飘入女郎站立的屋内。

该广告的画面创造了一种花如人、人如花的意象，既有比喻的效果，又有用形容花的视觉语言描述人和用形容人的视觉语言描述花的移就修辞效果。而当读者看着这片片桃花随风飘的画面，又仿佛可以闻到淡雅的花香，这就创造出了一种近似通感的效果。

罗西尼表的一则印刷广告（图片 12-24）也利用视觉语言创造了通感效果。

图片 12-24

该广告的大标题：时间因我存在

广告的正文：时间是手中的萨克斯，时而激扬，时而婉转，让时间有回味的价值。

广告画面视觉焦点之一：演奏中的萨克斯

广告画面视觉焦点之二：两只罗西尼表

当读者看到画面中演奏中的萨克斯时，就仿佛可以听到悠扬动人的旋律。该广告画面将视觉转化为听觉，创造出通感效果。

微软公司曾经为苹果电脑的用户量身定做办公软件。在为这种软件做广告时，其代理公司麦肯光明广告公司创作了一系列广告。在该系列广告的画面中，使用微软办公软件的人的旁边，坐着一个玩偶小人。真人和玩偶小人形成了鲜明的对比。首先是大小上一看便知，真人大，玩偶小人小；其次，真人着装轻松闲适，玩偶小人则穿着刻板严肃的正装。广告画面通过对比，鲜明地告诉潜在消费者，这套办公软件将使他们有机会开拓自我，创办自己的公司，以轻松、高效的方式工作与生活。

该系列广告（图片 12-25）的广告大标题是：培育自己的企业。

图片 12-25（A）

图片 12-25（B）

Castrol 机油曾发布了一个以“流畅运转”为主题的系列广告。在该系列广告的画面中，采用了衬托的技巧。其中一幅画面的左部是杂乱繁复的公路及立交桥，从这个“乱路”中伸展出一条路，向右半部以白色为底色的画面空间延伸。另一幅画面的左部是杂乱无章的“乱桥”，从这个“乱桥”堆中伸展出一座桥，向右半部以白色为底色的画面空间延伸。

该系列广告（图片12-26）的广告大标题是：流畅运转。

丰田皮卡曾在美国发布了一个系列广告，以尝试冒险旅程为广告主题进行诉求。

该系列广告的广告之一的视觉焦点：一只鳄鱼张大了嘴，牙齿上挂了把汽车钥匙。

该系列广告的广告之二的视觉焦点：背景是一个落差巨大的瀑布，前景山崖上的一根树枝上挂了把汽车钥匙。

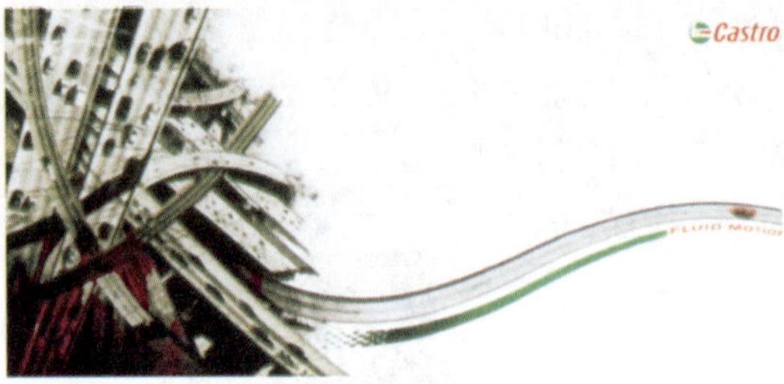

图片 12-26(A)

图片 12-26(B)

该系列广告的广告之三的视觉焦点：一条蝮蛇的尾巴挂了把汽车钥匙。

系列广告大标题：试驾只不过是冒险旅程的开始。

该系列广告(图片 12-27)画面中，以具体的动物或景物图像创造了文字语言中的借代效果，即以“鳄鱼”、“蝮蛇”等借代“危险”、“冒险”等抽象的概念。

图片 12-27(A)

图片 12-27(B)

图片 12-27(C)

瑞士 tibits 餐馆的一则印刷广告(图片 12-28)，在运用视觉语言时，也使用了类似文字语言的借代技巧。

该广告的视觉焦点：一个面包中夹入了一颗新鲜的胡萝卜。

该广告的大标题：素食者快餐，tibits

在广告画面中，面包中的新鲜胡萝卜创造了类似于借代的效果，即借代“素食”、“天然”、“健康”等概念。这是以具体来借代抽象。

威娜宝洗发水的一则印刷广告（图片 12-29）中，在视觉语言的运用时，使用了类似文字语言的比拟技巧。

该广告的视觉焦点：一只红色的苹果，削去部分果皮，上半部看起来像是一个女孩的头发，下半部露出的果瓤像是女孩的脸。

该广告的广告文案：加入果蜡的威娜宝，使您的头发更有光泽、更多保护。威娜宝，美丽的头发需要一位护理专家。

由此可见，广告画面中的苹果皮比拟了女孩的头发，而果瓤则比拟了女孩的脸。这是以物来比拟人。

图片 12-28

图片 12-29

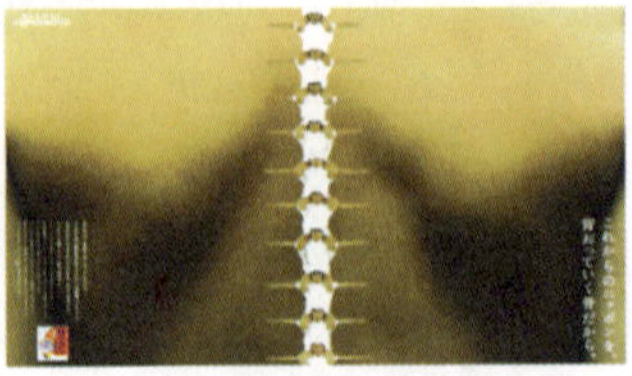

图片 12-30

在 Ajinomoto 加钙调味品的广告（图片 12-30）中，十来个穿着白色衣服的孩子叠成一个高高的人梯，这个人梯以一个巨大的脊背为背景，因此看上去就像是人的脊柱。广告大标题为：“在日本，有强壮的骨骼意味着能担当重任。”显然，广告中的人梯被比拟为人的强壮的脊柱。

ESPN新加坡全球体育卫星有限公司曾发布了一个系列海报（图片12-31），来推广ESPN直播的NBA总冠军赛。

图片12-31(A)

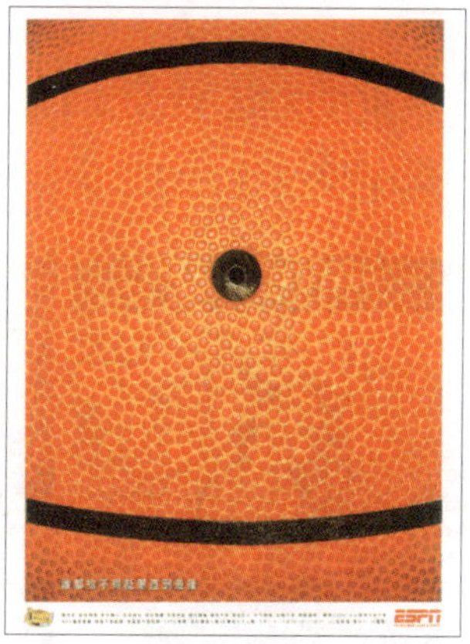
图片12-31(B)

系列海报之一的视觉焦点：篮球表面两道交叉的黑线，看上去像是十字架。

该广告海报的大标题：最后审判的时刻已经到了。

正文：汗水、厮杀、残酷、野性、斗争、激情、亢奋、挑衅、呐喊、咆哮、煎熬、恐惧、野蛮、愤怒、不安、黑暗、勇气、斗志、灵魂、永恒、上帝……这一切你都会在ESPN看到。NBA总冠军赛，所有球迷与球员的最后审判。

显然，在这则海报画面中，采用了类似文字语言中的比拟修辞技巧，篮球表面两道交叉的黑线比拟了“十字架”，乃是以物比拟物。

系列海报之二的视觉焦点：篮球表面两道弧形的黑线，黑线之间恰好是篮球的充气孔。

该广告海报的大标题：谁都舍不得眨眼直到最后。

正文：眼中钉、怒目相视、目中无人、反目成仇、明目张胆、目眩神迷、眼花缭乱、眼明手快、紧迫盯人、目不暇给、目瞪口呆、泪水盈眶……观看ESPN，小心眼珠子掉下来。NBA总冠军赛，球员不敢眨眼，球迷舍不得眨眼。

在这则海报画面中，也采用了类似文字语言中的比拟修辞技巧，将篮球表面两道弧形的黑线以及黑线之间的篮球充气孔形成的意象，比拟为人的眼睛。

五、3B原则

在广告视觉内容的创作方面，有一个所谓的“美女、动物、婴儿三原则”。在英文中，“美女”(beauty)、“动物”(beast)、“婴儿”(baby)这三个词的字头都是“b”，因此这一原则又被称为“3B原则”。所谓“美女、动物、婴儿三原则”，是指在广告中使用美女、动物(其中最常用的是宠物形象)、婴儿这三种形象通常可以给人带来视觉愉悦感，从而有效增强广告的吸引力。

的确，美女、动物、婴儿都是最易引起消费者兴趣的视觉元素。但是，也有研究者指出，这种表现虽然可以有效吸引广告受众的注意力，但是却与购买行为的发生并没有显著的相关，换句话说，即运用这些视觉元素并不一定能够对促进销售有直接的贡献。不过，无论如何，广告毕竟是在吸引注意力的基础上才能进一步发挥作用，因此“3B原则”长期以来被广告界所推崇。

（一）美女原则

在“3B原则”中，被广告创意人用得最多的是美女原则。通过对大量广告文案的研究，我们可以发现，服饰、香水、食品等产品的广告中常常使用美女作为主要的视觉内容。有些男性产品也使用美女来吸引潜在消费者的注意力。在这些广告中，女性美丽的身体与容颜在广告画面中一般都处于中心位置。

案例解析

VISA在一则杂志广告(图片 12-32)中以提着大小购物袋的漂亮女人作为主要画面。广告画面中的女人神态自然,给人以欢快健康的印象,使广告很具有感染力。

该广告的大标题：VISA 在手,畅行天下,倍受欢迎。

BOTTEGA VENETA 服饰公司的广告经常不着一字,完全以美丽的女模特来表现服饰的魅力(图片 12-33)。

图片 12-32

图片 12-33

图片 12-34(A)

图片 12-34(B)

Triumph 内衣在一则平面广告中,展现了生活中的一个小细节。广告采用自然主义的表现手法,表现了一个曲线优美的女郎在镜子之前穿衣的一个瞬间。广告突显了 Triumph 内衣对女性身体曲线美的塑造。

“维多利亚的秘密”内衣与香水通常也使用性感美女来表现产品的魅力。在“维多利亚的秘密”内衣的一则印刷广告(图片 12-34(A))画面中,一个身材高挑的女人站在落地玻璃窗前,背后是星光闪烁的夜景。该广告直接以品牌名作为广告大标题。广告突显了产品所能带给女性消费者的价值:性感、美丽。在另一则“维多利亚的秘密”香水广告(图片 12-34(B))中,画面表现了一位长着白色翅膀的女天使骑着一匹白色骏马。广告创造出一幅神话般的梦幻画面,使人浮想联翩。该广告的大标题为：梦幻天使。

在饮料与食品广告中,美女形象在画面中的运用也是司空见惯的,可谓美色配美食,正得其所。

Lipton 茶在不同口味的茶叶广告中，让服装风格各异的美丽女人与茶叶相搭配（图片 12-35)。比如,在波斯伯爵绿茶的广告中,画面中的美丽女人成了波斯美人。而在俄罗斯伯爵灰茶的广告中,画面中的女人的打扮却是典型的俄罗斯风格。

Perrier 汽水有一个系列广告也以海滩上的美丽女子作为画面中的主角(图片 12-36)。广告画面中的女子通常穿着性感与极富个性的比基尼。当然,无论她们怎样性感,她们手中都拿着一瓶

图片 12–35(A)

图片 12–35(B)

图片 12–36

Perrier汽水。这个系列广告的大标题都是：全球的酷。广告大标题简洁明了、自信无比，对广告画面起到了画龙点睛之功效。

BECKS 啤酒的一则广告（图片 12–37）玩起了行为艺术。在广告画面中，女性的身体完全成了吸引眼球的工具。当然，这条广告的创意确实也需要女人的出现。画面左边是一个裸体女人举着一副扑克牌，手中的扑克牌刚好遮住胸部。女人的锁骨部位写着一句广告正文：女性不该裸体赌博。画面右边是一瓶 BECKS 啤酒。啤酒上方有一句广告正文：啤酒可以只由水、大麦、啤酒花和酵母组成。广告画面下部的广告正文：有些规则不该被打破。由此可以看出，这则广告也具有一定的公益性质。

化妆品、日用品的广告中，女人的形象展示是为表现产品具体的诉求点服务的。广告通常是借助对女性脸部、头发等部位的展示来突显产品的功效。广告画面起到了主要的传递信息之功能，是广告文案的重要组成部分。例如，玉兰油的一则广告（图片 12–38）。

图片 12–37

图 12–38

WELLA 染发剂的三则广告（图片 12–39）是对美女原则的最为直白的利用。在这三则平面广告中，美貌女郎成为画面中的视觉焦点，而广告真正的主角则是染了色的头发。广告创意人的

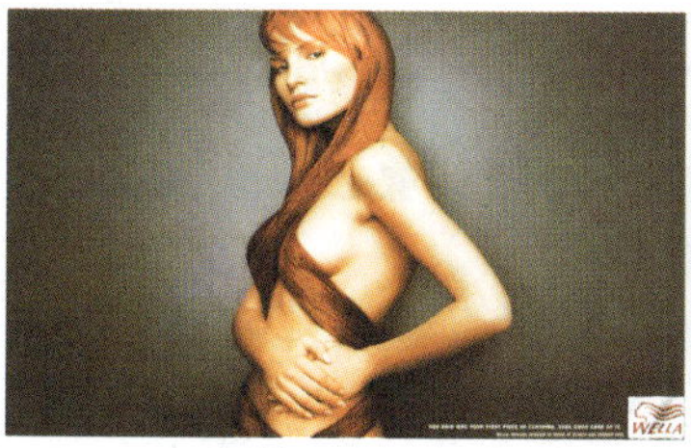

图片 12–39(A)

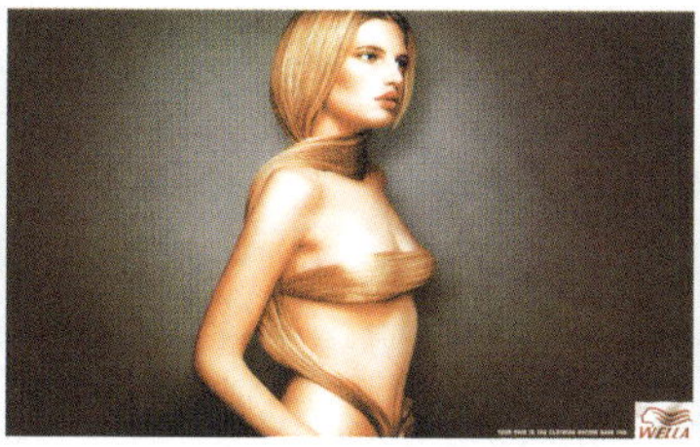

图片 12–39(B)

图片 12–39(C)

图片 12-40

技巧是让长长的头发变成了女士们的“内衣”，从而将产品的诉求点与美貌女郎的身体挂上钩。

C’Care 防晒霜的一则广告（图片 12-40）中出现了一个在沙滩上面海而坐的美女。美女的旁边放着一瓶防晒霜。美女裸露的肌肤上，除了在背后有一块双手够不到的地方被晒黑之外，其余地方都显得白皙而富有光泽。广告一言不发，却将产品诉求点说得非常清楚而且突出。在这个广告中，沙滩美女的确是不可缺少的，并不是仅仅为了吸引眼球。

普通网站与美女并没有什么直接关系，但是在某些网站的推广中，美女原则也可以被照用不误。beautyscene.com 网站的广告（图片 12-41）为了强调网站的定位与主要目标群，竟然让一位美女用鼠标线在身体上缠绕成“胸罩”和“内裤”。广告大标题简洁明了：在未来，美丽将会拥抱你。

连电子游戏也不放过利用美女原则来做广告。在格斗超人游戏软件中，广告（图片 12-42）中的超人是一位三维动画制作的虚拟性感女斗士。广告画面以黑色为背景，黑白为主要基调，从而创作出一种冷峻超酷的风格。广告突出了格斗超人“出世”的时间，大大刺激了游戏爱好者的期盼之心。

图片 12-41

图片 12-42

利用著名的美貌女明星作为产品代言人也是利用美女原则的常见方式。美貌女明星往往在大众之中具有很强的号召力。美的冰箱请国际巨星巩俐做广告代言人正是利用了她在大众之中的巨大号召力（图片 12-43）。她的美丽与气质也足以成为广告受众瞩目的焦点。

图片 12-43

（二）婴儿原则

婴儿原则常常被与美女原则联合起来运用。因为这种组合运用的方式最易唤起人类的本能和最原始的情感。

BEKA 床具公司在一则印刷广告（图片 12-44）中将美女与婴儿两个元素联合运用，使广告具有非同一般的吸引力。广告画面中，一位美女在床上如同母狮叼着幼狮一样叼着一个婴儿在嬉戏，婴儿可爱地张开了小嘴。广告暗示了产品能够给消费者带来极致舒服与放松的特质。

图片 12-44

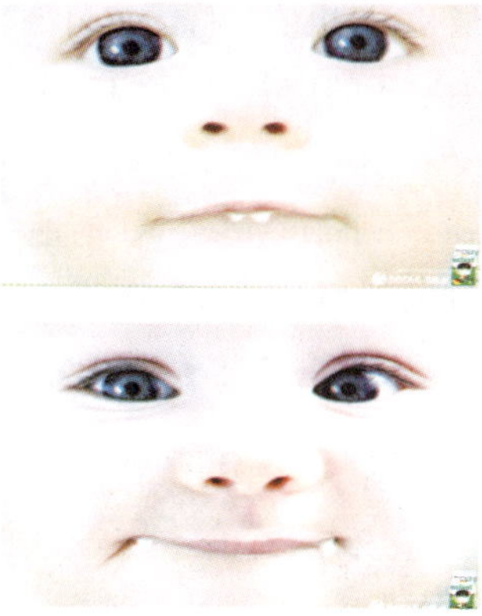

图片 12-45

汉城牛奶在广告（图片 12-45）中使一张可爱的婴儿脸占据了整个画面。婴儿嘴唇上流下的牛奶滴看上去像是牙齿。广告语为：给宝贝更多的钙质。可爱的婴儿对于广告读者来说，确实具有一种天然的亲和力。广告的表现让人感到幽默有趣。

（三）动物原则

由于广告中最常用的动物形象是猫、狗等宠物，因此广告制作中的“动物原则”又常被称为“宠物原则”。猫、狗等可爱的小动物常常能够使人们心情放松，它们出现在广告中时，往往能够创造出一种温馨的感觉或幽默的气氛。

GRANATH 珠宝在一则广告（图片 12-46）中将珠宝比喻成猫食，一只白色的猫咪盯着盘子里的珠宝看。白色的猫咪站立在白色的背景中，创造了一种温馨高雅的氛围。

《新周末画册》的一则广告（图片 12-47）中，猫咪与可爱的小白鼠对上了话。小老鼠问：“你是我爸爸吗？”猫咪回答说：“问你妈妈吧。”在这个有趣的广告中，可爱的小动物将人类社会中可能出现的尴尬事情变了令人忍俊不禁的一出精彩话剧。该广告突显了《新周末画册》轻松、娱乐的内容特色。

汰渍洗衣粉的一则广告（图片 12-48）中，小花猫的脑袋将白色的布面衬托得更加洁白干净。广告语为：令人吃惊的白。广告语与广告画面相互呼应，使产品诉求点异常鲜明。小花猫增加了

图片 12-46

图片 12-47

图片 12-48

广告的亲和力，也使广告的注目率大增。

Keds鞋子的广告（图片 12-49）用可爱的小狗来吸引读者的眼光。画面之下的广告正文是：Keds 鞋子的松紧带用了新的制作方法。广告口号“every wear”（每个人都在穿）是一个谐音双关语，与“every where”（各处，任何地方）谐音，暗指 Keds 受到消费者的普遍欢迎。

Sandies 脆饼的一则平面广告（图片 12-50）将一个可爱的小松鼠放在画面的上半部，下半部则是金色的饼干。广告大标题为：没有坚果。整个广告看上去可爱诱人。小松鼠的出现使饼干的

图片 12-49

图片 12-50

吸引力大增。

在一则广告文案的创作过程中，以上这些视觉语言艺术与具体的创作技巧，往往并非被单独使用，通常会被同时使用。还需要指出的是，没有任何科学的证据可以证明文字语言的力量一定比视觉语言的力量更加强大，反之亦然。作为广告文案创作者，不应被自己或他人的任何成见所约束，而应充分发挥自己的创造力，灵活运用各种语言工具与技巧，为有效传达广告信息而服务。

思考与练习

1. 什么是积极修辞？什么是消极修辞？请各举一例。
2. 广告文案创作中常用的辞格有哪些？请仔细体会教材中提到的例子，并尝试在日常的文案训练中使用各种常见辞格。
3. 使广告画面产生类似文字语言的修辞效果常用的方法有哪些？

第十三章

广告文案与广告提案

广告被发布之前，广告文案必须得到客户的认可。广告文案是作为广告策划的一部分向客户进行汇报的。广告策划是在市场调查人员、广告策划、广告文案创作者以及客户主管等多方人士的共同努力下完成的。在艰苦和富有创意的广告策划工作完成之后，广告策划者将进入广告提案的阶段。对于广告文案创作者而言，广告提案意味着自己创作的广告作品要接受客户的审定。这是一个非常富有挑战性的工作阶段。有的文案创作者可能对这项工作心怀畏惧，有的文案创作者则充满兴趣与斗志，将这视为检验广告文案效果的一个好机会。但是，毫无疑问，广告提案在给广告文案创作者带来获得客户认可的惊喜的同时，也可能会给他们带来挫折和失败。

第一节　什么是广告提案

一、提案和广告提案

1. 广告提案

提案就是借助视听媒体进行口头表述以传达讯息并进行劝服的一种方式。[1]所谓讯息的内容，就是一整套具有劝服力的建议，这些劝服的逻辑和论据可以产生讯息。大多数提案都附带有文字提案书或计划书，但是这些文字材料并不能替代提案中演示和讲述的作用。口头表述可以帮助提案人更好地控制观众/听众对讯息的理解。此外，提案的一大特点是提案人可以及时得到反馈，从而可以对观众/听众的异议、问题或担心作出相应的反应。

在许多领域，人们都会用到提案。在营销的各个领域——广告、公共关系、销售促进、直接反应营销等方面，提案更是经常进行的活动。本书主要以广告提案为探讨对象。广告提案是借助视听媒体进行口头表述以传达广告策划讯息并进行劝服的一种方式。也有人将提案直接定义为："广告公司向客户作有关广告活动企划、结果报告等的发表活动。"[2]这是一种狭义的提案定义，把广告提案等同于提案。但值得一提的是，该定义把"结果"发表纳入提案的范畴。

广告提案是维系和争取广告客户的重要活动。在现实操作中，并不仅仅在劝服时才进行提案。许多时候，结果说明性质的提案也非常重要。广告提案可以是为维持广告业务而进行的，也可以是为了争取广告业务而进行的劝服。对于广告公司来说，结果说明性质的提案可以被视为一种

1　〔美〕桑德拉·邓肯：《如何做提案》，黄丽莎译，内蒙古人民出版社 2002 年版。
2　富士全録：《如何提案》，庄惠琴译，朝阳堂 1991 年版。

为了未来业务所做的铺垫性劝服。

大多数广告主会要求广告策划与创作者参加正式或非正式的广告提案会。广告文案创作者通常是作为广告提案人员的一部分参加提案。由于在提案中广告文案乃是客户关注的一个焦点，因此广告文案创作者实对提案负有重要的责任。

2. 比稿

当广告主要求几家广告公司通过广告提案来争夺一项或几项业务，则出现了广告公司通过广告提案来争取广告业务的比稿局面。因此，比稿可以定义为：在争取同一个广告客户的广告业务时，有两家或两家以上的广告公司（或能开展广告业务的相关公司）所参与的一种特殊提案形式。比稿是一种高压力、强竞争的特殊的广告提案形式。对于广告文案创作者而言，比稿是与同行在专业技能、广告智慧方面的比拼。当然提案的成败亦不能简单归结为谁的智商更高，甚至不能简单断定赢得比稿胜利的广告文案更好；比稿的胜利只意味着某个广告策划方案（包括广告文案）获得广告主较多的认可。

有些广告公司会反对比稿，但是，也有些广告公司认为比稿能够锻炼团队的快速反应能力，可以考验团队短时间内掌握信息、激发创意以及创作文案的水平。广告主一旦提出比稿邀请，通常情况下会向被邀请的广告公司提供必要的信息。当然，广告公司自身所拥有的产业知识以及针对任务所做的专门的信息收集工作也非常重要。由于参与比稿的广告公司通常情况下大多是在相近的时间内接到广告主发出的比稿邀请，因此它们处于同一起跑线上，竞争是比较公平的。一般来说，各家广告公司在没有深度和系统作业的情况下，参与比稿的广告文案不一定很成熟。不过，广告主通常是考察各家公司的作品中所蕴涵的潜力，参与比稿的作品一般都不会不加修改就进入正式制作和发布程序。在比稿会上，广告主一般会邀请专家与企业内部的相关人士组成评分团对各个广告公司的作品进行评分。有些时候，评分团完全由广告专家组成，而广告主内部的人员则为了避嫌而不参与评分。

下面是某企业在比稿中使用的“比稿评分说明”：

比稿评分说明

一、评分方式：

1. 此次提案采用加权记分的方式。
2. 每家公司提案后，评审团成员填写评分表。
3. 提案会结束后，公开进行分数统计，并公布评分结果。
4. 根据公布的评分结果，选取前三名的广告方案，由监察室等相关部门会签后，报总经理确定比稿结果。前三名广告方案进一步进行消费者测试，最后确定待使用的方案。（本公司有权要求入选广告公司对提案中的广告方案进行修改。）

二、评分标准：

评分将针对提案公司实力、广告文案、广告表现形式和制作费用四个方面进行。

1. 提案公司实力：主要指广告公司自身实力、导演资源、制作团队和代表作品等方面所表现出的实力。
2. 广告文案有以下三个具体的评分标准：

(1) 结构：主要指广告文案的整体是否思路清晰、结构紧凑。

(2) 语言：主要指广告文案的文字语言是否精练、通俗易懂，便于记忆。

(3) 创意：主要指广告创意是否有新意与吸引力。

3. 表现形式：主要指是否使用了合适的画面或拍摄手段来进一步表现创意，具有以下几个评分标准：

(1) 独特性：主要指整体风格是否有让人耳目一新的感觉，是否突破传统的表现手法。

(2) 画面视觉总体效果：主要指总体效果是否具有冲击力和感染力。

(3) 与销售的相关性：主要指是否考虑了直接促进销售的可能性，是否对销售工作有一定的促进作用。

(4) 不同地区的适应性：主要指广告是否在实际运用中能够适应不同地区的需要。

4. 制作费用：主要指参与比稿的公司报价是否合理。

二、广告提案的重要性和广告提案能力

1. 广告提案的重要性

广告提案在现代广告运作中的作用非常重要。我们生活在一个信息极度膨胀的年代，商业运作的节奏也比从前快多了。过多的信息和日益加速的商业运作节奏要求经理们迅速而有效地把握主要的信息，并作出判断和决策。对于广告主来说，听取广告公司的提案是其决策的重要环节。因此，从某种意义上说，广告主在提案会上的压力并不比进行提案的广告公司小。这一点常常被广告公司方面的提案人员所忽视。理解这一点，有助于广告提案人更好地理解广告客户，从广告客户的需求出发，娴熟地运用广告提案技巧，全心全意地帮助广告客户解决问题。

广告提案人希望引起广告主中决策人物的积极反应。广告提案通常具有书面广告策划书所没有的作用，它可以产生现场的冲击力，从而能有效增加理解、刺激反应。当然，要实现这些积极的反应，提案人需要一定的广告提案技巧。

广告提案人通常由广告公司中具有良好交流能力的人来担任，他们可以是创意总监、客户总监，也可以是策划主管甚至是广告公司的总裁亲自披挂上阵。由于广告是一项以广告创意为核心的创造性活动，因此广告公司的提案人通常来自于创作部门。具有良好沟通能力的广告文案创作人员在提案活动中尤其受欢迎，并且的确具有很大的优势。

2. 广告提案者应具备的能力

广告提案中最重要的能力主要有三个方面：应变的能力、控制的能力以及劝服的能力。

首先是应变能力。作为广告提案人，需要有观察客户反应的能力，并且根据客户的反应及时调整自己的提案状态——声音、节奏、强调的重点等。当然，这里所说的“调整”并不是指临时改变提案的内容，而只是调整提案的状态。临时调整提案的内容是不现实的，也是不负责任的做法——除非，提案人确实出于为客户着想，意识到有不可放过的极好的新构想需要临时补充或替代原来的内容。

其次是控制的能力。每一次提案都是一次有组织的交谈，是一个互动的过程。不管参加提案会的人数是多是少，提案人都希望吸引听者的注意，获得他们的理解和积极的反应。优秀的提案人应该比听众先想一步，应该能够有效控制听众的注意力。因为每一个听众都是一个思考者，如果提案人缺乏控制力，听众往往会对提案内容失去兴趣(即使提案内容对他们来说真的有用)。对听众的注意力的控制是通过计划和设计来完成的，同时，要在提案过程中适当调整。计划提案包

括实质的讯息内容、讯息的构思、设置、调整以及工具的运用等。要想有效控制提案的听众，广告提案必须严谨生动，必须了解广告主的喜好以及他们真正的需要或需要解决的问题，要让他们相信你的承诺，要和他们建立起共同的目标感和默契。

劝服的能力也是提案人应该具备的能力。广告提案本身就是一种推销活动，推销的是广告公司经过艰苦工作产生的建议、构想和创意。推销自己和自己的创意是广告提案的一个重要任务。要完成这一任务是非常困难的。一次枯燥无味的提案往往不能获得好效果。许多广告主认为大多数广告公司的提案都大同小异、缺乏趣味，在介绍公司情况和一些广告主原本就熟知的事物上花费了过多的时间。

第二节　广告提案中经常出现的问题

广告提案中有些经常出现的问题。问题不仅出现在广告提案一方，也常常出现在广告提案接受者一方。通常我们对提案者一方的问题会加以关注，而往往会忽略提案接受者一方出现的问题。一次成功的提案必须依赖于双方的共同努力才能实现。

一、广告提案接受方经常出现的问题

1. 在提案前就认为提案不过是形式。许多广告客户认为，反正提案结束后广告公司会留下更为详细的策划书，到时看书面策划书就可以了。这种态度可能导致听提案时心不在焉，甚至在提案现场进进出出，从而直接影响到广告公司提案的积极性，影响到在现场对提案内容作出明智的判断。

2. 在提案过程中随意打断提案者。这种行为可能导致提案者过于担心接受者的态度，从而影响到后来的提案内容。杰出的创意可能因为还没有被呈现出就已经被损害。

3. 错误地理解广告提案的功能，希望提案总是生动有趣。但是，事实上这种看法可能使自己遇到难解之处时就认为那是不好的提案，从而漏掉有价值的内容。

从提案方广告公司来看，不能期望所有的广告主都是认真、礼貌并且具有高理解力的，因此必须了解广告主经常会出现的问题，做最坏的打算，事先想好应对手段。

二、提案方常常出现的问题

富特·科恩·贝尔丁广告代理公司的创意总监罗恩·霍夫(Ron Hoff)曾访问了纽约与芝加哥几家广告代理公司的资深人士，试图找出令提案者感到烦恼的各种问题。

下面是一些著名的广告人对大多数广告提案中出现的不对之处的看法。[1]大卫·奥格威认为，“大多数说明者没有条理”，“我不了解他们说的是什么。”“为什么没有人在开始时对问题作一简明摘要，说明研究方法、使用策略、所有承诺、媒体等等，用三分钟就够了。”阿瑟·舒尔茨(Arthur Schultz)[2]认为，提案中常常使用专门术语，“真是使人困窘”。戴维·奥夫纳(David Ofner)[3]认为大多数提案没有在提案开始时就解释“我们为什么聚在此地”。提案常常“没有清楚的议程”，“没有

1　参见〔美〕丹·E.舒尔茨:《广告运动策略新论》下册，刘毅志编译，中国友谊出版公司1991年版，第290–292页。
2　原译为阿瑟·舒兹。
3　原译为大卫·奥夫勒。

方向意识。不够精确”。“我们的说明者们缺乏风采、缺乏权威。”提案者“不知道如何才能赢得……”约翰·奥图尔(John O'Toole)[1]认为,说明者们完全没给客户留下深刻的好印象,没有让客户感到他们是“广告代理行业中可得到的最有思考力、最专业、最有能力的人”。哈维·克莱门茨(Harvey Clements)[2]认为提案常常“没注意照明”,“应该谨慎装置并加测试”。他认为,提案者常常“没有计划让视听众涉入”;有时提案包括“太多无关的幻灯片”。他建议:“不要和视听众说你认为所推荐的是如何了不起。如果东西好,他们自会知道。”戴维·伯杰(David Berger)[3]认为,提案的失败在于提案者把提案作为自己的事,而没有考虑到视听接受者。提案者常常说自己想说的,做自己想做的,而不是考虑“他们”需要的是什么。他认为,这种提案就研究而论,强调了研究本身而非问题与解决方法;就媒体而论,是指只计算 GRPs 而忽视了传达广告人会遇到多少传播接收方面的问题;就客户管理而论,意味着传达你做了你的作业,而没有关心接受者需要知道些什么;就创意而论,意味着证明了你已如何努力工作,而非将注意力集中在如何解决销售难题上。布赖恩·帕特南 (Bryan Putnam)[4]认为提案往往有 “太多说明者——说太多的细节”。查克·温斯顿(Chuck Winston)[5]认为许多提案在没有价值的事上用了太多时间。

罗恩·霍夫对这些看法作了总结, 总结出提案中可能出现的三项重大的问题:(1) 不正确;(2)未加以组织;(3) 极令人厌烦。

综合实际操作和以上有关实践与研究者的看法,我们可以发现,提案方经常出现的问题主要包括以下几个方面:

(1) 提案中出现实质性的失误。这一点常常是因为专业水准低造成的。

(2) 提案者对自己想说明的问题重点不明确。

(3) 提案没有条理,没有对提案内容进行严格的组织。

(4) 提案只注意自己的“说”,而忘记了“劝服”任务,没有真正关心现场接受提案者的需要。

(5) 提案单调无聊,令人讨厌。

(6) 提案中滥用工具器材,没有考虑到手段的效果。

(7) 把提案误解为是书面广告策划书的口头表述。

三、导致提案方常常抱怨的原因

为什么提案会出现这么多的问题, 这与提案方在提案准备和实施过程中所遇到的实际问题有关。

广告提案常常是应客户的要求而准备的。从客户对广告公司作说明会到正式的提案时间并不会太长,一般是 10 天到 1 个月左右。有时,客户的广告计划日程非常紧,提案准备的时间会非常短。笔者曾经帮助一家广告公司赴沈阳向东大阿尔派公司(东软前身)进行提案(那是一次比稿性质的提案,有多家国内知名公司参加),提案准备时间只有一周左右。提案准备人员十人左右,在一周之内完成长达两百页左右的材料,最后为 30 分钟的提案会提炼出近二十页左右的提案材料,制成 PPT,并制作了 30 秒的说明核心要点的电视片。该次提案获得了客户电视广告方面的业

1 原译为约翰·奥图。
2 原译为哈维·克里蒙兹。
3 原译为大卫·伯格。
4 原译为布蓝·普特南。
5 原译为哈克·温斯顿。

务。日本电通公司有一次向日本 MILK COMMUNITY 公司所做的提案只有 10 天时间。在这 10 天时间内，15 位公司职员经常连夜加班，最后为 1 小时的提案会完成了数十页的提案材料，全部制成 PPT 形式，另外还制作了长达 10 分钟的电视片用于提案会上的辅助性劝服手段。通过这次比稿性质的提案，电通公司赢得了客户的重要业务。

以上的两个实例从正面说明了可能引起提案方抱怨的原因大概有以下几个方面：

(1) 客户留给提案方的准备时间通常比较短。

(2) 在短时间内需要准备大量的资料，工作任务辛苦沉重。

(3) 在资料准备上花费大量时间，往往导致在如何构思实施提案方面思考不够。

(4) 客户方在提案会上的态度和表现也会导致提案方的抱怨。

因此，成功的广告提案需要广告公司和客户之间的配合，双方都要考虑到可能影响提案效果的各种因素。尤其作为广告公司，在准备和提案的过程中，应该尽力考虑到接受方的需要。毕竟，广告提案是为了赢得客户的认可。

第三节　广告提案技巧

一、提案前的准备

机会总是青睐有准备的头脑。提案者应该清楚地认识到，提案成功并不仅仅取决于提案会的现场。提案的准备工作对于提案能否成功也非常重要。提案准备的步骤可以大致分为：(1) 准备内容；(2) 决定内容；(3) 制作资料；(4) 准备现场发表。这几个步骤是紧密相关的，前一个步骤完成不好，可能导致后面几个步骤做无用之功。尤其是中间两个步骤，是提案准备工作中的重中之重，这两个步骤之间的联系也最为密切。

1. 准备内容是要求广告提案人员在书面广告计划基础上考虑哪些内容可以用于提案、哪些内容仅仅以书面广告计划的形式呈交给客户就可以了。

2. 决定内容是前一个步骤的延续，是提案准备中至关重要的步骤。在这个阶段大致要完成以下一些工作：(1) 将提案目的明确化；(2) 收集有关接受者的信息；(3) 确定提案具体内容；(4) 根据具体内容设定提案会的时间进程。

3. 制作资料是将决定的提案内容制作成提案会上具体的表现形式，形成一定形式的提案书，并准备好提案中所需的有关资料和工具。这个阶段的任务根据具体提案的规模、提案的内容以及提案会的实际条件有所不同，但大致包括以下一些工作：(1) 收集有关提案会的各方基础资料；(2) 对决定的内容进一步提炼；(3) 选择表达方式和工具；(4) 将提案内容根据选择的方式和所用的工具进行处理。

4. 准备现场发表主要指为现场发表做演练。这个阶段的工作主要包括确定提案人选、演练表达(服装等细节的调整)、准备和调试器材设备，有可能还要考察提案现场。

如果提案人员在提案前做好充分准备，就易于避免一些不必要的失误，增加提案成功的可能性。

二、重要的提案技巧

下面我们来探讨一些对于广告提案人来说非常重要的提案技巧。

1. 充分认真的准备

即使是最完美的营销计划、最好的广告策划、最优秀的创意营销，如果不能成功地传达给客户，获得客户的认可，也是无谓的。有人把提案比喻成点燃炸弹的导火线，足见其对于未来工作的价值。

成功的提案必须要在有限的时间内做充分的准备，如果认为在客户给的时间内准备绝不可能完成，就应该向客户争取更长的时间。如果是比稿性质的提案，则根据时间制定合适的提案计划。要正确估计自身的提案能力，包括评估可以利用的员工和外部协作人员的人数、专业水准等，否则就有可能投入人力、物力，却仍然无法获得提案的成功。

许多提案者认为，提案只是在万事齐备之后用一点时间就可以完成的事。有些人甚至会认为，只要想法是好的，不管我们如何表述和表现，客户都会喜欢。这种想法是非常危险的。大多数客户都期望看到为他们精心准备的提案。那些提案会上的关键人物非常关心他们自身的利益。

2. 了解接受者

传播学理论认为，传者和受者的共同经验域对传播效果具有重要影响。一般情况下，传者和受者间知识和关心点的共同部分越多，传播效果越好。因此，提案前了解接受者非常重要。

提案者主要应该从以下几个方面对接受者进行考察：

(1) 参加提案会的人数。具体的人数会根据具体客户的不同而有所不同。一般情况下，提案会上客户方的人数从三五人到十人左右。因为提案会一般会安排在客户自己的会议室或饭店与会场的专用会议室，所以人数不可能很多。前文提到的东大阿尔派的提案会，客户方的人数在十人左右。

(2) 参加提案会的人的地位身份。一般情况下，广告提案会客户方参加的都是中高层人士，比如总经理、副总、广告部主管等人。有时，客户方会请大学教授或有关方面的专家作为“外脑”参加提案会。这些人的意见可能非常关键。

(3) 参加提案会的人的年龄。人的年龄可能与其地位身份有关，并可能会影响其爱好。提案者必须了解这些信息，并根据这些信息对自己的提案内容和方式进行调整。

(4) 参加提案会的人的理解力。提案者必须根据所了解的信息决定自己的提案内容和方式，以及选用合适的提案用器材。

3. 寻找提案会上的关键人物

提案者一定要寻找提案会中客户方面最具影响力的人物，这些人的意见将最终决定提案者的命运。提案会的内容一定要针对这种关键人物来制作，同时兼顾各方反应。在提案会中，提案者一定要和关键人物有充分的目光接触。

如果有可能，提案者应该在提案前了解关键人物的办事风格、爱好以及思考方式。比如，是否为人严肃，是否极其遵守方法与法则，对广告公司的看法如何，等等。

在提案会上，如果错误地判断客户方面的关键人物，将对提案非常不利。

乔治·路易斯曾经在他的著作《乔治·路易斯大创意》中讲述了一个发生在提案会上的非常有趣的故事。这是他在参与施乐〔当时它的名字叫做哈罗依德-施乐(Haloid-Xerox)〕广告业务的比稿时听广告主亲口说的。乔治·路易斯带着他的团队进入未来客户的办公室准备提案时，发现施乐方面的人员都在强忍着不发出笑声。乔治·路易斯感到很奇怪，施乐方面的负责人威尔逊向他们表示歉意，并向他们解释了所发生的事情：在乔治·路易斯的团队进入会议室之前，麦肯·埃里克森广告公司的传奇广告人玛利昂·哈珀想让哈罗依德-施乐公司相信，虽然麦肯·埃里克森广告公司是世界上最大的广告集团IPG广告集团的一部分，但是哈罗依德-施乐公司将会受到他和他的广告公司的全面周到的关照。玛利昂·哈珀用连珠炮般的"火力"对准了他右前方的一个年轻人。在提案中，玛利昂·哈珀为了强调在他的大型广告公司内部亲密无间的家庭式氛围，骄傲地描述了他和他员工的亲密无间的关系。他不断强调在麦肯公司数百个员工中，他认识其中的每一位——就像对他自己的手心和手背那样了解。在这种带有强烈个人色彩的解说中，玛利昂·哈珀结束了他那令人印象深刻的提案。他和他那人数众多的随行人员都站了起来与哈罗依德-施乐公司的管理人员一一握手。玛利昂·哈珀则再次转向那位他在整个劝服性提案期间给予特别关注的年轻人，对他说："非常感谢您的好客！"那个年轻人涨红脸轻声答道："哦，哈珀先生，我的名字叫乔·多克斯。我是您的广告公司里的一个客户经理。"[1]

在这个故事中，玛利昂·哈珀错将自己的雇员当成了企业方面的重要人物并给予了特殊的关照，结果闹出了一个笑话。

4. 站在客户的立场思考问题，把客户当成普通人对待

广告提案者必须认识到，普通人通常对广告没有什么特别的兴趣。大多数情况下，客户也并不喜欢广告。他们做广告，是希望广告能够帮助他们解决问题。广告提案者也必须清楚，客户除了广告之外，还要考虑大量的营销问题和销售问题。广告不一定是他们工作的核心。在如今IMC日益盛行的时代，广告公司必须认识到，自己其实不仅仅在做广告，广告已经和许多营销问题融合在一起，所以应该尽量从客户的角度做多方面的思考。

保罗·里佩托(Paul Repetto)指出两个非常重要问题。第一，在管理者的心中可能有其他重要事情，加之他们"坐在审判席位"作为至高无上的广告审判官，常常令他们感到不自在。高层经理内心可能深知自己不是真正的广告专家，所以感到威胁，通常会"采取防守姿态"以保护他们自己。里佩托提醒道，没有认识到提案者与主要人物通常处于敌对角色，是比任何其他单一因素毁掉更多提案的"凶手"。

5. 消除客户的敌对心态

广告公司进行提案时应该尽一切努力消除客户的敌对心理，要让客户以友好的心态来对待自己的提案。安德鲁·克肖(Andrew Kershaw)[2]回忆他作为客户方参加提案会的情形，当时奥美广告公司作为广告代理公司进行提案。克肖说："我们在大卫·奥格威办公室中先做'暖身运动'，然后他引导我进入会议室。"奥格威熟知此种和客户之间的潜在敌对关系。奥格威之所以在广告界成就非凡，原因之一是他非常了解人际关系的重要性。他有使人随遇而安的天分，而那是克服这种敌对关系的第一步。

6. 明确提案目的

一般情况下，提案的接受方在提案会上有很大的自由，如果提案不符合自己的需求，他们很可能心不在焉、充耳不闻。更糟糕的是，有些参加者甚至可能因为无法忍受或认为这种提案比不上其他正在进行的事情更重要而中途退场。因此，在提案会一开始就把提案目的明确化非常重要。

1　参见〔美〕乔治·路易斯：《乔治·路易斯大创意》，何辉译，第254–255页。
2　原译为凯萧。

要做到提案目的明确化，最重要的是要清楚自己想要传达什么内容，这些内容是否是客户所关心的。实现这两方面关心点的一致，提案的目的才能引起客户的真正关注。

图 13-1　明确提案目的

保罗·里佩托建议以一个议程表作为提案会的开始。克肖也提出类似的建议。在提案会开始时要谨慎地考虑是否分发印刷品。因为一开始就分发印刷品可能分散注意。里佩托建议写出议程表，并说："这就是我们今天早上要涵盖的范围。"这是很好的建议，因为这样做可以使听众清楚地知道提案已经开始，议程表吸引听众对你和工作两方面的注意。同样重要的是议程表有助于减轻客户的紧张心理。因为当他们已经清楚地知道将要发生些什么时，他们会感觉你信任他们，也尊重他们的智慧。

令客户感到提案会目标明确、符合他们的需求还有一个简单的方法。提案者可以有意用客户布置任务时所用的相同字句重述所交付的任务。里佩托也提出了类似的建议，他认为这样做第一有助于重建客户的权威；第二，这样做是告诉客户提案者已听到他的吩咐并作出了努力工作；第三，这样有利于让客户感到提案者是帮助他们解决问题的伙伴，而不是对手。

在开始提出提案目标时，必须简明扼要，最好将许多琐碎的阶段性任务归结为一个客户最关心的重要目标。一开始就提出所有的营销目标、广告目标、媒体目标，可能令客户陷入困惑。

7. 提案会开始时和结束时应该注意的问题

克肖在这方面提出了一些有参考价值的建议。他建议：(1) 不要在开始的时候就说笑话，那有失专业水准。(2) 在真正进入状态的起点之前不要开始。需要多少"暖身运动"是非常主观的事情。提案者要自行体会。(3) 不要过度地致谢并声言这是一项恩宠。这是不庄重的表现，但要做得有礼貌并使人愉快。(4) 从一张有条不紊的议程表开始是一个好的方式。(5) 用一种有魅力的、高雅的与温馨的方式去介绍小组成员的姓名、职位。(6) 在此"起点"过后，再以"某种值得记忆的事开始"。你的最初的印象极为重要。如果是笨头笨脑，你可能永远不能赢得听众。

克肖对提案结束时应该注意的问题也提出了建议：(1) 不要带着哭声来结束提案，或愈讲愈没劲，讲的都是细小琐事。(2) 使得提案结尾值得回忆。最后印象必须更拉近关键人物使他们同意你的说法。(3) 将最强的说明者作为殿后。(4) 不要以慷慨陈词作结尾。华丽修辞听起来像是绝望的祈祷，建议用大胆的、充满信心的结尾。(5) 重复一次是可以接受的。可以重述任务并强调你将如何完成它。(6) 使提案结尾戏剧化。(7) 事后留给客户的材料或计划书必须把字打得很好，并包含提案会中所有全部重要内容，包括对每一位将为客户服务的广告小组成员的介绍，要将这些人的经验、技能以及特殊能力全部加以细述。留给客户的材料还应该包括广告公司的名称、地址与电话号码。建议客户可随时打电话向他们索要更多的信息和材料。

8. 选择提案者

广告公司是由各种类型的人组成的。有些策划小组中的核心策划人员可能不善言辞，不善于当众演说。如果是这种情况，不要只因为他们是运筹帷幄的策略制定者或才华横溢的创作者而强迫这类人去提案。一定要选择善于提案的人。执行提案的人可以在小组成员介绍时强调那些对提案作出重要贡献的人。作为广告文案创作者，如果觉得自己并不适合与客户进行面对面的交流，可以将这种想法告诉自己的上司，以提醒上司选择更为合适的人员。

克肖建议，提案者在知道哪些人是听众以及有多少人听之前不要选定提案者，许多客户如果在提案小组人士数目比他们多时会感受到不自在。广告代理公司作提案的全部人选都应在提案中扮演某种功能上的角色。在提案会中如果客户看到某人只是为了填补空位，可能感觉不好。

9. 充分演练：语言及其他

如何把好的内容有效传达给信息接受者其实是非常困难的一件事。即使内容再好，如果无法赢得客户的信任，也无法实现提案的目的。缺乏自信的提案会令人对提案的可执行性产生怀疑。要做到成功的传达，必须注意以下几个方面：

(1) 语言和说话方式：语言要简明易懂，少用专业术语。尽量用客户能够理解的方式说话。说话方式要简洁、明快、鲜明，少用抽象术语、空洞的华丽辞藻和容易引起思维混淆的语言。同时，要注意音量的大小适中，不要过大或过小，要抑扬顿挫，尽量避免令客户感到厌倦。

(2) 态度、表情和视线：要让客户感到你是非常认真地对待自己的工作。尽量面带微笑地进行提案，当然必要时可利用各种丰富的表情。提案者必须和关键人物有充分的眼光接触，同时注意处理好视线在前方、左、右三方之间的调节，不要让客户中的某些人感到自己被冷落。

(3) 姿态：要显示出良好的精神状态。不论站或坐，都要精神饱满。

在提案前要进行几次合适的演练，让同事、朋友提出看法和意见，但是不要过度演练。过度的演练可能导致提案会上感到紧张和缺乏应变。

10. 对提案会物理环境的了解

在提案前如有可能应该了解提案会的物理环境。这方面的工作主要包括：(1) 了解会场大小和布置。提案是希望和客户进行良好的双向沟通，因此应该避免可能影响交流的各种潜在障碍。如果提案会场是由提案者准备，则应该对客户的位置作出合适的安排。(2) 了解物理环境的其他因素。在提案前一天，最好花点时间对房间及设备(出入口、空调、电源、灯等)做一次检查，并且再次检查可能对提案产生影响的声音源，比如空调声音、外部噪音、设备噪音、开关门的噪音等。提案者对可能产生的干扰要有心理准备。

下面是笔者根据自己的提案经验结合其他一些提案者的经验制定的对提案物理环境的检核表，供参考。

表 13–1　对提案物理环境的检核表

- 事前考察提案的场所。
- 知道电插座的位置。
- 检查是否能把房间变暗以便于屏幕显示或幻灯显示。
- 检查投影仪、幻灯机、电脑等设备。
- 如果要用投影，检查投影屏幕的位置高度是否合适。
- 检查灯光是否可以调节。避免在完全黑暗中作说明。如果在投影或播放电视片时关灯过暗，则可以准备辅助光源。
- 如果需要白板，一定要检查一下是否有专用的水笔，最好在提案前准备好新的专用水笔。不要把普通油笔和白板专用水笔混淆，否则白板的字迹将很难擦掉。
- 看看是否需要悬挂物品用的架子。

（续表）

● 是否需要指示棒，或是使用激光笔。
● 事前要谨慎地安排桌椅。
● 决定是否需要麦克风，如需要，则必须调节好合适的音量。
● 如果使用讲台和讲稿，则要检验讲台的灯光，检查放讲稿的倾斜台面。
● 给听众准备纸、铅笔以及干净的烟灰缸和茶杯等器具。

第四节　广告提案书的制作和使用的设备工具

广告提案书的制作和使用设备的问题其实也属于提案技巧范畴，但是因为这两个部分是准备提案和提案过程中非常重要的部分，具有一定的独立性，所以特别单列一节进行讲解。

一、广告提案书的制作

广告提案书的制作是准备提案过程中非常重要的一个部分。在前一节中提到，制作资料是要将所决定的提案内容制作成一定形式的提案书，并配合提案中所需的有关资料和材料。一定形式的提案书是广告提案书制作的主体工作。目前由于笔记本的普及和相应办公软件的飞速发展，Powerpoint文件（PPT 文件）已经成为最常使用的提案书形式。这种以 PPT 文件为主要演示内容的提案会，还可能配以播放录像带、DVD/VCD，展示广告脚本、展示广告实物形式等表达方式。

1. 广告提案书和广告策划书的关系

广告提案书和广告策划书是有区别的。要注意广告提案书不一定就是广告策划书。广告策划书可以是非常详细的书面计划书，往往还有很多附件（包括各种调查报告、统计报告以及相关资料）。广告提案书必须是更加简明、重点更加突出的提案用计划书。有时广告公司也会把提案书打印成书面形式，直接作为广告策划书提交给客户。这种情况下，也可以把广告策划书理解为书面形式的广告提案书。

那么，具体的广告提案书的内容主要是什么呢？一般情况下，广告提案书不管什么形式大都包括绪论、本论和结论三大部分。提案者可能在这三大部分中根据自己的实际情况使用合适的小标题，分割有关内容。

广告提案书的制作在内容方面大致可以分为以下步骤：(1) 决定提案书的内容要素；(2) 决定提案书的大纲；(3) 写出各要素的要点；(4) 为要点拟订相应的内容；(5) 考虑各部分内容的时间安排；(6) 对提案书有关内容进行视觉化；(7) 调整广告提案书的有关格式。广告提案书的主要内容来自于广告策划过程中所收集的各种资料，建立在广告策划书的写作基础之上。因此，广告策划书其实是广告提案书内容拟订的根本。

2. 广告提案书中的内容与时间安排

时间安排是广告提案书制作中很容易被忽视的环节。有些提案者希望在有限的时间内塞入太多的内容，但是很容易在最后来不及讲述最关键的部分，弄得手忙脚乱。

一般情况下，提案会的长度为 30 分钟、45 分钟或 1 小时。当然也有例外的情况。时间长度通常是由客户规定的。提案最好在接受者疲倦之前结束。通常，提案提早结束，不会有人抱怨，但是延长则可能招致抱怨。因为,你可能占用了客户进行其他重要工作的时间。所以,在准备提案书时,要留下充分的时间,避免超时。

在比稿时,如果有几家公司参加比稿,客户通常会让几家公司进行抽签决定提案顺序。这就更要求提案者控制好时间,尽量不要超时,否则可能打乱整个安排。最糟糕的情况是客户可能打断你的提案。如果这种情况发生,提案成功的可能几乎就完全丧失了。

具体时间的分配也应该讲究技巧。心理学家对一定时间内听众的注意力集中度有过研究。研究发现,按照 45 分钟的时间长度来看,接受者的注意力在最初的 10 分钟时最高,此后注意力急速下降,30 分钟左右下降至谷底,在 45 分钟的最后 5 分钟,注意力又会急速上升。[1] 下面是一个大致的注意度曲线图。

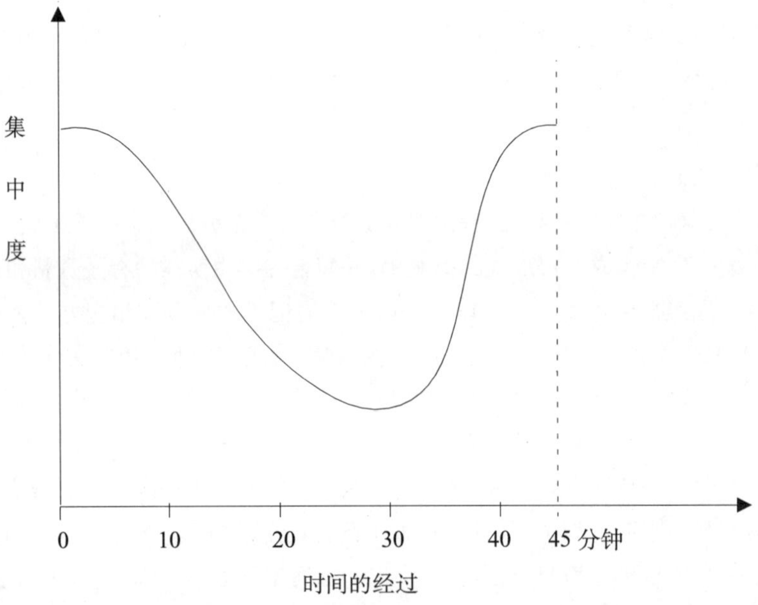

资料来源:富士全録:《如何提案》,庄惠琴译,第 19 页。

图 13-2 注意度曲线

因此,作为提案者来说,如果是 30 分钟的预定提案时间,就可以将提案时间控制在 25 分钟左右。这样可以避免注意力急速下降的阶段。当然,提案者也可以通过提高关心度的表现防止注意力集中度的下降。

3. 视觉化

为了使客户能够方便轻松地接受信息,提案者必须利用各种方法来加强所传达的信息的效果,同时也要加强信息传达的效率。对信息进行视觉化是一种重要的手段。PPT 文件之所以深受欢迎,其中一个重要的原因就是 Microsoft Powerpoint 提供了非常便捷的视觉化方法。

视觉化的优点主要在于以下几个方面:(1) 在同样的时间内,接受者可得到较多的信息量,同样的信息量通过视觉化所需的传播时间较少。(2) 和只用语言表达相比,视觉化信息更能使记忆深刻。(3) 更加能够吸引接受者的注意力,使注意力集中。(4) 视觉化资料能更好地唤起提案者对内容的理解,使提案者更有效率地进行语言整理,避免语言可能造成的失误。

1 参见富士全録:《如何提案》,庄惠琴译,第 19 页。

进行信息视觉化处理时,应该注意一些主要问题:(1) 视觉化要简单易懂,避免引起误解。(2) 要和整个提案书保持风格的统一,不要给人造成杂乱无章的印象。(3) 在每一页内不要有过多的讯息,最好能够做到一页一讯息。

有一项研究报告说,成年人的眼睛必须平均每9秒钟加以刺激,否则它就会失去兴趣。这对于广告提案者来说是一个相当大的挑战。美国人喜欢用图表说明问题,但不太喜欢提案中漫画式的图表,他们认为这样显得不太严肃,会降低专业水准。日本由于漫画非常流行,所以大量使用漫画来增进理解。在中国,目前广告提案中的视觉化也以图表为主,也经常利用图片展示相配合。随着国际交流的加强以及世界通用电脑软件的流行,各国的提案方式已经越来越相像。

二、使用的设备与工具

提案者应该有在现场展示自己工作的技巧。有些人甚至提出应该炫耀自己的工作。罗恩·霍夫认为应该让客户走进门就产生兴奋。他说,一个好的做法是要学会展示广告运动,要会做一组标题,把标题放大后贴在厚纸版上,并将其放在房间四周。他认为这样可以给客户广告运动能永远做下去的感觉。克肖也是一位创造兴奋者。他说如果获得允许的话,就该把墙壁用广告装饰起来。展示年报、商品、海报、宣传小册子等,要做得看起来使人兴奋。但炫耀自己的工作千万不能过头,否则会给客户留下哗众取宠、华而不实的印象。正如克肖所说:"有一次我们要到离家千里外的地方去作说明会,我们在会议室中安装临时墙壁以展示我们的作品。我们在墙壁上做得很成功,但对这个客户并不成功,这证明已经努力过头了。"[1]

在准备提案和进行提案时,必然要运用各种工具。以前提案者经常使用白板、幻灯片、投影胶片以及手画图表与大小不等的看板等辅助工具。如今,最常用的是通过手提电脑和投影仪显示PPT文件。但是,在实际提案中,白板、幻灯片、投影胶片、手画图表、看板等辅助工具依然在使用,而且有些时候还非常有用。表13-2是常用提案工具的优缺点和使用时应注意的事项。

表 13-2 常用提案工具的优缺点和注意事项

工具名	优点	缺点	注意事项
PPT文件	• 制作方便 • 容易存储和复制,不仅可配合笔记本电脑使用,也可拷贝到任何电脑上演示	• 如果制作方面有问题,可能出现显示不清楚 • 不利于临场应变 • 不利于互动交流	• 制作时正确使用模板 • 制作时正确使用颜色、字号、图表、插图 • 注意在提案前检查电脑、投影仪、投影屏幕、有关连线、电源等 • 在提案前检查会场能否调节到较暗状态 • 最好使用指示棒或激光笔指点投影屏幕
白板	• 使用方便、可直接用水笔书写 • 便于应变 • 便于互动交流,可让听众参与	• 如书写不清,会影响信息传递 • 书写时会造成沟通暂停 • 不适合大会场	• 注意用专用水笔书写 • 避免在大会场使用 • 书写要清楚 • 一次书写内容不要太多

1 参见〔美〕丹·E.舒尔茨:《广告运动策略新论》下册,刘毅志编译,第301页。

（续表）

幻灯片	• 容易携带 • 容易保存	• 对灯光要求比较高，需要会场较暗 • 提案时说话和操作比较难配合	• 在提案前检查会场能否调节到较暗状态 • 最好自己操作 • 一定要检查，避免倒置幻灯片 • 最好使用指示棒或激光笔指点投影屏幕
手画图表	• 制作方便 • 成本低廉 • 便于携带 • 便于复印分发	• 不适合于大会场 • 容易损坏	• 一定要清楚 • 使用前一定要注意顺序 • 使用后一定要按顺序放好
看板	• 可进行较具冲击力的展示（如展示海报、户外广告的模拟效果等） • 有现实感 • 可悬挂在墙壁上	• 高质量的看板制作较花时间 • 可能需要一定的成本 • 携带不太方便 • 容易损坏	• 一定要选择合适的材料，不要因为反光等因素造成客户无法看清 • 注意保护 • 可能需要助手帮助展示
录像带/DVD/VCD	• 生动 • 声画俱全	• 成本高 • 比较难以和解说相配合	• 提案前一定要检查相关器材 • 注意灯光环境
其他常用工具还包括实际展示物品、麦克风、音响等，这些实物、器材或工具是提案演示中可能需要的辅助性物品，可根据实际需要和具体环境进行安排。			

克肖认为在使用视觉器材前后，都要加以研究。他对使用幻灯片与图表给出下列建议。[1] 虽然他是针对使用幻灯片而言，但是在制作视觉性图表时，这些建议都是很好的参考。

(1) 在幻灯片映出瞬间，阅读幻灯片上的一切事物。不要打出一张幻灯片而讨论另外的事情。眼睛看到什么就说什么，两者要配合在一起。

(2) 永远不要背对观众念幻灯片或图表。做一份记事卡或笔记放在手边，这样你不必看着屏幕诵读。

(3) 视听器材应该是帮助你提案的。当图表散得到处都是，幻灯片卡在一起或放映出来上下颠倒，那么这些器材其实是毁掉了传播：这些事情可以通过适当的预演来防止发生。

(4) 学习使用指示棒。这是一个不可思议的工具。用得恰当，听众就被吸引。它能使你与银幕或图表保持一定距离，而你也不会挡住观众的视线。

(5) 将白字写在蓝、红或绿的底色上，通常最易于阅读。（这是因为房间至少有一部分变暗：这并不与有关反白字难念的法则相矛盾。）

(6) 永远不要在提案会上展示故事板。用幻灯片拍好各个镜头，再把语言录在录音带上同时播放。（有些人对此持不同意见，读者和实际使用者可根据实际情况选择合适的使用方法。）

(7) 在你说话的进行中如果提到小册子、包装或广告作品，通常应给听众看。如果可能的话，就把它交给听众，让他们更仔细地看。

---

1 参见〔美〕丹·E.舒尔茨：《广告运动策略新论》下册，刘毅志编译，第 301–304 页。此处经过整理。

(8) 当你展示广告时，通常应把标题念出来，也可把副标题念出来。如果写得不错，更要念出来，但永远不要念全部文案——这太费时间了。

(9) 如果你播放一支广播广告，为了使效果更好可以随同这支广播广告放映一支无声电影片(或一系列的幻灯片)。这种添加是一种推销术。

(10) 除非有必要，一位提案者应只使用一种视觉器材。

(11) 应多次校对材料。这是一成不变的法则。如果因疏于检查而发生错误，并于提案会前无法更正，通常应自己指出来，不要让听众去找出来。

(12) 要有足够的时间去对视觉材料做调整，校正排印错误并加以预演。

即使做了充分准备，但是在实际的提案过程中，仍然可能出现各种意想不到的因素。提案人员必须有足够的心理准备和应变能力。提案是一种艺术，需要不断地实践才能掌握其中的奥秘。优秀广告文案创作者不一定是优秀的提案者，但是，如果优秀的广告文案创作者具有良好的提案能力，他将有更多的机会使自己创作的文案被广告主认可，也将从广告提案这项工作中获得更多的成就感。

思考与练习

1. 什么叫做提案？什么叫做广告比稿？
2. 接受提案方和提案方经常出现的问题有哪些？
3. 广告提案常用的技巧有哪些？
4. 广告提案书制作的大致步骤有哪些？
5. 由老师指定一个特定的产品，同学们组成若干小组，以模拟广告公司的形式为该产品策划广告，并制作提案书。在课堂上，每个小组轮流进行模拟提案。在所有小组的提案完成后，老师组织各组的同学们就每个提案进行讨论，并评价每个广告提案的内容(包括具体的广告文案)以及提案过程本身的优点和缺点。

第十四章

广告文案测试

第一节　进行广告文案测试要考虑的基本问题

广告文案测试也被称为广告文案研究或广告文案调查。在本书中，使用“广告文案测试”与“广告文案研究”这两个术语。就广告文案测试而言，广告主与广告公司通常要考虑四个问题：(1) 是否应该进行文案测试？(2) 如果要测试，那么测试什么？(3) 如果要测试，何时测试？(4) 如果要测试，使用什么测试方法？

一、是否应该进行广告文案测试

广告活动通常都耗资不菲，但许多广告活动在投入大量经费之后却惨遭失败，这使得许多企业与广告公司都有寻求预先测试广告文案的强烈动机。当然，也有广告主与广告公司反对广告文案测试。

广告主反对广告文案测试，主要原因大多是因为担心进行广告文案测试而影响效率，错过市场时机。有些时候，广告主也担心广告文案测试会扼杀好的广告创意。美国牛奶行业协会曾以“有牛奶吗？”(got milk?)为主题的广告(图片 14–1)获得巨大的市场成功。牛奶行业协会的一位负责人撰文说：“我深信：大部分的文案测试对于品牌建设具有致命的破坏作用。它使得原文冗长、鲁钝，还会抹杀品牌的精妙睿智之处。事实上，正是品牌的精妙睿智吸引了消费者。一支‘符合测试标准的’广告很有可能和去年的天气预报一样乏味至极。而且，利用测试数据是首席市场营销官逃避创意责任的最佳方法。因此，我们从未对‘有牛奶吗？’进行定量测试。”[1] 他猜想，如果不是这

图片 14–1(A)

图片 14–1(B)

图片 14–1(C)

1　〔美〕杰夫·曼宁：《十年磨一剑：有牛奶吗》，林熙译，《国际广告》2004 年第 10 期，第 25 页。

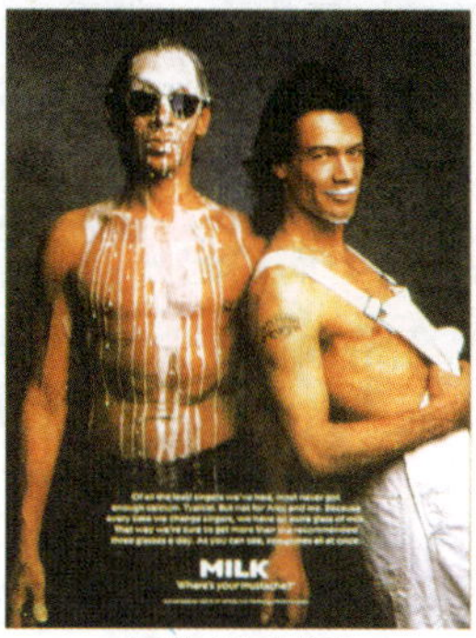

图片 14-1(D)

图片 14-1(E)

图片 14-1(F)

样,那么早期的几条成功广告片可能被“枪毙”掉。

广告公司反对广告文案测试则大多因为这可能会严重打击广告人的信心和损伤广告人的自尊,阻碍创意工作的顺利进行。此外,反对广告文案测试还因为广告文案测试很难有统一的标准,任何一种广告文案测试都可能无法提供完美的判断。

二、测试什么

一般情况下,广告文案测试的内容大概包括五个方面:第一,测试对广告的认知;第二,测试对广告内容的回忆;第三,测试广告的说服效果与对受众态度的改变;第四,测试广告对受众购买行动的影响;第五,测试广告对品牌忠诚和对产品销售量的影响。广告发布事前测试与广告发布事后测试的具体测试内容,可以是其中任何一种。

实际上,对于一项具体的广告策划、制作与发布活动来说,并不一定要涵盖以上五种测试内容。广告文案测试什么,关键是要根据广告设定的具体目标进行。比如,如果是具有低卷入特征的产品,其广告的目标可能是引起受众的注意与兴趣,那么广告测试的主要内容可能就是对广告所引发的回忆的测试;而如果是具有高卷入度特征的产品,其广告目标可能是引发消费者的欲望与行动,那么广告文案测试的主要内容可能是对广告说服效果的测试。

三、何时进行广告文案测试

通常来说,广告文案测试可以在四个阶段进行:第一个阶段是制定广告策略过程与创意过程开始时,该阶段通常也被称为广告策略测试或研究;第二个阶段是初稿完成之时;第三个阶段是制作阶段末期或完成之后;第四个阶段是广告发布之后。在第一个阶段至第三个阶段进行的测试通常都被称为广告事前测试、预先测试或事前诊断性文案测试。有时,把中间阶段的测试称为事中测试。第四个阶段进行的测试通常被称为广告文案事后测试、事后诊断性测试或者广告效果研究。

有人可能认为事后诊断性测试没有什么意义,其实不然。因为企业的经营活动是持续的,一次广告活动会影响企业之后的经营活动。对已经发布的广告文案进行测试,可以使企业对今后广告活动中的文案进行必要的调整。

对于广告文案创作者而言,压力最大的广告测试是广告文案事前测试。因为,经过事前测试后,广告主可能不会认可测试效果不好的文案。因此,在广告界,就是否有必要、是否应该进行广告事前测试和研究的问题,一直以来存在着激烈争论。许多广告主赞同进行广告文案事前测试,因为他们毕竟不愿意看到自己的广告在花费巨资后无法产生好的效果。但是,广告创意人与广告文案创作者通常会对广告事前测试和研究嗤之以鼻，或者抱以强烈的反感。因为在他们看来，事前广告测试通常会把优秀的广告创意与广告文案扼杀掉。的确，正如许多广告创作者说得那样，许多原创性的广告通常会出人意料、令人震惊，甚至在第一次接触时令人反感并加以抵触。有些时候，杰出的广告在测试阶段可能无法表现出效果，甚至由于其巨大的冲击力而引起人们的强烈反应。在这种情况下，一些保守者通常无法接受潜在的巨大风险。但是，无论如何争论，对广告文案的事前测试和研究，在通常情况下可以防止广告活动出现灾难性的失败。当然，在风险降低的同时，也可能损失了获得巨大成功的机会。

由于广告文案的事前测试对广告创意活动影响巨大，因此，**在广告创作界，“广告文案测试”常常被等同于广告文案的事前测试。**

四、使用何种方法进行广告文案测试

广告文案测试的方法有很多种，不同阶段的广告文案测试可以使用相同的测试方法，也可以使用不同的测试方法；可以使用多种测试方法中的一种，也可以使用多种测试方法中的几种。

广告文案事前测试的主要目的是研究广告表现策略是否合适。具体来说，测试广告概念是否清晰，广告文案是否有说服力，广告影片或平面是否有好的视觉效果。

在广告策略的发展过程中进行的测试，通常也被称为主题研究(theme research)、文案纲要研究(copy platform research)或者广告策略研究(advertising strategy research)。广告文案的事前测试或事前研究所使用的方法主要有广告喜爱度列序测试、广告喜爱度一对一比较测试、词语或语句填空法、文案及影片测验等。

广告文案的事后测试其实就是广告效果研究的一部分。在广告活动的每一个阶段，广告策划者通常需要设定不同的目的。这些目的应该是可以评估的，或者说，广告策划与创作者应该尽量使这些广告目的可以评估。整个广告活动的目的是否能够实现，是与广告文案的效果相关的。

广告文案的事后测试也可以使用广告喜爱度列序测试、广告喜爱度一对一比较测试、词语或语句填空法以及文案及影片测验等方法。只不过，在这种情况下，已经发布的广告文案如果有问题，就只能在下一次广告活动中加以调整了。

1982 年，21 家美国主要的广告公司联合开发了广告文案测试原则 (positioning advertising copy testing, PACT)。PACT 原则为选择合适的方法进行广告文案测试提供了重要指导。PACT 原则包括九条主要内容 [1]：

法则 1：好的广告文案测试系统的测量应该和广告目标相关。

法则 2：好的测试系统要求就如何应用每一项具体测试中的测试结果提前达成协议。

法则 3：好的测试系统能提供多种测试方法。单一的测试方法通常不足以评估一条广告。

法则 4：好的测试系统建立在人类传播反应的模式——对刺激的接受、理解和反应——之上。

法则 5：好的测试系统能让人考虑到广告的刺激是否需要一次以上的暴露频次。

法则 6：好的测试系统认为广告越完整越有利于评估。要求对备选方案进行测试，且在完成程度相同的情况下进行替换实施和检测。

法则 7：好的测试系统能进行控制，可以避免接触背景的偏激影响。

---

1 参见〔美〕菲利普·沃德·博顿：《广告文案写作》，程坪、丁俊杰等译，第 334–335 页。关于 PACT 原则的具体内容同时可见〔美〕巴茨等著：《广告管理》，赵平等译，第 205–206 页。

法则 8：好的测试系统会考虑样本的定义。

法则 9：好的测试系统能显示出可靠性和有效性。

第二节 广告文案测试的主要方法

不论是广告文案的事前测试，还是事后测试，主要的测试内容都可能包括对广告的认知的测试、对广告内容的回忆的测试以及对广告的说服效果与对受众态度的改变的测试。

在广告发布之后，有些广告主会进行广告文案事后测试，或者进行更为全面的广告效果评估。广告主通常会将广告文案事后测试与效果评估的工作委托给专门的广告调查与广告研究公司进行。有些时候，在充分信任的基础上，广告主也将这一任务委托给自己的广告代理公司。

广告文案是引发广告效果的重要因素，除此之外，还有很多因素会影响到广告的综合效果。对于广告文案创作者来说，要通过广告发布后的文案测试了解广告对受众究竟产生了什么样的具体效果并不容易；而要将广告文案对销售的贡献从综合性广告效果中分离出来，则几乎是不可能的。如果在广告发布后就单个作品进行广告文案测试，则测试的内容和方法与广告文案事前测试区别不大。

在本节中，我们将不以事前测试与事后测试的标准来对广告文案的测试方法进行分类，而是根据文案测试方法的实用性，有选择地介绍一些常用的广告文案测试方法。这些方法可以运用于广告发布前的事前测试，也可以运用于广告活动进行过程之中，进行事中和事后测试。

一、小组访谈法

所谓的小组访谈法，是指在广告文案测试时，有目的地选择 8—10 位产品的潜在消费者进行深度访谈，以获得对具体广告文案的评价。

小组访谈法中可以使用多种测试操作技巧。小组访谈法主要依靠的操作手段是**反应测试**与**消费者评审**。反应测试是广告测试者经常使用的文案测试方法。该测试法是在被访问者看过广告之后，向他提出一系列问题。通过对问题的回答，了解潜在消费者在看过广告后的反应。反应测试法使用起来比较方便，成本也比较低，可以与消费者评审法组合起来运用。

小组访谈法可以用于广告初稿测试，也可以用于广告发布后的事后测试；可以用于印刷广告测试，也可以用于电视广告测试。比如，在印刷广告初稿测试中，可以向小组成员展示多个广告初稿；在电视广告初稿测试中，可以将多个电视广告脚本直接展示给小组成员，也可以将电视广告脚本输入电脑制作成动画版进行展示。当然，也可以向小组成员展示已经发布的印刷广告或播放已经发布的电视广告录像带。

小组访谈法的优点主要有：比较容易组织、费用比较适中、测试的速度比较快，以及在与潜在消费者的交谈中有可能得到创意灵感。

利用小组访谈法进行文案测试，要注意以下几个要点：

1. 访谈对象要经过精心选择。参与小组访谈的人应该对该类产品感兴趣，是产品的潜在消费者。如果小组成员根本不可能成为该类产品的消费者，就不可能对该类产品的广告作出有价值的评价。有些人可能会问，既然参与小组访谈的人本来就对该类产品感兴趣，那么又如何能够对广告的有效性得出有价值的判断呢？不错，以小组访谈法进行广告文案的测试，很难判断出广告文案创造需求的能力，而主要用于判断同类产品的广告中哪些广告更有效果，或者用于判断同一产品的不同广告作品哪个更好。

2. 小组访谈法主要用于对同一产品的不同广告进行价值排序。对于广告文案创作者而言，经常遇到的问题是，很难判断自己所创作的多个方案中究竟哪个更好。对于任何一个真正的创作者来说，每一个精心创作的作品都可能令他难以割舍。在这种情况下，广告创作者可以通过小组访谈法对同一产品的不同广告进行价值排序。具体的做法是，小组访谈组织者将两个或者更多的广告向小组成员展示，并向他们提出一些简单的问题。这些问题可能是："这几个广告中你最喜欢的是哪个？""在这些广告中，哪个最有可能令你购买该产品？"小组访谈组织者应该要求所有小组成员都对广告作品做出各自的选择。"这几个广告中你最喜欢的是哪个？"对该问题的回答通常反映了小组成员对广告的喜爱度，因此也被具体称为广告喜爱度列序测试法。但是，如果小组访谈中非常注重与购买行动相关的问题，则测试的内容会反映出广告的说服效果和对行动的影响力。

3. 小组访谈法也可运用于**广告喜爱度一对一比较测试**。这种方法也被称为成对比较测试技术。在小组访谈中运用这种技术，可以将广告分成两个一组，进行配对比较。这种方法主要用来选择判断广告的主题、形式、标题、画面等具体的方面，而不是用来对几条不同的广告作品进行排序。

4. 小组访谈法在实施中要避免从众心理。小组访谈一般要邀请 8—10 位潜在消费者参加。参加小组访谈的人其实形成了一个"小社会"，他们可能有不同的个性、不同的价值观。在一个多人场合中公开表达自己的观点，对于有些人来说可能很容易，对于另外一些人来说可能非常困难。在这种情况下，在群体内部有可能出现心理学中所说的从众心理。用中国人的话说，每一个人都可能在群体中因为"面子"而隐瞒自己内心真实的想法。

5. 小组访谈法在实施中要提醒参加者保持消费者的心态。一旦进入有意识的研究状态，任何一个普通的消费者都可能产生一种错觉，即自认为是广告专家。如果参与小组访谈的成员不能保持一个普通消费者的心态，对广告文案的判断将大打折扣。因此，小组访谈的组织者一定要在组织环节上精心设计，避免参与访谈的测试对象进入一种"研究"状态。

6. 小组访谈并不能提供最好的广告创意与文案。小组访谈通常是针对既成的广告作品(可以是草稿，也可以是成品)进行的讨论。但是，参与者只能在现有的广告作品中选择自己更加看好的广告作品。即使是在排序中名列前茅的广告作品，也不一定就是有效的广告作品。请注意，它只是在被测试作品中最被看好的。

二、核对表测试法

所谓的核对表测试法(也叫对照表测试法)是指利用事先拟定的一些系列问题来检测广告文案。核对表测试法是一种非常常用的广告文案测试法，这种方法使用方便、成本很低，可以被广告文案创作者以个人方式付诸实施。

典型的核对表是由一系列问题构成的。在表中，每个问题会有几个事先拟订的选项，参加广告文案测试的人只要在几个选项中进行选择就可以了。对照表中的问题通常针对标题、正文、插图、布局等广告具体元素而设计。广告文案创作者可以利用核对表对自己创作的广告文案进行测试，也可以由他人使用核对表对需进行测试的文案进行测试。

下面是一个对印刷广告进行测试的典型的核对表。

表 14-1 广告文案测试核对表[1]

分测试对象	具体评分			得分
	10—8	6—5	4—0	
标题				
标题总体感觉	强 ______	一般 ______	弱 ______	
1. 标题是否与产品相关？	密切 ______	一般 ______	不密切 ______	
2. 标题是否包含利益？	强 ______	一般 ______	弱 ______	
3. 标题是否生动、充满动感？	生动 ______	比较生动 ______	呆板 ______	
4. 标题是否与开场白关系密切？	非常密切 ______	有点关系 ______	毫无关系 ______	
5. 标题是否与插图关系密切？	非常密切 ______	有点关系 ______	毫无关系 ______	
6. 标题是否直接瞄准了刊物的潜在读者？	非常直接 ______	还可以 ______	没有 ______	
综合评价				
正文				
总体来看，正文是强是弱，还是一般？	强 ______	一般 ______	弱 ______	
1. 正文是否编写精巧，从头至尾逻辑发展如何？	精巧 ______	一般 ______	很差 ______	
2. 正文展开是否迅速、有趣？	非常好 ______	比较好 ______	进展慢、死板 ______	
3. 正文是否表明了企业或产品的身份？	强 ______	一般 ______	没有 ______	

1　该文案测试核对表参见〔美〕菲利普·沃德·博顿：《广告文案写作》（第 7 版），程坪、丁俊杰等译，第 371–376 页。

（续表）

4. 正文是否突出了主要利益？	强 ______	中 ______	差 ______	
5. 正文是否强调了附加利益？	强 ______	一般 ______	差 ______	
6. 正文是否按照潜在读者的语言习惯编写？	绝对是 ______	一般 ______	不是 ______	
7. 正文是否有帮助？	很有帮助 ______	一般 ______	没有帮助 ______	
8. 正文提出的许诺是否可信？	非常可信 ______	可信 ______	不可信 ______	
9. 正文结尾是否提出了行动号召或其他积极方式？	强 ______	一般 ______	弱 ______	
综合评价				
构图布局、插图、排版				
总体来看，广告的整体版面组合效果对实现销售目标、广告战役目标或其他目标是否发挥了作用？	很有作用 ______	有作用 ______	没有作用 ______	
1. 标题组合是否形成冲击力？	非常强烈 ______	一般 ______	很少 ______	
2. 主插图组合是否形成了冲击力？	非常强烈 ______	一般 ______	很少 ______	
3. 主插图是否能引起潜在读者的兴趣？	非常有趣 ______	比较有趣 ______	无趣 ______	
4. 正文的排版是否容易辨认？	非常好认 ______	比较好认 ______	很难辨认 ______	
5. 广告大小是否适合实现广告目标？	非常适合 ______	差不多 ______	不适合 ______	
6. 构图布局技巧（绘图或图片）是否与广告目的吻合？	非常吻合 ______	差不多 ______	不吻合 ______	

（续表）

7. 标志是否醒目?	很醒目 ________	比较醒目 ________	不醒目 ________	
8. 布局安排是否能恰到好处地引导读者按照广告的逻辑看完整个广告?	很好 ________	一般 ________	差 ________	
综合评价				

以上这个核对表适用于报纸、杂志等平面印刷广告，但对电视广告或其他形式的广告不一定完全适用。根据具体的测试对象和测试目的，广告文案创作者可以自己设计文案测试核对表。核对表的设计可以根据广告媒体的不同有所区别。使用核对表测试广告文案的主要优点是方便、成本低。但是，有人也反对使用核对表进行广告文案测试，认为核对表测试限制了创意与文案人员的想象，限制了创新。有些人甚至认为该种广告文案测试方法依靠人的主观判断进行，科学性太差，不足为据。尽管利用广告文案测试核对表进行文案测试遭到很多批评，但是有一点是可以肯定的，这种方法对于文案创作新手检测自己的文案是非常有用的。在将广告文案测试核对表与小组访谈法以及其他测试方法组合起来运用时，可以有效提高文案测试结果的参考价值。

三、发布反馈测试法

发布反馈测试法是指将广告进行小规模的发布，通过广告获得的反馈数量的多少来测试广告文案的效果。发布反馈测试法常常用于对印刷广告的测试。

1. 非严格控制的发布反馈测试法

进行非严格控制的发布反馈测试时，可以在不同时间将同一产品或服务所做的不同版本的广告发布在同一媒体上，也可以在同一时间将不同版本的广告发布在不同的媒体上。在所发布的不同版本的广告中，广告推销的产品或服务是相同的，但是广告的标题、文案、图片可能各不相同。在被测试的几个广告中，包含着方便受众进行反馈的不同的联系办法。广告测试者根据不同广告所引起的反馈来确定哪个广告中的文案更加有效。但是，在这种非严格控制的发布测试中，广告发布的时间、不同媒体的受众可能不同，因此，对于广告文案有效性的测试受到多种因素的干扰。这种测试方式通常可以测试一个广告作品的整体是否有效，但不能分离出广告文案中的哪些具体元素更加有效。

2. 多胞胎测试法

加以严格控制的发布反馈测试法也被叫做多胞胎测试法。与一般的发布测试法相比，多胞胎测试法通常是将同一广告的两个或两个以上不同版本的广告发布在同一媒体不同版本的同一位置。这些不同版本的广告通常彼此之间只存在一个不同的广告元素，比如，可能只有标题不同，或者只有主画面不同。由于这些不同版本的广告非常相似，所以被称为多胞胎测试法。在被测试的

“多胞胎广告”中,隐藏着方便受众反馈的不同的联系办法。这样,广告测试设计者可以根据反馈的来源,知道“多胞胎广告”中哪个广告文案更加有效。由于多胞胎发布测试需要媒体方面的配合,因此实施起来有一定的现实难度,通常只能在比较容易控制的杂志媒体实行。

多胞胎测试法的优点主要有:

(1) 多胞胎测试可以对广告中的大标题、插图、正文等多种元素进行测试。在不同版本的广告中,只要有一个广告元素不同,而其他元素保持相同,就可以对那个元素进行测试,从而有助于广告文案创作者了解其对广告效果的贡献大小。

(2) 多胞胎测试是在真实环境中进行的。大多数广告文案测试法是在人为环境中进行的,参与测试的人对广告的反应可能与在真实环境中对广告的反应不同。多胞胎测试法使广告测试者可以在真实的环境中进行广告文案的测试。在这种测试中,受众一般都处于自然的阅读状态,不知道自己所接触的广告是被测试的广告。因此,这种测试虽然不能排除真实环境中有许多不可控因素的干扰,但是测试结果却很有比较价值。

(3) 多胞胎测试的广告也能带来实际广告效果。在实施多胞胎测试法时,由于广告是在真实媒体上发布的,广告被受众自然接触,不管是哪个版本的广告,不管效果如何,都可能产生真实的广告效果。另外,由于在多胞胎测试中,被测广告为了刺激受众作出反应,通常都包含了一定的优惠或奖励条件,因此,大多数情况下,被测试的广告多多少少也能对促销产生一定的推动作用。

多胞胎测试法的缺点主要有:

(1) 多胞胎测试法无法测试出那些不进行反馈者对广告的反应。一个读者可能阅读了杂志并看到了被测试的广告并作出了购买行动,但是他可能没有兴趣根据广告中的电话号码打电话给测试中心。在这种情况下,广告效果虽然很好,但是广告测试的设计者可能无法获得反馈,广告的实际效果可能被低估。

(2) 多胞胎测试法无法测试出反馈者的真实态度。与上面的情况相反,也有的读者可能根本没有购买欲望,仅仅为了获得优惠而进行反馈。因此,该种测试法很可能无法测试出反馈者的真实态度,也无法反映广告文案的真实效力。

(3) 多胞胎测试法可能受到地区等因素的干扰。多胞胎测试法通常是将不同版本的广告发布在同一媒体不同版本的同一位置,但是,由于受到实际发行或播送条件的限制,同一媒体不同版本在同一时期很难消除地区因素的影响。这样一来,地域因素所造成的文化、收入、教育程度等诸多变量就可能使被测试的广告元素不再是理论上的单一受控变量。比如,一份发行量10万份的杂志可能用5万份刊登某广告的A版本,而将另外5万份刊登该广告的B版本。在发行中,刊登A版本广告的5万份杂志可能都发行在A0城市,而刊登B版本广告的5万份杂志可能都发行在B0城市。这样一来,广告测试的设计者就无法判断究竟是不同版本的广告产生了不同的效果,还是由于不同发行地域的不同消费者特征影响了广告效果。

四、剧场测试法

剧场测试法通常是指在剧场或仿剧场的实验室中进行广告文案测试。具体而言,这种测试法是将250—600人邀请到剧场,让这些人观看一些电视节目,在这些节目中会插播一些电视广告。然后,询问他们对这些广告的反应。具体的问题可能涉及对广告的理解、对广告中品牌的记忆、是否喜欢某个广告,以及对某个广告是否感兴趣等等。剧场测试法主要用来测试电视广告。

剧场测试法也包含很多种不同的操作手法。一种常用的操作方法是通过电话、拦截式调查或邮寄入场券邀请一定数量的受视者到指定地点进行测试。在进入剧场之前，测试组织者会告诉所有的参加者测试结束后，将有一个抽奖活动，并请每个人填写一份产品偏好问卷调查表。在表中，有问题要求被测试者回答如果他们中奖，最想要哪种产品作为奖品。这张表格中可以收集被测试者人口统计方面的特征。在看完节目与广告后，测试组织者会再给每一位被测试者发一份表格。在这张表格中，可能包含以下一些信息：

(1) 你现在愿意选择哪类产品作为奖品？（通常有产品类别选项。）

(2) 你喜欢哪个牌子的产品？（通常有某类产品中具体的品牌名称选项。）

(3) 你对广告的兴趣和看法。（通常有选择题来完成这部分的测试。）

(4) 你对广告的总体印象。（通常用形容词表进行测量。）

(5) 你对各个广告细节的回忆。

通过将前后问卷进行比较，测试组织者可以发现被测试者产品与品牌偏好的变化情况。产品与品牌偏好测试是剧场测试的重要内容，不管剧场测试的具体操作手法如何，一般都包含对这些方面的测试。

剧场测试的主要优点是可以控制，并能够保证一定的样本数量。剧场测试的缺点是一般情况下，所有参与者都知道自己在参加一次测试，因此观看节目与广告的心情和状态可能与真实情况下不符。尽管存在这个问题，但是由于这种测试方法可以提供有关广告对产品或品牌偏好所造成的影响的较详细的信息，因此许多广告主愿意采用这种测试方法来判断自己的广告是否有效。

五、试播测试法

试播测试法通常用来测试电视广告。试播测试法与发布反馈测试法有类似之处，两者都是在真实的环境中发布被测试的广告。但是，试播测试法不是依靠受众借助广告中隐藏的不同联系办法作出的反馈来获得信息，而是广告测试组织者对观众进行调查，以获得观众对广告的认知、记忆以及对广告中品牌的态度。

利用试播测试法时，通常情况下被测者自己并不知道是在参加一次广告测试活动。但是，有些时候，测试组织者也会邀请观众观看一些他们熟悉的节目。在这些节目中，插播了被测试的广告。

试播测试法通常采用隔日调查来采集信息。因此，从操作技巧角度看，该种方法通常也被称为隔日回想率测试。回想率测试是这种测试方法最基本的手段。回想率可以反映人们对广告的兴趣和注意程度，但是与广告对销售的贡献很难建立严密的相关性，因此也受到很多人的批评。

六、仪器测试法

广告文案的仪器测试法通常都在实验室中进行，因此有时也被笼统地称为**实验室测试法**。（但是，实际上实验室测试法这种称呼并不准确，因为有些不以仪器为主的测试法也在实验室中进行，比如剧场测试法。）仪器测试法使用的设备有很多种，比如眼睛摄像机、视速机、瞳孔测试仪、脑电图仪、辅助测量计算机等。

广告文案的仪器测试法主要依靠仪器测试被测试者的生理反应来获得他们对广告的反应，因此也被称为生理测试法。尽管这种测试法多种多样，测试关注点有瞳孔扩张、皮肤湿度、心跳、声调、脑电波等，但是这些测试都有一个共同点，即都是测试被测试者生理上的反应。

在这里，我们以眼球摄像测试为例来说明仪器测试法或生理测试法。该测试法是用眼球摄像机记录眼睛注视广告的运动过程，仪器可以记录眼睛注视的方向，可以揭示眼睛注视广告作品某一部分的时间长度，也可以记录视线的运动轨迹。利用这种测试方法，可以了解广告中各种元素对人的相对吸引力，能够鉴别出阅读者只是阅读标题还是通读正文，可以说明广告布局设计是否合理。但是，该种方法无法测试出人对广告有什么看法。

广告文案的仪器测试法通常都要由专业的研究公司来实施，测试需要心理学家、行为专家等多方面专家参与。对于广告文案创作者来说，其实没有必要深入了解这些测试技巧，因为广告文案创作者的主要工作职责是文案创作，而不是文案研究。当然，通过仪器测试法获得结果对广告文案创作者有一定的参考价值。

思考与练习

1. 你认为广告文案需要进行事前测试吗？根据你自己的认识，谈一谈你对这一问题的看法并阐述自己的理由。
2. PACT 原则的主要内容有哪些？
3. 广告文案测试有哪些主要方法？每种测试方法的主要特点是什么？

第十五章

广告文案创作与社会

广告在现代社会中几乎无处不在，其对社会与人有着巨大影响是毋庸置疑的。在社会中，广告也受到法律、法规与伦理道德的约束。尽管广告的合法性判定经常出现争议，但是毕竟有比较明确的法律、法规条文作为评判的标准。但是，如果从道德伦理这个角度来评价广告与社会、广告与人的关系，问题就会变得复杂起来。有一部分人倾向于将道德伦理责任推卸给消费者，认为消费者的理性行为和市场的公平性会最终使违背伦理道德的广告与商业行为无以立足。但是，有些现实主义者则指出，伦理道德方面的责任如果仅仅依靠市场中的非人格化力量是无法实现的。在现实生活中，我们的确可以看到有些广告因违背了社会的伦理道德而失败。我们也不得不承认，尽管有问题的广告不断遭受失败，但是，在这些广告之后，类似的问题广告依然不断出现。这就提醒我们，即使在市场规律发生作用的情况下，政府、广告主、非政府组织等各类组织机构以及广告人也都应该承担起应有的社会责任，以保障消费者与生活者的合法权益。

作为广告文案创作者，了解广告活动与广告文案可能引起的社会问题是很有必要的。在广告引起的诸多问题中，由广告文案所引起的问题常常处于争论的焦点，并常常给公众与广告主双方造成伤害。在本章中，我们将对广告文案可能引发的一些主要社会问题进行讨论。

第一节　广告文案的真实性与欺骗性

不论是法律，还是伦理道德规范，都要求广告文案具有真实性。然而，虚假广告依然层出不穷，使消费者利益受到损害，也使许多广告主成为法律制裁或舆论抨击的对象。比如，2002 年，北京市工商局与北京市消费者协会对 83 条减肥广告进行了一次评议，发现其中 83 条都存在问题。这些广告多为表述不科学、乱标有效率、用词绝对化，媒体惊叹减肥广告违法现象惊人。[1]类似的例子不赘。人们也已认识到，广告文案的真实性与欺骗性问题，绝不可能通过法律制裁一劳永逸地解决。作为广告人，应该心怀良知，时刻警惕广告出现欺骗性问题。欺骗性广告层出不穷，而其对人们心灵的影响又是如此深刻，对社会的影响又是如此深远。因此，长期以来，广告文案的真实性与欺骗性问题一直是广告界与社会关注的焦点。

1　《信报》2002 年 10 月 17 日。

一、什么是欺骗性广告

作为一名广告文案创作人员，首要的工作任务是创作出有效果的广告文案，在文案中，需要作出对潜在消费者有说服力的广告承诺。但是，一方面，大多数广告文案创作者都不是法律专家，对那些枯燥的法律条文不甚了解。另一方面，大多数广告文案创作者都希望能创作出可以冲击消费者心灵的广告，出奇制胜、超越平凡是广告创作者常有的心理。由于这两方面的原因，广告文案创作者很容易误入歧途，陷入欺骗性广告的泥潭。因此，对于广告创作者而言，了解什么是欺骗性广告是很有必要的职业准备。

我国的广告法规定："广告应当真实、合法，符合社会主义精神文明建设的要求。""广告不得含有虚假的内容，不得欺骗和误导消费者。""广告主、广告经营者、广告发布者从事广告活动，应当遵守法律、行政法规，遵循公平、诚实信用的原则。"

虽然，在这些法律条文中，对广告提出了一些具体要求，比如要求广告"真实"、"不得含有虚假的内容"、"不得欺骗和误导消费者"、广告应该"诚实"，但是却没有对这些用语进行具体的阐释，因此，在对法律的解释方面，可能出现模糊性。

随着我国法制建设的逐步完善，针对欺骗性广告的法律条文也变得更加严密。比如，2009 年 2 月通过的《中华人民共和国食品安全法》(第十一届全国人民代表大会常务委员会第七次会议通过)第九十四条指出："违反本法规定，食品安全监督管理部门或者承担食品检验职责的机构、食品行业协会、消费者协会以广告或者其他形式向消费者推荐食品的，由有关部门没收违法所得，依法对直接负责的主管人员和其他直接责任人员给予记大过、降级或者撤职的处分。"这条法律，对于从广告文案出台机制上提高广告的真实性是有一定助益的。

目前，我国广告界一般认为，如果一条广告的表述对理智的消费者产生误导，或造成错误印象，而这种错误印象又关系到广告中产品或服务的特点，则该广告属于欺骗性广告。但是，与法律解释的模糊性相类似，在现实中，一条广告是否属于欺骗性广告很难界定。在具体事件发生时，消费者的意见对于广告的评判非常关键。

案例解析

2008年 9 月 3 日《京华时报》刊发《康师傅就"优质水源"道歉》一文(记者胡红笑)，文中称："就矿物质水产品广告中标示'选用优质水源'，造成部分消费者认知差距一事，康师傅饮品控股公司昨天首次公开表示道歉。……康师傅矿物质水及大部分饮料行业及瓶装水行业所选用的水源皆为公共供水系统(自来水)。康师傅方面昨天还引用国家食品质量监督检验中心主任宋全厚的观点：不能说自来水就不能算是'优质水源'，也不能简单地说只有天然水源才是'优质水源'，只有符合国家标准的 GB5749'生活饮用水卫生标准'的才是安全可靠的用水。'但是，在推广过程中，公司的上述思路并没有向消费者报告清楚，造成认知上的差距，导致部分消费者和媒体对于'优质水源'的误解，康师傅对此表示遗憾和抱歉。'康师傅方面表示，公司已于 8 月 7 日停播了该则广告，也调整了广告宣传语，同时设计新的瓶标，新包装瓶身产品也陆续上市。"

在该案例中，有部分消费者将康师傅广告中的"优质水源"认知为"天然水源"，因此引发了康师傅的"广告虚假问题"。这个案例说明，随着人们生活水平的提高和消费者权益的意识不断加强，广告正面临来自消费者更加严格的评判标准。广告主在进行广告活动的时候，必须充分考虑各种情况，避免自己的广告误导理智的消费者。

我国广告界对欺骗性广告的界定，与美国广告监管制度对欺骗性广告的界定基本相符。美国是对广告监管比较成熟的国家。美国联邦贸易委员会认为,由于广告的表述,或由于未能透露有关信息,而给理智的消费者造成错误印象,这种错误印象又关系到广告所宣传的产品、服务的实质性特点的,均属于欺骗性广告。广告主要对直接表述的不真实信息、暗示的不真实信息以及恶意隐瞒或忽略掉的对消费者至关重要的信息承担责任。

对于广告文案创作者来说,要想远离欺骗性广告造成的麻烦其实也并不困难,可以遵循以下一些准则:(1) 熟悉与广告相关的法律,遵守法律的指示;(2) 保持诚实的品性;(3) 聆听常识与判断力的警告;(4) 听从法律顾问、法律专家的意见。

在创作广告文案时故意使用欺骗手段是最不可容忍的愚蠢行为。尽管有些欺骗性广告可能侥幸没有受到法律的追究,但是从长远来看,这种伤害消费者的做法最终可能给广告主带来伤害。

二、什么是夸张性广告

夸张性广告是指广告的陈述非常模糊,或者极度夸张,以至于一个理智的人不可能完全相信广告的内容真正具有完全的现实性。

美国商业促进局委员会的全国广告局和电视网的广告标准部门在长期实践中总结出了区别事实性广告承诺和夸大性广告承诺的三条标准,对于我们判断一条广告是否属于夸张性广告具有很大的参考价值:

第一条标准:由广告承诺是笼统承诺还是具体承诺出发,判断一个广告是否属于夸张性广告。笼统承诺产品的优越性构成夸大,而强调产品的具体贡献、利益或功能的承诺则不属于夸大的范畴。宣传产品是最好的,或承诺产品质量优于竞争对手的广告一般都属于夸大。对于广告承诺,只要广告主无法拿出确切的文字材料来证明产品的具体品质,就属于夸大。笼统承诺构成夸大,但是一般并不被认定为是欺骗行为;而具体承诺也可能包含欺骗行为。

第二条标准:由广告承诺的可测量性判定是否属于夸张性广告。广告的承诺如果无法度量、无法量化、无法通过必要的方式加以证明,通常被认为是纯粹的夸大。比如,"美好的"、"流行的"、"美丽的"这类形容词没有明确的标准,通常都被认为是纯粹的夸大,并不构成欺骗。美国媒体界认为,客观的广告承诺是可以度量或证实的,这些承诺一般涉及产品的性能、功效、销售、受众偏好、里程、口感或其他实实在在的特质,并且这些承诺必须由足够的证据来支持;而纯粹的夸张,是那些无法证实的主观承诺。

第三条标准: 由广告主是否在广告中表达了某种观点来判定一个广告是否属于夸张性广告。美国联邦贸易委员会明确指出:"在各种广告主题中,有一种本质上具有吹嘘性或其他夸大特征的广告。这种广告无法等同于那些受到肯定的事实性产品承诺。不论是委员会,还是消费者,都不会指望这种广告能够提供相应的文件来证明它所做出的承诺。"

判定一个广告是否是夸张性广告,要比判定一个广告是否是欺骗性广告更难。对于一个夸张性广告承诺是否构成欺骗,判断起来则非常困难,也存在着很大的争议。简单地说,如果夸张性承诺让理智的消费者无法作出对产品或服务的正确判断,那么该广告就是欺骗性夸大。

语境在判断一个夸张性广告是否构成欺骗方面具有主要意义。

首先,语境与广告目标受众的类型和成熟程度有关。如果一条广告的目标受众能充分理解和认识到广告的夸张,那么该广告可能被划归为无害的夸张。反之,如果广告的目标受众无法很好理解广告的用意,那么广告就可能被认为是欺骗性广告。

其次,语境与广告的整体性有关。一个孤立的词或句可能与该词句在一个整体中表达出完全不同的意义。为了判断一名理性消费者如何理解广告的内容,美国的法律将广告视为一个集合的整体,而不是一些相互独立、彼此分割的个体的堆积。因此,和广告的具体词句相比,广告的整体影响力对于判断广告是否构成欺骗性具有决定性的作用。在分析联邦贸易委员会的规定时,一家法院解释说,委员会认为无须将自己限制在广告的字面意义上,可以检查整条广告的总体影响。

有些广告的承诺使理智的消费者很难判断其客观性,比如,在广告中声称"最高级"、"最佳",即使这些词出现在完整语境中,普通消费者也很难对这些词语的客观性作出判断。在我国,为了保护消费者的利益,在广告法中已经明确指出,广告中不得"使用国家级、最高级、最佳等用语"。2002 年,北京某超市曾发布广告,声称"市场最低价"、"找到更便宜,返还两倍差价",这些广告承诺令普通消费者很难进行核实,广告主亦没有拿出支持性的客观证据,因此被判定为虚假广告。[1]

第二节　广告文案与潜意识操纵

一、潜意识操纵

所谓潜意识操纵，是指在广告中运用不太为人认识到但又能在潜意识层面感觉到的刺激来影响广告接触者。

心理学的研究指出,人的行为可能受到潜意识的影响。很多广告创作者利用潜意识原理对广告接触者施加影响。广告文案中的潜意识刺激大致可以分为三种:(1) 在画面中以极快速度出现的视觉性刺激元素;(2) 低音听觉讯息中的声音刺激;(3) 在广告文字或画面中使用性刺激。

广告具有为消费者提供产品与服务信息的功能,但是,显然并不是所有广告都只是仅仅提供了产品或服务的信息。许多广告试图控制人们的行为,有时候影响他们去购买他们本不需要的产品或服务。有学者指出,广告广泛地使用了潜意识操纵技巧,从而具有诱使人们购买产品的力量。另一方面,有学者也指出,潜意识效果很微妙,潜意识刺激一般都非常弱,以致接受者常常意识不到这种刺激的存在,但同时又明白自己的确受到了刺激。潜意识刺激的效果极易被同频道播放的其他刺激所抵消,或者因注意转向其他形式的刺激而被抵消。

广告业一般认为,如果在影片中插入观众视觉上无法察觉到的图像画面,就会通过视觉印象影响消费者的行为。这被认为是不道德和违反商业规则的。

二、容易引起争议的潜意识广告

就广告中运用形象而言,有学者认为,并非所有隐藏的广告形象都可被视为名副其实的潜意识广告,在更为专业的意义上说,潜意识广告形象这一称谓适用于两种不同的情况,即"速闪式"显示(tachistoscopic presentations)和"潜意识嵌入"(subliminal embeds)。"速闪式"意思是"快速观看","速闪式"显示就是在屏幕上快速闪过的视觉展示,它可以是图像,也可以是文字,由于是在瞬间闪过,观众的意识来不及记录下其存在。它对观众的作用必须以潜意识的方式产生。[2]"潜意识嵌入"是指以不为人注意的方式将图片或文字插入广告,从而达到与形象的其余部分融合在一

---

1 《信报》2002 年 10 月 17 日。

2 参见〔美〕保罗·梅萨里:《视觉说服:形象在广告中的作用》,王波译,新华出版社 2004 年版,第 66 页。

起的效果。[1]

在诸多潜意识广告中，争议最多的是“性暗示广告”。这类广告往往利用和性相关的表现来产生广告效果。“性暗示广告”如果表现过激，超越了伦理道德能够容忍的范畴，常常会引来舆论激烈的抨击。

最早对潜意识广告和性暗示广告作出专门研究和探讨的是美国的万斯·帕卡德(Vance Packard)，他在《暗中的劝说者》(*Hidden Persuaders*)一书中对性暗示广告作出了探讨并产生了深远影响。美国广告评论家、新闻学教授威廉·布莱恩·基(William Bryan Key)继承并发展了万斯·帕卡德的观点。他在《潜意识诱惑》(*Subliminal Seduction*)(1973)和《媒体的性探索》(*Media Sex-ploitation*)(1976)两本书中，激起了对潜意识广告的抗议之火。他试图说明广告是如何运用潜意识去刺激、操纵、控制和引导公众消费的。威廉·布莱恩·基在他的著作中指出：“所谓的(性)暗示通常是指在广告背景下隐藏入具有(与性有关的)圈套性质的词语或图片。”[2] 他认为，性暗示的画面或艺术效果可以通过摄影技巧、画面技巧等许多手段来实现。

按照威廉·布莱恩·基的理论，我们可以在现实的广告世界中发现很多性暗示广告。

案例解析

波尔多葡萄酒有一则系列广告（图片 15-1），利用酒杯的外形与酒的颜色，巧妙地拼凑出女人的身体迷人性感的曲线以及性征。广告画面也具有性暗示特征。

图片 15-1(A)

图片 15-1(B)

图片 15-1(C)

该系列广告的广告语是：好葡萄酒。众生倾倒。

在广告中使用潜意识刺激往往对儿童也很有效。当潜意识广告的广告目标指向儿童的时候，常常引起很多批评。儿童在大约 12 岁的时候发展出理性思维能力。在此之前，儿童不能很好地理解广告的性质和目的。研究指出，4 岁以下的儿童不能讲出广告的内容，但是这些广告经常用快速的切换和动作或者新奇的事物来吸引儿童。结果导致儿童在电视上一看到玩具或者食品广告时就会向父母嚷嚷“我要那个”。（当然，将目标指向儿童的广告，并不仅仅因为使用潜意识刺激而饱受争议，其实对于是否应该将儿童作为广告目标这个问题，也存在着激烈的争论。本书对这个问题不作深入讨论。）

1 参见〔美〕保罗·梅萨里：《视觉说服：形象在广告中的作用》，王波译，新华出版社 2004 年版，第 67 页。
2 Juliann Sivulka, *Soap, Sex and Cigarettes: A Cultural History of American Advertising*, 影印版，东北财经大学出版社 1998 年版，第 330 页。

在利用潜意识原理创作广告时，广告策划人和创作人应该避免恶意的暗中操纵。利用潜意识原理同时应该注意使广告作品符合社会的规范和人们的接受心理，一种可取的办法是利用“广告的潜意识折射化策略”，即有指向性地对目标消费者的潜意识进行分析和提取，并将之折射(使表现符合社会规范和人们的接受心理)入广告作品中，通过这种广告触动消费者的潜意识，从而改变其态度乃至行动。[1]

图片 15–2(A)

图片 15–2(B)

案例解析

JOCKEY 内衣(图片 15–2) 的广告中表现了优雅的环境，广告中的男女形体性感、健美。整个广告给人的印象是非常雅致且生机勃勃。广告中的男女穿着举止自然，以温和的、可以接受的方式触动广告受众的潜意识。广告语为：仅次于裸体的最好事物。在广告语和广告画面的相互呼应之中，JOCKEY 内衣的广告创造了一种强烈的性暗示，但是其表现形式却完全使人乐意接受。因此，其广告乃是运用潜意识折射化策略的典型例子。

第三节　广告文案中的程式化问题

广告中的程式化，通常是指将广告中的人物置于一种特殊的角色框架、形象框架或文化框架中，而这些框架并不完全符合现实情况。

一、广告中的角色程式化

最普遍的广告程式化问题是角色程式化问题。有些研究者发现，广告中的角色运用常常存在程式化问题。这类广告通常把某一类人置于特定的环境中，使他们经常性地扮演同样的角色，而这种角色“程式化”其实并不符合社会生活的真实。比如，广告中的女性可能经常以打扫卫生或女侍者的形式出现，这种表现常常会造成女性角色的程式化。在日本，如果出现这种问题，并引起消费者的质疑，有关管理部门就会要求企业和广告公司修改广告。这类广告常常被斥责为妇女歧视、老人歧视、少数民族歧视。

图片 15–3

广告中也有一些反程式化的极端表现。这类广告则常常引起对广告品位与格调方面的争议。

案例解析

兰蔻的 Oui 香水的一则广告(图片 15–3)向广告受众展示了一幅老夫少妻的画面，一反广告画面中妙龄女郎与青壮年男士相组

1　参见何辉：《广告的潜意识折射化策略的提出和探索》，载何辉：《从分析作品开始学做广告》，中国广播电视出版社 2000 年版；《从分析作品开始学做广告》(第 2 版)，中国传媒大学出版社 2007 年出版。

合的程式化表现。在该则广告中，一位垂暮老人躺在一个年轻的女人的怀中。老人着装讲究、神态安详；女人则温情脉脉、柔情似水。该广告的广告语：爱是女人的力量。这种反常规的广告表现引起了不少人的反感，因此被有些人认为品位与格调低下。

在时尚品牌 KOOKAI 的一则平面广告（图片 15–4）中，男人们成了女人折磨的对象。广告画面中，几个微型小人被女子放在了台灯灯管旁边受尽折磨。这则广告也是一反程式化的极端表现方式，具有讨好女性消费者的明显意图。

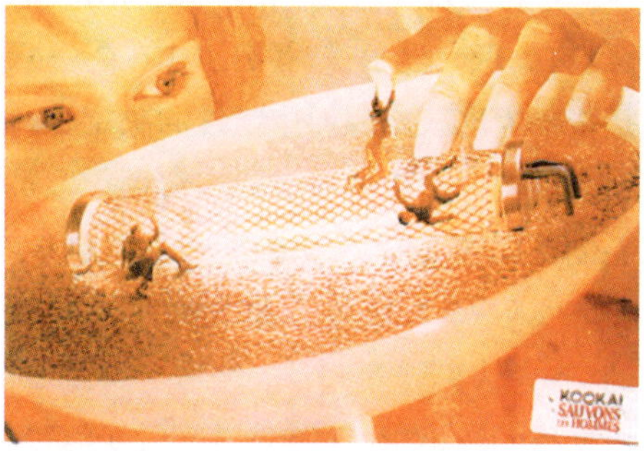

图片 15–4

二、广告中的形象程式化

形象程式化也是一种比较普遍的广告程式化形象。比如，在广告中大量使用的美女形象是那些身材高挑、性感、年轻漂亮的模特形象。这种美女形象充斥了电视荧屏以及报纸杂志的画面。这类美女形象在所有广告女性形象中的比例，已经远远超过了现实生活中此类美女占女性总人数的比例。因此，许多批评家指出，这是对美女形象的程式化。当然，在广告界也有广告人意识到这个问题，并反其道而行之，以产生具有冲击力的广告效果。

案例解析

2005 年，联合利华在美国推出了多芬日用品系列广告，在美国受到极大的关注。这些广告模特不是通常日用品广告中的又高又瘦的美女模特，而是 18 到 40 岁之间的身材各异的业余模特。这些模特与我们在日常生活中随时可见的女人没有两样。第一个多芬真美系列广告在 2004 年秋天推出，广告中的模特不是年轻、漂亮、肌肤柔滑的女人，而是出现皱纹不再年轻的女人。多芬的户外广告也展示了六位来自不同族裔的高矮胖瘦差异巨大的女人形象。该系列广告试图打破社会中传统的美女形象，想要告诉人们美就是真实，美就是健康。《纽约时报》撰写文章认为，日用品的广告开始运用生活中随处可见的模特，如果这个趋势继续下去，女性在过去几十年广告中的形象就会有很大改变。该报纸的另一篇评论则指出，要改变对女性美的成见非常难。以前其他广告也曾经做过这方面的尝试，但是后来还是沉寂于传统所形成的潮流中。

三、广告中的文化框架程式化

还有一种比较隐蔽的广告程式化，即文化框架的程式化。有批评家指出，广告正在创造同一的世界性的商品文化。在这个文化商品化的文化框架中，人们衣、食、住、行等消费行为越来越相似。纽约罗珀·斯塔奇环球调查公司(Roper Starch Worldwide)访问了 35 个国家的 35000 人，制作出六个群体心理图表，代表全世界大多数人。这项调查还显示了一些文化禁忌，例如某种颜色的使用能够影响购买行为，可是总体而言，人们的价值取向没有太大的变化。如果这项调查可信，那么将不必特意为不同的文化量身订制广告，这样便可节省不少费用。就目前来看，世界文化商品化在广告中确实有程式化的迹象，但是，世界各国文化多种多样，广告中的文化框架程式化的现象比较隐蔽，主要出现在一些世界性的消费品品牌的广告中。

第四节　广告文案的品位与格调

广告可能因很多原因引起消费者的不满和不快。有些商品或服务本身就可能引起人们的厌恶。有关研究显示,妇女卫生巾广告、痔疮药广告、除臭剂广告是最易令人感到不快的广告。但是,是否要为这些产品创作广告的决定权,一般情况下并不掌握在广告文案创作者手中。有些广告公司会比较人性化地考虑到广告创作人员的个人情况而做出适当的工作调整,但是对于为什么产品创作广告文案,大多数广告文案创作者并没有太多的选择自由。

实际上,大多数广告文案的品位问题是由广告表现产品的方式、所使用的语言与画面所引起的。有人认为许多广告中运用了大量低俗化、庸俗化表现,从而造成社会向低俗化发展的倾向。利用低俗的性诉求、低俗的语言引起消费者的注意,是广告经常出现的品位问题。

一、低俗的性诉求

广告中使用性诉求已经非常普遍,许多性诉求被广告文案创作者控制在伦理道德可以接受的程度。但是,也有一些广告使用了表现低俗的性诉求,因而常常引起人们的反感,遭受舆论的谴责。低俗的性诉求通常表现为:在广告中将女性描述或暗示为男性的性对象,出现过分的裸露,表现色情的挑逗,利用未成年人进行性挑逗,以及使用与产品毫不相关的性诉求,等等。

案例解析

2005年,在英国伦敦发布了一条令人反感的广告。热播电视剧《欲望都市》的主演金·卡特洛尔为英式泰特莱茶做广告代言。广告中,她向英国姑姑请教如何才能找到称心的男人,然后神情暧昧、颇具挑逗地抚弄着一袋伯爵茶包。该广告利用人的性本能进行潜意识挑逗,引起不少观众的强烈反感。

2003年9月,资生堂旗下ZIRH国际子公司获得授权,将FCUK男用和女用香水引入美国,并在一些杂志上发布广告。其中一则广告展示了一对衣着暴露的年轻男女在床上亲密偎依的画面。广告鼓励消费者"打开封条,品闻FCUK女用(或男用)香水"。广告在社会各界引起了巨大争议。家长们首先表示强烈不满。《青春一族》和《年轻人》杂志均表示今后不再刊发该品牌的广告。ZIRH公司的发言人表示,该广告在青少年杂志上投放是一个错误。该广告还引发了部分社会团体的指责。大量的抗议活动最终导致不少百货商店纷纷响应。美国大型百货零售商之一联邦百货从旗下400多家店铺撤下了该品牌的香水。

蓝天伏特加(SKYY)的一则平面广告表现了一个穿着内衣的性感女郎躺在床上,一手端着一杯蓝天伏特加,另一手拿着"立拍得"相机。在床上,凌乱地散发着许多张即拍照片。照片上是一些隐约可以分辨出的身体部位。该广告引起了激烈的争论,许多人认为它过于不雅,已经触及了道德底线。

二、低俗的语言与表现

广告中出现的粗俗的、色情的语言与画面,常常令广告的受众感到不快。暴力画面也常常被认为是缺乏格调与品位的。广告文案创作者在广告文案中应该避免使用低俗的语言,这种语言对于消费者来说是一种明显的冒犯,低估了消费者的品位,会使广告显得愚蠢可笑。

案例解析

法国的斯洛吉内衣的一则海报中，画面上出现背对观众的长发女郎，穿着窄如绳子的内衣，戴着红色拳击手套，一副咄咄逼人的进攻姿态。而画面中的男性则在还击时露出甜美的微笑。广告语是："斯洛吉，性感，我喜欢。"该广告在法国引起了轩然大波，女权主义者举行了示威游行，声称法国的内衣厂商正在把法国女人教唆成妓女。

意大利 SISLEY 在其一则广告中出奇地放肆。广告中表现了一个性感女郎坐在地上，对着一头公牛敞开了双腿，而女郎的神情充满期待。广告显然是要表现品牌的狂野与我行我素的个性，但是，这则广告的恶评如潮。意大利广告协会的委员们认为："从我们的角度来看，这支广告很成问题。责难者一定认为，广告中的女士表现得过于兽性十足。"

在 2002 年，我国有家涂料企业以"好色之涂"作为自己的广告语，利用谐音来引起消费者的注意。而且，在户外广告、车体广告的设计中，特意加大"色"字，希望以此来创造社会话题。

但是，"品位"或"格调"是具有很强相对性的概念。关于什么是有"品位"与有"格调"的争论由来已久。有些时候，在广告中有些表现可能被一部分人群认为没有品位与格调，但是却可能成为另一部分人群所欣赏与喜爱的对象。对于广告文案创作者来说，关键在于，应该对大众心理与目标受众的心理有深入的洞察，使广告文案既有新意，又能被目标受众所接受。

案例解析

进入 21 世纪后，锐步公司将锐步品牌定位为"酷、前卫"，并寻求在年轻人心中为品牌树立起这种形象。2003 年，锐步选取了全美橄榄球超级杯赛作为大型整合营销战役的"引爆点"。全美橄榄球超级杯赛每年一次，是全美具有庆典性的体育赛事，拥有大量的收视人群，在年轻人和体育爱好者心中具有极高的地位。锐步公司在该赛事决赛的电视转播中发布了一条长达 1 分钟的广告。广告中，锐步推出了一位虚拟"明星"——"办公室后卫"特里·泰特。特里·泰特是位高大的黑人，身材魁梧、肌肉发达，是一个标准的橄榄球运动员的形象。在该广告中，特里·泰特是一个非常热心、负责的办公室经理，他穿着橄榄球赛的运动服，对于办公室中任何出现懈怠和懒散的人进行惩罚，用橄榄球运动场中的动作将他们"放倒"。广告中表现了生活中许多常见的偷懒行为，以幽默和夸张引起人们的共鸣。该广告具有强烈的视觉冲击力，打动了许多年轻人的心。但是，与此同时，许多家长也指责该广告带有暴力色彩，可能对青少年产生不良影响。不过，许多年轻人却与他们家长口味不一样，表现出对该广告的极大兴趣。全美橄榄球超级杯赛决赛时，锐步公司的"特里·泰特广告"只播出了一次。比赛结束后，大量观众纷纷登录锐步公司网站和锐步建立的"特里·泰特网站"，下载球赛中插播的广告片。该广告很快引发了热门话题，使人们回想和谈论在办公室中发生的各种趣事。锐步公司收到很多观众来信，人们纷纷提供自己生活中的幽默故事，其中有些故事在后续的广告片中被采用。在比赛结束后的一周内，180 万人访问了锐步网站。之后 3 个月内，近 1800 人访问了锐步网站。后来，在锐步的相关网站上，陆续推出的以特里·泰特为主角的四条长版本电视广告片被下载了 1900 万次。锐步公司的"特里·泰特广告"以美国人熟悉的橄榄球运动作为广告的主要创意点，虽然有暴力之嫌，但是由于橄榄球运动的普及性，该广告得以被许多喜爱橄榄球的美国人和年轻人所接受并喜爱；有趣的是，该广告也被美国《广告时代》杂志评为该年最不受欢迎的十大广告之一。由此可见，品位与格调是多么富有相对性的概念。

米勒啤酒 2003 年在美国发布了一条引起巨大争议的广告，也被美国《广告时代》杂志评为该年最不受欢迎的十大广告之一。该广告中表现了两个性感女人只穿着内衣，在泥潭中纠缠打斗，并做出各种挑逗行为。这支电视广告的品位与格调令许多人感到不快，尤其是许多女性认为这条广告粗俗、暴力，而且下流。美国《广告时代》杂志对该广告片的评语是："对男人来说，这支广告也许有吸引力。显然，这种动物性的原始冲动并不是这支广告存在的理由，文明的进程是让人们能够和平、有序、相互尊重。而且，啤酒广告应该是推销啤酒的，而不是向公众展示粗暴行为。"[1]

三、文化庸俗化、商品化

广告有时也使文化和艺术的品位发生变化。有些人认为，广告经常会降低文化和艺术的品位。在广告文案中使用文化中流行的元素和一些艺术作品是很经常的，但是，如果在广告文案中牵强附会地、不分场合地使用文化中的流行成分，将使广告显得缺乏原创性，并给消费者造成文化庸俗化、商品化的印象。

例如，针对在广告作品中用得越来越多的 rap 音乐，许多批评家认为广告正改变这种音乐的属性。rap 音乐最初为抗议性和反省性音乐，它对美国的城市问题进行思考和质疑。可是抗议性歌词不一定能够唤起消费者美好的印象，而创造美好印象常常是广告所需要的。因此，广告就要求该种音乐的商业化以适应自己的需要。大多数情况下，广告需要的是带给人们美好和梦想、轻松和欢快。许多批评家因此提出疑问，rap 的商业化会不会使它变成另一种形式的流行音乐呢？他们认为，如果真是那样，就意味着 rap 将丢掉自己的特色。这些批评家质问，来自广告的经济回报是否值得各种文化形式蜕变为商品的附庸。

流行文化与广告复杂的交互关系对年轻人的影响正在引起许多研究者的关注。广告日益造成文化商品化，已经引起了一些批评家的批评。然而，新的信息传播技术和文化大众化可能加剧这一趋势，广告将比以往更加频繁地利用文化和艺术中的流行成分为自身服务。

案例解析

007 电影《末日危机》和超过 20 家商品签订合同，在主角出现时展示他们的产品。[2] 其中的植入性广告被有些批评家和消费者认为造成了文化的商品化。许多 007 电影迷对广告对 007 系列电影的"侵入"感到不满甚至愤怒。他们认为，许多产品在电影中非常牵强地出现，影响了情节的顺利发展。

第五节　广告文案对价值观的影响

在现代社会中几乎是铺天盖地存在着的广告，被认为对人们的价值观和生活方式具有重要的影响。广告的内容或是促销商品或是说服人们采纳一种新的生活方式。

一、广告鼓吹物质主义

许多学者指出，广告能够创造欲望或引起潜在欲望，刺激高消费甚至超高消费，从而造成浪费。他们指责广告鼓吹物质主义，诱发人们不良的生活习惯、生活形态。广告的批评者对广告在这方面的批评有一个逻辑上的假设，即物质主义是错误的，并认为对物质主义的追求是以其他目标

1　参见《2003 年度全美营销"十大"系列综述》，《国际广告》2004 年第 5 期。

2　《信报》2002 年 10 月 17 日。

的丧失为代价的。

但是,对于物质主义的看法存在着另外一种观点,即认为勤奋、个人努力与物质追求和物质财富的积累是成功的标志。这种观点是西方新教伦理的典型观念。还有一些广告的支持者认为,鼓励消费者在满足基本需求之后继续追求更高的消费与更多的物质财富,对经济有积极的影响,物质主义在经济增长中具有不可或缺的作用。

有学者也认为,物质主义与对物质财富的追求并不排斥对精神与文化的追求,消费者在购买物质产品的时候完全可以是为了追求精神上的目标。例如,人们为享受音乐而购买豪华音响就不是单纯为了追求物质财富或是为了进行财富的炫耀。

还有一些学者认为,广告仅仅是社会的反映,广告中的品位与价值观只是社会品位与价值观的反映。在现代,广告已经成为社会所造成的物质主义与享乐主义的替罪羊。美国学者斯蒂芬·福克斯 (Stephen Fox) 是这种观点的代表性人物,他在《镜子的制造者:美国广告和它的创造者的历史》一书中非常尖锐地指出:"如今,因那些在美国的历史中已经非常普遍的现象而对广告横加指责,是有失公正的。只是责备那些信息的传播者,而不去处理那些糟糕的问题,是一种过于简单化的做法。那些现代广告的创作者们,并不是为了险恶的目的而在暗处对我们进行劝诱的说客。他们只不过创造了反映美国生活方式的视觉表现形式,这些形式有好也有坏。"[1]

但是,如果说广告对人们的生活方式与社会价值观完全没有影响,也显得过于绝对。笔者通过研究也发现,通过广告,人和产品或品牌结合在一起,产品或品牌在广告中成为区别人的地位、身份、品位的唯一标准,并最终会影响到现实生活。广告中的"机器神效应"建构产品和人的关系,造成人的异化。[2] 物质主义在商品化的丰裕社会中,已经成为了一种主流思潮。问题的关键在于,能否在社会中使物质主义保持一种并不过分的状态。

作为广告文案创作者,对广告鼓吹物质主义、刺激高消费的现象应该具有伦理道德上的敏感性,避免在文案中出现伤害大众感情的语言和画面,从而使广告主陷入道义谴责的困境。在中国,传统的儒家观念在文化中具有很强的稳定性,对于过度的物质主义和浪费具有很强的排斥性。因此,广告文案创作者即使在为高档消费品创作广告时,也应该对传统观念保持足够的尊重。

二、广告可能破坏家庭、教堂和学校的影响

广告在现代社会中几乎无处不在,它对人的影响深远而多面。许多学者认为,广告可能破坏家庭、教堂和学校的影响,成为塑造社会价值观的主要力量。

美国历史学家大卫·波特 (David M. Potter)在其著作《富裕之人》(*People of Plenty*) 中说:"广告对社会的影响之大,可以与学校或教会等传统制度相媲美。广告支配着媒体,创造流行,是掌控社会的有力制度之一。"[3]

美国学者罗纳德·伯曼(Ronald Berman)在其著作《广告与社会变迁》(*Advertising and Social Change*) 中指出:"在过往的三代中,家庭、宗教风俗和教育的力量已经明显地下降了。整个世界

---

1 参见 Stephen Fox, *The Mirror Maker: A History of American Advertising and Its Creators*, New York:Morrow, 1984, p.330。

2 参见何辉:《1988—1997 年中国报纸广告主流创作思想发展变化之研究》, 载何辉:《从分析作品开始学做广告》,第483页。

3 参见 John S. Wright, Wills L. Winter, Jr., and Sherilyn K. Zeigler, *Advertising*, 5th ed, McGraw-Hill, 1982, p.1。

仿佛变得更加复杂了。在缺乏传统权威的情况之下,广告变成了社会的一种行为指南。它为我们描绘出无数可以自由选择的生活情景,它为时尚、道德、行为提供了新的思想与观念。”[1]

批评家们认为广告对青少年产生了消极的影响,尤其是涉及广播和电视这些青少年非常依赖的媒体,这种批评更加激烈。这种担心不仅涉及广告的短期影响,而且涉及广告是否改变了人们的行为模式。比如,一个短期的影响也许会促使女孩买更多的口红,而长期的影响则并不反映在销售方面,例如 Benet’s 和 Calvin Klein 的广告所展示的一些瘦身年轻人也许会暗示并说服年轻人必须保持非常瘦的状态,而这样做其实要付出健康的代价。

在中国,广告对传统学校的影响也产生了冲击。许多儿童在未进入学校就读之前便已经深受广告的熏陶。许多年轻人模仿广告中的语言和行为。

三、广告可能使人们远离社会严肃问题

广告倾向于表现精美的产品、快乐的场面、美好的生活。大多数电视广告的画面远远比现实世界中的情景更加美好。因此,有批评家认为广告创造了幻象,一些包装精美的信息也会产生误导,影响着孩子或成人看待现实问题的态度。许多学者认为广告中的非真实的唯美创造了过于美好和简单的虚拟社会,使人们远离社会严肃问题。这方面的影响对于现代的年轻人尤其明显。加拿大多伦多宗教学院在其研究报告《广告中的真相》中明确地指出:“广告中使用了大量的理想生活形态会使消费者对现实生活产生不满。”[2]

如今,中国的许多年轻人对社会严肃问题抱回避态度或无所谓的态度。更令人担忧的是,许多年轻人将某些广告中所表现的片段性的无所顾忌的快乐场面当成未来生活的主要目标。

广告降低了年轻人的社会责任感,造成个人享乐主义价值观。此问题影响国家的未来,决不可忽视。作为个体的广告文案创作者,虽然无法对广告的这一问题负有全部责任,但是应该保持一种伦理道德上的自觉,尽量避免广告对人们的价值观产生消极影响。尤其是以价值观还未完全成型的青少年作为广告对象时,广告文案创作者更应充分考虑广告的语言或画面是否会对青少年成长造成负面影响。

第六节　广告文案与其他敏感问题

一、生态与环境问题

生态与环境问题已经日益受到社会大众的重视。如果广告中出现威胁生物、山林、河流的表现,将极有可能遭受到关爱生态与环境问题的消费者的斥责与抨击。在当今社会,环保人士已经成为了一股不可忽视的民间力量,他们的声音往往会引起强烈的社会反响,从而可能使一个由环境问题引发的讨论被扩大化。广告文案创作者一旦在生态与自然环境问题方面欠缺考虑,所创作出来的广告极可能使广告主陷入遭受舆论抨击的困境。

案例解析

1998 年,台湾麒麟啤酒公司在我国台湾省发布了一条名为《照海篇》的电视广告。在该广告

1　参见 Ronald Berman, *Advertising and Social Change*, Beverly Hills,CA:Sage, 1981, p.13。
2　参见 Toronto School of Theology, *Truth in Advertising:A Symposium*, NY:Harper, 1972, p.22。

中，出现了夜间持手电筒到海边现抓现烤螃蟹的画面。这一画面表现引起了十多个环保主义者团体到台湾麒麟啤酒公司进行抗议。环保人士声称，该广告内容教唆大众破坏海洋生态，并要求立即停播该广告。麒麟啤酒公司解释说该广告只是为了表现当地的风景之美，但是这并不能平息环保人士和公众的抗议。在数周后，公司被迫停播了该电视广告。

二、社区环境问题

如今，人们的公共意识已经大大增强。人们普遍关注社区环境，对于那些妨碍公共安全、造成社区人文环境污染的广告通常都会产生抵触心理。许多营销与广告活动为了争夺消费者的注意力，希望能够在社区环境、公共设施上出奇制胜。但是，以社区环境作为“广告舞台”的广告，一定要把握好尺度。广告中一旦出现可能带来公共安全隐患或污染社区人文环境的表现，就极有可能遭到公众的指责。

案例解析

2002年，福特汽车公司创造了一条具有惊人效果的户外广告。该广告是将一辆福特ESCAPE车悬挂在台北金融大楼楼顶的外墙上。广告诉求是：“路，是Escape走出来的”。从广告创意、广告文案的角度来说，这都是上乘的新异之作。该广告令路人叹为观止，并引发了媒体的大量报道。但是，该户外广告被许多市民和当地的管理部门质疑，认为对公共安全构成了威胁。在此压力之下，该广告很快被拆除。

三、民族文化与民族尊严

民族文化与民族尊严一直是大众关注的焦点。中国是一个有着悠久历史的国家，中国人有着深刻的国家观念和深厚的爱国主义精神。在中国，互联网已经在人们的生活中扮演着越来越重要的角色，这使得传统意义上的受众拥有了空前的话语权。在这种话语环境中，对于民族文化与尊严的侵犯，不管是有意还是无意，都可能在社会大众中激起强烈的震荡。

案例解析

2003年底，丰田公司在《汽车之友》杂志上发布了“丰田霸道”这款车的广告。其中一则广告中出现了两只石狮子，一辆“丰田霸道”车停在石狮子面前。一只石狮子向汽车做敬礼状，另一只则是俯首向下。广告文案为：“霸道，你不得不尊敬”。另一则为“丰田陆地巡洋舰”这款车的广告，该广告的画面是在雪地高原上，一辆“丰田陆地巡洋舰”车用钢索牵引着一辆看上去像是解放牌的大卡车。这两则广告发布不久，就在网络上掀起轩然大波。大批网友认为这两则广告是明显的“辱华广告”，有些网友甚至激烈地提出要抵制日货。事后，多数广告界人士、社会学者、律师认为这属于丰田公司及其广告代理公司的无心之过。但是，毫无疑问，丰田公司及其广告代理公司(尤其是广告文案创作者)对于石狮子和解放牌大卡车在中国人心中的符号象征意义太缺乏了解，也没有意识到日本侵华这一历史事实给中华民族留下了难以磨灭的伤痕。这一由广告引起的事件使丰田公司陷入了严重的舆论危机，甚至与此事毫无关联的其他日本企业与中日合资企业也面临着公共关系方面的巨大压力。尽管丰田公司不得已发布了对中国消费者的公开致歉信，但是该事件留下的印象可能会继续在消费者心中潜伏多年。

四、大事件

已经发生或正在发生的大事件往往能够比较容易地吸引人们的注意力，因此利用大事件作为广告中的背景或广告创意的要素，是广告常用的表现形式。但是，如果这些大事件可能使人们产生对国家与民族尊严的负面联想，或可能触发大众的心理伤痕，那么广告文案创作者最好加以回避。对于可能引起大众不愉快联想的灾难性事件、恶性事件，一般情况下，应该在商业广告的文案创作中避免触及。重大灾难性事件与恶性事件可能成为大众心中永远的伤痛，广告文案创作者如果在广告中去触动与这些事件有关的主题，可能引起大众强烈的反感。

案例解析

西班牙《国家报》为了宣传其网站为期三个月的免费浏览活动，赫然在广告中采用纽约“9·11”事件前后对比的景观照片。在广告的一半图片中，世贸中心高高耸立；在广告另一半图片中，已经没有世贸中心。广告文案是：“一天内可以发生很多事，那么三个月呢？”该广告引起很多人的指责。该报随后在网站首页发表了道歉声明。

可能使广告引发舆论危机的社会敏感问题还有很多种，比如：科技问题（生物技术等）、弱势群体问题等，本书不再一一赘论。总之，在公众话语权大大增强、民主与法制日益健全的现代社会中，广告文案创作者在为广告主创作广告时，应该充分尊重法律与伦理道德，对社会敏感问题一定要保持警惕。在创作广告过程中，广告文案创作者一方面要追求创意的力量，另一方面也应遵循道义与良心的引导。只有这样，广告才能给广告主带来长久的发展和持续的赢利。

思考与练习

1. 一般来说，什么样的广告可以被认为是欺骗性广告？
2. 什么叫做广告的程式化？广告中常见的程式化主要有哪几类？
3. 从你自己的认识出发，谈一谈一个广告文案创作者在创作广告文案过程中应该注意哪些敏感问题？

第十六章

广告文案创作者

第一节　广告文案创作者的职业角色

一、谁是广告文案创作者

在第一章中，我们已经指出，广告文案的定义有狭义与广义之分。狭义的广告文案专指用来支撑美工所提供的艺术作品或图片的文字。广义的广告文案则是组成"广告"的所有东西，意味着包括文字在内的受众在接触广告时所看到、听到的所有元素。广告文案创作者也有狭义与广义之分。狭义的广告文案创作者专指广告中文字讯息的创作者，其工作是用文字的方式传达广告创意，并充分体现广告画面的意义。广义的广告文案创作者是指从事广告文字创作和视觉内容创作的所有创意人员。

在传统广告公司内部，当指称人时，"文案"或"文案人员"这样的称呼一般是狭义上的广告文案创作者，这也是广告行业内的习惯性称呼。但是，随着广告创作工作机制与管理机制的变化，随着AP制与媒体创意的趋势越来越明显，在实际工作中，广告文字与视觉内容创作更加紧密地交融在一起。因此，在广告公司内部，"文案"并不一定仅仅进行文字写作，常常也需要构思广告的视觉内容；"美工"也并不限于只进行视觉内容的创作，完全可以写出精彩的大标题。正是出于这个原因，在称呼从事广告文案创作的人时，本书在大多数情况下，使用"广告文案创作人员"这一称呼，而不简单地称为"文案"或"美工"。

当指称人时，中文的"文案"一词来自于英文的"Copy Writer"。"Copy"既有文稿的意思，也有图片的意思。"Copy Writer"则可直译为"文案写作者"、"文案撰写者"或"文案撰稿人"。"文案"其实是"文案写作者"的一种简称。如果一定要将从事文字创作的人和视觉内容的创作者加以区分，那么应该将狭义的广告文案创作者称为"文案写作者"。如有学者认为："为广告构想创意并撰写标题，副标题和正文的人被称为广告文案撰写者"。[1]"文案"这个狭义的称呼之所以依然在当代广告公司中盛行，一方面是因为这种称呼适应了工作细分与便于管理的需要，另一方面则与这种工作的早期工作性质有关。

在现代广告发展史上，"Copy Writer"这一称呼几乎可以等同于广告人或广告创意人。广告代理公司只不过是媒体掮客，并不提供创意服务。现代广告公司为广告主提供创造性服务并不是广

1　〔美〕乔治·贝尔奇、迈克尔·贝尔奇：《广告与促销：整合营销传播视角》（第6版），张红霞、庞隽译，中国人民大学出版社2006年版，第91页。

告界与生俱来的工作模式。这一模式的确立，与卡勒斯·奥斯汀·贝茨(Charles Austin Bates)有关。他是一个作家，在19世纪70年代早期，他开始写广告，并将其卖给想要这种服务的广告主或广告代理公司。贝茨不仅自己写广告，还雇佣帮手开展工作。在贝茨的雇员中，有两个杰出的人物——欧内斯特·埃尔莫·卡尔金斯(Earnest Elmo Calkins)和拉尔夫·霍尔登(Ralph Holden)。这两个人后来创办了以他们的名字命名的公司——考尔金斯与霍尔登广告公司。这个公司在此后整整半个世纪的时间里都非常闻名。查尔斯·奥斯汀·贝茨、欧内斯特·埃尔莫·考尔金斯和拉尔夫·霍尔登都是以文字创作为主的广告人。但是，关于谁是第一个专业的广告撰稿人，美国广告史专家却有不同的看法。有学者认为，专业广告的文案撰稿人是约翰·鲍尔斯，他于1880年成为一个专业的广告撰稿人。[1]美国的早期的文案写作("Copy Write")几乎是广告创作工作的全部。但是，在他们的"copy"之中，已经结合了花边、插图等视觉内容。同时，视觉艺术家开始越来越多地介入广告的创作工作。这些广告创作者不仅写广告，还将广告的发布计划、狭义上的广告文案以及艺术结合，统合成整体性的广告服务。他们的努力使单纯的广告代理公司转变为现代意义上的广告创意中心，从而奠定了现代意义上的广告公司的基础。此后，尽管广告在创作机制上不断发生着变化，不仅使用文字，而且也使用画面、插画、照片等元素，但是在习惯上却还是将核心的广告创作工作称为"文案写作"(Copy Write)，从事这项工作的人则被称为"文案写作者"(Copy Writer)。

进入20世纪之后，美国出现了全国性品牌广告，步入商标广告的黄金时代。这一时期，也涌现出许多著名的广告创作者如约翰·E.肯尼迪、霍普金斯、兰斯丹·雷索等人。他们习惯上都以"文案写作者"来称呼自己。他们开创了许多推销商品的广告技巧。约翰·E.肯尼迪发明了广告文案中的"原因追究法"。霍普金斯发明了广告文案中的"预先占用权"这一广告文案技术。兰斯丹·雷索开创了广告文案创作中的软销售加原因追究法以及优惠券的技巧。希尔道·麦克马纳斯利用心理诉求创作了许多著名的广告文案。

在20世纪中期后，美国又出现了几位被奉为广告界传奇的"文案写作者"，其中影响力最大的几位是李奥·贝纳、罗瑟·瑞夫斯、大卫·奥格威、威廉·伯恩巴克。他们已经不再是传统意义上的"文案写作者"，而是工作更为全面的广告创意人。但是，广告界还是习惯上将他们称为伟大的"文案写作者"。就创作思想而言，李奥·贝纳倡导固有刺激法，罗瑟·瑞夫斯倡导独特销售说辞，大卫·奥格威倡导品牌形象法，威廉·伯恩巴克倡导实施过程重心法。

人类活动的每一个领域都会不断涌现出许多杰出的人物。这些杰出人物因他们的工作、他们的贡献而闻名，他们为自己所从事的工作赋予了荣耀，也使他们自身成为某个特定领域甚至整个人类的骄傲。广告文案创作领域也不断涌现出许多令人尊敬和值得纪念的杰出人物。了解他们对该领域所做出的努力与贡献，将有助于任何一个想要从事广告创作这一项工作的人在内心树立起职业的尊严，并激发出对工作的热爱。

但是，从约翰·E.肯尼迪、霍普金斯等人开始，"文案写作者"已经从之前的"文人"角色转变成了商人角色，而"文人"所必须具备的艺术家气质已经不是"文案写作者"所必备的。这一变化趋势是由"广告是印刷形态的推销术"这一广告定义所推动的。1929年的经济大萧条和推销时代的到来，则进一步使"文案写作者"成为商业服务的推销员。

---

1 参见晓玲:《约翰·鲍尔斯——美国第一位专业广告撰稿人》,《国际广告》1992年第2期。

与此同时,广告中"艺术"的名头,则慢慢让渡给了为文字配图、配照片的美工。因此,在当代广告公司中,与文字创作者相配合的人员被称为"美工",而资深的"美工"则可能被称为"艺术指导"或"艺术总监"。

广告文案创作工作一直与各时期的艺术有着千丝万缕的联系。在从19世纪30年代晚期开始的维多利亚时代中,商业意志极大程度上主导了艺术创作。当时的人们把艺术当作重要的(几乎是唯一的)广告技巧用来吸引潜在消费者。这种状况在几十年后才开始改变。19世纪80年代,英国的美术工艺运动对材料质量、印刷格式、印刷设计、印刷工艺显现出来的新观念曾经长时间、大规模地影响了广告的设计和外观。19世纪90年代,倡导自然浪漫的新艺术(或叫近代艺术)运动以及讲究造型和轮廓的英国民间美术工艺运动也影响了英美等国的广告海报招贴的创作风格。新艺术运动对于广告创意的影响深刻,集中表现在当时的广告海报创意中。在整个20世纪,装饰主义运动、结构主义、立体主义、超现实主义、达达派等美术流派以及各种流派的影视艺术(如蒙太奇)都不同程度地参与了世界广告的创意。各个时期许多一流的艺术家都为广告注入了新鲜的生命力。世界优秀广告之所以丰富精彩,很大程度是因为在科学的基础上对各种优秀艺术的包容和吸纳。当代的广告创意吸纳的艺术形式已经变得越来越丰富,从传统的绘画艺术、美术设计艺术,到电影艺术、电视艺术、卡通/动画艺术等。广告创意作为一种商业艺术形态,几乎是无所不包。

因此,当代广告文案融合了文字的力量以及各种视觉艺术的力量。广告文案创作者既包括文案写作者,也包括视觉内容创作者,或者说,也包括艺术家。

二、广告文案创作者从事的是创意性工作

1. 广告文案创作者工作的独特性

广告文案创作者的工作具有创造性。因此,广告文案创作者既不等同于"写文章的人",也不等同于美术家或艺术家,而是创意人。在文学与艺术的创作中,创作者可以把自己的价值观、世界观、人生观、审美意识、兴趣爱好等相对自由地通过自己的作品来表现。在文学作品和艺术作品中体现了作者对世界、人类和生命的独特理解。文学与艺术中张扬了创作者的个性和创作姿态。但是,普希金、达·芬奇和凡·高不一定会成为广告大师,虽然后人可以利用他们的伟大作品来做广告的工作。

广告文案创作者的工作也与生产线上的工人不同。工人的工作相对比较机械化,工作中的变化比较少,操作中需要反复进行同样的动作。但是,创作广告文案则完全不同,每一次客户的要求都不同,面临的创作任务也不一样。有些时候,文案创作者有充分的时间进行工作;有些时候,却不得不为了赶截稿时间而匆忙工作。不论在何种情况下,文案创作者都不能丧失创意的动力。

虽然,"创意"这个词在广告界尽人皆知,但是,如果文案创作者不能真正理解"创意"的价值,那么他的工作将失去很多乐趣,甚至会因为繁重的工作任务而丧失工作的动力。"创意"使广告工作充满活力、生机勃勃。"创意"也是广告文案创作这项工作得以存在的理由。

对于大多数人来说,广告创意具有某种不可捉摸的神秘性。广告文案创作人员应该有清楚的意识:杰出的广告文案决不是无创意之作。文案创作可以从产品或服务的质量、价格或竞争优势中找到"创意","创意"也可能藏身于目标市场之中。文案创作者要努力去洞察潜在消费者的需要与欲求、希望与梦想,以及他们的欢乐与恐惧。

广告文案创作者的工作离不开“创意”，这正是其工作的独特性所在。这种工作充满了挑战，工作时间和作息时间常常会出现不规律的情况；这种工作充满了压力，有时由于作品反复被客户驳回，甚至也会充满了挫折感；这种工作也充满了刺激，常常能带来无比的惊喜。

2. 什么是创意

在第一章中已介绍过广告策划与创意策略，但是，并没有明确指出“创意”究竟是什么。本书专门将对这一问题的讨论放在该课程将要结束的阶段与第一章相呼应，意在向所有想要从事文案创作的人们传达这样一个信息：“创意”融于广告文案创作工作的每一个阶段。

那么，究竟什么是“创意”呢？在非商业艺术领域，“创意”这个词用得比较少，用得更多的是“创造”或“创作”。在英文里，“创造”、“创作”和“创意”都可以是同一个词：create。根据韦氏大辞典的解释，“创造”的意思是“赋予存在”(to bring into existence)，具有“无中生有”、“原创”的意思。“有”、“无”、“存在”这些概念的含义在哲学中异常丰富，很值得作进一步思考。就广告文案创作者而言，至少有一点应该清楚，广告创意和一般的非商业艺术创意虽然具有某种共同的特征，但是广告文案创作所需的“创意”具有自身的秘密。

广告“创意”和一般非商业艺术创意有着重要区别。广告文案创作者进行文案创意是带着“镣铐”跳舞，而不能是天马行空。通过前文，我们知道，广告文案创作是广告活动的一个环节。所有广告活动都是具有商业目的和目标的，是有计划性和程序性的。广告文案创作中的创意必然受到各种条件的约束。广告文案创作者必须在有限制的自由空间内发挥自己**无限的**创意潜能。

美国著名的广告创意指导戈登·E.怀特(Gorden E White)将创意比喻为广告策划中的X因子，由于媒体策划和广告预算等因素不同，各种广告创意方法的潜在效力不像其他广告活动决策那样比较容易考察并确定。戈登·E.怀特的比喻暗示了广告创意依赖于创造力的一面，正是因为创造力使广告创意看起来像一个不确定的X因子。同时，他的比喻也强调了不同广告创意方法很难进行潜在效力的比较。这也是许多杰出的广告胎死腹中的原因。而那些被客户否定的广告创意是否可能有效也都将成为永远无法解开的谜。

美国广告创意大师李奥·贝纳认为，广告创意是一种特殊的艺术形式，广告创意的真正关键是如何运用有关的、可信的、品调高的方式，与以前无关的事物之间建立一种新的有意义的关系，而这种新的关系可以把商品某种新鲜的见解表现出来。哈尔·斯特宾思认为广告创意者是这样一种人：他们对事实进行加工，将其化为一种创意构思，注入感情，让感情打动大众，促使大众去购买。泰德贝尔认为，“创造惊奇和新鲜感就是创意的诀窍”，“你必须在情感上吸引人，必须为他们提供信息，并使他们以一种新的方式看待你所说的东西”[1]。

广告创意是在广告创意策略的指导下，围绕最重要的产品销售讯息，凭借直觉力和技能，利用所获取的各种创造元素进行筛选、提炼、组合、转化并加以**原创性**表现的过程。[2]

大卫·奥格威认为，可以用五个问题[3]来判断是否获得了一个大创意：(1) 第一眼看到它的时候是否让你透不过气来？(2) 是否希望自己也能想到这个创意？(3) 是否独特？(4) 是否使广告战略更加完美？(5) 可以沿用30年吗？

---

1 〔美〕劳伦斯·明斯基等采访并整理：《如何做创意：十三位美国杰出创意指导和文案撰稿人的创意观念、方法与作品》，钱锋译，第30页。
2 有关内容可参见何辉：《从分析作品开始学做广告》。
3 参见〔美〕大卫·奥格威：《奥格威谈广告》，机械工业出版社2003年版，第16–18页。

关于这五个问题，前四个基本不会引起什么误解，因此无须过多解释。第五个问题则常常被人误解为大卫·奥格威认为一个好的广告作品可以用上30年。大卫·奥格威的意思绝不是指任何一个原样不变的广告作品可以像老古董一样被持续使用，他强调的乃是广告作品中的创意。创意并不等于是广告作品。一个好的创意可以用多种表现形式加以呈现。

那么，广告创意的作用何在？许多人会对此提出疑问。我们知道，广告是一种信息传播活动，然而，传播效果却是一个变量。不论从哪个角度检视，广告创意都是影响传播效果这一变量的重要因素。

广告文案创作者必须使广告客户的信息有效地发送出去，而且仅仅发送出去还不够，还必须使信息的接受者乐于接受信息。只有达成这种任务，广告才有可能影响消费者的认知、偏好以及具体的购买行为。要完成这样的任务，广告文案创作者就要使自己的工作有创意。

广告文案创作者是文稿的写作者，是画面的绘制者，是创意的发想者。广告文案创作者在广告主与消费者之间架起沟通的桥梁。广告文案创作者必须基于广告客户的产品和服务，从消费者的角度进行思考。

三、广告文案创作者与广告创意小组

从广义的广告文案视角来看，广告创意小组的所有成员都是广告文案创作者。如果从狭义的广告文案视角来看，广告文案创作者是专指“广告文案写作者”或“广告文案撰稿者”。

在传统的广告公司中，进行广告创意工作的是创意部。具体到一个广告创作任务，则通常是以创意小组的形式进行的。在参加客户的定向说明会时，通常创意小组中会有成员和市场、媒体以及促销等方面的人员一起参加。

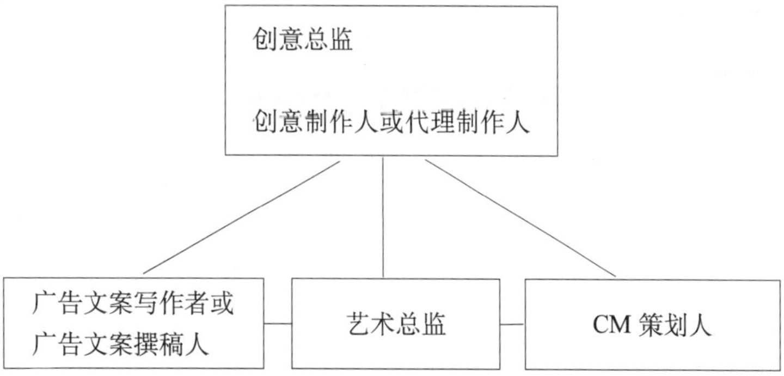

图 16–1 传统型广告公司中的广告创意小组构成示意图

在传统的广告公司中，广告创意小组一般是以创意总监为中心，在创意总监的带领和指导下开展工作。创意小组最基本的人员构成包括艺术总监和广告文案写作者或广告文案撰稿人。在日本的广告公司中，通常还包括CM策划人。有时，还会有创意制作人或代理制作人配合创意总监开展工作，他们有时承担广告制片人的角色。

1. 创意总监(Creative Director)

创意总监简称CD。创意总监是创意工作的负责人，担负广告客户委托的有关广告的策划和创意工作。创意总监负责从战略方针的制定到广告表现的实施这一整个创意作业流程。从原则上讲，创意的最终负责人是创意总监。通常，在一些大型的国际化广告公司，会设有高级创意总监；在高级创意总监下，又会有许多创意总监。在世界上最大的单体广告公司日本电通公司内部，有850名左右的创意人员，其中创意总监为100名左右，有的创意总监只负责一个客户，有的负责大约20个客户。[1]

1 资料来源：日本电通公司，2003。

2. 艺术总监(Art Director)

艺术总监简称AD。艺术总监负责广告表现中的视觉形象的创意和制作。在日本的广告公司中,艺术总监有时主要负责印刷媒体的广告表现。在这种工作细分化的情况下,广播、电视广告的表现策划和制作通常由CM策划人负责。

3. 广告文案写作者或广告文案撰稿人

广告文案写作者负责广告表现用语、文案的写作。广告文案写作者包括印刷广告的文字文案以及广播、电视广告的声音和音响文案。在日本的广告公司中,广告文案写作者有时主要负责印刷媒体的广告表现用语、文案的写作。在这种情况下,广播、电视广告的文案表现策划和制作通常由CM策划人带领专门的人员实施。

4. CM策划人(CM Planner)

CM策划人是广播、电视广告的表现方面的策划人。在日本电通广告公司中,CM策划人是电视广告片的主要负责人。CM策划人有时由广告公司的人担当,有时则由制作公司的人担当。CM策划人不仅要和广告公司内部的创意人员进行沟通,同时要与制作公司和客户进行协调。

5. CM制作人(CM Producer)、制作总监(Produce Director)、创意制作人(Creative Producer)或代理制作人(Agency)

在制作方面,通常还会有一个CM制作人,有时也称做制作总监、创意制作人或代理制作人。CM制作人主要负责根据创意总监领导的创意小组的策划和创意,进行和实施制作任务,主要进行制作、制作品质管理、制作成本控制。CM制作人通常还会有一个制作经理/主任的执行助理。具体的CM拍摄则由CM导演(CM Director)负责。

在中国广告界实际的广告制作(此处主要指CM制作)中,制作方面的分工可能没有这么细,通常广告公司会将制作任务委托给制作公司或某个导演,采取较为简单的制作公司负责制或导演负责制。

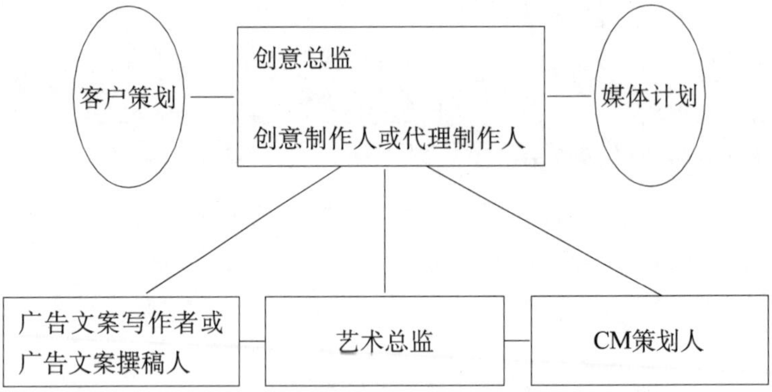

图16-2 新型广告公司中的广告创意小组构成图

传统广告公司中创意部的人员构成与工作职能正随着媒体创意时代的到来而发生着变化。在新型的广告公司中,传统的策划部、媒体部正在演化为战略部、创意部与制作部。其中,战略部包含战略策划、资深AE以及调研;创意部包含媒体计划(MP)、客户策划(AP)、艺术总监以及文稿创作等人员。在这种新型创意部中,创意总监依然处于领导地位,但是新出现的客户策划具有重要地位。

第二节 广告文案创作者的职业素养

一、热爱自己的工作

1. 要有对“无人喝彩”的心理准备

当代的广告文案创作者虽然不是特工,但是在对待工作成果方面却与特工一样,要有对工作成果“无人喝彩”的心理准备。

前文提到,在广告文案创作领域,美国广告界曾涌现出许多传奇式“文案写作者”。但是,那个时代已经过去了。当代的广告文案创作者,不论是文稿写作者还是画面创作者,都很难再像他们的先辈那般闻名于世。当代的广告文案创作者可以创作出杰出的文稿、响亮的口号、富有冲击力的画面,但是却很难创造个人的名声。广告文案创作者所创作的文句可能成为流行语,所创作的形象可能出现在大街小巷,但是他们绝大多数都不可能成为知名人士。尽管广告文案创作者所从事的工作充满了创意,但他们绝大多数将成为芸芸众生中的一员,为生计而默默无闻、日复一日地从事艰苦的工作。

广告文案创作者无法像主持人、知名记者那样可以经常使自己的形象或名字出现在媒体之上,也无法像电影导演与编剧那样有可能获得大众的喝彩。有时,甚至自己的同事和客户都不知道一个广告文案创作者为工作付出了多少努力。从这个意义上说,广告文案创作是一项寂寞的工作,一个广告文案创作者必须做好心理准备,以应对“无人喝彩”所可能造成的失落感。

2. 要对工作报酬有客观预期

广告文案创作者的工作艰苦而富有挑战,但是,大多数初级文案创作者的工作报酬都不高。初级文案创作者在日常工作中获得的报酬与其他行业的初级工作人员并没有太大的差别,有时其薪水比一些热门行业的初级工作人员要低。

在现实中,广告文案创作人员的工作报酬一般会被高估很多。为什么会出现这种情况呢?主要的原因在于广告业内的资深人士与初级人员的工作报酬差距很大。广告文案创作是一项极需创造力的工作,在这个领域内,杰出的创造力是稀缺资源。只有那些在创造力、在艰辛的工作中获得成长并且能抓住机遇的极少数人才能有机会赢得极高的薪水。杰出的文案创作者享受高薪待遇绝不是神话,比如,克劳德·霍普金斯在其著作中向世人透露了自己所得的报酬,他这样写道:“我开始在洛德暨托马斯公司工作时,每周工资1000美元。但我们很快达成共识,认为用佣金方式计酬比较合适,于是公司只为我那些赚了钱的项目付酬。从另一个方面来说,我是按劳取酬。……我的佣金不断增长,后来占了我们整个公司佣金的三分之一。拉斯克尔先生在我与他合作期间,让我自己起草合同。有时候他根本不读就在上面签字,因为他相信我会公平对待双方。”[1] 当代广告公司内的资深文案创作人员大多是拿薪水的,薪水也非常可观。但是,广告创作领域为数不多的高薪者使许多人误以为所有文案创作者都享有这种薪水待遇。刚入行的新手,如果将关于高薪的传言当成现实,对薪水有过高的预期,极可能在入行之初就遭受巨大的心理挫折。

高薪是对工作的一种重要激励,但是刚入行的文案创作者应避免将工作的成就感仅仅建立在薪水这一指标之上。只有投入地工作,并认识到自己的工作能够给人们的生活创造价值,广告

---

1 〔美〕克劳德·霍普金斯:《我的广告生涯·科学的广告》,邱凯生译,第142页。

文案创作者才能获得持久的成就感,并由此激励自己不断进取。不懈的努力、持久的创作热情以及必要的机遇,可以使一个广告文案创作者最终在自己的职业生涯中获得成功并获得令人羡慕的高薪。

二、培养创造力

创造力是从事广告工作所必需的一种能力。广告是一种传播活动。简单地说,广告文案的任务就是去发现有效传播信息的方法,将广告信息传播出去,并让潜在消费者对广告中的产品或服务感兴趣。这并不是一项容易的工作。有许多广告在发布之后没有对潜在消费者产生任何影响,它们很快湮没在市场中之中,仿佛从来就不曾出现过。只有那些富有创意的广告文案,才能冲击潜在消费者的心灵,改变潜在消费者的态度,并促使他们做出购买行动。因此,广告文案创作者必须培养并善于使用创造力。

广告文案创作者要培养自己的创造性思维能力。所谓的创造性思维就是:"能创造具有'关节点'性质的新的确定性的思维活动"[1],"要创造思维中的'关节点'必须要经过强烈的、自觉的努力"[2]。创造性思维常常表现为以下几个方面:(1) 发散性思维,即从多角度观察和思考问题。(2) 逆向思维,即从相反的角度思考问题。(3) 联系和比较思维,即把需要解决的问题与其他事物进行联系和比较。(4) 分解和组合思维,即把一个问题加以解析或将不同的事物组合在一起思考。(5) 联想思维,即从一个事物联想到另一事物的心理过程。在广告创作中,创造力最终落实在文字与画面中。好的文案写作者应该有很强的文字概括力,好的艺术指导应该有很强的视觉感受力。

一个有志于从事广告文案创作的人,要想提高自己的创造性思维能力,就必须加强各方面的学习,多想多练,自觉地去探索思维的规律,不断提高自己的创造力。正如著名广告人詹姆士·韦伯·扬(James Webb Young)所说,广告人应该有两种人格特质:(1) 觉得太阳底下没有什么事不是不新鲜的;(2) 广泛涉猎各个领域。詹姆士·韦伯·扬认为广告人就像母牛一样,要不断学习,吸取各方面的养分,"不放牧,就没有牛奶"。

广告文案创作者要善于与各种消费者打交道。在与人交往和交谈中,广告文案创作者可以激发自己的灵感和创造力。有些时候,广告文案创作者可能被迫坐在办公室里、电脑屏幕前进行创作。但是,如果有可能,广告文案创作者应该尽量争取时间和机会走入真正的市场,去和各种人进行交谈,了解他们对于产品和服务的质量、价格的看法,体会他们在购物时的烦恼、压力、困惑或快乐。所有这些都需要广告文案创作者付出巨大的精力和辛劳,但是这些活动是杰出的广告人永不衰竭的创造力的重要源泉。正如李奥·贝纳先生所说:"我的技术,如果说我真有一个的话,是把我自己浸透在商品的知识中。我深信,我应该去面对实际和我要卖给他商品的人们作极有深度的访问。我设法在我的心中把他们是那一类的人构成一幅图画——他们怎样使用商品,以及这种商品是什么——他们虽然不常常告诉你这么多的话,但要查出实际上启发他们购买某种东西或者对哪一类事情发生兴趣的动机与底蕴。"[3]

---

1 何辉:《关于创造的思考》,中国戏剧出版社 1998 年版,第 121 页。

2 同上书,第 117 页。

3 〔美〕丹·海金司:《广告写作艺术》,刘毅志译,第 33 页。

三、 勤奋努力

图片 16-1

罗斯福曾说过，不当总统就做广告人。这句话足以让一个广告人的虚荣心得到最大的满足。然而，我们不应该只看到广告可能给人带来的荣耀，更应该看到那些荣耀背后的挑战，以及为取得荣耀所要付出的艰辛的劳动。

著名广告人乔治·路易斯在其著作中写道："在广告的世界中，每一个月都是一年中唯一的一个月，但是我热爱这种激情、压力和紧张。在每一天结束的时候，我都筋疲力尽，但是我喜欢这种完全耗尽精力的感觉。这种感觉是一种将自己的天赋发挥到极限后产生的狂喜。我总是认为，在一天结束的时候，你应该使自己筋疲力尽才叫活得精彩。"[1] 如果说罗斯福的话显示了广告工作的巨大吸引力，乔治·路易斯的这段话则道出了广告工作的艰辛以及一个广告人的成功秘诀。

如果一个人选择了广告文案这项工作，那么，在某种意义上说，就是选择了一个需要终生学习的行业。并且，这种学习要涉及很多领域，需要一个人具有巨大的勇气和耐力。里特·斯莱格曼(Ritter Slagman)广告公司在一则招聘广告创作人员、AE 的广告(图片 16-1)中，将广告行业的激烈竞争描绘成了血腥的战争场面。这种比喻虽然有夸张渲染之嫌，但却道出了广告行业竞争激烈这一实情。

在日常的工作中，一个广告文案创造者将会为不断创作出广告作品而消耗巨大的精力。有些时候，创作任务接踵而来，即使创作出一个平庸的文案也足以让人筋疲力尽，更毋庸说在巨大的压力下去追求杰出的作品。由于广告主在业务中处于主导地位，因此广告文案创作者往往要根据广告主的要求调整自己的作业节奏甚至生活节奏。加班和牺牲周末休息时间，在广告文案创作者的生活中司空见惯，不规律的工作和生活常常会使人产生巨大的精神压力。因此，广告文案创作者要保持良好的心态，积极乐观地应对挑战与压力；同时还应注意锻炼身体，保持充沛的精力。

四、承担社会责任

广告与消费者生活、与社会发展都是息息相关的，它对人们的心灵也有着巨大的影响。广告在人们的社会生活中担负着重大的责任。广告人必须意识到，广告行业要在社会上确立行业的声望，就必须承担起应负有的社会责任。

广告文案创作者应该尊重法律、法规和社会伦理道德。在广告中，任何不诚实的做法都是对消费者利益的侵害，也将受到法律的制裁与良心的谴责。虚假的、言过其实的广告会极大地损害消费者利益，最终可能使广告主被消费者所抛弃。虚假的、欺骗性的广告还混淆了产品信息，扰乱了市场，常常对健康的企业和品牌也造成间接的损害，进而可能腐蚀整体经济的健康。

---

1 〔美〕乔治·路易斯：《乔治·路易斯大创意》，何辉译，第 252 页。

因此,每一个广告文案创作都应该从自身做起,意识到自己所负的社会责任。要做一个杰出的广告人,要想成为一个杰出的广告文案创作者,就该不断提高自己的职业素养。

思考与练习

1. 什么是创意?你认为广告文案创作和广告创意是一种什么样的关系?
2. 创意总监与艺术总监的职能有什么区别?
3. 从你自己的认识出发,谈一谈作为一个职业广告文案创作者,应该具备哪些基本的职业素养?

主要参考文献

〔美〕乔治·路易斯:《乔治·路易斯大创意》,何辉译,中国人民大学出版社 2008 年版。

丁俊杰、康瑾:《现代广告通论》(第 2 版),中国传媒大学出版社 2007 年版。

吕尚彬等编著:《广告文案教程》,北京大学出版社 2007 年版。

何辉:《从分析作品开始学做广告》(第 2 版),中国传媒大学出版社 2007 年版。

〔美〕菲利普·沃德·博顿:《广告文案写作》(第 7 版),程坪、丁俊杰等译,世界知识出版社 2006 年版。

夏晓鸣、钱正、曹晓燕编著:《广告文案写作》,武汉大学出版社 2006 年版。

黄升民、段晶晶:《广告策划》,中国传媒大学出版社 2006 年版。

〔美〕乔治·贝尔奇、迈克乐·贝尔奇:《广告与促销:整合营销传播视角》(第 6 版),张红霞、庞隽译,中国人民大学出版社 2006 年版。

〔美〕奥美公司:《奥美看奥美》,何辉译,中国人民大学出版社 2005 年版。

何辉:《创意的秘密:关于创造的思考》(第 2 版),中国传媒大学出版社 2005 年版。

〔美〕乔治·费尔顿:《广告创意与文案》,陈安全译,中国人民大学出版社 2005 年版。

何辉:《当代广告学教程》,北京广播学院出版社 2004 年版。

〔美〕保罗·梅萨里:《视觉说服:形象在广告中的作用》,王波译,新华出版社 2004 年版。

谭启明、奥美公司:《丑小鸭——奥美的创意观点》,何辉译,中国物价出版社 2003 年版。

〔美〕大卫·奥格威:《广告大师奥格威:未公诸于世的选集》,庄淑芬译,机械工业出版社 2003 年版。

〔美〕大卫·奥格威:《奥格威谈广告》,曾晶译,机械工业出版社 2003 年版。

余明阳、陈先红主编:《广告策划创意学》,复旦大学出版社 2003 年版。

倪宝元:《修辞手法与广告语言》,浙江教育出版社 2001 年版。

〔美〕乔治·E.贝尔齐、麦克尔·A.贝尔齐:《广告与促销:整合营销传播展望》(第四版),张红霞、李志宏主译,东北财经大学出版社 2000 年版。

〔美〕德尔·I.霍金斯等:《消费者行为学》,符国群等译,机械工业出版社 2000 年版。

〔美〕劳伦斯·明斯基等采访并整理:《如何做创意:十三位美国杰出创意指导和文案撰稿人的创意观念、方法与作品》,钱锋译,企业管理出版社 2000 年。

〔美〕威廉·阿伦斯:《当代广告学》,丁俊杰等译,华夏出版社 2000 年版。

何辉:《从分析作品开始学做广告》,中国广播电视出版社 2000 年版。

〔美〕克利福德·G.克里斯蒂安:《媒体伦理学:案例与道德论据》(第 5 版),蔡文美等译,华夏出版社 2000 年版。

〔美〕巴茨等:《广告管理》(第 5 版),赵平、洪靖、潘越译,清华大学出版社 1999 年版。

胡晓芸:《广告文案写作》,杭州大学出版社 1998 年版。

〔美〕克劳德·霍普金斯:《我的广告生涯·科学的广告》,邱凯生译,新华出版社 1998 年版。

丁俊杰:《现代广告通论》,中国物价出版社 1997 年版。

黄升民、黄京华、王冰:《广告调查》,中国物价出版社 1997 年版。

高志宏、徐智明:《广告文案写作》,中国物价出版社 1997 年版。

〔美〕丹·E.舒尔茨:《广告运动策略新论》,刘毅志编译,中国友谊出版公司 1991 年版。

〔美〕汤姆·狄龙等:《怎样创作广告》,刘毅志译,中国友谊出版公司 1991 年版。

〔美〕丹·海金司:《广告写作艺术》,刘毅志译,中国友谊出版公司 1991 年版。

〔美〕大卫·奥格威:《一个广告人的自白》,林桦译,中国友谊出版公司 1991 年版。

〔日〕仁科贞文:《广告心理》,李兆田等译,中国友谊出版公司 1991 年版。

William Wells, John Burnett, and Sandra Moriarty, *Advertising: Principle and Practice,* 7th ed., New Jersey: Pearson Education, 2006.

Tom Duncan, IMC: *Using Advertising and Promotion to Build Brands,* NewYork: McGraw-Hill, 2002.

J. Thomas Russell, and W. Ronald Lane, *Kleppner's Advertising Procedure*, Prentice Hall, 1999.

Don Schultz, Stanley Tannenbaum, and Robert Lauterborn, *Integrated Marketing Communications,* Lincolnwood, IL: NTC Publishing Group, 1993.

John S. Wright, Wills L.Winter, Jr., and Sherilyn K. Zeigler, *Advertising*, 5th ed., McGraw-Hill, 1982.

William H. Bolen, *Advertising*, John Wiley & Sons, 1981.

后 记

《广告文案》一书,从准备到写作完成,时间拖得比较久。我从 1999 年开始,一直从事广告学的教学与研究工作。长期的教学实践与研究,为本书的写作做了大量积累与准备的工作。

2005 年,北京大学出版社的周丽锦编辑向我约稿,我与北京大学出版社签定了关于本书的写作与出版协议。从那时起,我才开始正式在以前的讲义以及教学科研成果的基础上,着手进行本书的写作。

在忙碌的工作与生活中,转眼之间三载的时光已经飞逝。这三年当中,我完成了同时推进的另外几项写作与研究工作。由于这一原因,每本书的写作时间都比较长。其间辛苦,无须细说。因此,本书的完成,实乃勉力为之的果实。搁笔之时,回顾数年时光,恍如一日。

希望我这段单调辛苦的生活,能够换来更多读者丰富美好的人生。

谨为后记。

何　辉

2008 年 9 月